战争总动员
画说二战美国国内宣传战

陆 乐◎著

吉林文史出版社
JILINWENSHICHUBANSHE

图书在版编目（CIP）数据

战争总动员：画说二战美国国内宣传战 / 陆乐著
. —— 长春：吉林文史出版社，2018.10
ISBN 978-7-5472-5538-4

Ⅰ. ①战… Ⅱ. ①陆… Ⅲ. ①第二次世界大战－战争
动员－史料－美国 Ⅳ. ①E712.18

中国版本图书馆CIP数据核字(2018)第229893号

ZHANZHENG ZONGDONGYUAN : HUASHOU ERZHAN MEIGUO GUONEI XUANCHUANZHAN

战 争 总 动 员： 画 说 二 战 美 国 国 内 宣 传 战

著 / 陆乐

责任编辑 / 吴枫　特约编辑 / 朱章凤

装帧设计 / 王涛

策划制作 / 指文图书　出版发行 / 吉林文史出版社

地址 / 长春市人民大街 4646 号　邮编 / 130021

电话 / 0431-86037503　传真 / 0431-86037589

印刷 / 重庆长虹印务有限公司

版次 / 2019 年 1 月第 1 版　2019 年 1 月第 1 次印刷

开本 / 787mm × 1092mm　1/16

印张 / 25.5　字数 / 250 千

书号 / ISBN 978-7-5472-5538-4

定价 / 239.80 元

CONTENTS
目录

美利坚的呼唤

弗朗希丝·哈尔施泰德

醒醒吧！幻想着和平的人们：
别再酣睡，危险已近在咫尺，
历史的荣耀乘着寒风吹面而来，
只有懦夫才会选择逃避！

无数父辈为之战斗，如英雄般倒下，
殷红的鲜血染遍繁花，
换来此刻的荣光、家园和宁静，
醒醒吧！拯救这个国家！

光荣的旗帜徐徐飘扬，
驱走胆怯的逡巡，指引自由的方向，
美利坚啊，我们所祈福的国度，
正不断地朝你呼唤。

横贯南北，两水相隔，
我已听到了坚定的回音：
"我们的儿女愿永葆自由，
与其奴役情愿出生入死！"

古老的荣耀拂过旗帜，
颗颗繁星才会如此璀璨，
愚蠢懦弱怎会使其褪色，
荣耀的气息让她愈加鲜艳。

星条旗带领我们向前，
引导着这支义勇之师——
直至幸福的和平永驻人间，
直至苦难的杀戮不复存在……

引子

谁会知道在这场战争尚未结束前，我们这里将发生什么，种族骚乱、社会变革或是彻底毁灭？
——查尔斯·林德伯格（美国飞行家与社会活动家）

孤立主义在很长一段时间内都是美国历史上最具影响力的政治思想之一。这个贯穿美国历史，自华盛顿时代就逐渐确立起来的政治观点在珍珠港事件前一直都是美国国内盛行的主流思想。由于美国与多数国家的联系都被太平洋和大西洋所隔绝，故此自独立以来，美国人就始终认为自己与其他地方的人们生活在一个不同的世界里。美国建国伊始，华盛顿就要求美国在结交盟友的时候必须保持高度警惕，尽管当初孤立主义思想在美国并不受到支持。然而随着约翰·亚当斯因避免美国卷入拿破仑战争而在二期总统选举中落败，其继任者托马斯·杰斐逊又在第二个任期内因避免美国卷入拿破仑战争遂中断与欧洲的贸易往来而导致支持率暴跌，再接着詹姆斯·麦迪逊在执政期间遭遇了惨淡收场的1812年战争；自此之后，"不要卷入欧洲战争"就渐渐成了所有美国执政人士达成的某种默契。

到了20世纪20年代，很多美国人都开始认为，美国当初参与一战绝对是个错误的决定。而当纳粹于30年代早期攫取德国的执政权并开始重整军备之后，更多的人认识到，欧洲大陆迟早要爆发一场大规模的战争。于是很多关于军火商从战争中获利的流言开始被散布开来，诸多美国人也觉得自己的国家这次应该不惜一切代价避免再次卷入战争。这种反战意识随着经济大萧条的到来变得愈加强烈，盛行的反战观点以及对于在一战中阵亡将士的哀思促使很多人坚信一点，那就是美国绝不能再次卷入任何欧洲战事。人们开始更多地专注国内发生的事件，而对国际政局变化变得漠不关心。经济大萧条是20世纪降临在美国人头上的一场大灾难，其影响甚至超过了两次世界大战。尽管罗斯福随后推出的新政有效地缓解了美国人的绝望情绪，但大萧条的负面影响直到30年代晚期才算逐渐退去。与此同时，同样遭遇了经济重创的德国和日本则以大萧条为契机成功地实现了集权化，在军国主义占据主导地位的前提下先后挑起了地区的侵略战争。

受孤立思潮的极大影响，美国当局于1935年

8 月通过了《1935 年中立法案》，禁止美国注册公司与那些好战国家进行任何贸易往来。这条法案的颁布间接促使意大利发动了入侵阿比西尼亚的战争。在随后的两年中，美国政府又三次修改这项法案，并在共和党议员阿瑟·范登堡（Arthur Vandenberg)的提议下限制美国私人和企业参与涉及他国战争的交易或实施援助行为。这样做的结果就是，弗朗哥军队获得纳粹德国撑腰的同时，对立的共和政府军甚至都无法从美国购买武器加以反抗。随着德国军事力量的不断加强，很多美国人反而更想保持中立、置身事外。孤立主义的倡导人反对美国以任何形式参与欧洲战事，立场鲜明地与罗斯福保持对立，即便后者不断感觉到应该及早插手战事，与纳粹和日本军国主义展开正面交锋。还有一些人则认为德国的空军力量太过强大，美国几乎没有胜利的把握。由此，许多人不但反对美国参战，甚至在国会通过军备和军费拨款的过程中也施加了很大的阻力。

在这样的危险处境下，罗斯福通过自己的政治手腕和巨大勇气决定说服国会拯救处于危难中的欧洲盟友，并为日后全面启动的美国战争机器进行设备调试工作，从而为美国及所有的盟国提供强有力的军事设备和后勤补给。1940 年 12 月 29 日，也就在圣保罗主教座堂遭德军空袭而严重毁坏的同一天，罗斯福在他的例行炉边谈话中借用当时美国剧作家罗伯特·舍伍德（Robert Sherwood）作品中的台词提出了"民主兵工厂"（Arsenal of Democracy）这一概念。他向公众解释了支援欧洲，特别是为英国提供军事援助的重要性。他认为美国必须成为为这些民主国家输送炮弹的兵工厂。通过与孤立主义者和国会的周旋，罗斯福还是在接下来的半年时间里完成了许多极为重要的决策，包括部分废除中立法案，签署和平时期《征兵法案》及更为重要的英美《租借法案》。

即便如此，很多孤立主义团体还是坚决反对美国介入二战战事。这其中，由耶鲁法学院学生

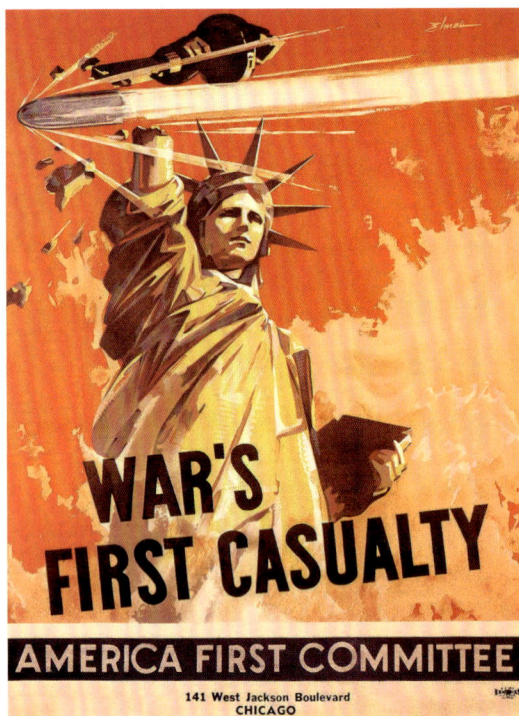

"美国第一"委员会在 1940 年创造的海报《战争的第一个创伤》，将抨击的矛头直指罗斯福政府

道格拉斯·斯图尔特（Douglas Stuart）于 1940 年 9 月 4 日所成立的"美国第一"委员会（America First Committee）便成了这股势力的一个典型缩影。在他们看来，这位美国总统就是一位不折不扣的战争贩子，他通过战争像当年的一战那样利用军火物资买卖牟取暴利。在前威斯康星州州长菲利普·拉弗莱特（Philip La Follette）的组织下，该团体很快就演变为一个拥有 750 余家分支机构和 80 余万名会员的庞大反战组织。此外，这个委员会远非国内其他自发性组织可比，其会员和支持者几乎囊括了美国的各界人士，包括著名小说家辛克莱·刘易斯（Sinclair Lewis）、电影界巨头华特·迪士尼（Walt Disney）、"银幕第一女王"莉莲·吉什（Lillian Gish）、单人驾机飞跃大西洋的国家英雄查尔斯·林德伯格（Charles Lindbergh）以及罗斯福总统的远房堂姐爱丽丝·朗沃斯（Alice Longworth）等一批社会名流。这里必

须要补充的是，很多共和党国会议员即便碍于政治因素并未加入这个团体但也是孤立主义的坚定拥护者，甚至包括美国驻英大使约瑟夫·肯尼迪（Joseph Kennedy）在内的一部分民主党成员也十分赞同孤立主义。

在国内孤立主义呼声不绝于耳的情况下，罗斯福总统仍不打算就此妥协，他在1941年1月6日的国情咨文中希望国会根据《租借法案》，将必要的武器装备提供给那些总统认为其防御对美国利益影响至关重要的国家。为了佐证这一行为的正确性，罗斯福在咨文中又提出了另一个著名观点，那就是"四大自由"（Four Freedoms），而这一观点也被认为是美国民众追求自由精神的最简要声明："第一，是在全世界任何地方发表言论和表达意见的自由；第二，是在全世界任何地方，人人有以自己的方式来崇拜上帝的自由；第三，是不虞匮乏的自由——这种自由就世界范围来讲，就是一种经济上的融洽关系……第四，是免除恐惧的自由——这种自由就世界范围来讲，就是世界性的裁减军备，要以一种彻底的方法把它裁减到这样的程度……为实现这一崇高理想，我们将决不休止直至胜利。"

然而，"四大自由"与之前的"民主兵工厂"一样，自推出伊始便遭到了诸多孤立主义人士和保守派的声讨及质疑。他们认为该理论无非又是罗斯福为新政所做的粉饰，其真正用心是假借道义的幌子将美国推入战争中心。这种反对的声浪随着数月后《征兵法案》得到国会的延长批准而再次达到高潮。但就在美国国内为是否参战而争执不休之际，轴心国却开始谨慎地试探起美国人的态度。1941年10月17日，美军驱逐舰"吉尔尼"号（USS Kearny）在为一支加拿大护航船队提供援助的过程中遭到德国U-568号潜艇的攻击，美军有11名舰员在德方声称的此次"误伤事件"中殉职。美方选择了隐忍，这却让德国人更加肆意妄为，仅仅两周后的10月31日，另一艘驱逐舰"鲁

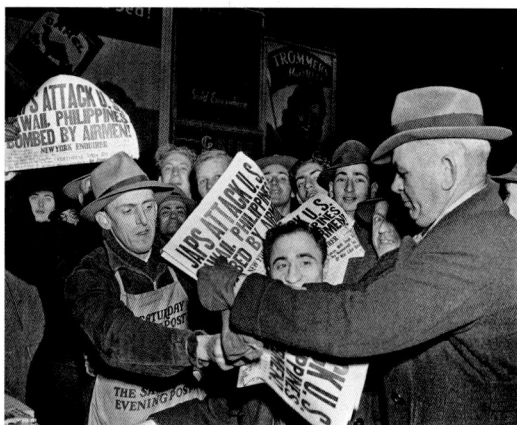

纽约时代广场上竞相购买报纸的美国民众，这幅由美联社发表的照片摄于珍珠港事件后的第二天

本·詹姆斯"号（USS Reuben James）在护航过程中又被德军王牌埃里希·托普（Erich Topp）指挥的U-552号潜艇击沉，全舰159名官兵仅44人最终生还。令人诧异的是，多数美国人仍未意识到事态的严重性，以"美国第一"委员会为首的反战团体仍不断地抨击早在10月1日就得到国会准许的援苏条令。在国内反对呼声的压力下，罗斯福甚至对外表态：德军的袭舰事件并不足以让美国对德宣战。然而这个国家的命运却随着一个多月后的珍珠港事件发生了根本转变。

1941年12月7日下午，"美国第一"委员会依照议事安排在匹兹堡的士兵海员纪念堂内策划了一次大型反战集会，集会主题为"基督教与干预事务"。在集会尚未开始之前，这个经常被"美国第一"委员会用来发表反战演说的2500人演讲大厅就已是座无虚席，会场四周的墙上挂满了类似"反对战争，保卫家园"的横幅。听众们个个情绪激动，很多人还带来了美国国旗以表达自己的爱国之情。人群中不时有人带头喊话："这是谁的战争？"众人则会高声附和道："罗斯福！"

集会从下午3点开始。当曾负责调查一战期间美国军火交易是否违规的国会议员杰拉德·奈（Gerald Nye），这位坚定的孤立主义者准备上台发表讲演的时候，负责现场采访的一名《匹兹堡

邮报》记者从旁边递给奈一张写有"日本人偷袭了珍珠港"的纸条。奈迅速地瞥了一眼，然后显然有些手足无措。几秒之后，他嘀咕了一句"这太难以置信了"，就将这条消息放在一边，径直走上台去，按照原计划发表了对罗斯福的一番抨击。他的演讲持续了大约45分钟，主要内容就是宣称罗斯福正在把美国拖入不必要的战争，而背后的原因就是军火商的利益驱使。但是让奈和其他孤立主义者没有料到的是，就在他们走出演讲厅的时候，得知日本偷袭珍珠港事件的美国民众此时早已群情激奋。当天傍晚时分，关于珍珠港被袭的消息就已铺天盖地地出现在各大报纸的头条上，而《匹兹堡邮报》当天的头版则颇具讽刺意味地加粗标题写道，"出乎意料！珍珠港事件震惊美国第一委员会"。

也就在偷袭事件公之于众的4天后，由国内名人、政要以及退役将军们组成的一个特别委员会通过投票的方式决定解散这个反战组织。而之前绝大多数的孤立主义者在听闻了珍珠港事件之后就立刻改变了对罗斯福的看法，甚至像林德伯格，这位在数天前还是一名坚定的反战孤立分子都公开要求奔赴战场。美国国内的反战呼声似乎在一夜之间便不再振聋发聩。

珍珠港事件无疑是一次非常成功的军事行动，日本人的整个偷袭计划近乎完美。不过这次成功的袭击从整个战局的角度上来看却可能是世界战争史上最大的一次失误。珍珠港事件真正改变了二战的格局，正如丘吉尔所愿的那样，它让美国从一个原本反战情绪高涨的国家一下子变成了一个万众一心，坚决加入二战的盟军成员。与孤立主义苦苦斗争了多年的罗斯福也因为日本人的这次偷袭随即占据主导地位。

第二次世界大战是美国历史上唯一一次没有遭到反战舆论声讨的战争。美国国内随着罗斯福总统正式宣布对轴心国开战而进入了紧张的战备状态，民主兵工厂的各台制造设备此刻也已开始运转……

1941年12月8日，美国东部时间15时08分，罗斯福总统在白宫正式签署了对日宣战书，后经美联社于次日对外发布。在罗斯福身后的人物从左至右依次是：纽约州民主党众议员索尔·布鲁姆（Sol Bloom）、德克萨斯州民主党众议员卢瑟·约翰逊（Luther Johnson）、新泽西州共和党众议员查尔斯·伊顿（Charles Eaton）、马萨诸塞州共和党众议员约瑟夫·马丁（Joseph Martin）、副总统亨利·华莱士（Henry Wallace）、白宫首席发言人萨姆·瑞伯恩（Sam Rayburn）、马萨诸塞州民主党众议员约翰·迈克尔马克（John McCormack）、俄勒冈州共和党参议员查斯·麦克纳里（Charles McNary）、肯塔基州民主党参议员阿尔本·巴克利（Alben Barkley）、弗吉尼亚州民主党参议员卡特·格拉斯（Carter Glass）和德克萨斯州民主党参议员汤姆·康纳利（Tom Connally）

第一章 鼓舞士气

Morale Boost

是的，我们都想让战争尽快结束，然后早些回家……但在距离回家最短的一条路上，我们还必须迈过柏林和东京。
——乔治·巴顿（美国陆军四星上将）

很多美国历史学家都认为，第二次世界大战可以称得上是美国人在整个 20 世纪凝聚力最为坚固的 4 年，甚至可以说是整个国家历史中最为团结一致的 4 年。就在珍珠港事件爆发后的第二天，《纽约时报》专栏记者阿瑟·克罗克（Arthur Krock）便在自己的撰文中表示"某种凝聚力正从火奴鲁鲁的废墟和残骸中逐渐形成"。这位绰号"华盛顿新闻业主管"的资深媒体人与很多眼光敏锐的新闻观察家都发觉：罗斯福的两位异党对手——前任总统赫伯特·胡佛和在 1936 年总统大选中铩羽而回的前堪萨斯州州长阿尔夫·兰登（Alf Landon）似乎都不再忙于制造两党间的各种矛盾。

在 1941 年 12 月 10 日对国内民众所进行的一项民调中，有超过 98% 的美国人赞成对日本及其他轴心国开战，而罗斯福的民意支持率也一跃攀升至 89%——这也是美国在整个 20 世纪中总统支持率最高的一段时期。按照美国历史学家乔弗雷·佩雷特（Geoffrey Perrett）的说法就是："整个国家似乎从未有过如此同仇敌忾的时刻……不管任何的失败、阻力或挫折都无法打破这股坚韧的团结意识。"12 月 14 日，美国中央车站候客大厅内的东侧大墙上张贴出了一张长 120 英尺、高 75 英尺的巨幅壁画。这张由美国著名摄影师阿瑟·罗施坦（Arthur Rothstein）和农场安全管理局（Farm Security Administration）下属信息部的十余位海报设计工作者历时 3 个月完成的巨幅壁画，尽管其主旨是帮助财政部推广国防债券，但通过壁画中间摘录自《葛底斯堡演说》最末一句"这个民众领导下的政府——将不会从这个地球上消失"，也让人们从中强烈地感受到美国人对于赢下这场战争的信心。

可惜的是，美国人的这股团结意识和信心似乎并未在珍珠港事件后就被完全激发出来，尤其是平面媒体的反应让人觉得有些迟缓。尽管部分美国学者认为早在珍珠港事件爆发前的 1941 年初，美国的政府机构和各地企业便已通过海报和广告的形式，最大限度地号召了美国人团结起来以应付可能到来的战争风险；但这种将设计主旨上升至国家层面的实例成果，相比起多如牛毛的商业海报和广告显得太过微不足道。这其中的原因其实十分简单，因为这种性质的海报或者广告根本不会给商家和雇主带来任何经济利益，而非营利性的政府机构又在当时国内外媾和、绥靖与孤立思潮的复杂舆论影响下显得不知所措。在国内对于是否应该派兵参战而争论不休的大环境下，政府宁可抱着骑墙观望的态度也不愿因为言语上的疏忽而招致任一阵营人士的批评与指责；甚至连《新闻周刊》这样的大型期刊都只是模糊地向民众发出一个模棱两可的警告："你可曾做好面对危险的准备？"

张贴于美国中央车站候客大厅内的巨幅壁画

《视而不见——美国，请睁开你的双眼》。这幅由画家让·卡卢于 1941 年 7 月发表的海报以当时一种少有的告诫态度向美国民众发出郑重警告：一场迫在眉睫的战争似乎已无法避免。然而可惜的是，多数美国人在珍珠港事件前仍对此漠不关心

在明白了这点之后，我们便能理解日本偷袭珍珠港之后的近半年时间里，美国人的宣传工作为何几乎处于一种无序的糟糕状态。当然，战争初期的不利局面也让很多宣传工作者们难为无米之炊。当时，美国共有 3 个部门负责宣传工作，其中以国会图书馆馆长阿奇柏德·迈克利什（Archibald MacLeish）负责的专门从事战争宣传工作的精确资料办事处（Office of Facts And Figures）为主干，另外由罗斯福亲自下令组建起来的新闻统筹办公室（Office of The Coordinator of Information）和总统行政应急管理办公室（Office of Emergency Management）下属的信息情报处（Division of Information）与政府报告办公处（Office of Government Reports）也可协助完成宣传工作。但由于缺少了事实的支撑和具有说服力的数据，加之这些部门之间的相互合作很不到位，它们所起到的宣传作用可以说微乎其微，实在没有多少显著贡献可言。

这种尴尬的局面直到 1942 年 6 月中旬才发生了根本改变。借着中途岛战役的胜利，罗斯福于 6 月 13 日正式签署了第 9182 号总统令，要求在总统行政应急管理办公室之下新成立一个名为“美国战时新闻处”（Office of War Information）的新机构，专门负责各类战时宣传动员、新闻报道和预警通知工作；此外，新闻统筹办公室下属的国际新闻部、出版部和图集素材部也统一划归战时新闻处管理。同时，罗斯福还请来了哥伦比亚广播公司的资深新闻记者埃尔默·戴维斯（Elmer Davis）担任战时新闻处的总负责人。随着战时新闻处的成立，美国国内混乱不堪的宣传局面很快得以扭转，而他们所完成的头一桩工作就无疑起到了凝聚信心和鼓舞士气的作用。

GIVE IT YOUR BEST !

DIVISION OF INFORMATION
OFFICE FOR EMERGENCY MANAGEMENT
WASHINGTON, D.C.

拿出你最好的奉献给她！（信息情报处，1941）

我们已身处战争！（信息情报处，1941）

他们正在戕杀你的自由！（通用电气公司，1942）

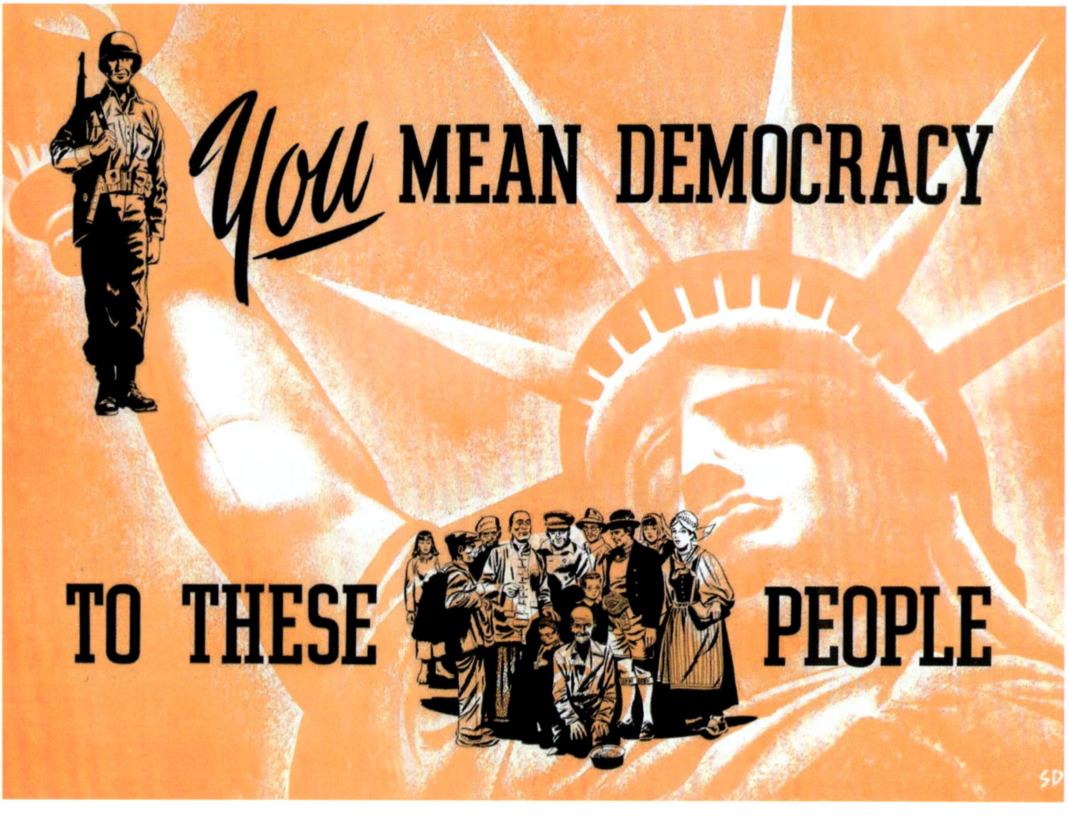

对于这些人来说，你等同于民主！（美国战争部，1942）

Pvt. Joe Louis says__

"We're going to do our part ...and we'll win because we're on God's side"

For additional copies write to Graphics Division, Office of Facts and Figures, Washington, D. C. . . . Specify GPO Jacket No. 460989.
☆ U. S. GOVERNMENT PRINTING OFFICE : 1942—O

士兵乔·路易斯说："我们将竭尽全力……也将取得胜利，因为上帝在我们这边。"（精确资料办事处，1942）
绰号"褐色轰炸机"的乔·路易斯被认为是美国历史上最为伟大的重量级拳击手之一。1942年1月10日，路易斯志愿报名加入美国陆军。由于其广泛的社会影响力和特别的黑人人种身份，美国军方决定不安排路易斯加入前线部队，而是将其编入陆军特勤部门从事后勤工作并时常担任各类短片的宣传主角

1942 年 7 月 4 日，每一位美国民众都吃惊地发现，沿路上所有书报亭的外摆杂志封面居然全部是三色相间的星条旗图案。这一想法最初由纽约出版业巨头赫斯特出版集团（Hearst Corporation）的一位聘用画家保罗·麦克纳马拉（Paul MacNamara）提出，他于 1942 年 4 月向美国出版业协会（National Publishers Association）建议，希望协会的所属杂志社可以考虑将一期杂志的封面统一换成美国国旗以鼓舞民众的士气。在得到了包括《时代》、《时尚》和《芭莎》等 500 余家杂志社的支持以后，这一提议很快就成了刚组建不久的战时新闻处的工作重点。戴维斯认为这一活动非常具有宣传价值，它可以让还有些单薄的爱国精神和相关主题加以捆绑一并向民众进行宣传。经过再三衡量之后，财政部所推行的战时债券就成了发扬这种爱国主义精神的附带表现。

当然，在美国国庆节当天推出这批杂志显然也是经过事先安排的，而这次的国旗宣传活动异常成功。到了 7 月 24 日，美国国旗协会（United States Flag Association）根据这 500 余家杂志的种类分别选出了 8 份优秀封面设计，并在这其中将画家阿伦·萨尔伯格（Allen Saalburg）为 1942 年 7 月刊的《住宅与家园》（House & Garden）杂志所绘的封面评为优胜作品。萨尔伯格的作品以著名的弗农山庄作为远景，近距离映衬美国国旗，凸现了某种传承自历史与自由的责任感，并使其立意远高于其他优胜作品。

国旗宣传活动的成功对美国二战期间的宣传工作起到了举足轻重的作用，很多画家在日后的海报作品中均尝试着加入美国国旗以突出一种崇高的爱国精神。当然作为优胜者，萨尔伯格除了获得荣誉十字奖章和爱国十字奖章以外，还受到戴维斯的亲自邀请，成了战时新闻处一名负责海报创作的受邀画家。在这里，我们不得不提及他的另一幅家喻户晓的海报作品。萨尔伯格所偏爱的新古典主义画风在这幅海报中得到了充分的展

萨尔伯格为 1942 年 7 月刊的《住宅与家园》杂志所创作的封面

示，类似简约风格的画面严谨庄重但又蕴含磅礴之力，通过背景的强烈明暗对比突出战争的威胁和邪恶，并配合林肯总统《葛底斯堡演说》末尾处的一句名言，将整个主旨挥洒到了无法比拟的极致。而萨尔伯格笔下的那面残缺不全但仍徐徐飘扬的星条旗也自此成了所有美国人心中的某种精神象征。

与此同时，战时新闻处的工作也从各个方面全面铺开。除去配合完成了大量宣传短片的创作之外，这个部门的主要职责自然还包括审核政府宣传海报的内容和设计。实际上，日后绝大多数题材的海报设计都离不开战时新闻处的参与和推进。但在此之前，战时新闻处内部曾就海报设计的理念产生了极大的分歧：其中一派认为宣传战争的海报就应该有表现战争艺术的图案和标志设计；而以从事广告业为主的另一派则认为，战争海报的设计也应该遵循广告学的常规模式，也就是更接近于商业广告的风格。前一个观点得到了

we here highly resolve that these dead shall not have died in vain ...

REMEMBER DEC. 7th!

牢记 12 月 7 日！（阿伦·萨尔伯格，1942）

新闻处绘画设计主管弗朗西斯·布雷南（Francis
Brennan）的支持。作为《财富》杂志的前任美
工编辑，布雷南认为战争海报就应该表现"战争
的艺术"，而宣传战争目的与创作手法的运用只
是一种辅助手段。但当后者意见占据上风后，
战时新闻处的宣传海报风格也随之发生了显著
变化。在和战时广告业委员会（War Advertising
Council）进行沟通以后，这个由美国广告业协会
于1942年4月成立并同样旨在向民众宣传战争目
的的机构随即表示愿意大力配合政府部门的工作。
而那些受雇于战时新闻处的广告设计者们则开始
将大量的广告宣传技巧加入战争宣传海报中，虽
然这其中有许多设计作品的主题内容实在过于肤
浅，但其宣传广告的特质又让这些海报拥有了难
以估量的传播速度。

Long May it Wave

愿其永远飘扬！（国家制造业协会，1942）

"–long may it wave – O'er
The land of the free and
The home of the brave!"

在自由的土地和勇敢的国度上，愿其永远飘扬！（通用汽车公司费舍尔车身分厂，1942）

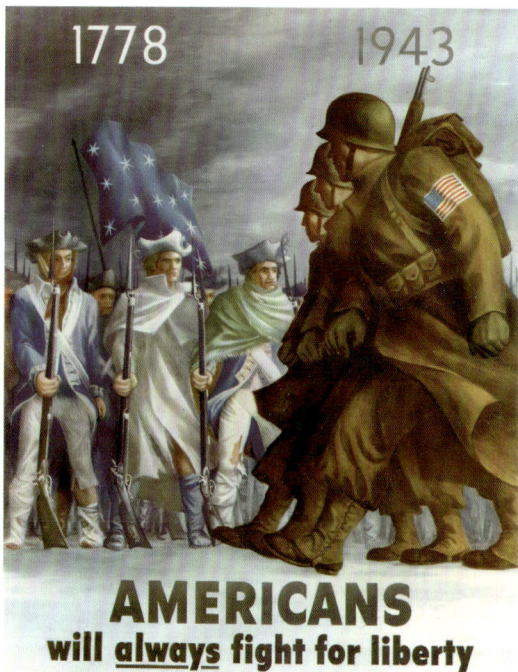

1778 1943

AMERICANS
will **always** fight for liberty

美国将始终为自由而战！（伯纳德·佩林，1943）
作者将两个时代有机地融合在一起：1778 年，美国人为了争取独立、自由的权力而英勇抗争；一个半世纪之后，在前辈的注视下，美国人踏着先辈的足迹奔赴前线，为了同一个目标而奋斗

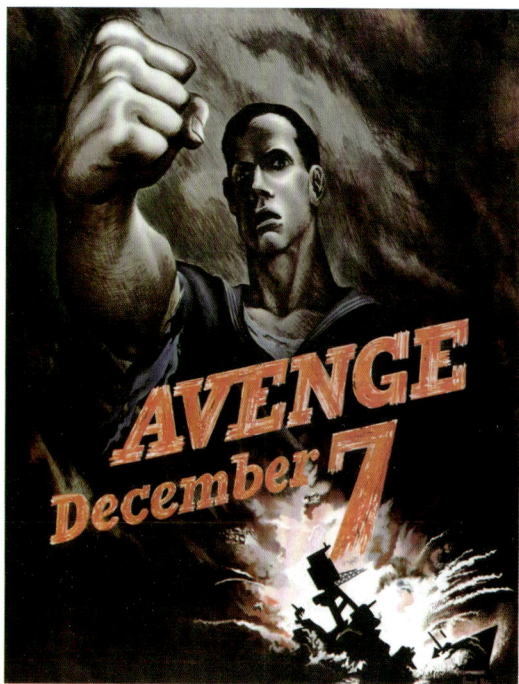

AVENGE
December 7

复仇！12 月 7 日！（伯纳德·佩林，1942）

为鼓励设计者们更好地创作出有质量的海报作品，由美国国内的胜利画家协会（Artists For Victory）和民主委员会（Council For Democracy）牵头主办的"国家战时海报设计大赛"于 1942 年 8 月 15 日在纽约现代艺术博物馆正式启动，画展为期 70 天，至 10 月 22 日结束。这次比赛共吸引了 400 余位海报创作者，参赛海报共计 2224 幅，后经挑选，其中的 200 余张得以在博物馆展出。这些海报尽管无法用具体数据来衡量提升了多少信心和士气，但仅从罗斯福写给胜利画家协会主席霍巴特·尼科尔斯（Hobart Nichols）的信中，我们就能感受到这位美国总统发自内心的赞同与感激："即便是这些远离战争，从事着平凡工作的人群也能为战争起到如此积极的作用！创作这 2000 多张海报似乎并没成为他们的累赘，相反却成了他们推动战事积极发展的一种自发自愿的工作。"尼科尔斯后来在回信中写道："能够得到

总统先生的赞赏就是对此次比赛的最大肯定。这场比赛得到的巨大响应充分说明了一点，那就是作为一个社会群体，所有画家都坚信总统先生能够赢得这场战争的胜利……这 2200 多幅海报还将在全国各个城市展出，而它们所激发出的士气和决心将会是难以估量的。"

画展结束后，胜利画家协会组织了以布雷南为代表的 8 名评委对这些作品进行了评比，共设立有促进生产、战争债券、揭露敌人、言语谨慎、自由国度、前线将士、拯救盟友和自我牺牲等 8 大主题。老实来说，尽管这些海报设计的初衷无可挑剔，但整体质量的参差不齐是无法回避的现实。最后在这 200 张海报中，评委们挑选出 8 张作为优胜作品（后文中会陆续介绍），其中德裔画家卡尔·科勒（Karl Koehler）与意裔画家维克多·安科纳（Victor Ancona）成了最大赢家，他们共同创作的两幅海报作品均在此次评选中榜上有名。

人之大幸莫过于舍生取义！（尼克尔·沙滕斯坦，1942）
这幅海报最终获得了国家战时海报设计大赛"自我牺牲"类主题的优胜奖

Strong in the strength of the Lord we who fight in the people's cause will never stop until that cause is won

我们借上帝之力而强大，为了人类的事业我们将奋斗不休直至胜利！（大卫·马丁，1942）
海报中的这段文字实际上是从副总统亨利·华莱士的一段演讲中节选出来的

传承下去！（纽约 N·S·迈尔公司，1942）
与佩林的那幅海报有些类似的是，这张海报也采撷了独立战争中的一些事迹对比作为创作形式

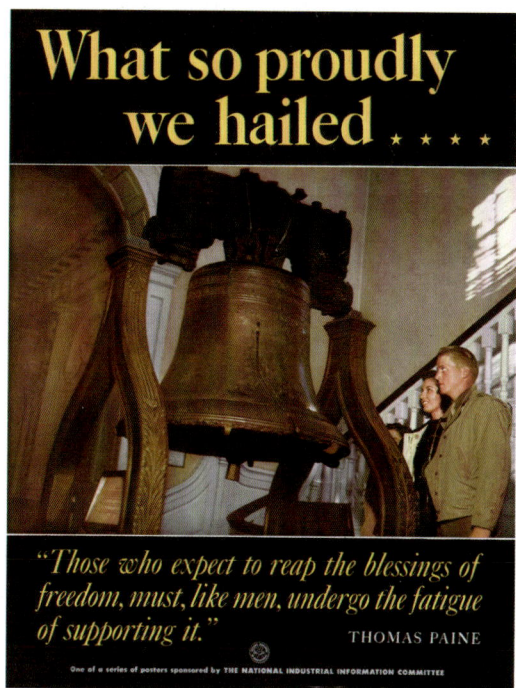

是什么让我们自豪地为之致敬？（维拉·格勒文，1942）
海报中呈现的就是那口位于费城的"自由钟"，注意海报下方引用了美国开国元勋之一托马斯·潘恩（Thomas Paine）的一句名言："想要收获自由福祉的人，必先承受维护自由的劳苦。"

四大自由遍及全世界！（纽约州公共事业振兴署，1942）

与此同时，考虑到盟军在各条战线上已开始扭转颓势，战时新闻处和其他很多宣传机构在1942年年底开始将宣传主题的重心转向更高层次的论调：除采用一些历史借代和宗教感化的题材作为宣传美国的参战目的之外，戴维斯还认为，在战事的僵持阶段利用罗斯福总统战前的两大理论进行推广宣传有助于民众的士气提升，尽管这也间接导致了后来许多罗斯福的反对者抨击战时新闻处只是罗斯福的私人宣传部门。

最早体现罗斯福主题思想的海报是受雇于国家制造业协会（National Association of Manufacturers）的画家拉尔夫·伊利甘（Ralph Iligan）所创作的一套"工业：民主的兵工厂"系列海报。这套海报主色调柔和却又带有强烈的象征主义风格，其中的一张还借用了萨尔伯格的创作思路引入国旗作为背景反衬。除此之外，伊利甘还在海报中大胆地将代表现实风格的实拍照片作为布局设计的补充，这种虚实相承的处理手法也成了日后很多海报画家加以借鉴的常用技巧。

另外，美国著名画家和作家詹姆斯·道格尔迪（James Daugherty）也完成4张反映"四大自由"主题的海报。与伊利甘的绘画风格截然不同，道格尔迪的画面处理得简洁明了，色彩的明暗对比十分突出。然而道格尔迪取材自美国独立战争期间4个不同事件尽管让整个主题的基调极为出彩，但在合意上却略逊伊利甘一筹，因为道格尔迪并未在画中体现出罗斯福提出的4种不同的自由，只是单纯地将这些不同的自由捏合在一起，使其成为一个笼统的概念。不过让罗斯福"四大自由"这一主题得以完美升华的海报作品很快就得以问世。

拉尔夫·伊利甘的"工业：民主的兵工厂"主题海报

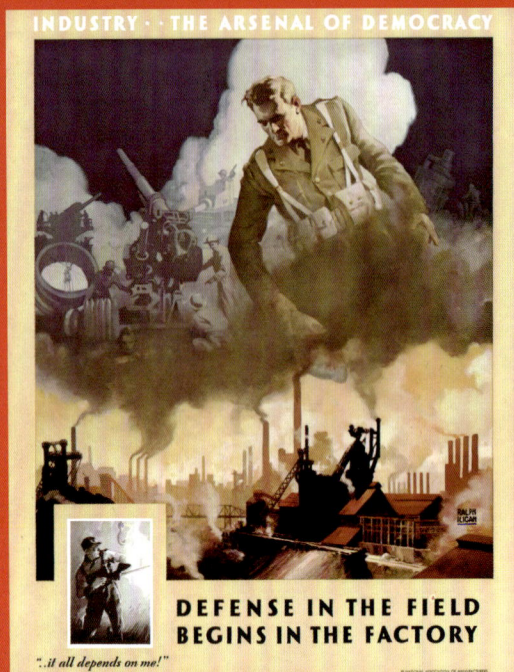

国土防御始于工厂

海上防御始于滨岸

捍卫自由始于工厂

领空防御始于地面

詹姆斯·道格尔迪的"四大自由"主题海报

JOHN PAUL JONES said:
'I have not yet begun to fight'

Fight with War Stamps & Bonds

约翰·保罗·琼斯说："我还没开始战斗呢。"这恐怕是这位美国海军之父最为人熟知的一句名言了

Lexington, 1775

They fought for Freedom
We fight to keep it

BUY WAR STAMPS & BONDS

1775 年的列克星敦，他们曾为自由而战；如今我们也是

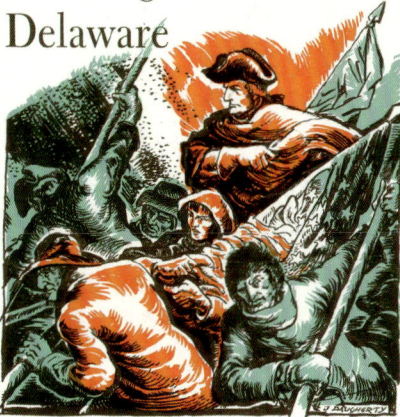

Washington crossed the Delaware

to win our Freedom
We cross oceans to keep it

BUY WAR STAMPS & BONDS

华盛顿为赢得我们的自由而横渡特拉华河，如今我们跨越大洋亦为此而战。这里表述的历史事件是 1776 年 12 月华盛顿在特伦顿战役中指挥大陆军强渡特拉华河并成功偷袭对岸黑森森驻军的战例

INDEPENDENCE
July 4, 1776

"...and for the support of this declaration, with a firm reliance, on the protection of Divine Providence, we mutually pledge to each other our Lives, our Fortunes and our sacred Honor."

They kept the faith and so do you every time you lend a dime for WAR SAVINGS STAMPS

1776 年 7 月 4 日的独立日。他们恪守信念，而我们也应当时刻铭记这一切的工作都要归功于诺曼·洛克维尔（Norman Rockwell），这位20世纪前期美国著名插画家的妙笔生花。这位为美国《星期六晚邮报》（The Saturday Evening Post）杂志前后共创造了300多幅封面海报的画家得知美国加入二战的第二天就着手开始了战争主题的设计绘画工作。实际上，洛克维尔早在一战期间便作为美国海军的受雇画家创作了一定数量的战争题材作品，故此对于这类主题的尺度拿捏显然要优于多数画家。然而在创作"四大自由"之初，洛克维尔也陷入了才思枯槁的境地。洛克维尔显然是意识到了道格尔迪创作过程中所存在的缺陷，但是在位于佛蒙特州小镇阿灵顿的画坊中埋头创作了两个多月之后，洛克维尔竟失望地发觉，自己无论如何也找不到完美诠释这一主题思想的切入点。

不过小镇阿灵顿的平和生活却在这时候给了洛克维尔意想不到的创作灵感。在镇议会所召开的一次居民讨论会上，当与会的所有人都赞成在该镇新建一所小学的时候，一位名叫吉姆·埃杰顿（Jim Edgerton）的居民却站了出来，陈述自己反对建造的观点。作为讨论会的旁听者，洛克维尔后来在自己的工作日记中如此记录道，"……埃杰顿一个人站在那里滔滔陈词，尽管在场的人并无赞同他的意思；然而没人发出嘘声，也没人厉声制止，与会的所有人都静静地听着……天哪，我想我已经找到了，言论自由的现实场景就摆在我的面前"。洛克维尔于是放弃了先前取景高深的想法，决定从普通民众的视角来阐释"四大自由"的真谛。在历时半年的创作之后，他最终完成了4幅主题海报的设计。为了创作这套海报，洛克维尔的体重甚至减少了近7公斤。4幅海报均取材于阿灵顿居民的日常生活，那位在讨论会上势单力寡却仍勇于直言的埃杰顿成了"言论自由"的主人公，而另一幅"信仰自由"则取材于当时正在当地教堂内虔诚祈祷的珍妮·哈琳顿（Jane Harrington）太太及众人。

正在作画的洛克维尔

周围的邻居和朋友都是洛克维尔获取创作灵感的素材

洛克维尔夫妇和他们的三个孩子

洛克维尔的"四大自由"主题海报

拯救言论自由

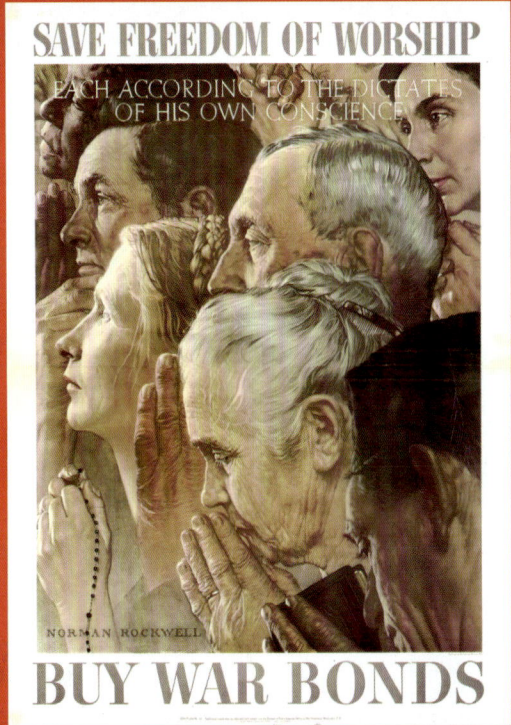

拯救崇拜（宗教）自由

为不虞匮乏的自由而战

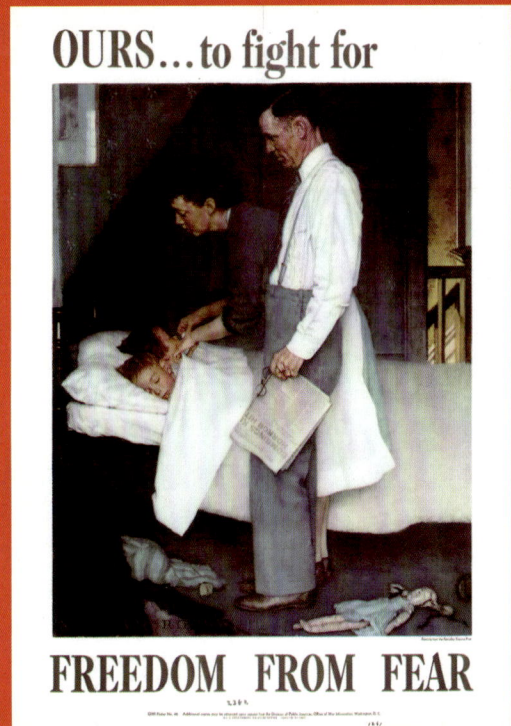

为免于恐惧的自由而战

"… the things we have determined wholeheartedly to do are not fulfilled merely by desire but through painful toil."

A Message to Men and Women in War Work

Franklin D. Roosevelt

One of a series of posters sponsored by THE NATIONAL INDUSTRIAL INFORMATION COMMITTEE

罗斯福总统说："我们全力以赴！等待完成的事业不应简单地停留于愿望，而要通过艰苦卓绝的努力来最终实现。"（国家制造业协会，1943）

不过洛克维尔没有料到，自己潜心数月完成的作品却饱尝了官方的闭门羹。战时新闻处的工作人员告诉这位画家，他的这套作品带有明显的一战时期海报风格，这类画风并不太适合现在民众的胃口。在屡屡投稿却遭驳回之后，心灰意懒的洛克维尔只得找到《星期六晚邮报》的责任编辑本·希布斯（Ben Hibbs），希望将其作品简单处理后作为杂志封面予以发表。在配上了简短的文字之后，这4张海报于1943年2月20日至3月13日分4期登出。谁曾料想，这些海报一经发表便在美国民众中引起了巨大的共鸣，尤其是"信仰自由"和"免除恐惧的自由"这两幅深深地触动了每位美国人的内心。为了满足民众的需求，杂志社方面不得不加班加点，单独重印了大约200万份海报。

另一方面，战时新闻处也开始认识到了这套海报的意义何在。在经过杂志社和洛克维尔本人的同意之后，他们将海报与当时的债券销售工作联系起来，并和财政部联手在全国范围内进行了数场债券巡回宣传会，共筹集资金达1.3亿美元。到二战结束时，由联邦印刷局完成的该套海报的印量就超过了250万份，如果再算上各类授权机构的翻印数量，洛克维尔的这套"四大自由"主题海报的总印量至少在750万份以上，足以成为二战期间美国印刷数量最多的主题海报之一。

与洛克维尔的《四大自由》有着异曲同工之处的还有芝加哥谢尔顿-克莱尔（Sheldon-Claire）广告公司于1942年完成的另一套宣传海报《这就是美国……自由下去》。由于这套作品并非官方性质海报，故此谢尔顿-克莱尔广告公司在完成创作之后将其转让给《新闻周刊》等杂志加以刊登，前后共有24幅海报在5份不同杂志上同时发表。与很多海报性质不同的是，该主题的所有海报内容均以实拍照片为主，主角包括工人、农民、学生、士兵、商贩等等。通过从普通民众中间采集到的点滴生活细节，配以一段言简意赅的宣传语，让

阅读者自然而然地将国家的命运与自己紧密联系起来，也为美国民众完整勾勒出了一张"理想美国"（Ideal America）的美好蓝图。

随着伤亡惨重的日军无奈撤出瓜岛，加之德意联军又在突尼斯被迫投降，胜利的天平在1943年入夏已逐渐开始向盟军一方倾斜，而此时的美国内部也出现了些许松懈迹象。特别是到了8月中旬当盟军成功登陆西西里岛以及苏联红军在库尔斯克击溃德军师团的消息传遍美国各大地区之后，这种松懈之意更是流露无遗：一些美国人开始不切实际地幻想战争最快将在半年内结束，而他们盼望已久的和平很快就会到来。这种极具传染性的情绪变化让戴维斯很是担心，作为战时新闻处的总指挥，他不想让这种盲目乐观的情绪葬送了好不容易才取得的成就。为了让民众更为全面地了解战争，戴维斯决定改变目前的海报宣传主题，即将创作主题逐渐引入到战争现实的客观反映上去，同时逐步淡化那些目标理想的宣讲灌输。

为了加强宣传的实际效果，戴维斯同意在海报创作上使用经过战时新闻处审核并允许发表的战地照片和记录作为配合素材。实际上，戴维斯必须小心谨慎地拿捏此类海报的分寸，因为任何一张战地照片不仅会给读者造成不小的震撼，同时也会在民众心中造成厌恶、惧怕甚至是恐慌情绪。因此，照片及其配合文字的处理与审核工作就被交由战时新闻处下属的新闻署以及图像素材科完成，其中以后者的任务最为关键。图像素材科这个由美国著名摄影家兼经济学家罗伊·斯瑞克（Roy Stryker）担任主管的部门最早只是农场安全管理局下属信息情报部的一个分支，后于1942年11月转入战时新闻处，而他们需要做的就是配合宣传工作，拍摄和收集符合宣传目的的任何图片素材。这对于斯瑞克来说并不算难事，自1935年成立到转入战时新闻处的8年多时间里，斯瑞克的这个部门就拍摄了7.7万张各类照片，而在这之后的3年内，他们又完成了多达10.8万张照片的采集工作。

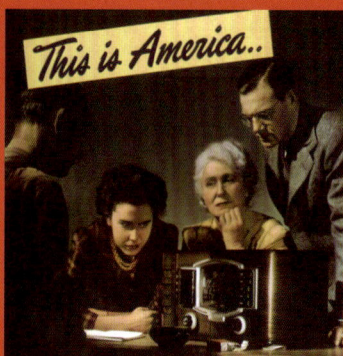

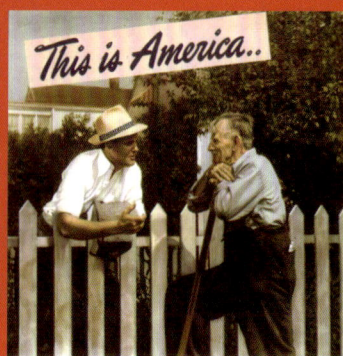

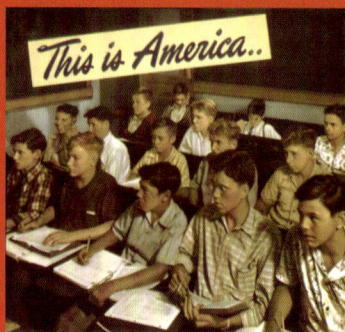

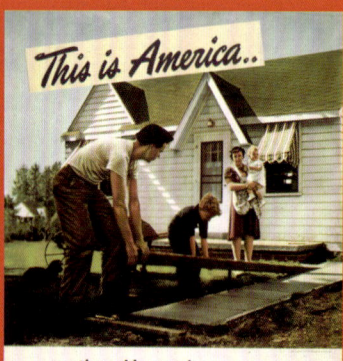

This is America..
...where free enterprise encourages men to invent, create and improve. Where American genius brings good living to a nation ★ *This is your America*
...Keep it Free!

This is America..
...where you can listen to your radio in your living room — — not in a hideout. Where you are free to hear both sides of a question and form your own opinion ★ *This is your America*
...Keep it Free!

This is America..
.... where you can have your "say" about anything, without fear or worry. Where freedom of speech is a right nobody can take away from you ★ *This is your America*
...Keep it Free!

This is America..
... where every boy can dream of being President. Where free schools, free opportunity, free enterprise, have built the most decent nation on earth. A nation built upon the rights of all men ★ *This is your America*
...Keep it Free!

This is America..
SUGGESTIONS
...where your thinking is appreciated ... where men work together, to do a better job — — to make a better product — — to build a better nation ★ *This is your America*
...Keep it Free!

This is America..
...where you vote as you please. Where the privileges of democracy belong to all people equally...where your government is your servant, not your master ★ *This is your America*
...Keep it Free!

This is America..
...where your little ones of today will be the big people of tomorrow. Where free education prepares them for the full opportunities of democracy ★ *This is your America*
...Keep it Free!

This is America..
...where the family is a sacred institution. Where children love, honor and respect their parents ...where a man's home is his castle ★ *This is your America*
...Keep it Free!

This is America..
...a nation with more homes, more motor cars, more telephones – more comforts than any nation on earth. Where free workers and free enterprise are building a better world for all people ★ *This is your America*
...Keep it Free!

为避免这些事情发生，我们要奋起战斗！（凯利·米勒，1943）

后方的民主投票同样也能捍卫前线为的战斗！（凯利·米勒，1943）

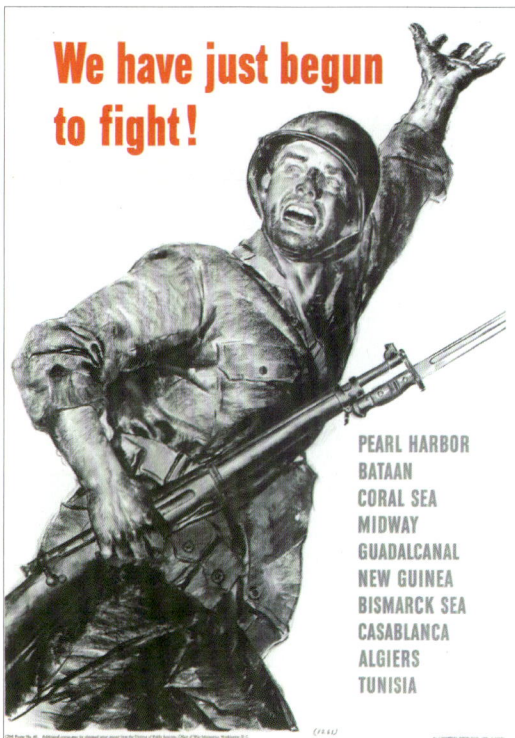

我们才刚开始战斗！（战时新闻处，1943）

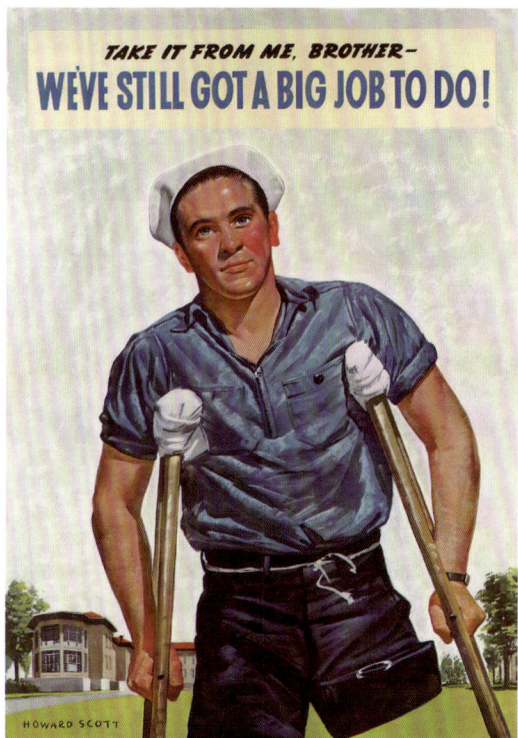

看着我，兄弟，我们还有很多事情要完成！（霍华德·斯科特，1943）

为了胜利而做好安排，硬仗还在后面！（海军工业动员部，1943）

欧内斯特·金说："考验战斗力的关键时刻还在前方等着我们。"罗耶尔·英格索尔说："大西洋之战必将是一场持久战。"切斯特·尼米兹说："先别急着谈什么胜利，日本的军舰还在海上顽抗着。"海报中引用3位海军将领的话为美国民众提了个醒：此刻的局势远没有变得明朗，胜利还没有到来，为了战争你们还有很多事情要做

《权利法案》，每个美国人都应该知道！（国防通讯处，1944）

你的街角处不应该成为下一个目标！（吉尔伯特纸业公司，1943）

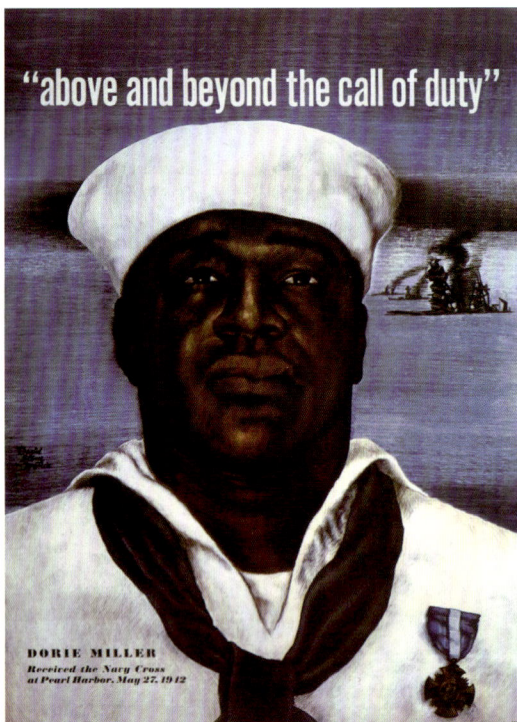

高度的责任感！（大卫·斯通，1943）
海报中的这位黑人士兵叫多瑞·米勒（Dorie Miller），珍珠港事件爆发时，他是"西弗吉尼亚"号上的一名普通炊事兵。在反击中，他不仅用舰上的高射机枪击落一架日军飞机，还勇敢地将舰长救出。为了表彰他的行为，他于 1942 年 5 月 27 日被授予海军十字勋章。这张海报的问世不仅是出于鼓舞士气和招募兵源的目的，更为重要的是为了宣传美国官方所强调的种族平等原则

这段时期内，以战时新闻处等官方机构名义发表的海报风格便开始悄然发生变化，这其中以反映"苏利文五兄弟服役事迹"的宣传海报最为著名。住在艾奥瓦州滑铁卢的托马斯·苏利文（Thomas Sullivan）一家五子同于 1942 年 1 月 3 日报名加入美国海军，后在美军巡洋舰"朱诺"号（USS Juneau）上一起服役。1942 年 11 月 13 日的瓜岛海战中，"朱诺"号遭遇日军潜艇攻击而倾覆沉没，这兄弟 5 人也不幸殉职。出于情报保密需要，这个消息直到两个月后才被同意告知阵亡官兵家属。经过媒体机构的不断报道，苏利文五兄弟迅速成了美国二战期间的国家英雄，美国总统罗斯福以及海军总司令欧内斯特·金亲笔致信，向苏利文一家表示哀悼和慰问。战时新闻处也迅速行动起来，他们利用苏利文兄弟在服役

之初所拍摄下的一张合照作为主题，于两个半月后就推出了一张名为《他们恪尽职守》的宣传海报。整张海报以红色为背景，画面简洁严肃却又不乏警醒的寓意，另外为了平缓民众的低落情绪，海报中还故意将五兄弟的阵亡情况改成了"战斗中失踪"。

除去这些带有个人英雄主义色彩的海报之外，在经过了一段时间的试探之后，反映前线作战情况的纪实性海报开始占据相当数量。实际上，单纯以提升士气为主的海报数量至 1944 年起已开始大量减少，许多创作者早已将这一主旨融入诸如购买债券、加速生产、减少浪费等特定主题中；故此严格意义上说，这一时期内的纪实性海报要做的已不再是鼓舞士气，而是让民众做到时刻警醒，因为战争远未结束。许多海报中开始大量出

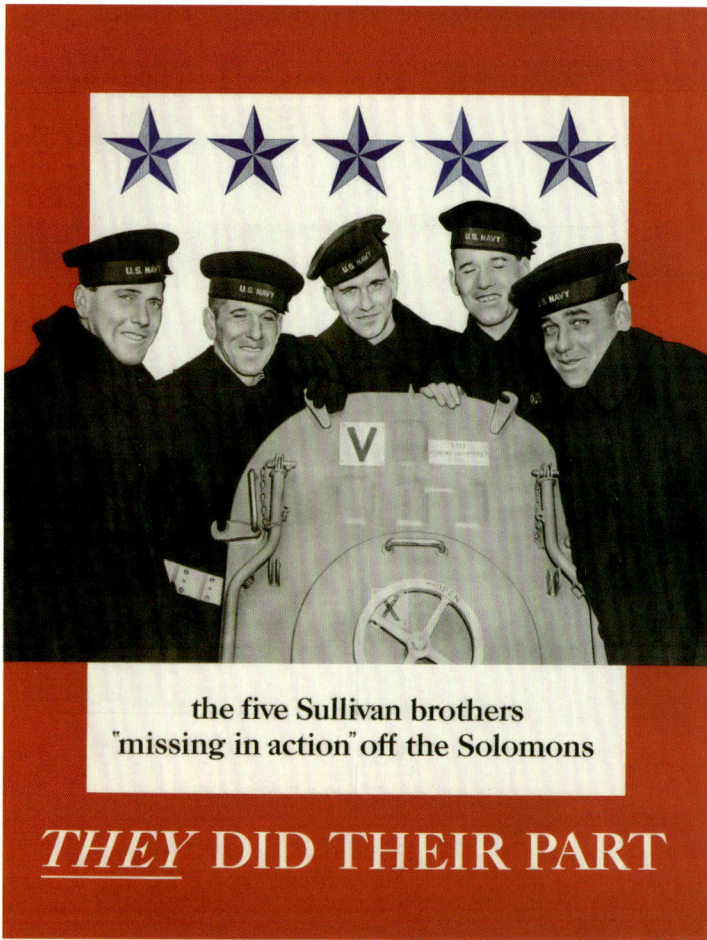

the five Sullivan brothers
"missing in action" off the Solomons

THEY DID THEIR PART

现前线拍摄的照片，尽管这些照片已在公开前进行了筛选，但真实的场面足以向民众揭示战争的残酷和痛苦。不过老实来说，在展示战争的负面因素上，战时新闻处显然不算老道，而真正将这种感受带给美国民众的则是陆、海军以及隶属于美国战争部的公共关系事务署（Bureau of Public Relations）。他们创作的多数海报虽然都乏于艺术色彩，但显然更贴近现实，特别是公共关系事务署的海报尤为突出。除特殊要求之外，他们的全部海报均采用未经处理的战地拍摄照片作为素材，并配以100字左右的说明报道——实际上这更应该说是一种新闻报道。

他们恪尽职守！（战时新闻处，1943）
这是来自艾奥瓦州的苏利文五兄弟。从左往右依次是约瑟夫、弗朗西斯、阿伯特、麦迪逊和乔治。当罗斯福总统得知五兄弟同时阵亡的消息后，他随即给五兄弟的父母写了一封哀悼信，他在信中写道："身为总统，我希望你们知道现在举国同哀……我们这些活着继续战斗的人必须笃信：这样的牺牲是有价值的……他们面对死亡的勇敢、刚毅使我更加确信我们不屈不挠的战斗精神和决心。"同时，这一悲剧也促使军方公布新的兵役政策，要求同时服役的兄弟或直系亲属不得在同一作战单位中服役，并且若单个家庭中有一人以上在军中服役期间阵亡，若由军事原因使得该家庭只剩下最后一名子女时，其家人或其本人可申请不参加危险任务，而这条政策在美国军队中至今仍然有效

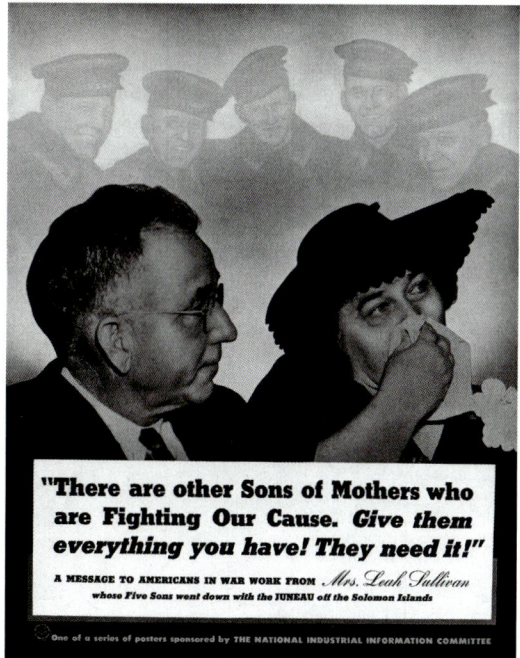

"There are other Sons of Mothers who are Fighting Our Cause. _Give them everything you have! They need it!_"

A MESSAGE TO AMERICANS IN WAR WORK FROM _Mrs. Leah Sullivan_ whose Five Sons went down with the JUNEAU off the Solomon Islands

One of a series of posters sponsored by THE NATIONAL INDUSTRIAL INFORMATION COMMITTEE

当莉安·苏利文夫人得知自己的5个儿子在战斗中阵亡之后，她如此表示道："还有很多母亲的孩子们正在为我们的事业而战斗着。给予他们你拥有的一切！他们需要这些！"（国家制造业协会，1943）

空战前线！（美国陆军部，1943）

你正在逐步巩固胜利！（美国海军部，1944）

还记得我吧？我们之间的战斗还没完！（佩尼亚·科拉达，1944）

胜利依然需要高昂代价，通往东京的道路并非平坦！（美国海军部，1945）

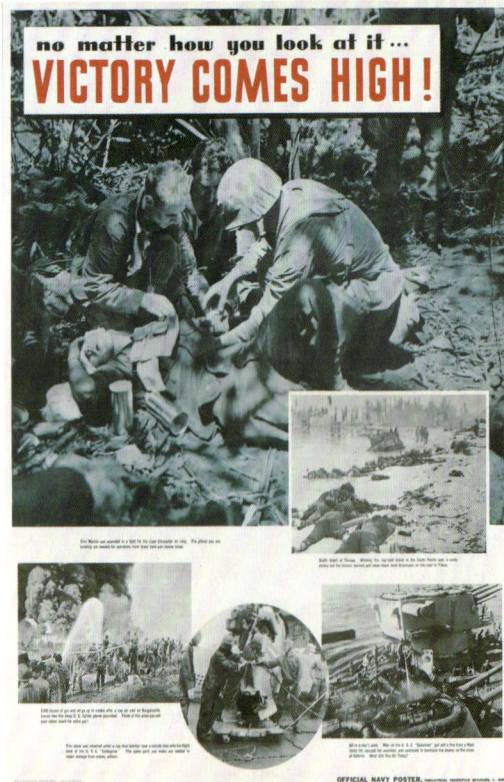

不管你如何看待这些，总之胜利的代价相当高昂！（美国海军部，1943）

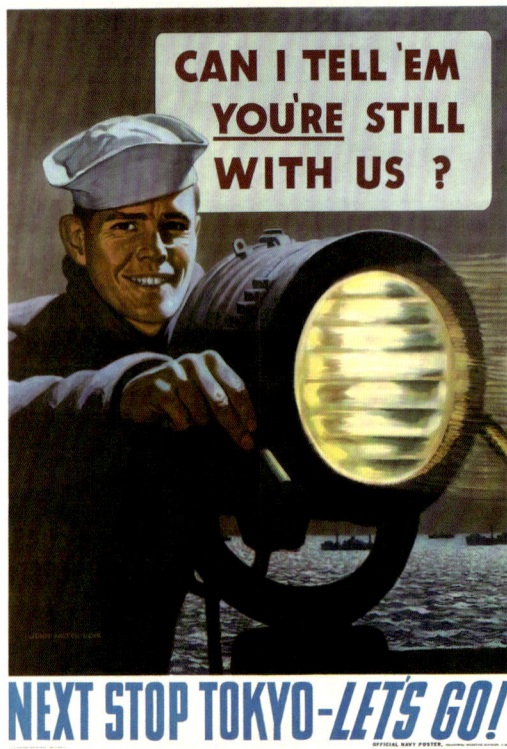

我能告诉他们你仍旧支持着我们吗？出发，下一个目标是东京！（约翰·法尔特，1945）

Fighting Flashes
WAR NEWS & VIEWS WORLD AROUND

SAVING AMERICAN LIVES. Credited with saving the lives of countless American soldiers, these mine detectors, produced by the Signal Corps, are shown being used by combat engineers to check the ruins of a French city. The mine they have discovered here must be removed before other troops will be permitted to advance. Mine detectors like these depend on dry cell batteries and a constantly increasing supply is needed. The drive to victory can be slowed unless industry provides greater production of Dry Cell Batteries.

REPORTING ENEMY MOVEMENTS. This Signal Corpsman has connected a phone to the wire leading to advance patrols. Dry cell batteries are the power behind this important communications operation which makes it possible to relay information to artillery, tank and troop units pushing up from the rear. If our troops were to run short of batteries they could be subjected to merciless enemy fire without being able to coordinate their own movements and firepower. To guarantee that our men will have the batteries they need, production must be sharply increased.

Fighting Flashes
WAR NEWS & VIEWS WORLD AROUND

SOMEWHERE IN THE PACIFIC AREA: — An artillery battalion in a front line division recently said goodbye to some of the best friends they ever had as they moved on to a new battle area. They left this snub-nosed 155-mm howitzer to a new group with the request "Take good care of this baby". Among the other howitzers left behind were "Nipponese Nightmare", "Tojo's Sunset", and "Roaring Snafu" which have poured more than 45,000 rounds of sudden death on the Japanese.

WITH THE 2nd ARMORED DIVISION, Europe: — This gun crewman plants a kiss on the 100,000th shell that his battalion will hurl against the Germans. Wretched weather cannot stop artillery shells. In spite of everything they continue to attack. Five thousand pounds of ammunition are being poured against the German defenses every minute — and Nazi counteraction increases the need for firepower. This action can only be continued if American workmen in ammunition factories turn out greater quantities of shells.

公共关系事务署在二战期间推出的宣传类海报《战斗的瞬间》（Fighting Flashes），专门选取一些战地实景拍摄的照片作为主要宣传素材

利用各类媒体手段宣传战争进程的同时，美国国内还出现了很多鼓舞、提升前线士气的志愿团体和民间活动，这其中最为著名的便是成立于 1941 年 2 月的美国劳军联合组织（United Service Organizations）。根据罗斯福提出的希望组建一个能够鼓舞部队士气的组织这一建议，由基督教青年会（Young Men's Christian Association）、基督教女青年会（Young Women's Christian Association）、全国天主教社区服务队（National Catholic Community Service）、救世军（Salvation Army）、全国犹太人福利会（National Jewish Welfare Board）和国家旅行者救助协会（National Travelers Aid Association）等 6 家国内活动团体效仿刚在 6 个月前成立的军事特殊勤务处（Special Services，类似我们的随军文工团）成立了一个旨在为部队士兵提供演出、娱乐及心理帮助的民间活动组织，并由后来成为纽约州州长和总统竞选人的曼哈顿地区检察官托马斯·杜威（Thomas Dewey）担任该组织的首任主席。

劳军联合组织随后便开始了一连串的巡演活动，也就是很多美国士兵俗称的"兵营秀"（Camp Show）。在当年 10 月完成第一场国内慰问演出后，劳军联合组织很快就于 11 月初前往加勒比海地区实现了首次境外演出。另外，根据双方几番协商，劳军联合组织和军方在分工运作方面达成一致，即由劳军联合组织负责组织协调和事务运作，而军方则负责全部演出设施的配套供应工作。为更为有效地提高士兵的情绪，劳军联合组织后来还

别忘了，劳军联合组织也是国家战时基金会（后文中有详细介绍）的一分子！（霍华德·斯科特，1943）

劳军联合组织，他们的确帮助颇多！（霍华德·斯科特，1943）

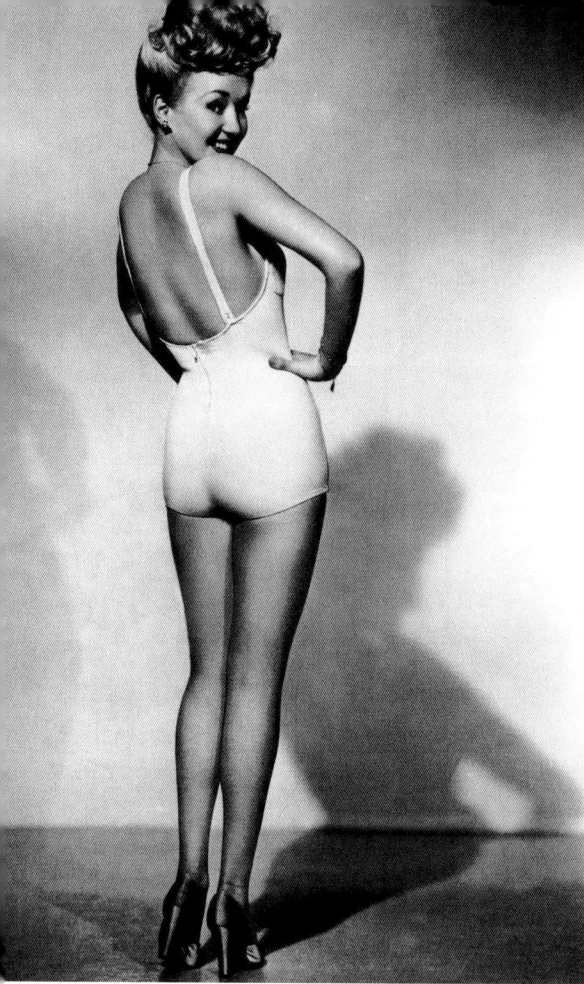

这张由摄影师弗兰克·波沃尔尼（Frank Powolny）拍摄下的著名照片不仅成了无数美国大兵随身携带的物品，而且使得照片里回眸一笑的葛莱宝也成了他们为之战斗的精神依托

论在美军中的知名程度，丽塔·海沃斯绝对不逊色于葛莱宝，当然从未离开过美国进行宣传也是阻碍葛莱宝影响力更大化的一个客观原因。不过很多美国士兵都觉得海沃斯的气质更具有亲和力

与众多好莱坞影星达成协议，邀请他们前往兵营进行慰问表演。要知道，当许多美国大兵朝思暮想的海报女郎，诸如"全民情人"贝蒂·葛莱宝（Betty Grable）和"美利坚爱神"丽塔·海沃斯（Rita Hayworth）等人跃然于他们面前之时，那种激动和喜悦之情就足以让他们忘却一切残酷和痛苦。按照作家约翰·斯坦查克（John Stanchak）的说法就是："对于这些美国兵来说，贝蒂就是他们生命的一切，也是他们为之战斗的寄托……这当然还包括丽塔·海沃斯、多萝西·拉莫（Dorothy Lamour）和拉娜·托娜（Lana Turner）等一批女星……"此外，劳军联合组织里还出现了诸如像鲍勃·霍普（Bob Hope）这样的慰问明星，令人

捧腹的喜剧表演加上风趣幽默的笑话让他很快就受到了前线士兵的欢迎。

前线慰问演出的次数在 1943 年开始逐渐增长并在盟军完成诺曼底登陆后达到了一个峰值。根据历史学家保罗·霍辛格（Paul Holsinger）的不完全统计，劳军联合组织在整个二战期间共组织了多达 293738 场演出，共计有超过 1.61 亿人次曾经观看过他们组织的演出，还有 28 人在巡回演出中因为飞机失事或疾病传染等原因而殉职。

除了这些前线慰问活动之外，劳军联合组织还和美国图书馆协会（American Library Association）与美国红十字会一起于 1941 年 1 月共同推出了"国防书籍活动"（National Defense

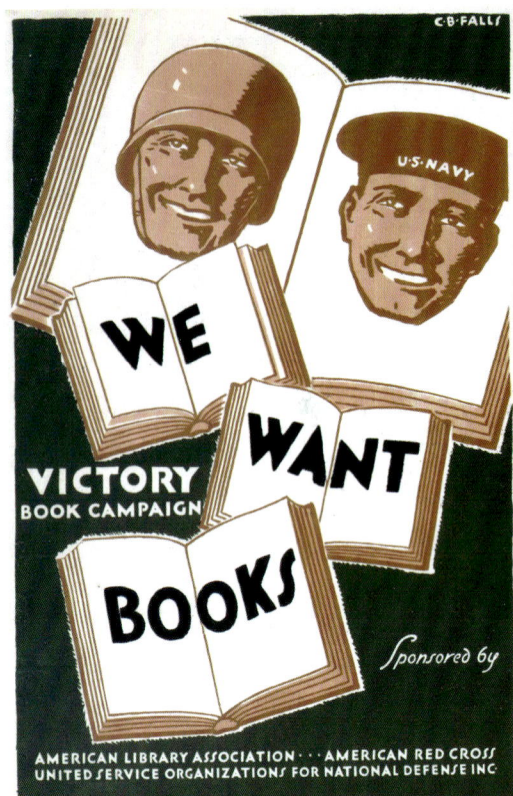

我们需要图书！（查尔斯·法尔斯，1942）

Book Campaign），旨在号召美国民众将书籍杂志无偿捐赠给部队作为服役士兵的日常读物。实际上这项活动并非首创，因为早在一战时期美国就曾出现过类似的"战争图书馆藏书活动"（War Library Book Drive）。与一战期间的运作模式较为类似，此次活动也设立了一个活动组委会作为活动总调度，总部设于纽约的帝国大厦，并在全美本土的另47个州均设有分支点（多数为当地的公共图书馆）。经过美国图书馆协会的推选，洛杉矶公共图书馆馆长阿尔西雅·瓦伦（Althea Warren）成了首任委员会主席。后来随着美国参战，此项活动也正式更名为"胜利书籍活动"（Victory Books Campaign）。

按照活动流程，各州的活动分委会将定期在当地举行一场图书捐赠活动，而这些捐赠得来的图书便会从四面八方汇集在各州的分支存放点。接着，活动组织者们就将这些书按新旧程度和核心内容分为7大类，心理学、时政评析、军事历史、

我们需要书籍！（美国海军部，1943）

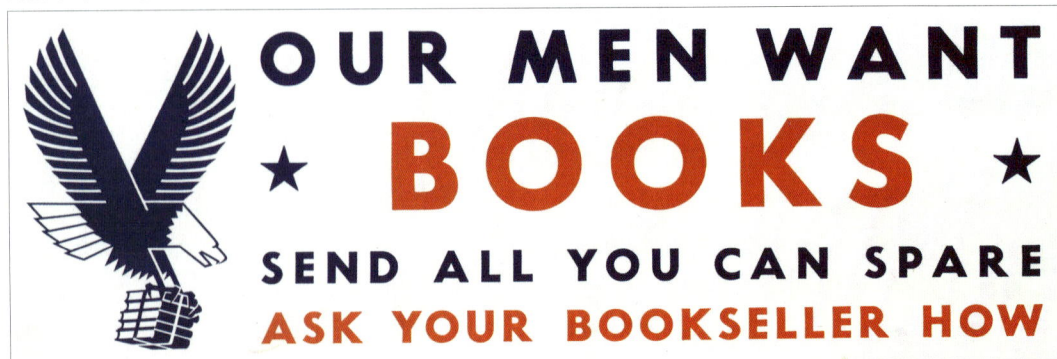

我们的士兵需要书籍，捐出一切闲置的书（美国陆军部，1943）

代数几何等书籍作为第 1 类小说类或第 2 类非小说类图书优先考虑送往部队。有趣的是，一旦书籍被归于第 6 或者第 7 类，那么该书就不再适合提供给士兵阅读，原因是第 6 类图书被定义为"损毁严重且无法修复的书籍"，按照规定这些书籍最后只能作为废纸进行回收处理，而第 7 类图书则是"首版或限量珍贵图书"，依照要求这批书将会被图书馆妥善保管。

一直到 1943 年 12 月 31 日活动组委会主席威廉·海普纳（William Hepner）宣布图书捐赠活动将于即日起正式停止之前，主办方已通过近 3 年之久的活动共得到各类书籍达 1850 万本，这其中约有 1020 万份图书最后成为前线将士日常的学习读物。在此之后，海军和陆军部开始逐步落实 3500 万本图书的购买计划，基本满足了作战士兵的正常阅读。这里必须说明的是，陆军官兵一共从这批图书中得到了 580 多万本读物，海军人员则获得了超过 175 万本各类书籍，而商船船员仅拥有 68 万本；而活动的 3 个主办方则自行保留了约 155 万本图书作为其成员的日常读物，此外还有约 5 万本图书作为美国战俘营的教育读物。

美国人还从 1942 年 6 月起开始逐步推广"胜利邮件"（Victory Mail）。这种胜利邮件其实就是一种航空微缩摄影邮件，最早由英国人发明，并将此作为士兵联络亲人感情和提升作战士气的一种常规手段。美国人之前的战地书信来往全部依靠纸质信件，通常一架运输机要配备 37 个塞满了 15 万封信件的帆布邮袋。在从英国人那里得知了微缩摄影技术后，美国邮局开始转变之前的书信形式，他们仍旧从欧洲、非洲和太平洋等地区的各个战场免费收寄军人书信，但在各地的战地邮局就将信件通过缩微摄影后存为底片，随后通过航空运递到达美国本土，再将底片进行冲洗和放大，最后对折套封寄递到收件人手中，向亲人报平安。

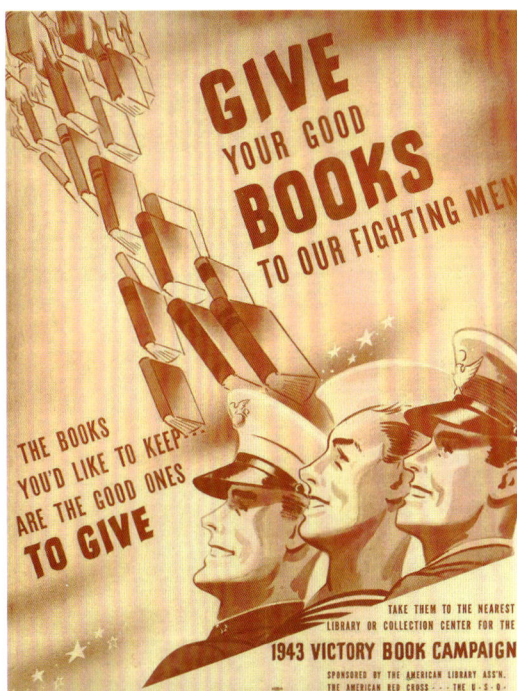

美国图书馆协会，1943

给更多的书，给更好的书！（杰弗里·斯佩伦斯，1943）

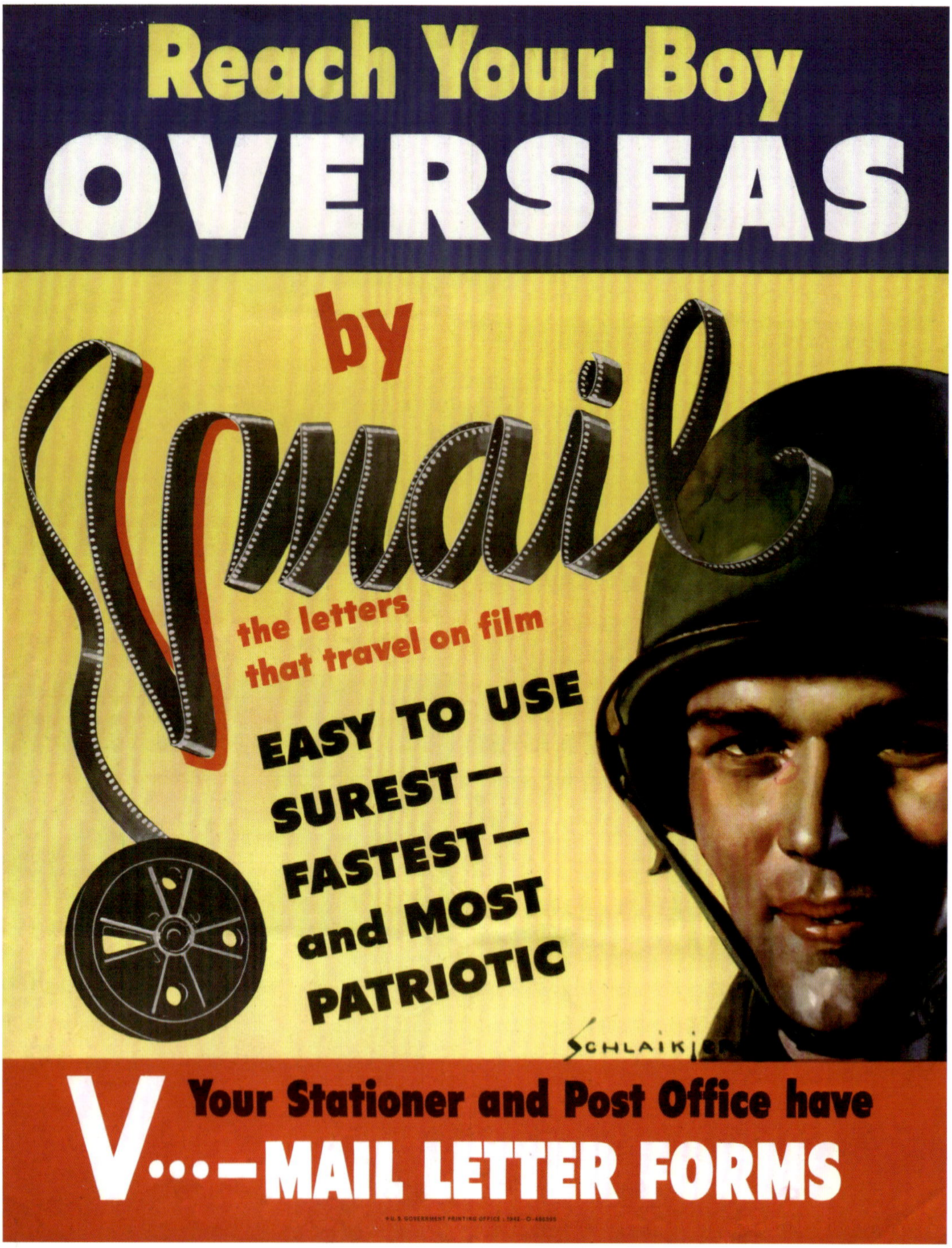

使用胜利邮件与你前线的孩子交流（延斯·施莱凯尔，1942）

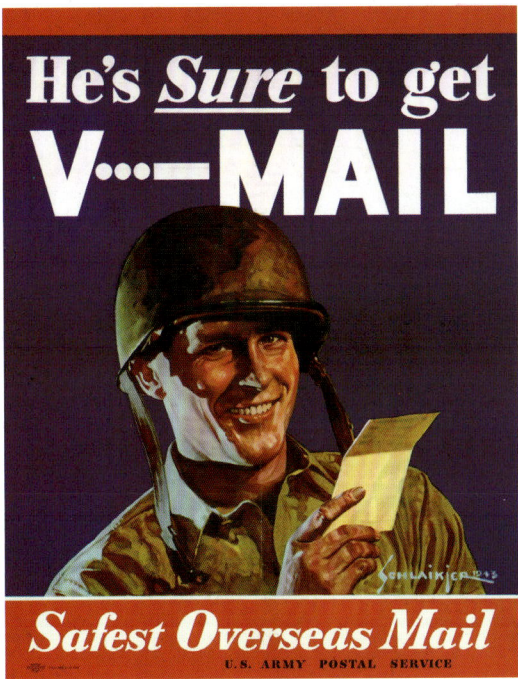

他肯定能收到胜利邮件！（延斯·施莱凯尔，1943）

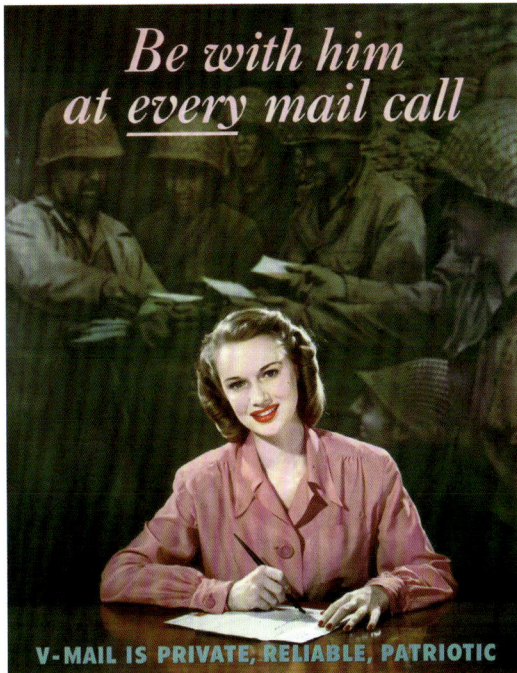

通过每封邮件与他保持联系！（勒哈伦·希勒，1945）

　　当然，美国民众也可向前线士兵寄去胜利邮件，但同样要求不得询问任何与前线战事有关的内容。这种特殊的传递方式既可以减轻邮件的重量、体积，又可防止敌方间谍利用普通信函窃取情报。为了确保信件的内容安全，所有的邮件均要经过邮件审查。不过事后表明，平均每200个爱子心切的母亲中就会有1个冒失地向自己的孩子询问诸如"你现在在哪座城市""战事会在今年圣诞前结束吗"等这样的问题。

　　自1942年6月15日推出胜利邮件服务到1945年4月1日终止，美国共寄出了大约5.56亿份邮件，其中有5.1亿份最终交到了前线士兵的手中。不过十分有趣的是，尽管美国邮政大力推广这一服务，但由于价格偏高，仍旧有为数不少的人放弃了邮寄周期更短的胜利邮件，继续采取普通的平信方式保持与前线士兵的联络。比如在整个1944年，海军士兵共收到3800万封胜利邮件，而收到的平信却多达2.72亿封。不管通过何种方式邮寄，书信交流的确起到了稳定前线士兵情绪的作用。

"美国政府采纳了柯达公司的胜利邮件作为与前线官兵保持联系的通信工具。"这是当时柯达公司为宣传胜利邮件而制作的商业宣传广告

第二章 敌我分明

Allies Or Foemen

纳粹所希望的，是想把全世界都拖回到黑暗的奴隶时代，他们宣扬的政策就如同撒旦的黑暗统治。
——亨利·华莱士（二战时期美国副总统）

在罗斯福坚定地宣布站在同盟国一方之后，兵戎相见的敌对形势在一夜之间便让之前所有委婉客套的外交辞令变得不再适用。和任何一个国家接下来所要做的一样，丑化、揭露敌人，支持、帮助盟友也就成了美国宣传部门必须完成的一项政治工作。然而正如我们在前文中所说到的那样，参战后的前6个月绝对是美国人在二战宣传工作中最为混乱与失败的半年：精确资料办事处、新闻统筹办公室与信息情报处3家部门几乎是各自为营、互不沟通，他们的宣传方向也毫无统一性可言。这种局面直到战时新闻处的成立才得以好转，或者更为准确地说，应该是戴维斯下令在战时新闻处内部成立一个名为"心理战工作部"（Psychological Warfare Branch）的分支机构以后。该部门的主要工作职责便是利用广播、海报和平面媒体，向民众极力展示敌人邪恶的阴暗面，同时尽可能地提升美国民众对于盟友的认

知程度。只是这个部门的后一项工作实际上并非尽善尽美，因为直到二战结束，仍有很多美国人认为自己的邻国墨西哥以及那些濒海相望的加勒比小国只是一些恪守中立原则的旁观者。

戴维斯很快就发觉，这一工作并非想象中那般轻松。实际上他负责的宣传部门已经失去了一个宣传敌友关系的绝佳时机，因为早在1942年1月初，美国和其余25个国家就已在华盛顿完成了《联合国家宣言》的最终签署，然而除了一套精确资料办事处设计的《他是你的朋友，他为自由而战》的海报之外，那时的美国宣传部门甚至都没怎么好好利用这一题材进行正面宣传。作为一名在新闻行业工作了足足30年的资深人士，戴维斯自然十分清楚一点，那就是过期的新闻素材非但不能起到正面的宣传作用，相反还会招致民众的猜忌与不满。然而观察敏锐的戴维斯仍旧从战事的发展中觅得了绝佳的宣传机会。

"他是你的朋友，他为自由而战"主题海报

澳大利亚

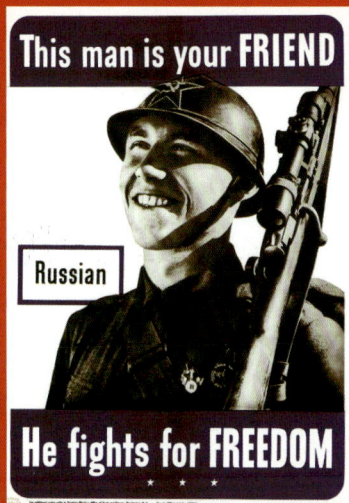

俄罗斯

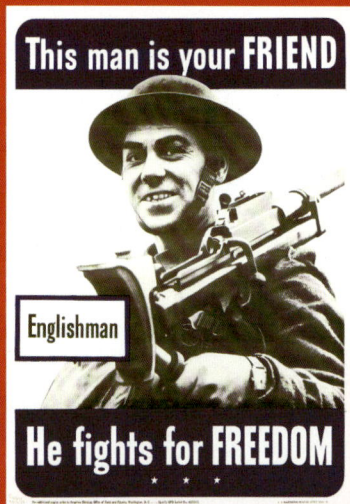

英国

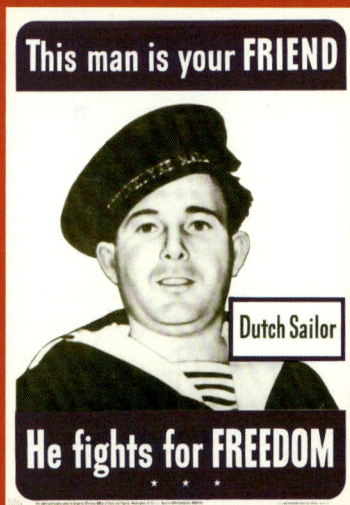

荷兰

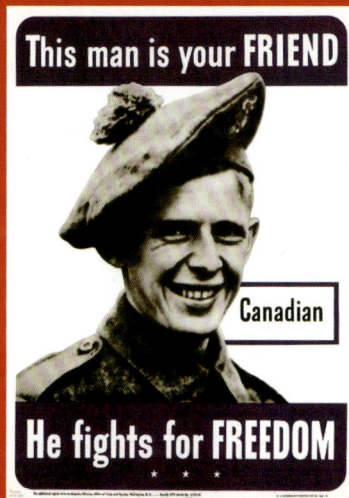

加拿大

埃塞俄比亚

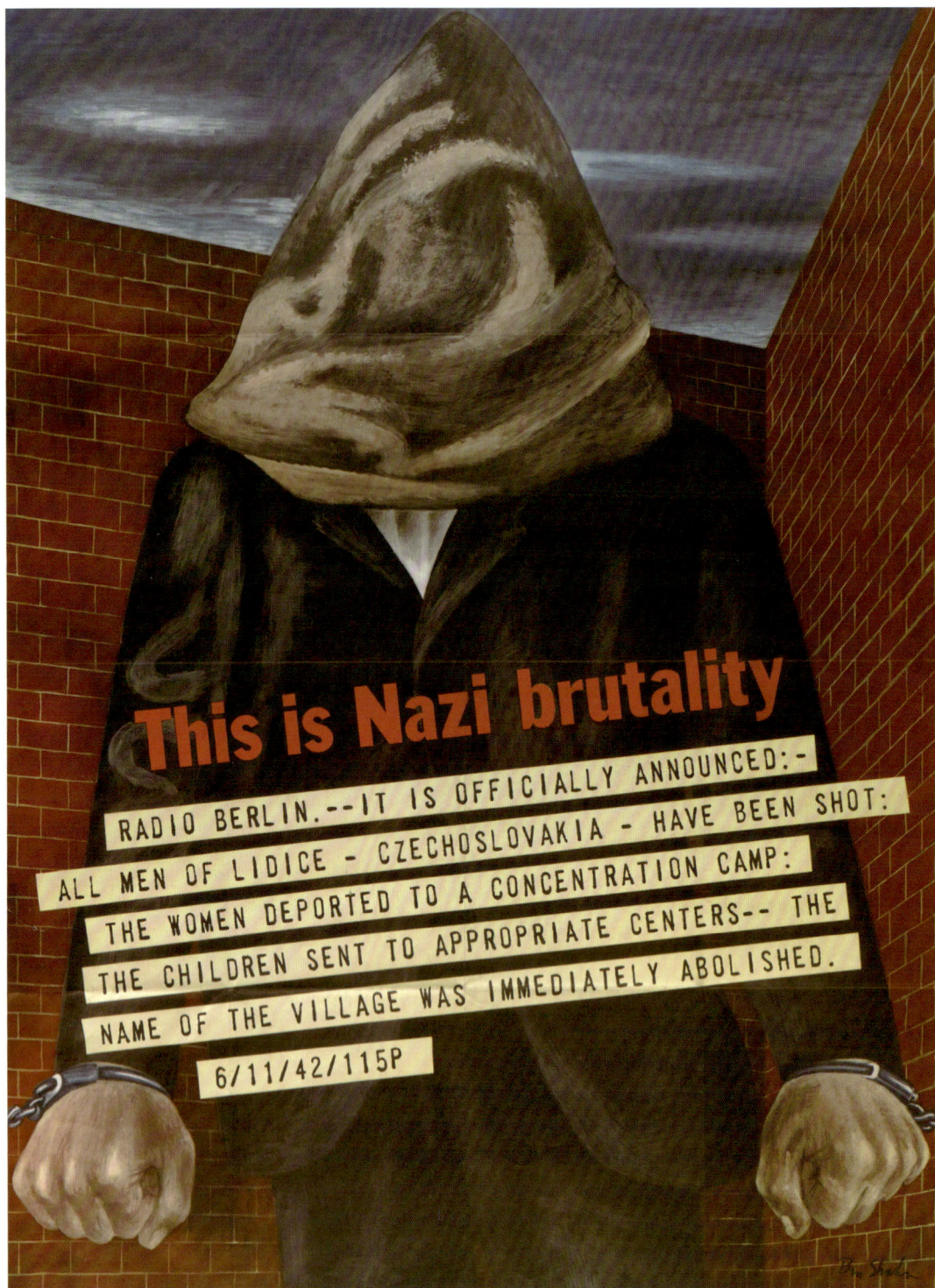

这就是纳粹的兽行！（本·沙恩，1942）

下面的小字摘录了柏林电台的一段通告："所有在捷克斯洛伐克村庄利迪策的男性全部枪决，女性驱至集中营，儿童送往劳改所——这座村庄的名字永远地不复存在了。"利迪策村位于布拉格西北部地区，在 1942 年纳粹所制造的大屠杀中，只有 11 名村民得以幸免。除去多数被集中枪毙的村民外，一批儿童还被德军押往海乌姆诺集中营，他们最终的命运多为被毒气处死

几乎在战时新闻处成立的同时，纳粹德国就在捷克斯洛伐克制造了一起骇人听闻的屠杀事件。为报复利迪策村村民掩护刺杀党卫军二号人物海德里希的别动队成员，经希特勒的亲自批准，该村的成年男性被德军悉数枪杀，妇女和儿童则被送往附近的集中营。该事件迅速遭到国际舆论的一致谴责，同时也让戴维斯意识到，这就是揭露敌人罪恶的最佳素材。于是在他的提议下，受雇于战时新闻处的立陶宛裔画家本·沙恩（Ben Shahn）用时两周便完成了一幅名为《这就是纳粹的兽行》的海报。海报依旧保留了沙恩最为擅长的社会现实主义画风，整体色调阴暗晦涩，通过高耸的围墙、肮脏的头罩以及紧锁的枷铐将受害者那种压抑、无助而又恐惧的情绪毫无保留地传递给了每一位美国人。这一题材实际上为很多画家的创作带来了灵感，另一位著名插画家约翰·法尔特（John Falter）随后也根据该事件完成了另一幅立意相似的海报，名为《为自由而献身》。这幅海报同样采用了高墙、阴影和皮鞭等灰暗场景来突出纳粹统治下的恐惧，但与沙恩的宣传语句相反的是，法尔特通过正面的宣传手段转述了林肯的名言"在这个世界上自由和奴役永不并存"。

自利迪策事件之后，揭露敌人暴行和反人类行径的海报数量开始逐渐增加。久而久之，美国海报在描写敌人时不成文地产生了一种定式：希特勒通常是一脸卑鄙狡诈、粗暴无知的神态，日本人大都是一张贼眼圆翻、面容邪恶的表情，而墨索里尼则通常被描绘成脑满肠肥、体态臃肿的样子。其实，极尽可能地丑化对手是二战期间各国海报的共同特点，但对于美国人来说，这种表现手法在很多政府机构发表的官方海报上运用得并不太频繁，反倒是极其普遍地存在于很多民间广告团体和公司受雇画家的作品中，甚至在各种题材类型的海报中都一再使用。

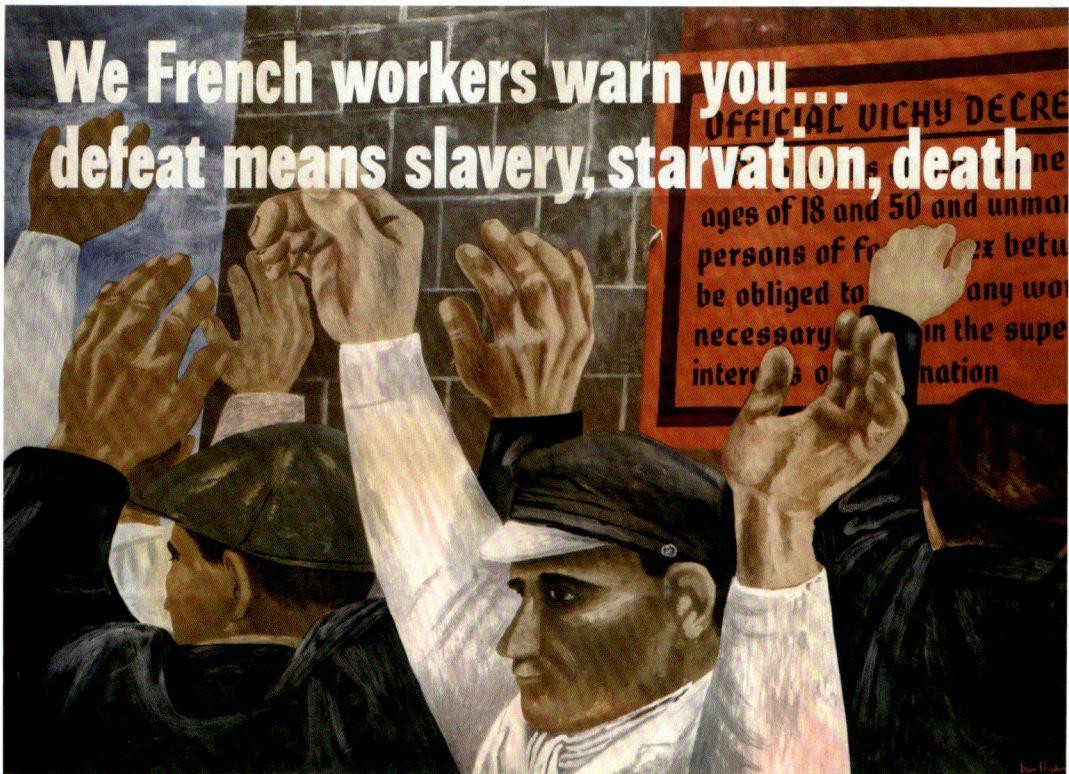

作为法国工人，我们警告你，战败就意味着奴役、饥饿和死亡！（本·沙恩，1942）

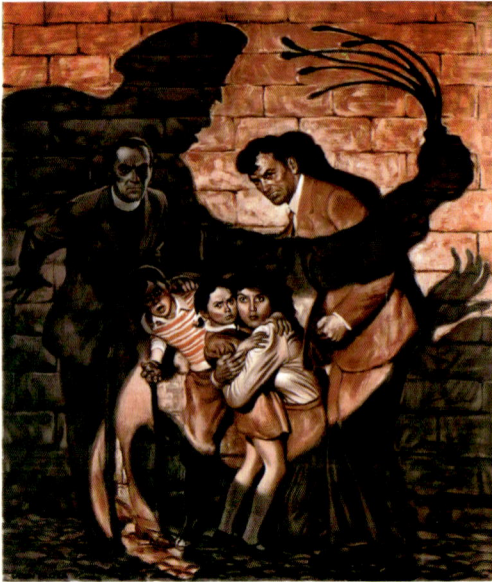

"THIS WORLD CANNOT EXIST HALF SLAVE AND HALF FREE"

SACRIFICE FOR FREEDOM!

为自由而献身！（约翰·法尔特，1942）

"We shall soon have our Storm Troopers in America!"
—HITLER

What do YOU say, AMERICA?

希特勒说："美国很快也会有我们的冲锋队。"美国人，你说呢？（战时新闻处，1942）

"I am looking forward to dictating peace to the United States in the White House at Washington"
—ADMIRAL YAMAMOTO

What do YOU say, AMERICA?

山本五十六说："我希望在华盛顿的白宫中执掌世界大权。"美国人，你说呢？（战时新闻处，1942）

"We consider peace a catastrophe for human civilization"
—MUSSOLINI

What do YOU say, AMERICA?

墨索里尼说："我觉得和平对于人类文明来说是场灾难。"美国人，你说呢？（战时新闻处，1942）

美国机车制造公司创作的
一套以揭露轴心国邪恶本质为主题的海报广告

THEY'LL GIVE YOU A FRESH START IN LIFE

他们将给你一次重生的机会

IT'S DINNERTIME IN AMERICA

午饭时间到了

TRY THIS FOR SIZE...

它的尺寸是否对你合适呢？

A HIGH HONOR FOR YOUR DAUGHTER

对你们女儿的绝佳奖励

EVER FACE A FIRING SQUAD?

可曾考虑面临一支行刑队？

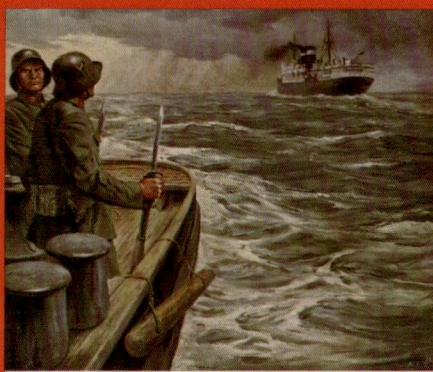

LIKE A NICE OCEAN TRIP—FREE?

想要一次惬意的海上旅行？

这是刊登在 1942 年 9 月《时代》杂志中的一篇插画文章，注意这里的标题为"日本人：封建的天皇意识必须被铲除"

美籍波兰裔海报画家阿尔图尔·谢克（Arthur Szyk）于 1942 年完成的一幅揭露轴心国邪恶本质的插画海报。由于其绘画作品通常将轴心国领导者加以贬低丑化，希特勒曾表态愿出重金来换谢克的一条性命；而这位被罗斯福总统夫人誉为"有如反抗纳粹的一支军队"的犹太画家在整个战争期间共创作了不下 40 余幅宣传作品，影响力遍布全美和欧洲占领区

This is the Enemy

WINNER R. HOE & CO., INC. AWARD – NATIONAL WAR POSTER COMPETITION
HELD UNDER AUSPICES OF ARTISTS FOR VICTORY, INC.–COUNCIL FOR DEMOCRACY–MUSEUM OF MODERN ART

REPRODUCED THROUGH COURTESY OF R. HOE & CO., INC., NEW YORK, N. Y.   © R. HOE & CO. INC.   LITHOGRAPHED IN U. S. A. ON HOE SUPER-OFFSET PRESS BY GRINNELL LITHOGRAPHIC CO., NEW YORK, N.Y.

这就是敌人！（卡尔·科勒／维克多·安科纳，1942）
这幅海报最终获得了国家战时海报设计大赛"揭露敌人"类主题的优胜奖，注意作者借当时刚被刺杀的海德里希作为海报中纳粹
人物的原型，只是其穿着显然不是党卫军的配置

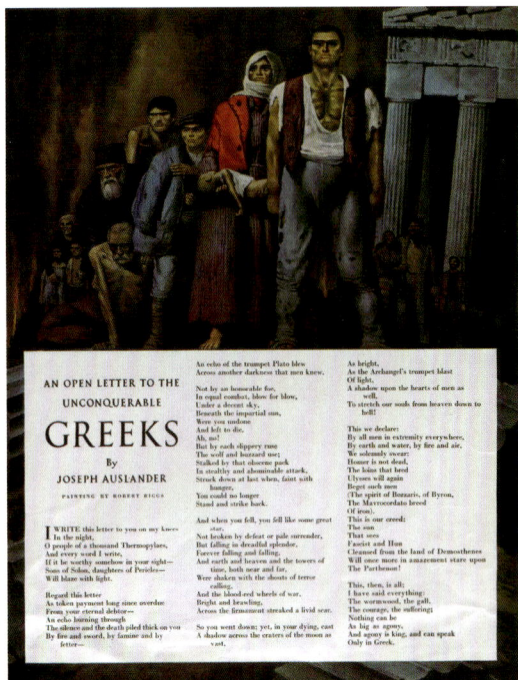

致一个不可征服的民族——希腊人的一封公开信（罗伯特·里吉斯，1943）

刊登于1942年10月这一期《时尚男士》杂志中的一幅宣传海报，作者为捷克裔画家扬·吕文巴赫（Jan Loewenbach）。配图所用的曲谱和歌词出自15世纪时期捷克地区胡斯人的战歌《汝当以神之勇士》（Ktož Jsú Boží Bojovníci），另外捷克斯洛伐克的治国箴言"真理至上"（Veritas Vincit）也被放在海报的显著位置

与此同时，戴维斯自然也没有忘记宣传自己的盟友。不过客观来说，战时新闻处对于盟国的宣传工作做得并不十分到位。在1942年的整个下半年里，参与《联合国家宣言》签署工作的另外25个国家很大程度上只是作为一个整体以贴花的形式出现在战时新闻处和其他一些政府机构的官方海报上。但事实上，很多民众根本不知道海报上那一面面国旗代表的是哪个国家，也不大愿意逐一观看蝇头小楷般的说明文字。唯一让戴维斯感到欣慰的是，尽管这类表现手法略显拙劣的海报一直到1944年仍被不断地创作出来，但实际上由于一大批揭露敌人罪恶的海报足以让美国民众群情激奋，因此这些海报倒也并未明显招致民众的反感情绪。

与政府机构不同的是，美国民间为同盟国摇旗呐喊的海报却不乏传世佳作。其中最为著名的当属于1943年9月起刊登在《星期六晚邮报》上的5幅配诗海报。这5幅海报的所用诗歌全部摘录自首位获得"国会图书馆桂冠诗人"称号的约瑟夫·奥斯兰德（Joseph Auslander）于1943年完成的组诗《不可征服的民族》（The Unconquerables）。随后杂志方又请来了萨尔伯格、罗伯特·里吉斯（Robert Riggs）、艾弗瑞·亨利（Everett Henry）、斯蒂凡·多哈诺斯（Stevan Dohanos）和约翰·阿瑟顿（John Atherton）等5位知名画家分别完成了以捷克斯洛伐克、希腊、波兰、挪威和荷兰为主题的海报。这5张海报的立意、取景尽管各不相同，却将这几个与纳粹德国进行顽强抗争的民族的不屈精神传递给了每一位美国读者。而这5张海报也成了二战期间反映盟国抗击纳粹的主要代表作。

此外，美国国内的一些国际救济团体也创作了大量此类题材的海报，而我们在这里似乎也有必要简单介绍一下这些民间组织在二战前后的发展简史。早在 1939 年 9 月德国武装入侵波兰后，美国国内就已经出现了旨在帮助波兰重建的救济委员会。不过第一个正式的救济金团体却是出现于 1939 年 12 月，由前任总统赫伯特·胡佛组建。很多人或许不知道这位和现任总统罗斯福关系极为糟糕的前任总统还是一位心存良善的慈善家，通过他的努力，这个基金会倒也在短短两周的时间内筹集了近 40 万美元。而美国国内真正具备救济性质的民间团体则是由娜塔丽·拉萨姆（Natalie Latham）女士于 1940 年 6 月在纽约组织起来的"心系不列颠"（Bundles For Britain）救助队。这一组织的目的并非在于筹集资金，而是通过简单的手工劳作为往返于大西洋航线的英国船员提供衣物和御寒品。在短短一年时间内，这一组织在美国东海岸迅速发展成了一个拥有 359 个分支活动点的大型团体，他们一共为这些英国海员提供了超过 5 万件毛衣、5 万双袜子、3 万条围巾、1.8 万双防水靴以及 8 千顶毡帽，其总价值超过了 150 万美元。

截至 1939 年底，美国国内的这类团体共有 240 家之多，并且始终保持着每月新增至少 5 家的增长趋势。尽管在 1941 年 4 月通过的修订版《中

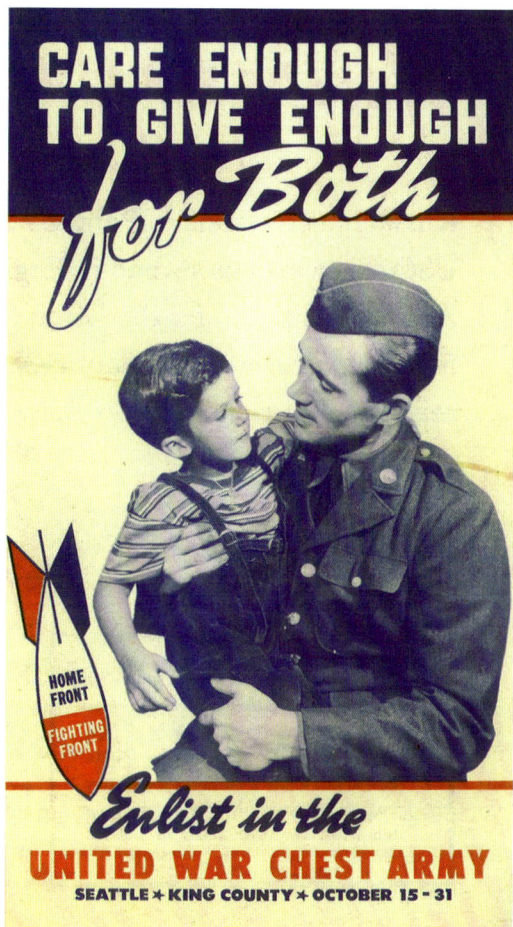

足够的关爱才能给予他们更多！（西雅图市金县公共基金会，1943）

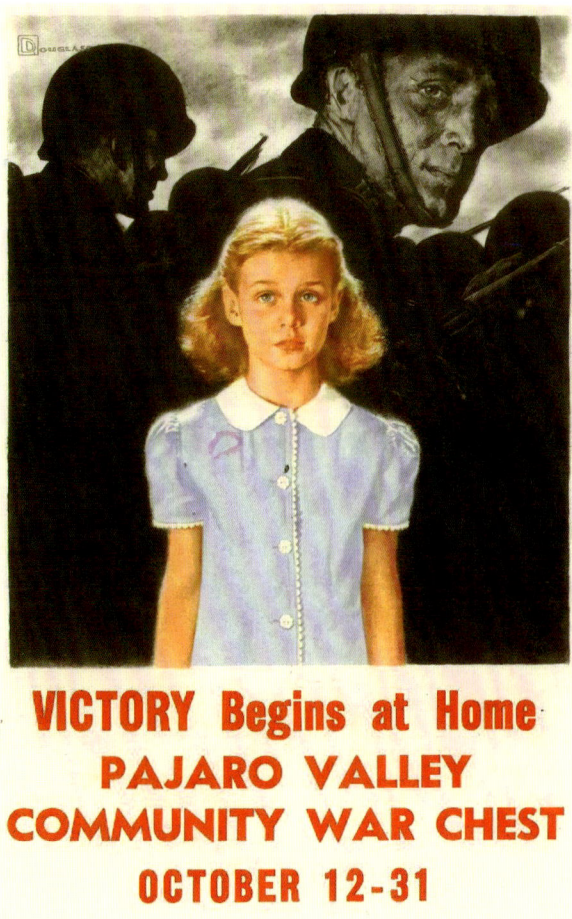

胜利源于后方！（加里福利亚州帕哈罗县公共基金会，1942）

立法案》严格限制了美国为 18 个国家提供武器、物资和资金方面的援助，但这丝毫未能阻碍这些救济团体的发展壮大。这一数据到 1941 年底的时候已经扩大到了 424 家，其中有 61 家为宗教性质的救济团体，包括联合犹太人经济寻求会（United Jewish Appeal）和美国基督教难民委员会（American Christian Committee For Refugees）等。

随着美国参与二战，这些救济团体的活动也变得更为活跃和积极，《中立法案》的根本废除不仅让他们不再顾虑重重，更可让他们公开地向民众进行推广宣传以筹集到更多的救济资金。为了最大可能地强化这些团体的工作效率，一个名为"战时救济团体总委员会"（President's Committee On War Relief Agencies）的组织在 1942 年 2 月应运而生。随后，这些救济机构各自之间取长补短，从资金筹集、物资供给再到主题宣传，逐渐开始形成一套完善的救济组织架构。后根据罗斯福的要求，政府机构又于 1942 年 7 月开始介入该委员会的部分日常事务，委员会也同时更名为"战时救济管理委员会"（War Relief Control Board）。管理委员会随后加强了这些救济团体的整合力度，即通过有效的合并或合作，使这些团体专门从事某一国家或团体的救助工作。第一轮被要求合并的 64 家团体不久之后就成了另外一些大型团体的分支机构，并专门从事某一项特定工作。至于那些执意不肯采纳政府意见的团体，美国政府则采取撤销其运行执照或冻结其资金支出的办法迫使其必须在退出和妥协之间做出选择。

尽管这些救济组织的数量仍在不断增加，但截至 1942 年底，一共有 403 家团体合并、退出或是撤销。这种归类性质的合并尽管从根本上促进了整个救济工作的推广，有利于政府部门的管理和调度，但也间接削弱了这些目的不同的团体间的沟通和合作。从 1942 年底开始，很多美国人就逐渐发觉，要求为某一国家提供帮助的海报数量开始明显增多，而它们绝大多数出自这些救济团

感谢上帝，你能够给予帮助！（亨内平县公共基金会，1943）

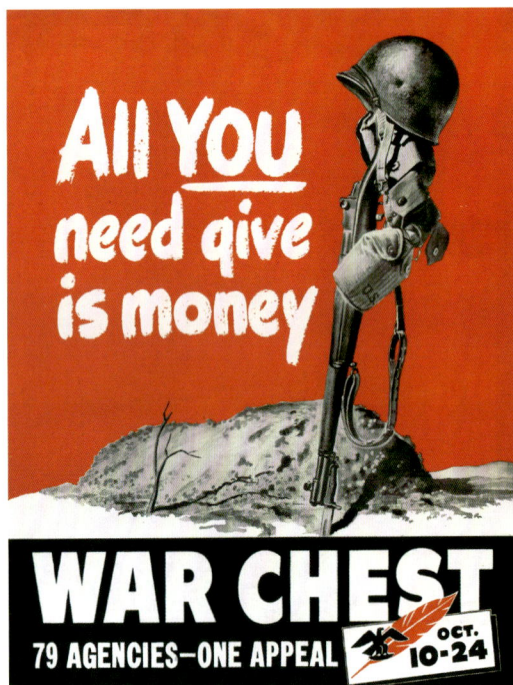

你所能做的只是给予资金帮助！（战时救济管理委员会，1943）

体之手。在帮助盟友的态度上，即便是政治制度水火不容的苏联，美国人似乎都展示出了摒弃前嫌的大度，起码在战争进入末期之前，美国人都自觉自愿地与之为友。至战争结束，这些救济团体的数量被合并至98家，但就是这些团体却最终创作了不下1900幅风格迥异的宣传海报，也为美国的盟友们筹集到了50余亿美元的资金。不过一个有意思的现象是，很多美国民众的捐款带有强烈的个人倾向，他们更喜欢将手中的钱捐给自己的族裔或原籍国家。

另一方面，当美国与其他同盟国一起为日军潜艇击沉运载伤员的澳大利亚医疗船"半人马"号（AHS Centaur）而强烈声讨的同时，美国国内越来越多的海报也开始更大范围地将轴心国的残暴罪行展示给美国民众。和先前提到的那些鼓舞士气的海报相类似，揭露敌人罪行的内容很多都是与加大生产、购买债券和招募征兵等主题联系在一起的，单纯反映敌人罪恶的海报数量已经显著减少，然而这并不意味着美国人就没有素材可供挖掘。

首先进入公众视野的是由陆军部创作的一幅以"日军处决空袭东京行动成员"为主题的海报。在杜立特指挥的这次轰炸行动中，美军共有8名

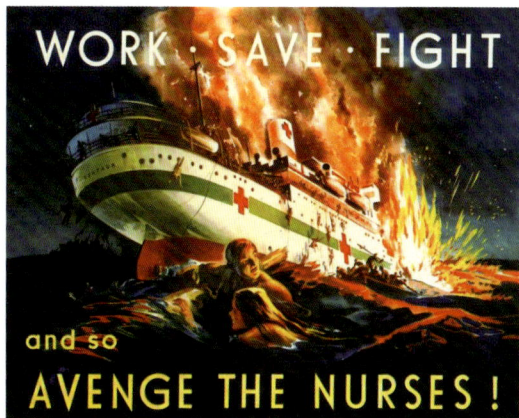

这幅由澳大利亚画家鲍勃·维特莫尔（Bob Whitmore）于1943年完成的海报名为《工作、拯救、战斗……为这些护士报仇》，其主体内容反映的就是医疗船"半人马"号遭日军潜艇鱼雷袭击后的场面。1943年5月14日，该船在昆士兰州外海域的司特布鲁克岛附近遭遇日军伊-177号潜艇攻击而沉没，全船332人中仅有64人最终获救，遇难者中有160人为盟军伤员

机组成员被日军俘虏，后经瑞士驻上海使领馆得到的消息，这8名机组成员已于1942年8月28日在日军并未告知控罪的情况下被审判，其中3人于10月15日在上海第一公墓遭枪决，另外5人则因"天皇仁慈之心"的感召而改判终身监禁。在海报中，创作者仍使用照片素材作为主题的纪实手法，一名被蒙住双眼的美军飞行员在两名日军的挟持下缓步走出监牢，整个场面显得压抑而又无助。陆军部利用简单的一张照片就向美国人充分地展示了日军粗暴行径所带来的恐惧，同时也借着主题鼓励国内的生产工作。当然我们也要说明的是，陆军部的这张宣传海报多少有些善意地误导了民众，让人误以为这张照片拍摄于行刑前。实际上照片中这位名叫罗伯特·海特（Robert Hite）的空军中校并不是遭处决的3名美军之一，他不仅幸运地活到了战后，还是少数几名至今依旧健在的轰炸行动参与者。

日军罄竹难书的暴行显然让美国的宣传工作者根本不用为寻觅素材而感到烦恼。当美国人惊骇地从各大媒体上得知日军杀害美军俘虏的时候，美国政府又于1944年1月27日最终决定将"巴丹死亡行军"的基本情况公之于众，而陆军部也随即决定利用这一素材加大民众的反法西斯情绪。与之前的海报相比，考虑到过于残酷血腥的画面可能导致民众的恐惧心理，创作者放弃了照片纪实的手法，转而采取朴素的铅画素描向阅读者展现1942年4月期间所发生的可怖一幕。在这幅著名的二战海报中，人们可以明显地感受到一股积怨已久的怒火，美国人最终还是放弃了之前的婉转表述，直接使用了语气表达更为强烈的"彻底消灭"（wipe out）一词来宣泄心中的不满和愤怒。与很多海报不同的是，这幅海报除了愤怒之外，还在无形中平添了一种宣誓，一种不将日本人彻底打败而誓不罢休的决心。

与此同时，民间团体的救济工作仍在有条不紊地进行着。战时救济管理委员会在1943年4月

国家战时基金会下属组织	
Belgian War Relief Society（比利时战争救济社）	British War Relief Society（不列颠战争救济社）
Friends of Luxembourg（卢森堡之友）	French Relief Fund（法国救济基金会）
Norwegian Relief（挪威救济会）	Greek War Relief Association（希腊战争救济联合会）
Polish War Relief（波兰战争救济会）	Queen Wilhelmina Fund（荷兰女皇基金会）
Russian War Relief（苏俄战争救济会）	Refugee Relief Trustees（难民救济信托处）
United China Relief（中国联合救济会）	United Czechoslovak Relief（捷克斯洛伐克联合救济会）
United Yugoslav Relief Fund（南斯拉夫联合救济会）	United Service Organizations（劳军联合组织）
United Seamen's Service（联合海员服务处）	War Prisoners Aid（战俘援助会）
United States Committee for the Care of European Children（欧洲儿童关怀委员会）	

还组建了一个名为"国家战时基金会"（National War Fund）的下属组织，这一组织的成立初衷就是为了统一美国境内 700 余家社会基金团体的工作目标，并将筹得的资金加以合理分配。与那些救济团体有几分相似的是，任何独立运作的资金筹集工作在 1943 年底之后便已不再被允许。这就意味着这些基金团体要么进行适当的合并，重新注册成为国家战时基金会的一员；要么就整体归入某一已隶属于国家战时基金会的团体中。考虑到美国红十字会在每年 3 月也会定期举办独立的筹资活动，为了避免不必要的恶性竞争，按照委员会随后的要求，这上百家团体须将筹集资金的日期统一安排在 10 月份，起始周期并无限制，但结束时间不得晚于 11 月中旬。基金会预算办公室主管杰拉德·斯沃普（Gerard Swope）于 1943 年 9 月在对外发表的介绍文章中指出，这个基金会筹集到的资金除用于资助劳军联合组织之外，还将按照分配比例用以帮助 13 个援助国家救济会，剩余的部分筹集资金则会转交给战俘援助和联合海员服务处等 5 个特殊性质的团体使用。不过这批组织中并不包括丹麦救济基金会（Danish Relief Fund），原因是这个组织并不希望听从于委员会的直接管理，故此二战期间针对丹麦的经济救济工作主要由加拿大和英国政府完成，在美国发表的诸多反映丹麦抗击纳粹的宣传海报也多出自英国人之手。

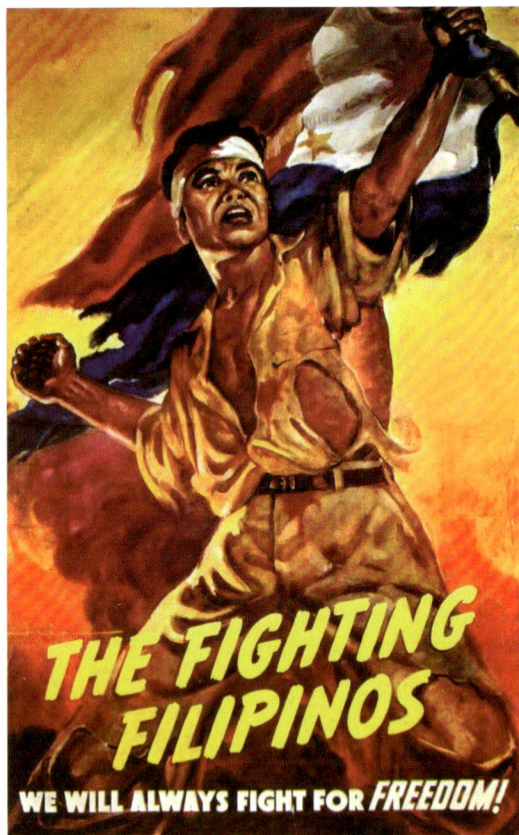

战斗的菲律宾人民！我们将永远为自由而战！（曼努埃尔·雷，1942）

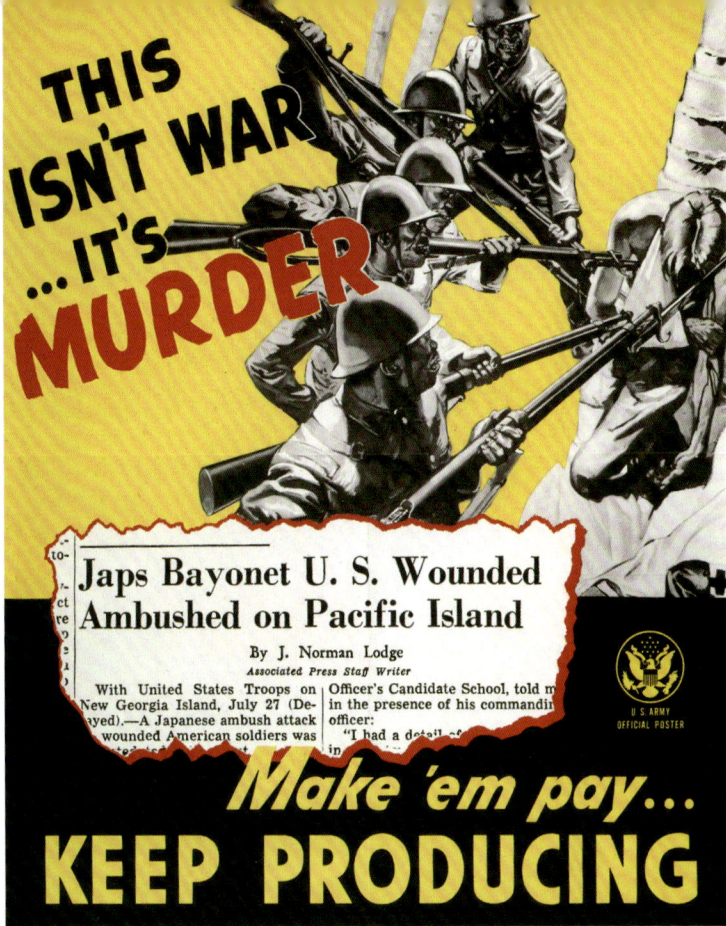

这不是战争，而是谋杀！坚持生产，血债血偿！（美国陆军部，1943）

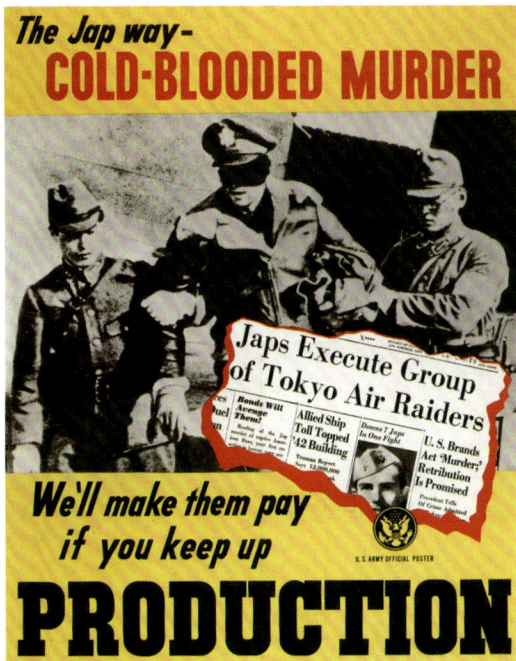

冷血的谋杀犯！只要你继续生产，我们会让他们偿还的！（美国陆军部，1943）

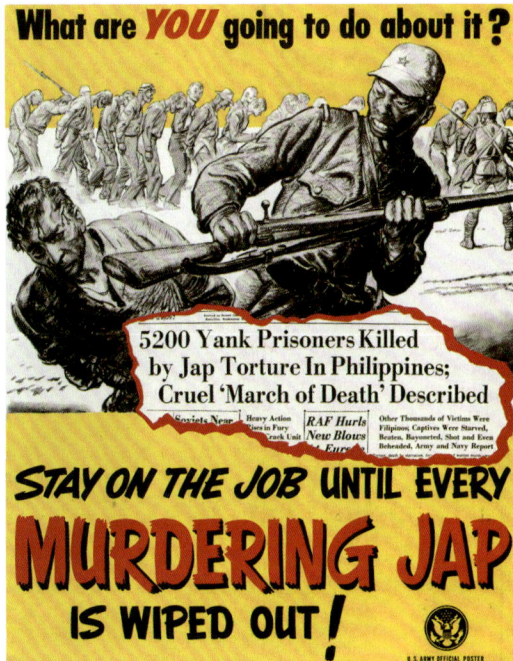

你准备怎么做呢？坚守你的岗位直到日本被彻底消灭！（美国陆军部，1944）

这 3 幅海报所揭露的罪行都是纳粹政府发起的所谓"德意志焚书行动"。戈培尔宣称"反对精神的颓废与道德的堕落。要以维护家国之秩序和纪律的名义,把海因里希·曼、恩斯特·格勒塞尔和埃里希·凯斯特纳的书扔进火堆"。于是从 1933 年 4 月 26 日起,大批的德国大学生按照纳粹政府所罗列的禁书清单,到各家书店和图书馆开始强行收缴图书。5 月 10 日,在纳粹宣传机器的蛊惑下,数万名德国民众和纳粹党徒聚集在柏林、慕尼黑和汉诺威等地的广场上当众焚毁了数万本图书,这其中不乏马克思、海涅、弗洛伊德、卡夫卡、茨威格、托马斯·曼、亨利希·曼等人的书稿和作品。也正是因为这次焚书运动,让德国国内的一大批知识分子和艺术家被迫移民海外。而美国人在利用海报揭露敌人破坏人类文明遗产的同时,还鼓励民众阅读书籍。注意下侧海报中援引了罗斯福于 1942 年 4 月 23 日在为美国图书销售协会进行演讲的一番经典言论:"人可亡,书毋亡。没有什么可以把思想投入集中营,没有什么可以把为反对暴政而永远战斗的思想从世界上掳走。我们知道,在这场战争中,书籍就是武器!"

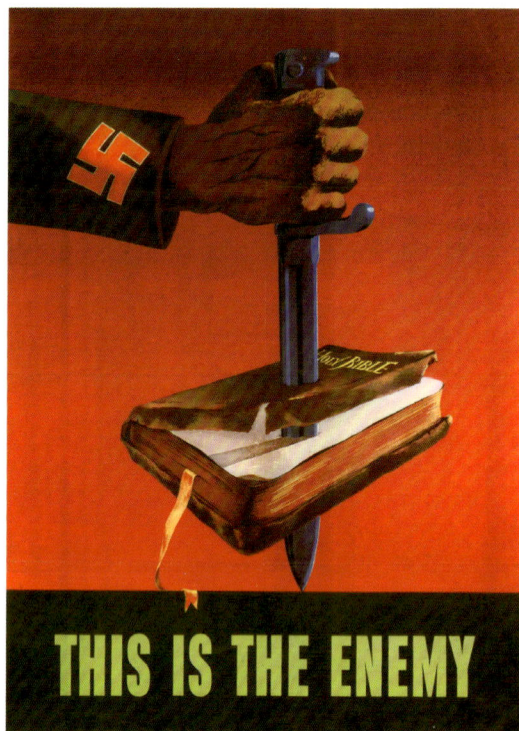

这就是敌人!(战时新闻处,1943)

书籍不该被火焚烧!书籍在战争中就是精神武器!(史蒂文·布罗德,1942)

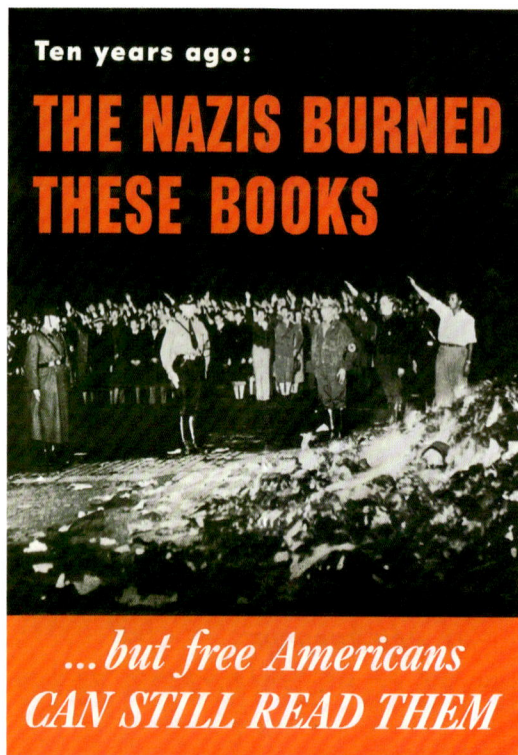

10 年前,纳粹将这些书籍焚毁,但是向往自由的美国人仍可以阅读它们(作战情报署,1943)

POLAND
FIRST TO FIGHT

波兰第一个进行反抗！（弗拉迪斯瓦夫·本达，1943）

For the poor and the fatherless

为了那些一贫如洗且失去父爱的人们！（弗拉迪斯瓦夫·本达，1943）

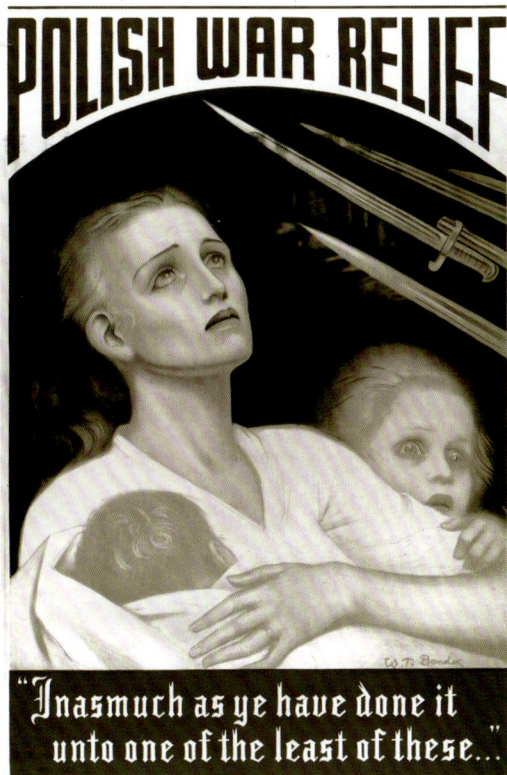

POLISH WAR RELIEF

"Inasmuch as ye have done it unto one of the least of these..."

Poland's Warriors of the Air
LIKE KNIGHTS OF OLD DEFEND
THE FREEDOM OF THE WORLD
POLISH WAR RELIEF

天空中的波兰勇士就像当年的波兰骑兵一样捍卫着世界的自由！（弗拉迪斯瓦夫·本达，1943）

既然这事发生在他们身上了，那就等于发生在我的身上。
（弗拉迪斯瓦夫·本达，1943）
该广告语摘自《马太福音》第 25 章第 40 节

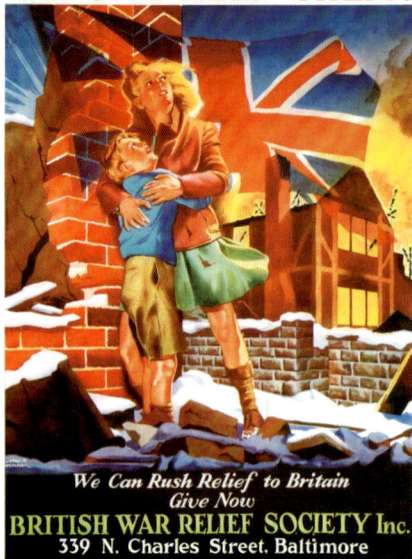

WE CAN HELP THEM!

We Can Rush Relief to Britain
Give Now
BRITISH WAR RELIEF SOCIETY Inc.
339 N. Charles Street. Baltimore

我们可以帮助他们！（不列颠战争救济社，1944）

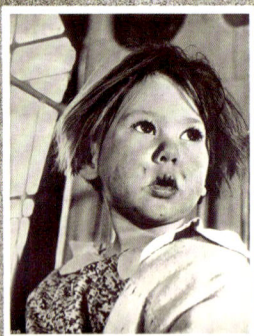

War-Stricken Children
in Britain *still need
our help!*

THE BRITISH WAR RELIEF SOCIETY OF AMERICA
INCORPORATED
A Member Agency of the National War Fund

战区的英国儿童仍急需你的帮助！（不列颠战争救
济社，1944）

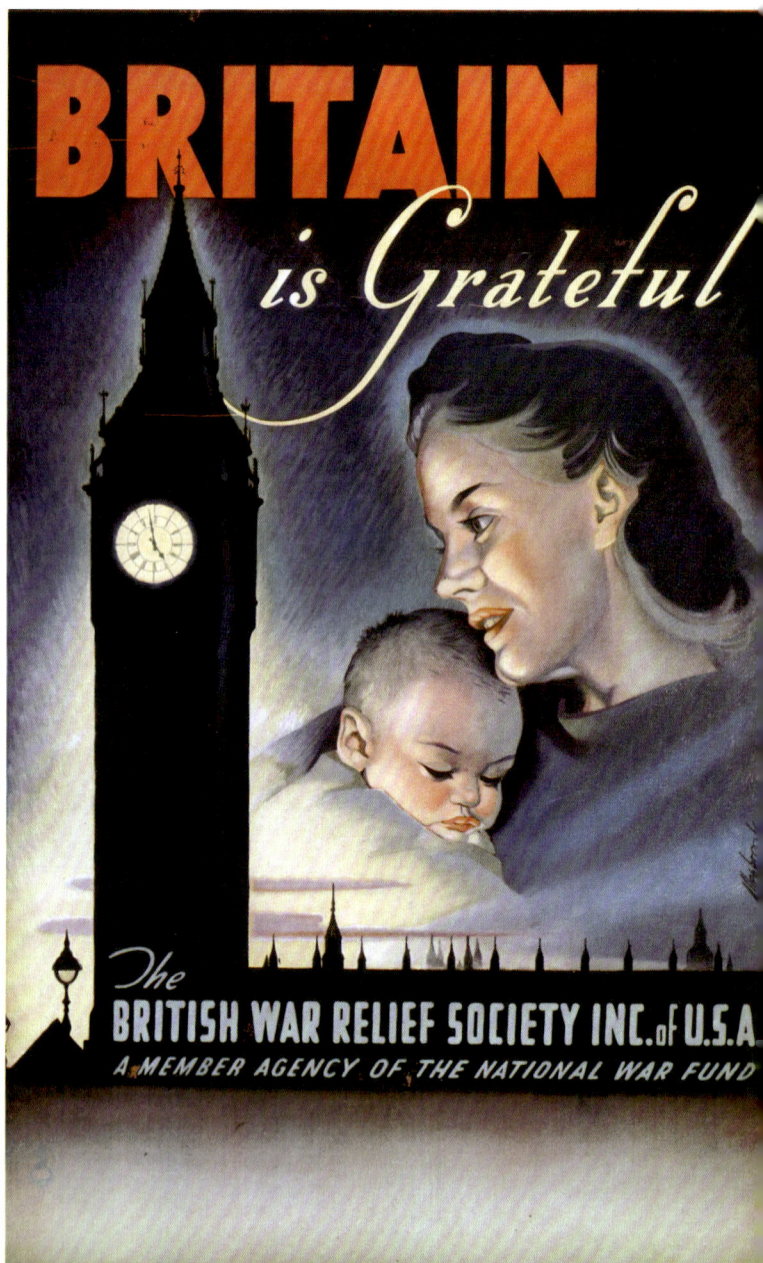

BRITAIN
is Grateful

The
BRITISH WAR RELIEF SOCIETY INC. of U.S.A.
A MEMBER AGENCY OF THE NATIONAL WAR FUND

英国心存感激（阿伦·布鲁克，1942）

满足她们的祈求！（荷兰女皇基金会，1943）

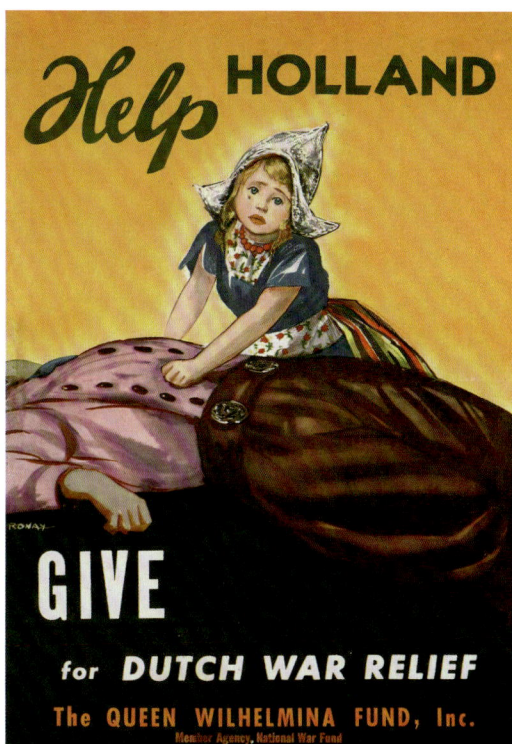

帮助荷兰，为荷兰战时救济会捐款！（荷兰女皇基金会，1944）

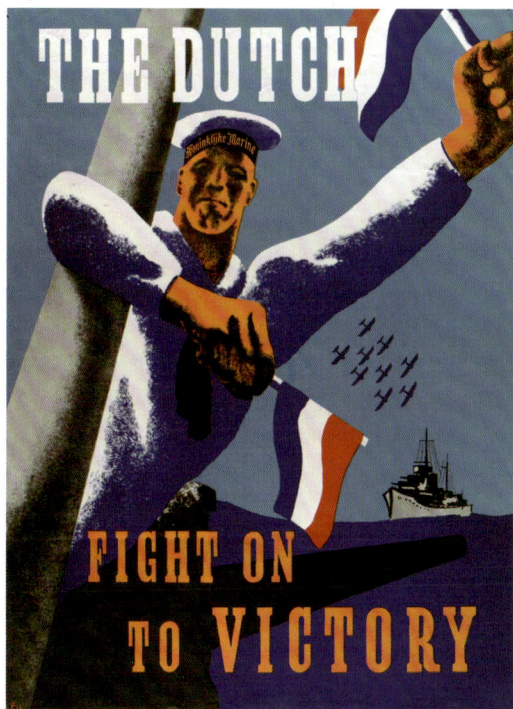

荷兰人为胜利而战斗下去！（荷兰战时救济会，1942）

他们带走的只是我的肉体……荷兰将会重生！为荷兰战时救济会捐款！（荷兰女皇基金会，1944）

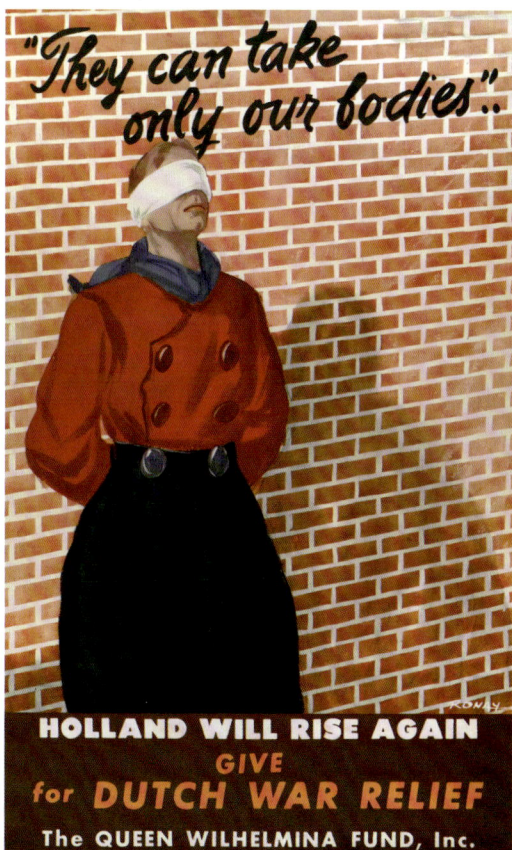

WITH YOUR HELP THEY'LL LIVE AGAIN !

CONTRIBUTE TO
THE QUEEN WILHELMINA FUND
FOR DUTCH WAR RELIEF

在你的帮助下，我们将会获得新生（荷兰女皇基金会，1944）

The NETHERLANDS MUST REBUILD!

Give the Dutch a start with
Food, Medicines, Clothing

THE QUEEN WILHELMINA FUND, Inc.   Member Agency NATIONAL WAR FUND

荷兰必将重建！给予荷兰人民食物、药品和衣物！（荷兰女皇基金会，1945）

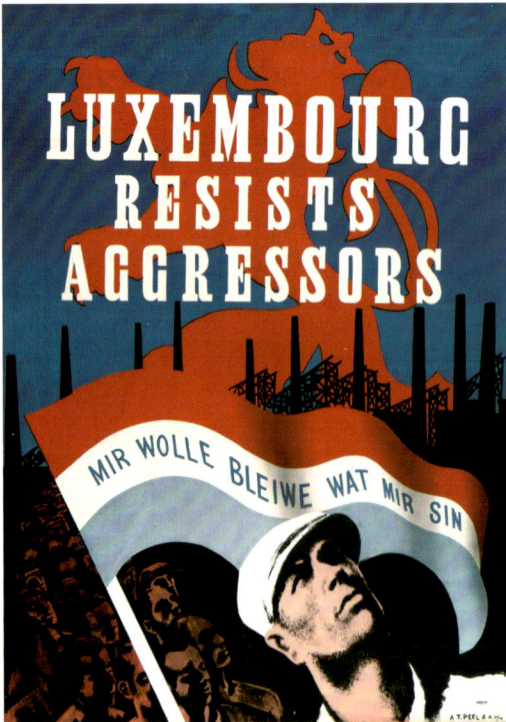

LUXEMBOURG RESISTS AGGRESSORS

MIR WOLLE BLEIWE WAT MIR SIN

卢森堡抵御侵略者！（卢森堡之友，1943）
注意海报中出现的卢森堡国家箴言：我们一如既往 (Mir wölle
bleiwe wat mir sin)

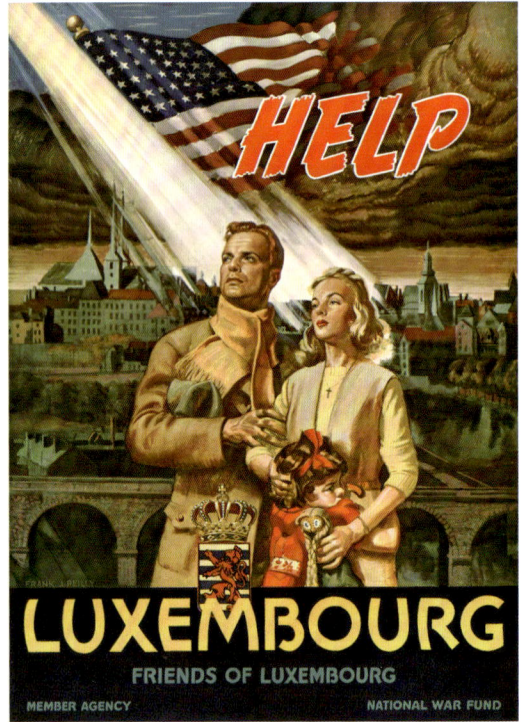

HELP

LUXEMBOURG
FRIENDS OF LUXEMBOURG
MEMBER AGENCY   NATIONAL WAR FUND

帮助卢森堡！（弗兰克·莱利，1944）

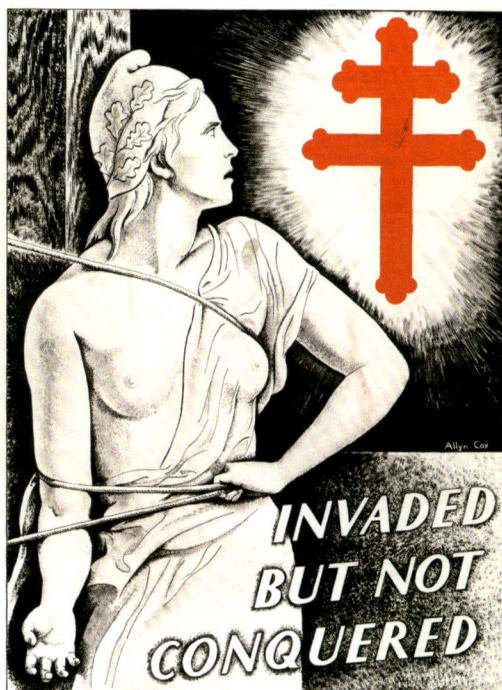

入侵不代表被征服！（阿林·考克斯，1943）

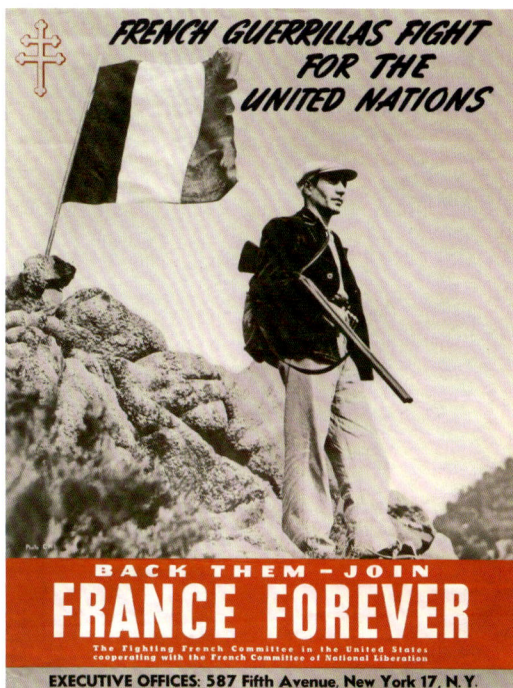

法国游击队正与联合国家共同战斗，支持他们并加入"永远法兰西"！（战斗法国委员会，1942）

法国救济基金会，1943

法国抵抗组织会牢牢扼住德国佬（雷内·卢瓦，1944）

希腊将会战斗下去！（爱德华·考弗尔，1942）

牢记希腊！（列维斯·丹尼尔，1943）

庆贺吧，我们胜利了！（希腊战争救济联合会，1945）
此宣传语为古希腊著名英雄菲迪皮德斯，也就是那位马拉松比赛
启创者的临终名言"Χαίρετε νικῶμεν"的罗马字母英译

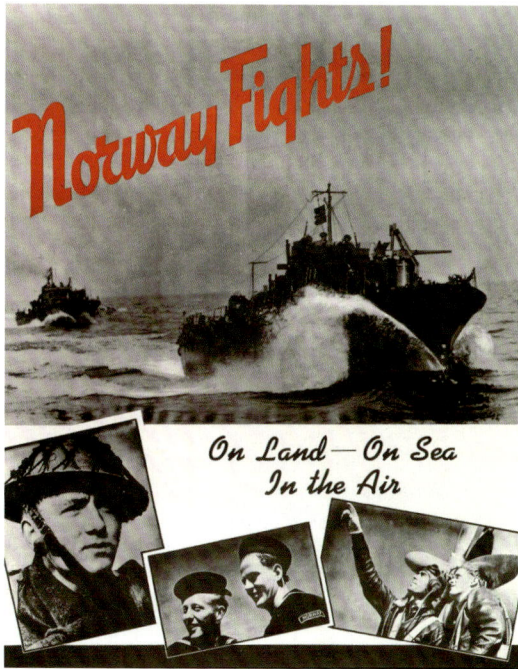

战斗的挪威！在陆地，在海洋，在天空！（挪威救济会，1943）

挪威水兵纵横四海！（挪威救济会，1944）

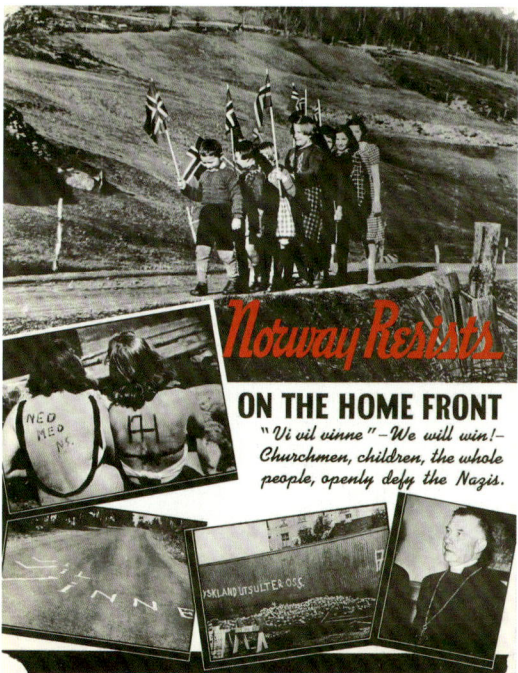

大后方的挪威抵抗组织（挪威救济会，1944）

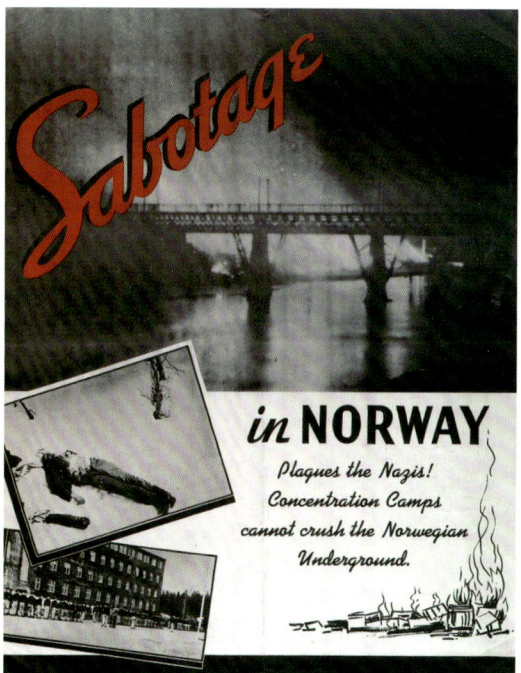

挪威境内的破坏行动让纳粹如坐针毡。集中营无法震慑地下组织！
（挪威救济会，1944）

NORWAY SUFFERS!

AID NORWAY
NORWEGIAN RELIEF, INC.
MEMBER AGENCY OF THE NATIONAL WAR FUND

挪威正遭受伤痛！帮助挪威！（挪威救济会，1942）

NORWAY NEEDS OUR HELP!

AMERICAN RELIEF FOR NORWAY
MEMBER AGENCY NATIONAL WAR FUND

挪威需要我们的帮助！一千艘货船组成的挪威商船队不仅飘扬着自由之旗，同时还是维系联合国家的补给线（挪威救济会，1943）

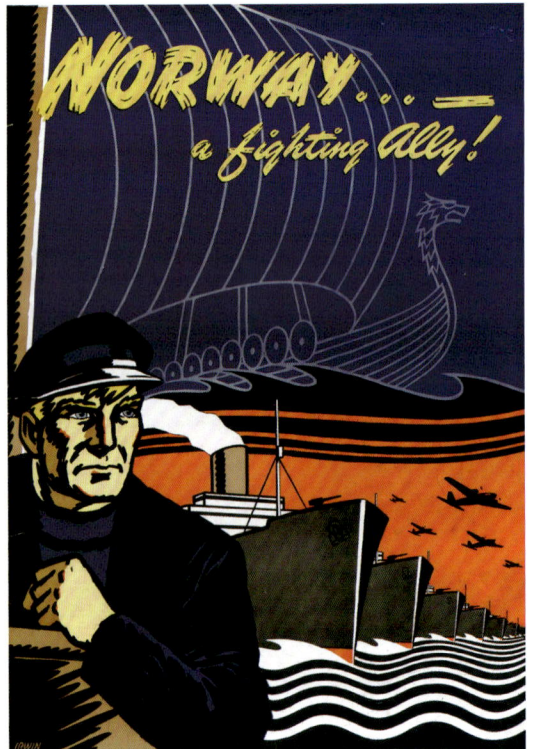

Help Norway
NORWEGIAN RELIEF
(INCORPORATED)
135 SOUTH LASALLE STREET . . . . CHICAGO, ILLINOIS

MEMBER AGENCY
OF THE NATIONAL WAR FUND

帮助挪威！（卡尔·霍尔特，1943）

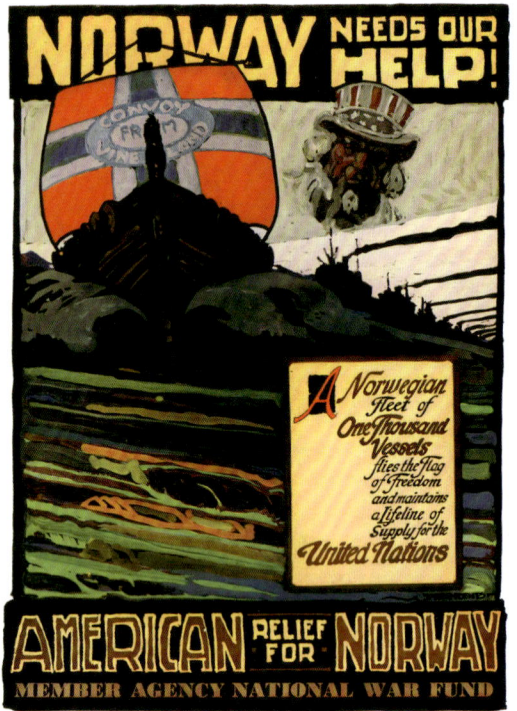

NORWAY... — a fighting Ally!

挪威是一位战友！（挪威皇家信息咨询处，1943）

比利时向胜利前行！（莱特·霍尔德费利，1943）

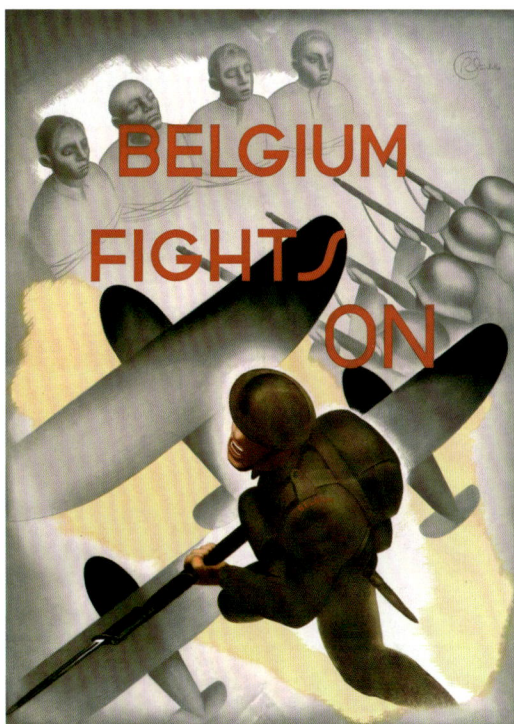

比利时会战斗下去！（雷内·斯图尔贝尔，1942）

比利时会战斗下去！（比利时战争救济社，1943）

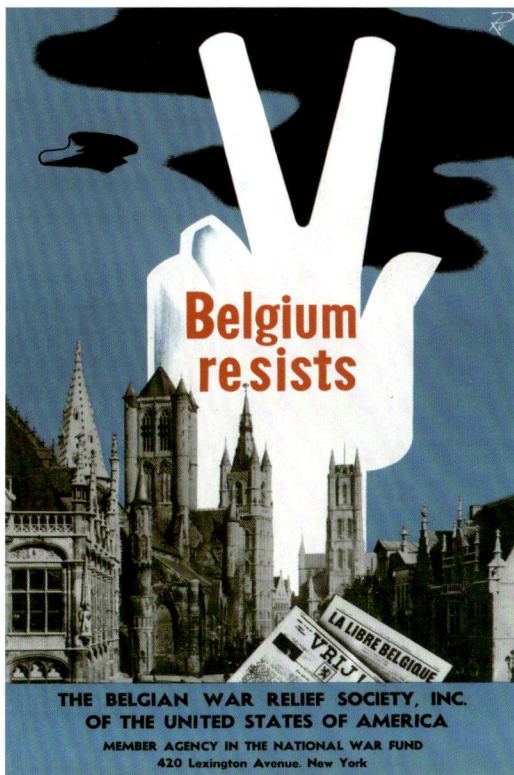

比利时坚持抵抗！（比利时战争救济社，1943）

5000 DANISH SEAMEN SAILING FOR UNITED NATIONS ON 800,000 TONS OF DANISH SHIPS

5000 名丹麦水手为联合国家运输了 80 万吨物资！（路易斯·达尔－沃尔夫，1943）

5000 DANISH SEAMEN SAILING FOR UNITED NATIONS

5000 名丹麦水手正为联合国家航行！（路易斯·达尔－沃尔夫，1943）

MERCHANT SEAMEN Deliver

WHAT IT TAKES TO BLAST THE AXIS!

UNITED SEAMEN'S SERVICE
in cooperation with WAR SHIPPING ADMINISTRATION

SERVES OUR FIGHTERS IN DUNGAREES
WHEREVER UNITED STATES SHIPS CARRY
GOODS TO ASSURE VICTORY

USS is a participant in the NATIONAL WAR FUND

商船水手负责运输物资，他们带来的物品是对轴心国的沉重打击！（隆·凯勒，1943）

DENMARK UNCONQUERED, THOUGH CAPTIVE

THE GRUNDTVIG CHURCH · COPENHAGEN

丹麦，虽已沦陷但永不屈服！（约翰·阿瑟顿，1943）

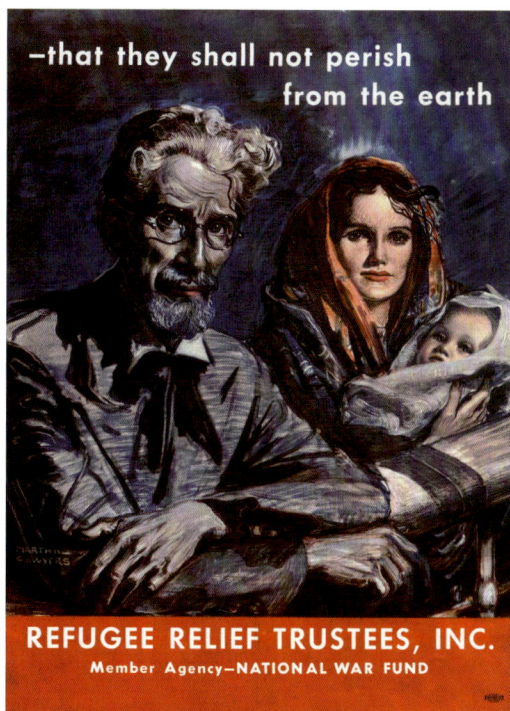

-that they shall not perish from the earth

REFUGEE RELIEF TRUSTEES, INC.
Member Agency—NATIONAL WAR FUND

他们不应该从地球上被根除！（玛莎·索耶斯，1944）

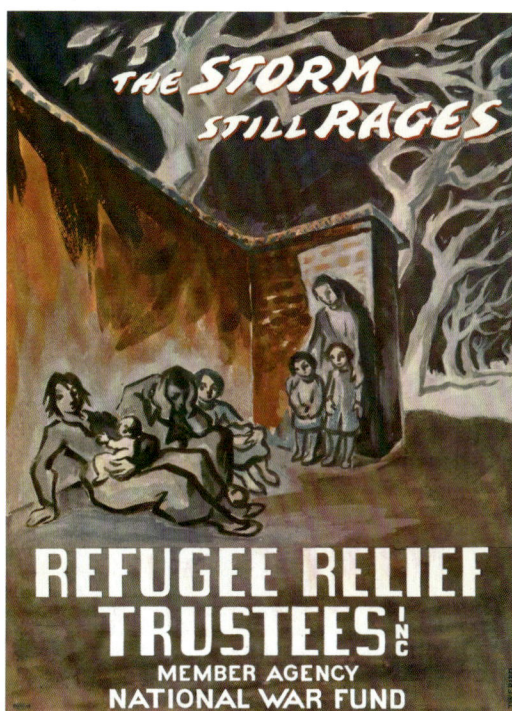

THE STORM STILL RAGES

REFUGEE RELIEF TRUSTEES INC.
MEMBER AGENCY
NATIONAL WAR FUND

战火依旧肆虐！（蒂奥多·弗里德，1944）

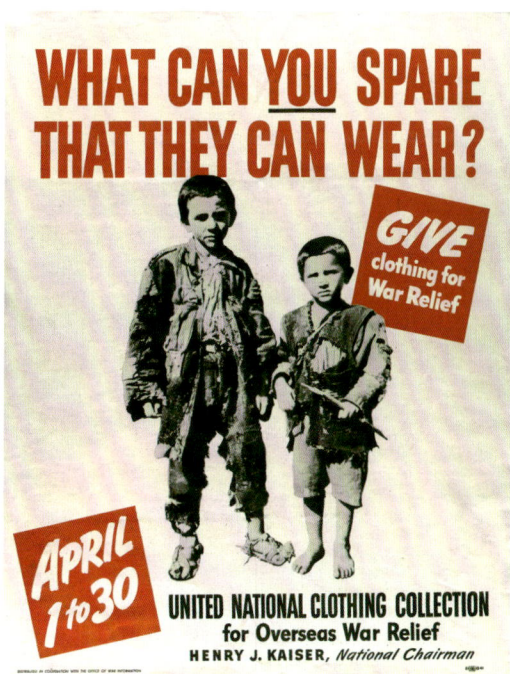

WHAT CAN YOU SPARE THAT THEY CAN WEAR?

GIVE clothing for War Relief

APRIL 1 to 30
UNITED NATIONAL CLOTHING COLLECTION
for Overseas War Relief
HENRY J. KAISER, National Chairman

你能将多余的衣物提供给他们吗？（海外战争救济会，1944）

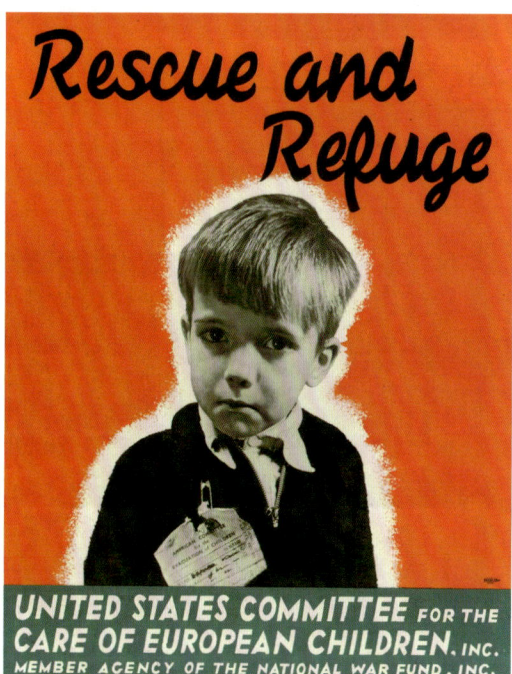

Rescue and Refuge

UNITED STATES COMMITTEE FOR THE
CARE OF EUROPEAN CHILDREN. INC.
MEMBER AGENCY OF THE NATIONAL WAR FUND, INC.

援助和庇护！（欧洲儿童关怀委员会，1945）

SAFE!

UNITED STATES COMMITTEE FOR THE
CARE OF EUROPEAN CHILDREN, INC.
MEMBER AGENCY of the NATIONAL WAR FUND, Inc.

安全了！（雷·摩根，1945）

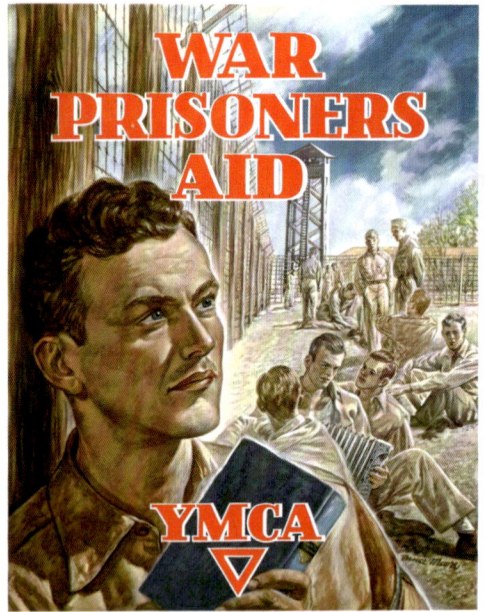

WAR
PRISONERS
AID

YMCA

A Participating Service of the National War Fund

Contribute through Your Local United Community Campaign

战俘援助会，1944

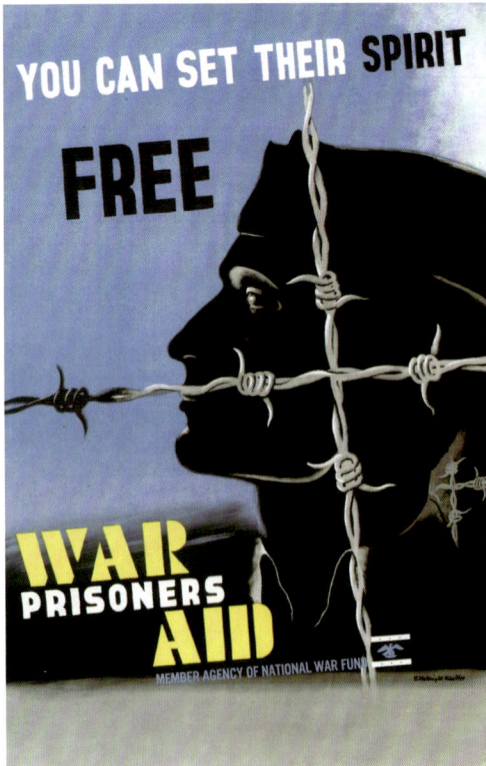

YOU CAN SET THEIR SPIRIT
FREE

WAR
PRISONERS
AID
MEMBER AGENCY OF NATIONAL WAR FUND

你可以让他们的精神不再被束缚！（爱德华·考弗尔，1945）

POWER
for Victory!

Merchant Seamen
man the lifelines!

UNITED SEAMEN'S SERVICE
in cooperation with the WAR SHIPPING ADMINISTRATION
SERVES WAR-BATTERED MERCHANT
SEAMEN ON THE SIX CONTINENTS
USS shares in the NATIONAL WAR FUND

为胜利尽力！商船水手主宰生命线！（联合海员服务处，1944）

美国人这种慷慨相助的态度在很多宣传海报中得到了充分展示，这其中最出名的作品仍然出自洛克维尔之手。在一幅刊登于 1943 年 11 月 27 日发行的《星期六晚邮报》的封面绘画中，洛克威维尔再次为我们完美诠释了关怀、博爱的最高境界。这幅名为《难民的感恩节》（Refugee Thanksgiving）的作品依旧采用基本的明暗对比，整体风格柔和而又朴素。画面中一名身形瘦小的意大利难民少女面对着美军送来的火鸡肉十指合拢，正虔诚地做着祈祷；但让这幅海报的境界得以无限提升的不在于这些显性场景，也不在于洛克维尔入木三分的神态刻画，而在于披在少女身上的那件看起来并不合身的美军军衣。正是这件看似宽大的军衣，却从细节处将美国人的战时人道主义精神瞬间放大，也让每一位看到这幅海报的读者深深地感受到了某种心灵上的温暖。与之前那套著名的《四大自由》海报相类似，这幅海报仍未受到政府宣传部门的重视，但这丝毫没能影响到海报的宣传程度。不同于其他各类救济团体所创作的海报，洛克维尔的作品从不简单地通过绘画、照片和文字进行宣传和引导，但却总能在更高的精神层面上打动读者。唯一遗憾的是，屡屡不受政府重视的结果让洛克维尔懊恼地认为这幅作品并不成功，于是他将这幅海报原作销毁；但在半个多世纪过后，这幅海报的等比例复制品仍可被卖到上百美元。

战时救济管理委员会的另一个贡献在于其在 1943 年 10 月成立了一个名为"美国海外服务志愿机构理事会"（American Council of Voluntary Agencies For Foreign Service）的组织，旨在配合总统行政应急管理办公室下属的经济合作管理署（Foreign Economic Administration）一起帮助和改善那些被盟军解放地区的民众的日常生活。这种合作关系随着 11 月 9 日联合国家善后救济总署（United

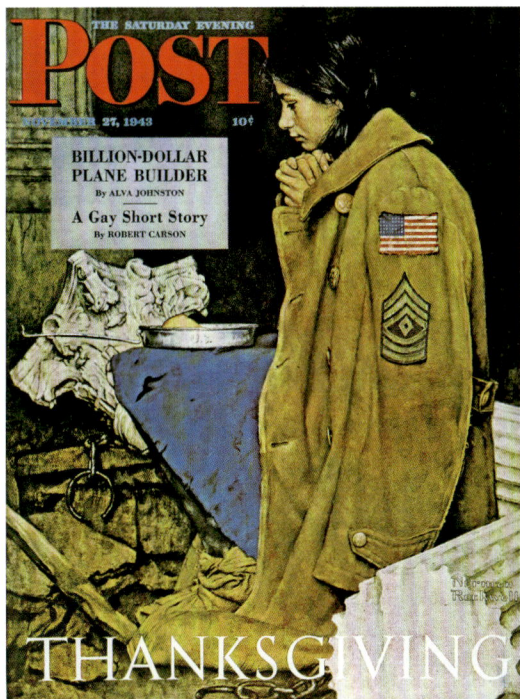

洛克维尔为《星期六晚邮报》创作的《难民的感恩节》

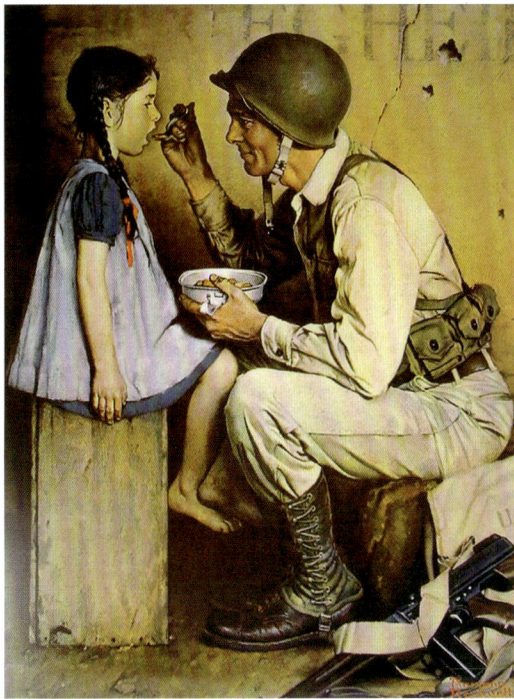

在杂志内页中，洛克维尔完成了另一幅相同题材的作品

Nations Relief And Rehabilitation Administration）的成立而变得更为密切。实际上，这个理事会在盟军成功解放意大利南部地区之后，便开始要求救济团体增加救济物资的回收工作，即普通民众捐赠的衣服、被褥、罐头、药品和生活用具等物品。按照理事会的要求，所有的救济团体在难民救助的问题上必须保持政治中立原则，杜绝通过捐赠行为来换取政治利益，此外这些组织的宣传活动也会受到理事会和美国司法部的严格监督，任何违规的团体都将会面临被踢出基金会的处罚。

联合国家善后救济总署获得的救济资金和物资主要来自美国、英国和加拿大，这其中美国提供了多达 27 亿美元的资金和物资，是英国和加拿大资助金额总和的 3 倍之多。这些救济物资中包括各类粮食作物、工业设备、衣物被褥以及医疗用品。尽管救济总署在工作过程中所暴露出的程序繁冗、计划失全和组织不力等问题在日后广遭

诟病，但该机构的确为诸多遭受战争重创的国家带去了些许希望。在受援助的国家方面，波兰得到了 4.78 亿美元的救济金，意大利得到了 4.18 亿美元，另有 5 个国家获得了 1.35 亿至 4.15 亿美元不等的资金援助。

随着欧洲国家逐一被盟军解放，至 1945 年战争结束，国家战时基金会已为这些国家筹集到了近 60 亿美元的资金，其中仅在 1945 年就募集了 28 亿美元。尽管这些资金相比美国人销售债券所得的财富显得微不足道，但仍旧为很多欧洲国家提供了极大的帮助。因为尽管《租借法案》适用于全部的参战国家，但法案最终承诺提供的 500 亿美元绝大多数都用在了几个主参战国上。其中，英国共获得了价值 314 亿美元的作战物资，法国得到了 32 亿美元……所以说，国家战时基金会配合美国债券所筹集到的资金，才让美国政府有能力去履行援助同盟国的基本诺言。

帮助灾民！（联合国家善后救济总署，1945）

第三章 厉兵秣马

Military Recruitment

> 你的任务绝非易事。面对你的将是一群训练有素、装备精良且久经战场的野蛮敌人。
> ——德怀特·艾森豪威尔（美国陆军五星上将）

当纳粹德国的战争机器在 1940 年隆隆作响的时候，大洋对岸的美国却似乎毫无开战的准备。相比起全副武装并且全民动员的德国，此时的美国注册兵员只有区区 20 万人，作战能力仅排列世界第 17 位。而在这 20 万兵力中，还有很多士兵仍佩戴着一战时期的头盔，使用着明显过时的老式武器。然而就与如何鼓舞民众积极投入到战争中一样，如何扩充军队规模的问题也并非轻易就能解决，因为似乎从一开始，罗斯福和国会之间就存在着极大的意见分歧。

罗斯福从其内心来说是倾向于扩大军队规模的，因为他比任何人都能感受到来自德国和日本的军事压力；但在另一方面，他又不得不收敛一下这种意愿，在 1940 年的这个大选之年，罗斯福也不愿意招惹民众的反感进而影响到自己的执政前景。他于在 5 月 31 日写给美国国会的信函中曾表示道："……在正式休会前，我仍希望国会能够授予我足够的权力来完成国民警卫队的预备役征召工作，以此来保障国土安全并维持我们作为中立国的身份……"然而国会并未在意罗斯福的请求，他们否定的做法也恰恰反映了当时美国国会内部的一种观点，那就是国会议员们宁可投票去赞成扩大军费开支也不愿意完成扩充军队人数的提议以不必要地招致民众的反感情绪。

谁都没想到，真正让这种僵局得以最终打破的不是哪位高层人物，却是一位叫格伦维尔·克拉克（Grenville Clark）的华尔街顾问律师。这位一战期间曾在美国陆军中短暂服役的纽约人随后加入了一个由一战退伍军人组成的军训营协会（Military Training Camps Association）。当德国军队在欧洲肆虐之际，这个协会在克拉克的管理下成立了一个紧急动员小组，专门向全美积极宣传和提倡全民皆兵的防御思想。这一主张很快通过亨利·史汀生（Henry Stimson）的一次演讲而发

对于画家詹姆斯·蒙哥马利·弗拉格（James Montgomery Flagg）来说，他最大的贡献并不是在两次世界大战中所创作的海报数量，而是其创作作品中的山姆大叔形象成了美国人的某种典型象征。这位1877年出生于纽约的画家，自一战时期就开始为美国军方创作宣传海报，在两次大战期间他共完成了46份海报。作为当时民间备战委员会（Civilian Preparedness Committee）的一员，弗拉格以英国画家阿尔弗雷德·列特（Alfred Leete）完成的那幅同样著名的海报《不列颠需要你》为创作灵感，于1916年7月6日在《莱斯利周刊》（Leslie's Weekly）上刊登了一幅名为《你准备为备战委员会贡献什么》（What Are You Doing for Preparedness）的海报。由于创作时间仓促且节省雇用经费，弗拉格决定不再单独寻找塑型模特，而是将他的自画像作为画中山姆大叔的想象原型。在经过了简单的绘画处理之后，弗拉格在一年之后创作的《我需要你加入美国陆军》中，又将这个以自己面容为原型的这位山姆大叔形象作为招募海报的主角。而多达400万份的印量不仅让它成为一战期间美国发行量最大的一张海报，也让弗拉格笔下的这位山姆大叔成了美国家喻户晓的形象。这个形象的影响力在二战时期仍旧巨大，以至于罗斯福总统后来决定，请出这位山姆大叔再次作为招募海报的主人公。在给弗拉格的亲笔信中，罗斯福还不忘调侃这位画家几句，"我很欣赏你当初的小聪明，起码这省下了一笔邀请费，不过你的这种做法倒是让我们知道了自己的列祖列宗是何模样了"。经弗拉格略作修改之后，大批的山姆大叔招募海报《我需要你在战争中贡献出自己的能力》于1943年3月开始出现在美国的各个角落，而多达600万份的海报印量不仅让其成了二战美国宣传力度最大的一幅作品，还让弗拉格一度成为薪资报酬最高的一位明星画家

詹姆斯·弗拉格的《我需要你加入美国陆军》，可能也是人类历史上最为人熟知的战争海报之一

挥了作用：早在罗斯福请回这位美国前国务卿二次担任战争部部长之前，史汀生就于 6 月 18 日受邀在耶鲁大学发表了一场阐述外交局势的演讲；心直口快的史汀生在演讲中表示，美国必须运用除了直接宣战以外的一切手段来抵抗轴心国的侵略，而他始终认为，这种抵抗计划里就包括有"实行普遍的强迫军事训练制度"。

就在史汀生发表演讲后的第三天，来自内布拉斯加州的民主党议员爱德华·博克（Edward Burke）就向国会提交草案，希望国会改善现有的军队征兵制度以谨防可能出现的开战风险。6 月 21 日，来自纽约州的共和党议员詹姆斯·华兹沃斯（James Wadsworth）也提交了一份观点类似的方案并希望国会酌情考虑增加军队人数。这两份草案其实均由克拉克亲自起草完成，并通过其广厚的人脉得以向国会发出警告。这两份草案一经

提交，便在国会内部引发了巨大分歧。支持方和反对方各执一词，各种意见甚至超越了党派和地域的界线。尽管罗斯福和史汀生对此持默许态度，但更多的政派人士与顽固的孤立主义者实际上都站在了反对派一方。此外，反对派还包括了美国的劳工团体，相互对抗了数年的两大劳工组织在这一问题上的立场倒是出奇地一致，因为一旦《征兵法案》通过，势必将造成用工人员的短缺。不过，更多的人则是持一种中立和观望的态度，他们对于军队改革的提议显得不置可否，或者更为准确地说，他们根本没能察觉出赞成或者反对所能带来的根本区别。

然而民众的支持呼声随着欧洲的大部分国家均被纳粹占领开始逐渐占据上风。此时独悬孤岛的英国人早已独木难支，而苏联人还在照章办事，仍旧履行着与德国人之间的承诺。根据《生活》杂志 1940 年 7 月刊的民意调查显示，超过 67% 的美国人认为横扫欧洲大陆的德国人已对美国构成威胁，另有 71% 的美国人表示政府应采取强制政策来实施兵役制度。此刻的美国政府开始意识到，似乎有必要扩充现有的军队规模以应付随时可能爆发的战争。

然而反对方随后继续施压，他们认为草案的通过便意味着美国政府默许了法西斯主义在美国的存在，因为法案凸显的是某种强制性征兵的效果。这一说法遭到了史汀生和美国陆军参谋长马歇尔的一致驳斥，他们认为不采取自愿征兵的做法并不代表就此承认法西斯主义，而自愿征兵制就目前来看根本无法招募到足够的兵源。8 月 5 日，马歇尔在接受美国媒体的采访时郑重表示，如果国会在召集国民警卫队成员和实行强制兵役等问题上仍举棋不定，那将势必妨害到整个国家的防御计划。这一观点得到了罗斯福的赞同，在对大选形势有了初步的掌控之后，罗斯福认为眼下必须行使他的权力来直接支持此项议案的通过。8 月 23 日，他在记者招待会上明确表态，要求国会在

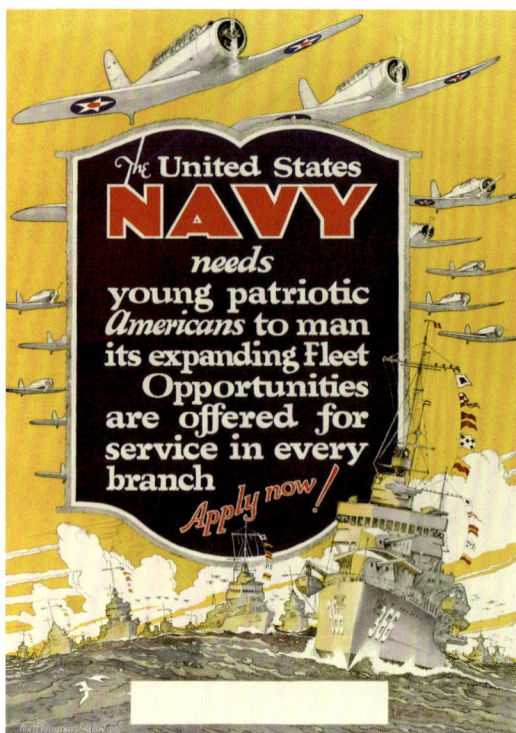

美国海军需要一批年轻的爱国青年来驾驭扩建中的舰队，海军的每个部门都有施展才华的机会。现在就加入！（马特·墨菲，1940）

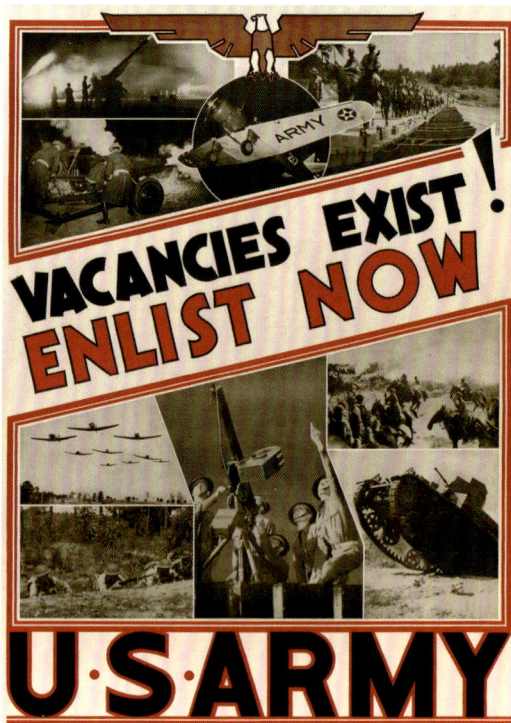

兵源空缺！现在就加入美国陆军！（美国陆军部，1940）

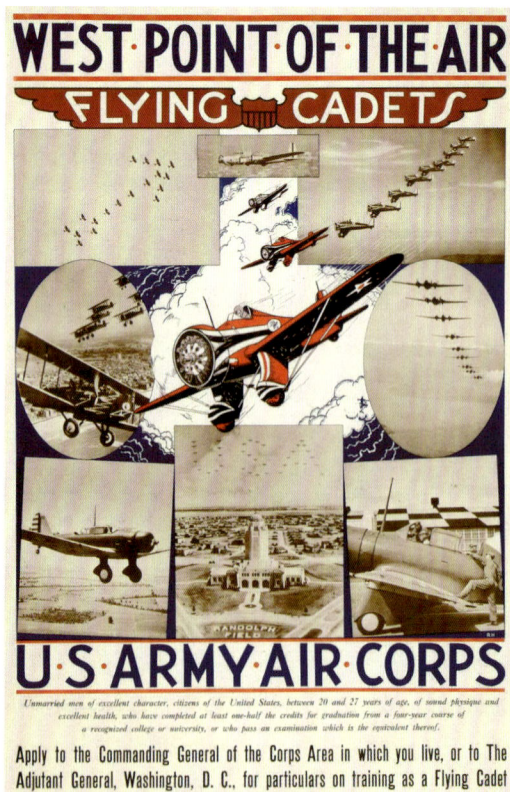

航空预备生，美国陆军航空队（美国陆军部，1940）

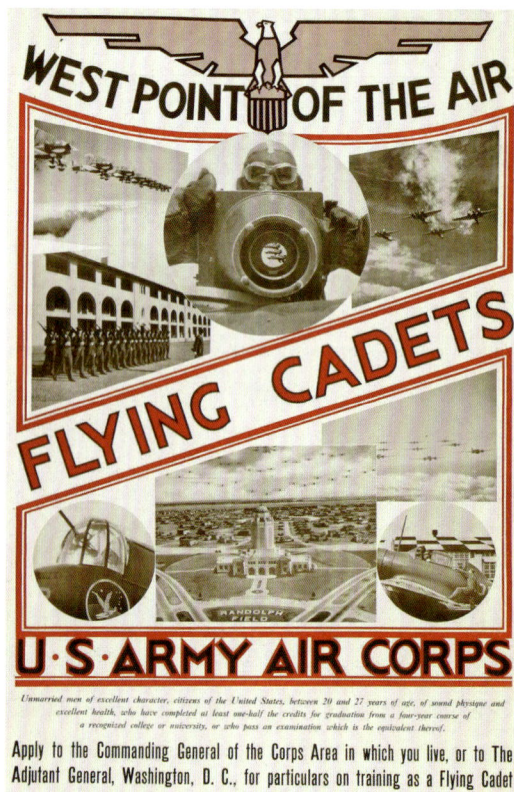

航空预备生，美国陆军航空队（美国陆军部，1940）

两周内通过此项议案。到了 9 月 6 日，罗斯福再次强调，无休止的拖延策略只会加重对军备计划的影响。出于竞选的政治需要，共和党总统候选人温德尔·威尔基（Wendell Wilkie）在 4 天后也催促国会立即通过该项议案。

经过一整个夏天的漫长争论后，美国国会于 1940 年 9 月 16 日最终通过了《博克－华兹沃斯法案》（Burke–Wadsworth Act），即我们更为熟知的《美国 1940 年选征兵役及军训法案》，同时恢复一战中曾设立的兵役登记局（Selective Service System）。根据法案要求，凡年龄在 21 至 35 岁之间的美国男性公民都必须前往住地附近的兵役登记局隶属办公处进行登记注册，而所有登记在册人员将通过抽签来决定最终是否履行兵役。但法案同时也明确规定，除战时以外，一次召集入伍的人数将不得超过 90 万，调度范围仅限于西半球及美国的海外领土和属地。所有服役兵员除特殊需要之外，服役期限均为一年，退伍后编入预备役。两个月后，该法案又略作调整，将年龄上限提高至 37 岁，以确保招募到更多的兵源。

从 1940 年 10 月 16 日起，适龄的 1600 多万名美国男性公民在全国的 6443 处地方委员会征兵办

战争中的第一人，和平时的第一人，同胞心中的第一人！（美国陆军部，1940）
该宣传语选自亨利·李（Henry Lee）为乔治·华盛顿写的悼文

在波士顿海军兵役处志愿参军的美国青年，照片摄于 1941 年 12 月 8 日

公室完成了兵役登记工作。根据法案要求，征兵工作将继续采用一战时期的抽签方式，即各处委员会从数字 1 开始按照登记人员的报道顺序进行逐一标号并记录在案，最后由政府定期完成一次统一的抽签，所有持有被抽中号码的登记人员将被征召入伍。在罗斯福的亲自主持下，全国征兵工作的抽签活动于 10 月 29 日开始，而史汀生则作为抽签人参加了此次活动。在公证人员的监督下，印有数字 1 至 7836 的卡片被各自放入一个小球中，然后一并放入洗池，通过附带的一根大木匙不断地翻搅。一分钟后，史汀生走到洗池旁，随意地拿出一个小球并交由罗斯福总统。罗斯福打开小球并向公众宣布抽取的号码为 158。根据后来的统计数据，全美地区共有 6175 人的登记号码为 158。

不过这 6175 人并非直接就能进入军队服役，这批后备人员在入伍前还要进行严格的体检和基本能力测试。按照规定，体检不合格的应召者将在档案上标注出代表体验未通过的"4F"；另外一些从事特殊职业而无法履行兵役的应召者也可以免除兵役要求。当然，这些例外情况随后也让一些企图逃避兵役的人有了可乘之机。而其他的体检合格者则会根据初级的报告情况进行兵种分配，并在后续的训练中进行内部调整。另外我们还必须要说明的是，由于当时受到严重的种族观念影响，在早期的征兵条例中曾明文规定，黑人并没有资格进入军队服役。在第一夫人埃莉诺·罗斯福的一再游说下，这种歧视性政策直到 1943 年才得以些许改善。

尽管征兵工作看似已平稳展开，但马歇尔要比任何人都更早地意识到，正在推行的征兵工作将面临前所未有的挑战和困难。他在工作日志中曾不无忧虑地表示道："去年夏天，我们现役陆军拥有 17 万指战员，56 个作战飞行中队的近 2500 名飞行员，还有 2 个小型机械化团……但从组织结构来讲，陆军现在只有 3 个不完整的步兵师。从大型组织规模来说，一个基本的战斗团应以'军'为单位，而我们却一个都没有……"马歇尔的忧虑很快就从另一个方面得到验证，那就是国内开始逐渐高涨的反战浪潮。早在国会通过《博克－华兹沃斯法案》之前，反战势力和孤立主义团体就曾以各种方式极力阻挠法案的通过，事隔一年之后他们又卷土重来，企图让国会驳回延长法案生效的批准。马歇尔心里明白，一旦该延长请求被最终否决，那就根本不足以完成整个征兵计划，也就无从谈及应付可能出现的战争了。

几乎是靠着罗斯福的一己之力，同意《征兵法案》的延长请求最终以微弱的优势得以通过。不过接踵而来的一件事却又让马歇尔烦心不已，1941 年 9 月 20 日，美国著名政治评论家沃尔特·李普曼（Walter Lippmann）在自己的《纽约先驱论坛报》专栏中发表了一篇名为《小规模军队之见》的分析文章。李普曼在这篇评论中写道："……眼下去致力于建设一支强大的陆军不仅没有必要，也很不识时务，因为它干扰了我们的《租借法案》和海军政策。事实上，它是造成当前陆军内部不满的基本原因，这个重大的祸害不仅破坏了全国团结，引起了公众的不满，从而给颠覆分子以可乘之机；还削弱了我国的防御手段，即租借政策和海军政策。我认为，看来是要作一次手术，以缩减陆军兵力从而提高其效率……"马歇尔对这篇文章感到万分惊愕且震怒不已，根据他自己在1941年7月的报告显示，美国陆军的规模虽然已扩大8倍（新增兵力约60.69万人），总兵力约140万人，但仍远低于自己最初设定的170万人的指标；况且这一数目还不及德国陆军1940年入侵西欧国家时总兵力的一半，仅与太平洋西侧的日本军队人数刚好持平。只是让马歇尔没有料到的是，李普曼不过是这场闹剧的前台木偶，而真正操控牵线的幕后者竟然是英国人。美国盟友的目的十分简单，如果美国人自己都在扩充军队，那么援助英国的军事物资势必将大量减少，而这正是英国人最不愿看到的。尽管马歇尔通过外交途径向英国方面表示了抗议，李普曼也自觉地收回了这篇文章，但其造成的负面影响直至3个月后珍珠港事件的爆发才得以根本消除。

可以说《征兵法案》的通过为罗斯福政府积极应对可能出现的战事提供了最为直接的防御，而珍珠港事件爆发之后，美国的各大兵种也竞相开始了自己的兵源争夺工作。直到战争最后结束，美国共有3550万人完成了兵役登记工作，超过全国人口的三分之一，这其中有1050万人最终穿上军装奔赴前线。尽管这个比例无法和德国、日本相提并论，但单从人数上来说便足以在几条战线上先后击垮意大利、德国和日本了。

在旧金山海军征兵处要求参军的美国青年，照片摄于1941年12月8日

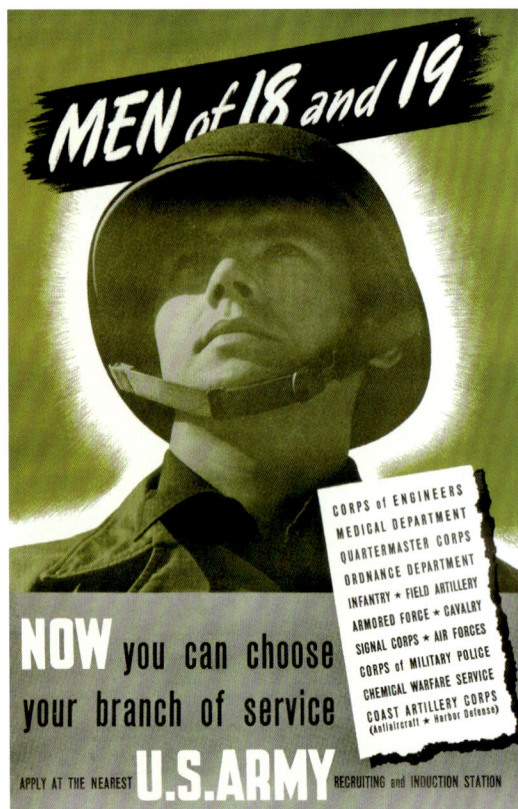

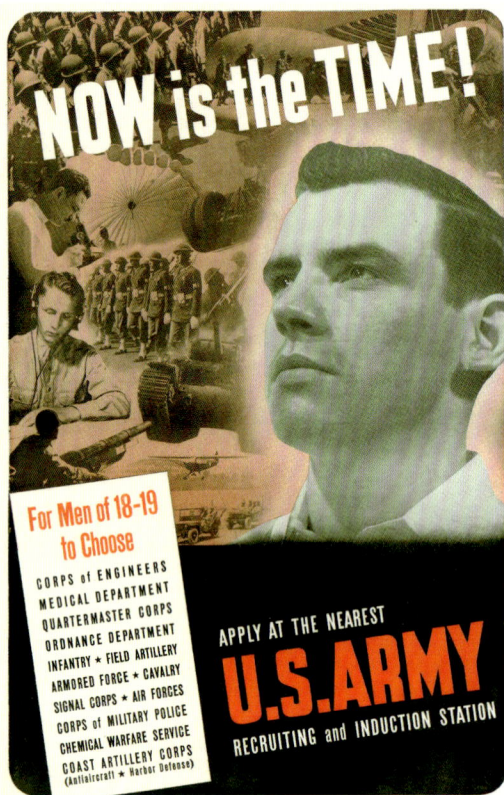

18 至 19 岁的美国青年，现在你有机会挑选中意的部门！（美国陆军部，1942）

就是现在！前往就近的陆军征兵处报名！（美国陆军部，1942）

陆军

无论从哪个方面考虑，陆军兵力都毫无疑问地占据了美国军队的大半比例。只不过原先提出防务计划的高层本来希望《征兵法案》不迟于 1940 年 8 月 1 日就能通过，这样便可确保新兵能在还算温暖的天气条件下开始训练。但由于首批应征士兵直到晚秋才召集完毕，而建造必需的临时营房又需半年时间才能全部完成，所以这批新兵直到 1941 年 5 月才开始大规模地开展训练。另外还需说明的是，美国人尽管开始了征兵工作，却忽视了应该同步进行的军需供应，因而当时陆军部要在战场上维持一支仅有 5.5 万人的部队都会感到捉襟见肘，更别提开销更为巨大的海军和空军队伍。

直到 1941 年初，美国陆军的综合境况其实都无法令人满意，尽管他们将自己的军力名次稍稍提升到了世界第 16 位，但仍无法对可能出现的战事抱有十足的胜算。1941 年 2 月，美国陆军（Army of The United States）正式组建，虽然这个称呼和我们现在熟知的美国陆军（United States Army）在翻译上几乎难以区别，但前者特指在当时为避免美国波及战事影响而通过《征兵法案》应召入伍的陆军兵力，它的组建同时也标志着美国陆军的扩军工作已经全面展开。

对于大多数美国青年来说，美国陆军提供给他们的选择远多于其他兵种，况且陆军很多兵种的合格门槛也是相对最低的。陆军的训练内容大体分为两个部分：首先，所有的入伍新兵将被送往南卡罗来纳州的杰克逊堡（Fort Jackson）军事训练基地接受为期 10 至 18 周不等的基础训练，内容以体能训练和基本军事理论为主，另外在此

保卫你的国家！现在就报名加入美国陆军！（汤姆·伍德本，1943）

责任与力量！（乔·祖茨，1943）

成为一名伞兵，投入战斗！（斯塔尔·萨瓦奇，1943）

期间所有新兵的兵种也将确定下来，美国陆军将自己的征召兵种分为步兵、炮兵、陆战航空兵（后文空军部分有相关介绍）、通信兵、工程兵、坦克装甲兵、陆军化学兵、后勤保障兵、宪兵等 22 大类主干，而这些主干又衍生出近 300 多种职务可供选择；随后，这些新兵在各自兵种所在的训练营地继续接受不少于 30 周的进阶训练。作为美国陆军在二战中的 3 大主战兵力，步兵被送往佐治亚州的班宁堡基地（Fort Benning），装甲兵前往肯塔基州的诺克斯堡基地（Fort Knox），而炮兵则去到俄克拉荷马州的希尔堡基地（Fort Sill）。直至珍珠港事件当天，美国陆军的实际兵力为 147.3 人（不包括 21.2 万名隶属于陆军部指挥的各类空军人员），要知道美军当时的全部兵

"突击队员"运输机正全力运输物资和兵员（柯特尼·阿伦，1944）

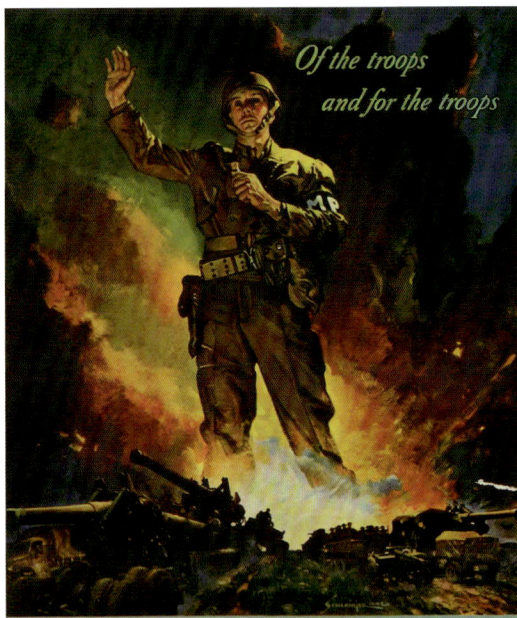

隶属军队，服务军队，是他最重要的工作！而我们，要做好自己的工作！（延斯·施莱凯尔，1942）

力也不过 220 余万人。随着美国正式宣战，陆军的招募限制也开始进一步降低，同时也迫于参战初期战事紧张而将训练周期缩短了足足三分之一。

但是随着太平洋战事的推进，陆军部开始意识到，有必要定向培养一批专业军事技术人员用以配合战事的不断发展，而这也是在 1942 年 9 月陆军部推出"陆军专职人员训练计划"的根本动机。与普通的陆军招募有所不同的是，该计划主要面向全美在校大学生，要求智商测试必须达到 115 以上。这批新兵在完成了 4 个月的基础步兵训练以后不再进行普通士兵的进阶训练，而是完成工程机械学、医学、牙科学、心理分析学等学科的学习，同时还要求简单掌握 34 种语言的交流。计划要求受训者可以在 18 个月内完成全部课程并

作为陆军的后备人员时刻待命。

不过随着战事的持续深入，美军进入地中海战区后，这个专职计划也陷入越来越多的质疑之中。问题的核心并不在于"陆军专职人员训练计划"是否仅是教授新兵一些毫无意义的屠龙之技，而在于美国陆军在兵源短缺的情况下是否还有必要同时发展这批非战斗类陆军人员。根据后来的

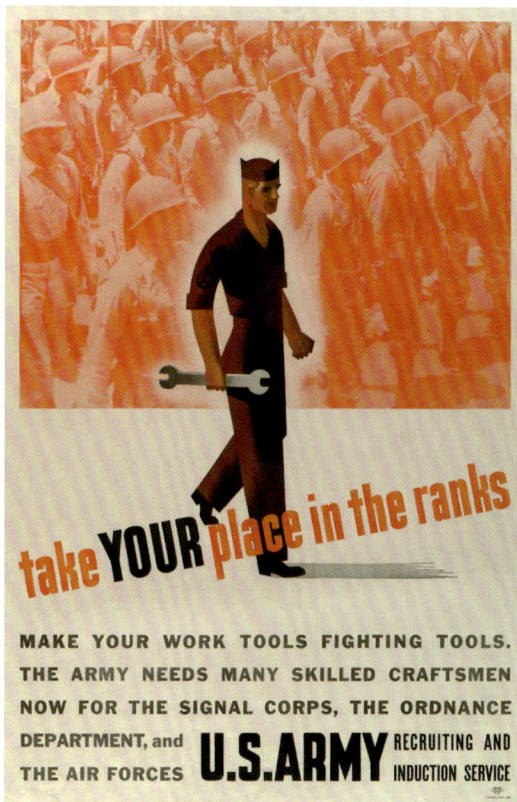

take YOUR place in the ranks

MAKE YOUR WORK TOOLS FIGHTING TOOLS.
THE ARMY NEEDS MANY SKILLED CRAFTSMEN
NOW FOR THE SIGNAL CORPS, THE ORDNANCE
DEPARTMENT, and **U.S.ARMY** RECRUITING AND
THE AIR FORCES INDUCTION SERVICE

加入军队，让你的劳动工具变成战斗武器！陆军需要熟练的技工来充实通信、军工生产和陆航部门（美国陆军部，1942）

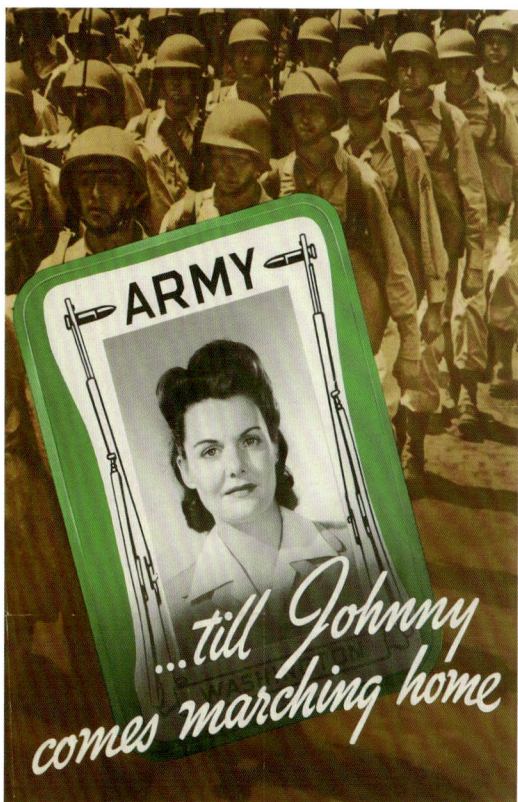

ARMY

...till Johnny comes marching home

直到他凯旋（美国陆军部，1943）

统计数据显示，美国陆军恰恰在几大兵种中兵源最为短缺，而且这种情况一直持续到二战的最末期仍未见好转。

　　陆军部和战争部最先计划于 1942 年 3 月前完成不少于 3 个整编师的组建工作，然而他们的第一步计划便没有实现。半年之后，美国陆军的兵源仍短缺将近 33 万人，尽管后方的训练周期已经压缩到了极致。这种情况通过 1942 年年底的统计数据显得更为明显：当时的美国陆军只完成了 42 个师团的组建和编制工作，而他们最初设定的最低目标却是 73 个师。到了 1943 年底，美国陆军通过各类宣传工作将征召人数增加至 540 万人，然而这依然无法改变陆军前线人手吃紧的现状。这一情况在 1944 年诺曼底登陆战役后达到极致，美国陆军非但无法将其兵力扩充到 213 个师，相反的连完成现

有 89 个师的人员补充工作都显得捉襟见肘。

　　这一问题之所以会如此尖锐，其主要原因便在于美国人的兵员输送能力极为有限。考虑到盟军内部的整体战略需求，美国人始终将训练货船船员和运输机飞行员的工作放在首位，却基本忽视了输送新兵前往前线的问题。尽管美国陆军随后认识到了这一不足并于 1942 年 7 月 31 日重新组建了一战后遭到废除的"运输部队"（Transportation Corps），但也只能负责在美国本土境内将兵源运往距离前线最近的港口加以待命。根据美国陆军部在 1943 年初的估计，每年必然有至少 450 万名士兵被送往各前线，实际情况却是直到 1944 年底，美国运输船队的年均海外运遣兵力只有区区 417 万人，而这 30 余万人的战斗力缺口很大程度上只能依靠空军和海军的支援来加以弥补。也难怪莱

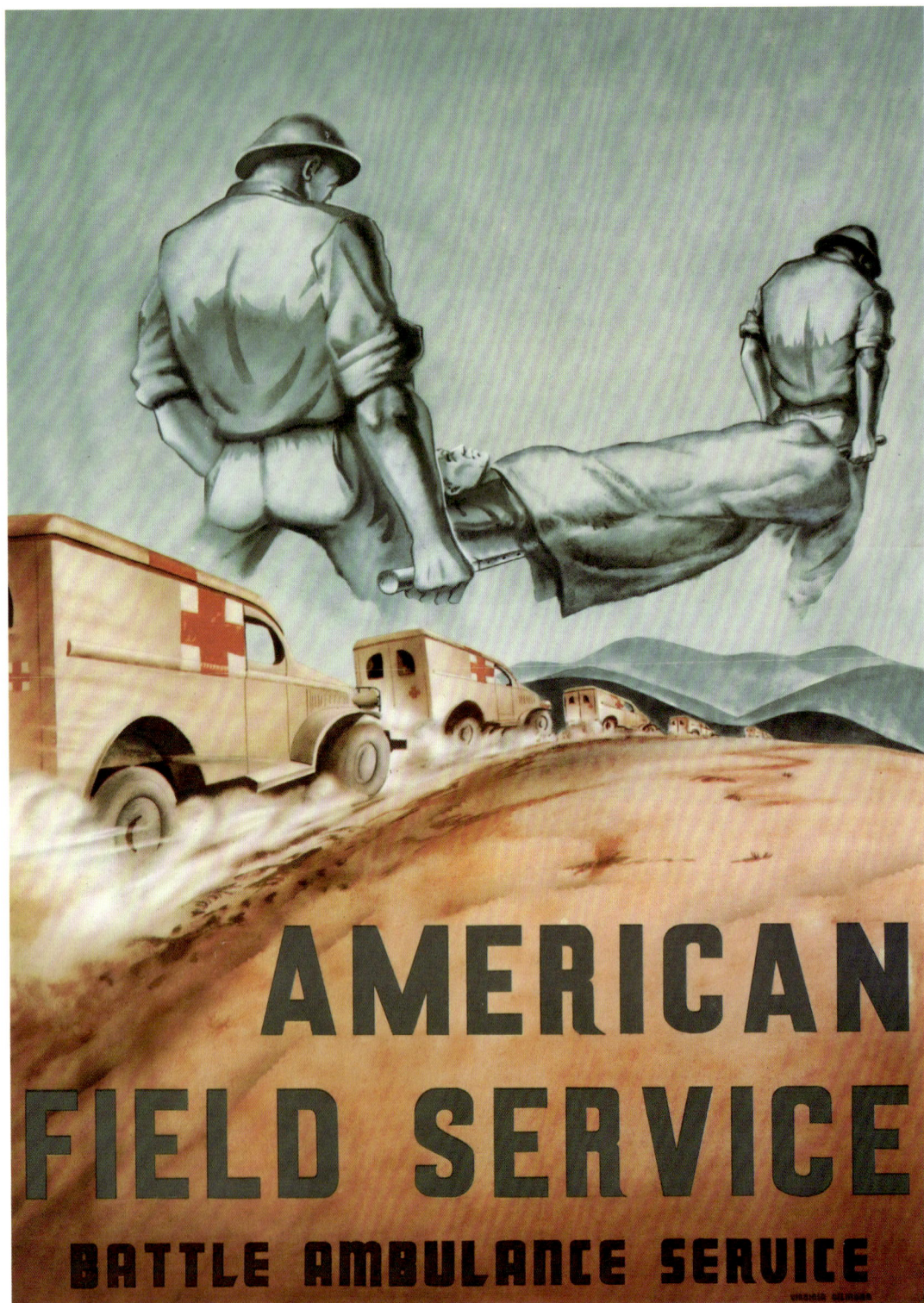

美国的战地救援（美国陆军部，1943）

斯利·麦克奈尔中将（Lesley McNair）不无忧虑地表示："前线部队还有 30 万人的缺口，而我们却还在拼命培养一些军校大学生。"最后陆军部在 1944 年 2 月决定将 11 万名完成陆军专职人员训练计划的新兵全部派往欧洲和太平洋的前线部队，但这批新兵的绝大多数只是充当了医疗兵、工程兵和勤务兵的角色，对于部队作战力的增强没起到显著作用。

陆军的兵源短缺现象在 1944 年达到顶点，同时也开始暴露出美军战术和训练编排中的种种问题。根据 1944 年 4 月美国欧洲战区司令部的统计，前线部队的伤亡中 70% 以上为步兵，而这一数据在诺曼底登陆之后持续上涨至 90% 以上。根据美国第三集团军在 1944 年 12 月的报告，该军的步兵阵亡人数高达 1.1 万人，尽管这一数字只占到集团军总兵力的 4%，但却相当于 55 个步兵连或是 2 个步兵师的兵力。依照莱斯利·麦克奈尔中将极力拥护的坦克装甲战术，阻碍步兵推进的敌方火力据点和防御工事应由坦克歼击车来负责破坏。但问题是坦克歼击车既无法适应这种进攻作战，也常常游离于步兵部队以外单独完成反坦克任务；而缺少了有效的装甲支持，即便是德军的一个 MG–42 机枪班都可能给美军步兵的推进工作带来极大的阻力。这一问题的症结就在于，美军的步兵和装甲兵在训练中便分处两个军事基地，根本不曾接受过完整的协同演练。直到战争末期，班宁堡基地才首先开始让装甲兵进驻训练。

另外，陆军的补充兵员制度到了战争后期也是备受指责。按照当时的制度规定，前线士兵受伤或染病，那么该士兵就必须从前线撤回并被送往补充兵员站接受治疗直至康复。然而这名士兵此后并不会被准许立刻返回前线加入自己先前的部队，而是根据前线各部队的兵种伤缺情况进行调配，这就意味着这名士兵一旦撤离前线几乎就无法返回自己的部队和那些在国内训练营中就已彼此形成默契的老战友继续合作，相反的却要花

上几周，甚至更长的时间去慢慢适应新战友的习惯和特点。这一制度直到 1945 年 4 月才被取消，但其实上对战事的发展已无多少意义。

海军

海军的招募人数尽管远不及陆军，但作为珍珠港事件的直接受害者，志愿加入海军队伍的美国青年在当时也不在少数。另外一个吸引年轻招募者的有趣原因则在于，很多美国人，尤其是对于来自美国内陆和山脉地区的年轻人来说，浩瀚的海洋或许就是他们满足自己内心冒险欲望的一个机会，尽管这场冒险的最终代价过于昂贵和血腥。

但是与遍布全美各地的陆军训练基地相比，美国海军直到 1941 年年初仅有三处海军新兵训练基地，分别是位于罗得岛州的纽波特港海军训练基地，位于加州的圣迭戈海军训练基地以及在伊利诺伊州的五大湖区海军训练基地，总训练人数不足 9.3 万人。这一数字在美国尚未加入二战前勉

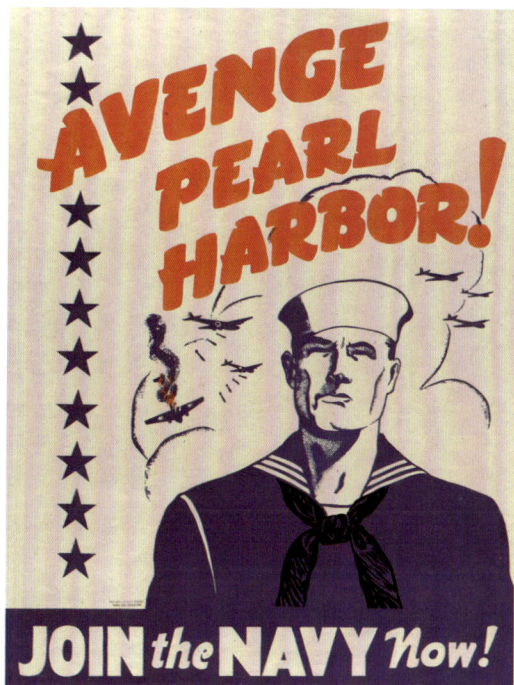

为珍珠港复仇！（美国海军部，1941）

强可以满足海军的后备人员补充问题，但当美国舰队进驻太平洋之后，新兵的补充人数从一开始便落后于美国工业的新舰建造数量。

在熬过了开战以来最为痛苦的半年之后，美国人利用在中途岛海战的胜利为自己赢得了些许喘息之机。与此同时，海军部也着手扩大训练规模，在经过罗斯福的亲自批准以后，海军部于 1942 年 10 月在位于马里兰州的迪波西特港完成了班布里奇海军训练基地建造工作，后来又在纽约州的桑普森、弗吉尼亚州的诺福克军港以及爱达荷州的法拉格先后完成了 3 处训练基地的建造工作。至 1943 年初，全美境内的海军训练基地新兵人数可达到 23.4 万人（不含海军和陆战队航空兵数量），而这也基本满足了前线海军部队的人数需求。

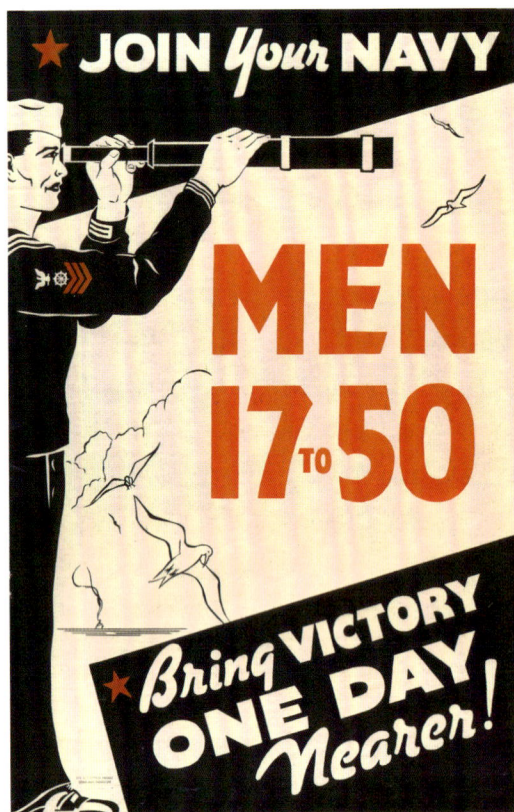

17 至 50 岁的美国公民，加入海军队伍！让胜利指日可待！（美国海军部，1942）

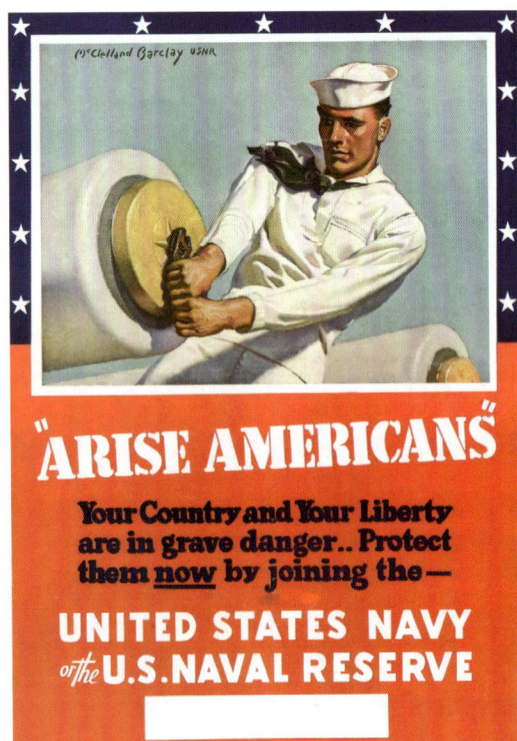

觉醒吧，美利坚！你的国家和自由正受到极大威胁。加入海军或海军预备役，捍卫国家和自由！（麦克利兰·巴克莱，1941）

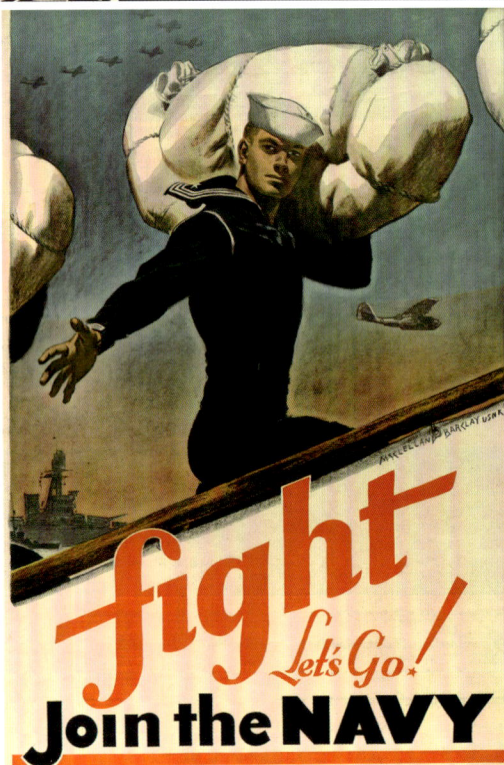

我们走，加入战斗！加入海军！（麦克利兰·巴克莱，1941）

Join the NAVY

FREE

— and see the World

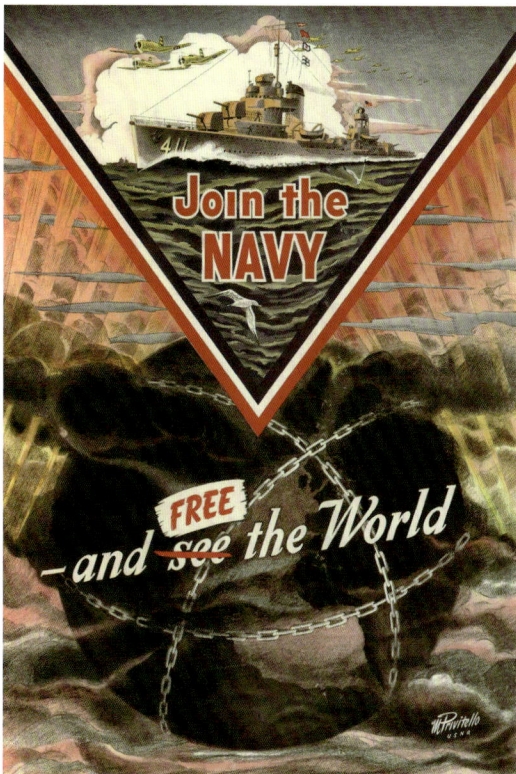

海军的招募形式和训练过程与陆军大体相同，基础训练的时间为 7 周，所有新兵在这期间要完成体能训练、心理测试、军械射击以及基本维修等训练科目。随后，这些新兵根据各自的舰种分配职位，非战斗类人员直接进入各地的海军技术训练学校完成无线电操作、电工和机修等辅助训练；而战斗类人员则前往不同的训练学校完成不少于 3 个月的高级舰上训练，通过基地内的一些训练舰只专门完成驾驶、导航、火炮射击、协同防空和水雷投放等特定训练科目。在完成所有的训练内容之后，成绩突出的新兵被准许以海军候补军官的身份进入部队接受实地锻炼，而其余新兵则作为预备役人员随时待命，听从前线部队的

加入海军，拯救世界！（迈克尔·普里维特罗，1942）

告诉你们，海军的薪酬又上涨了！（约翰·法尔特，1943）

FRESHMEN! SOPHOMORES!

NOW you can stay in college and become a

NAVAL OFFICER

SEE YOUR DEAN OR NEAREST NAVY RECRUITING STATION FOR FULL DETAILS

大一和大二的新生们，你们在校园里就可以成为一名海军见习军官！（麦克利兰·巴克莱，1942）

Announcing!

NEW AND HIGHER NAVY PAY

HOW YOUR NAVY PAY GOES UP

GO TO YOUR NEAREST NAVY RECRUITING STATION TODAY   NOW!

抽调和补充。此外，我们还要补充一下海军陆战队的基本训练情况：在完成了 7 周的基本训练以后，陆战队新兵将会被送往北卡罗来纳州的列尊营（Camp Lejeune）或加州的彭德尔顿营（Camp Pendleton）接受为期 10 周的进阶训练，其训练内容和陆军大致相同，但考虑到海军陆战队的特殊性，训练科目中还额外增加有火力登陆、岸基排雷和简单医护等内容。

REMEMBER LAST DECEMBER!

JOHN FALTER USNR

.."that free peoples may not perish from this earth"

ENLIST IN YOUR NAVY TODAY

牢记去年十二月！向往自由的民族不应从地球上消失！（约翰·法尔特，1942）

与海军一起大显身手！做出选择，尽你所能！（麦克利兰·巴克莱，1942）

大好机会，现在就加入！（马特·墨菲，1942）

海军培训计划

现在就加入美国海军！（马特·墨菲，1942）

另外，与美国陆军的做法相类似，海军部也在 1943 年 7 月 1 日面向全美的 131 所高校推出了"V–12 海军学院培养计划"，主要是为海军和海军陆战队培养、储备高级后备人才。完成了大学四年海军定点培养计划的新兵，可以进入海军预备役军官学校接受进一步的训练；而选择加入海军陆战队的新兵，则可以直接进入陆战队军训营，只要完成为期 3 个月的军官培训，就能在全部训练完成后直接获得少尉军衔。老实来说，这一计划更像是为美国海军的未来储备人手，像莱昂·格拉博夫斯基（Leon Grabowski）这样能在 27 岁时就当上驱逐舰"洛伊茨"号（USS Leutze）舰长的青年才俊毕竟只是凤毛麟角，这一计划中更多的毕业者只是和约翰·肯尼迪那样成了一些小型海军舰艇的指挥官。

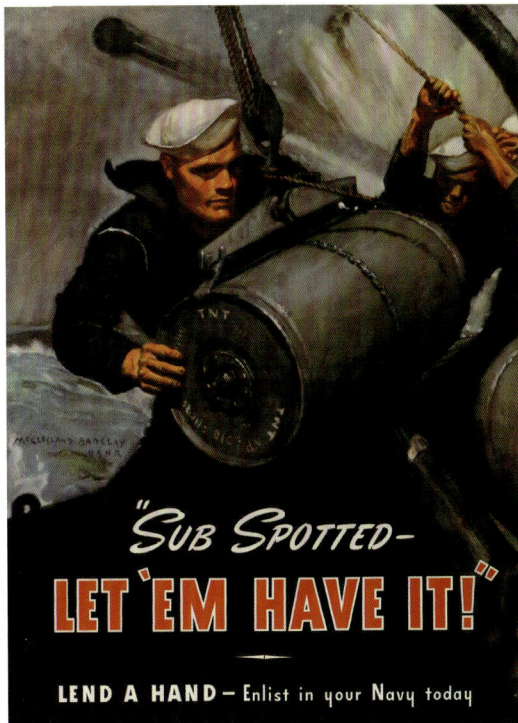

"发现潜艇——给他们点颜色看看！"现在就加入美国海军！（麦克利兰·巴克莱，1943）

攻击！现在就加入海军！（约翰·法尔特，1942）

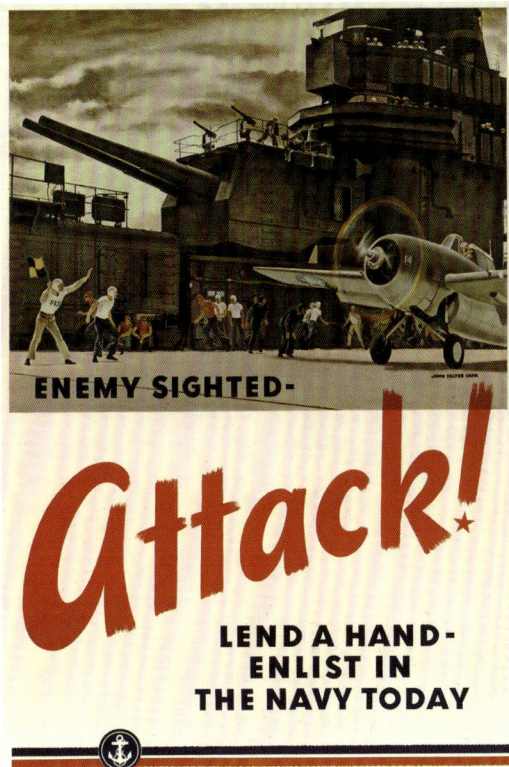

用我们的一切向他们开火！不要犹豫，加入海军！（麦克利兰·巴克莱，1942）

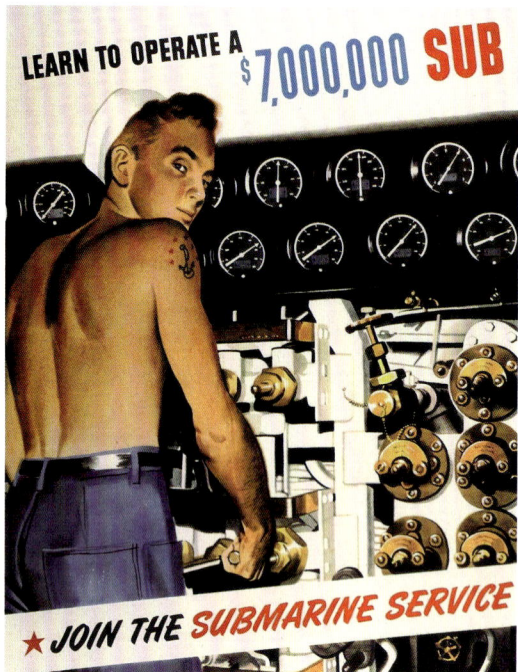

学着操控一艘价值700万美元的潜艇！加入海军潜艇部队！（美国海军部，1943）

正在经历战斗！加入潜艇部队！（美国海军部，1943）

潜海蛟龙——加入美国海军，与它一起战斗！（美国海军部，1942）

你的海军就是夺取胜利的先锋！庆祝10月27日海军日（约翰·法尔特，1943）

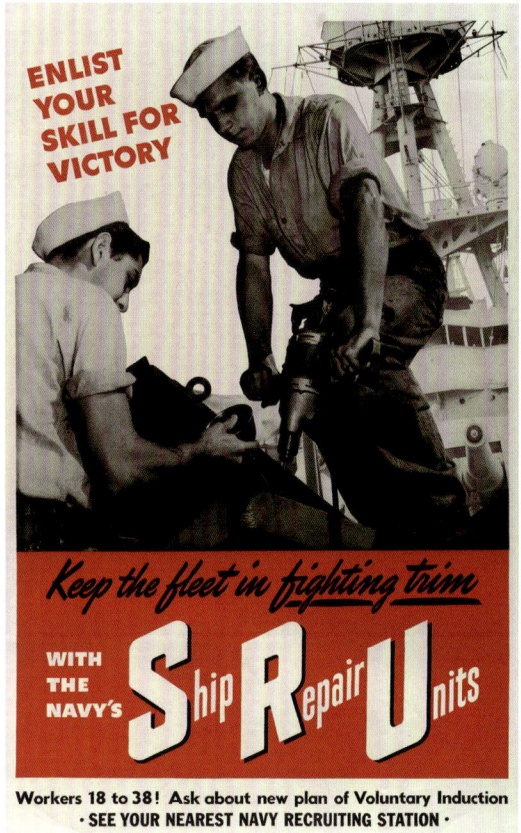

为了胜利施展你的才能！让海军维修队确保舰队保持战斗状态！（美国海军部，1943）

击垮日本！志愿加入海军潜艇部队！（美国海军部，1944）

他志愿加入潜艇部队（约翰·维特考姆，1943）

Every mothers son is
COUNTING ON YOU!

SEE THE JOB THROUGH TO VICTORY!

每位母亲的儿子都指望着你！留心海军招募，直至胜利！（美国海军部，1944）

海军陆战队在陆地、在海洋、在蓝天。保卫美国！（约瑟夫·沃伊什纳，1942）

与海军陆战队一起登陆！（维克·吉尼斯，1942）

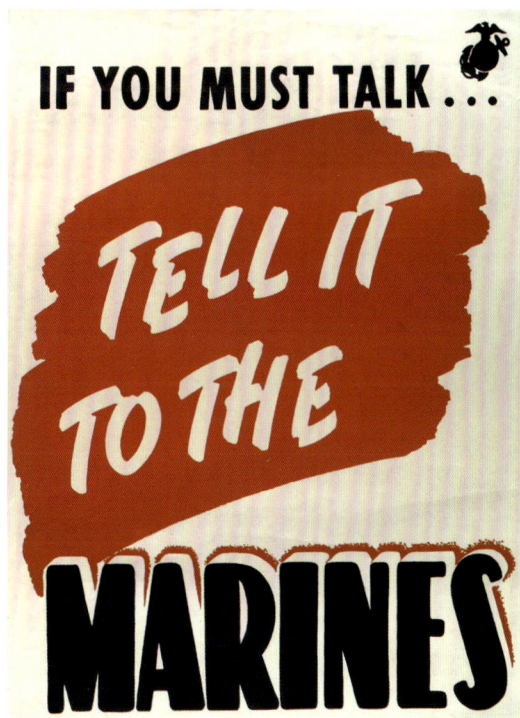

如果你一定要倾诉，请倾诉给海军陆战队（美国海军部，1942）

准备就绪！加入海军陆战队！（汉顿·桑德布罗姆，1942）

出发！与海军陆战队一起战斗到底！（明尼阿波利斯海军征兵处，1942）

空军

有一点我们必须说明的是，"美国空军"这一概念称呼用于二战期间实际上并不恰当，因为其主力只是由当时隶属于美国陆军的陆军航空队和隶属海军的海军航空队担当，他们各司其职，配合完成各项作战任务。

陆军航空队的征兵工作早在《征兵法案》正式通过前便开始推行，原因是罗斯福于 1939 年 1 月向国会提出扩大陆航队的编制规模，国会最终同意了该请求并额外拨出 3 亿美元的筹建资金，史称"25 大队计划"（25-Group Program）。到了 1940 年 2 月，陆航队的各类战机数量已有 5500 余架，增加飞行员 1.2 万名、地勤人员 3.8 万人。德国入侵低地国家后，国会又于 7 月 12 日再次通过"54 大队计划"（54-Group Program）并随计划拨款 10 亿美元作为建设资金，计划建造飞机 5 万架（其中的 3.65 万架归陆航队使用）。该计划后来经过数次修改，并最终在 1941 年年底定形：每年招募 3 万名陆航飞行员和 10 万名地勤人员，招募人员的最低年龄也从 20 岁降至 18 岁，同时

取消之前规定入伍新兵必须有两年以上大学就读的学历要求限制。训练内容基本沿袭了一战末期航空队使用的方法，将训练笼统地分为初级飞行、巩固飞行和高级飞行三部分。此外，在第一夫人埃莉诺·罗斯福的一再劝说下，陆航队同意招募黑人新兵，他们被单独送往亚拉巴马州的塔斯基吉学院（Tuskegee Institute）接受飞行训练。这批黑人中最后有 673 名成为战斗机飞行员，另有 253 名 B-26 轰炸机飞行员和 132 名领航员。

然而大量招募而来的新兵让陆军部很快就意识到，他们有必要针对训练部门的组织架构进行重新整合。于是在 1942 年 1 月 23 日，陆军部决定正式组建航空队技术训练司令部（Air Corps Flying Training Command），并于 2 月中旬在位于佛罗里达州的迈阿密滩成立了当时美国最大的空军候补军官学校（Officer Candidate School），该校可供 9 万名学员入住并满足训练条件，同时他们还以军方的身份对外征租了大量的房屋土地用作新兵的训练住宿场地。航空队技术训练司令部首先会对所有应召者进行三轮筛选，包括适应考

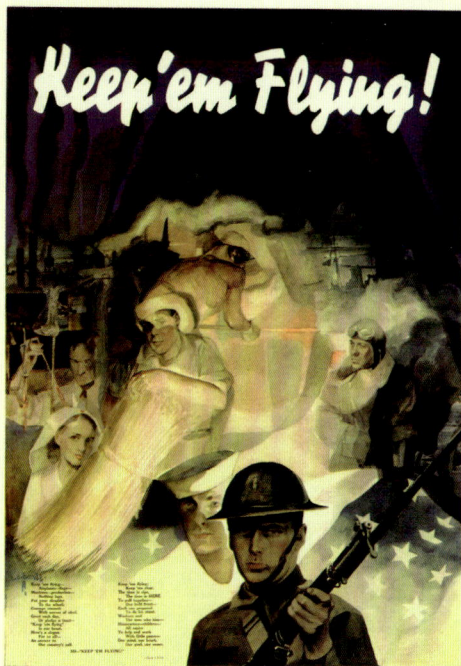

起飞，美国！让他们一直飞翔！（美国陆军部，1941）

让他们一直飞翔！（塞西尔·比尔，1941）

让他们一直飞翔！（美国陆军部，1941）

起飞！（美国陆军部，1941）

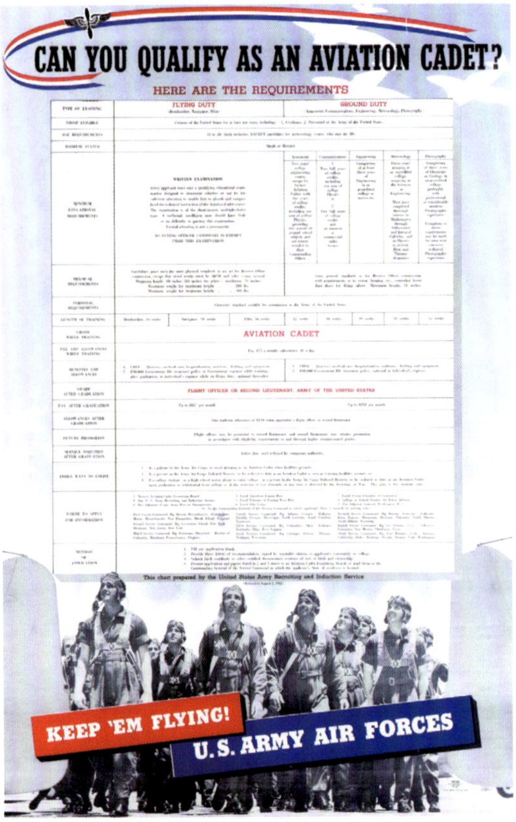

你有资格成为一名航空预备生吗？（陆军航空队，1942）

"让他们一直飞翔"是我们的战斗需求！（丹·史密斯，1942）

这是画家布拉德肖·柯兰德尔（Bradshaw Crandell）于1943年为通用汽车公司庞蒂亚克分厂创作的广告海报，但海报主题却是以介绍美国各大军种为主

成为一名航空预备生！让他们一直飞翔！（陆军航空队，1942）

核、人员归向和模拟飞行；然后在剔除一些因为身体原因而无法胜任空军工作的落选者之后，剩余的学员则根据分配到的训练岗位前往训练学校内部的飞行员分部、联络机飞行员分部、投弹手分部、导航员分部、无线电操作员分部或机枪手分部进行报道。

对于最核心的飞行员训练部分，航空队技术训练司令部根据之前的训练内容加以重新细分，将训练内容分为初级飞行、巩固飞行、高级飞行和岗位敲定四部分。在初级飞行阶段，学员们将会接受 65 个飞行学时的训练工作，以掌握基本飞行技术和理论知识；到了巩固飞行阶段，学员们被要求在 70 个飞行学时内掌握全部飞行技巧并开始尝试长距离飞行和夜间飞行；而在高级飞行阶段，学员们则要在 80 个学时中熟练掌握单发和多发飞机的各项操控并以此获得代表飞行受训的飞行胸章。在完成为期 9 周的训练工作以后，这批学员还要通过教官的随机考核进行最后评判，也就是岗位敲定阶段。其中一部分成绩优秀的学员则被直接授予空军少尉军衔并分批补充进入各航空队服役，而成绩略次但考试合格的学员将被授予二级准尉军衔作为候补陆航飞行员，这两批人就是美军陆航飞行员的主要兵源。至于那些考试并未达标的学员，则被送往其他机种的训练分部继续接受培训，他们中的大多数后来成了轰炸机大队中的投弹手、导航员、机枪手……

1943 年 7 月 1 日，陆航部在德克萨斯州的沃斯堡基地重新组建陆航训练司令部（AAF Training Command），其训练内容也分得更为细致。除去必要的飞行员培训以外，其他的陆航新兵也会根据自己的不同岗位专门接受机枪射击、投弹训练、飞机养护、飞行导航、武器检修、机修检查等多类特种培训。到了 1944 年 3 月，陆航的新兵招募人数达到 241.1 余万人的极值，而为了缓解兵源过剩的现象，最终约有 2.4 万名入伍新兵被转入陆军地面部队（多数为空降部队），还有 6 千名新兵则被送往陆军勤务部队。至二战结束，陆航训练司令部共将 19.3 万名飞行员送往前线服役，另还有 12.4 万人由于指标不合格或者

美国陆航，来自空中的堡垒（延斯·施莱凯尔，1943）

海军航空队有你一席之地！（美国海军部，1942）

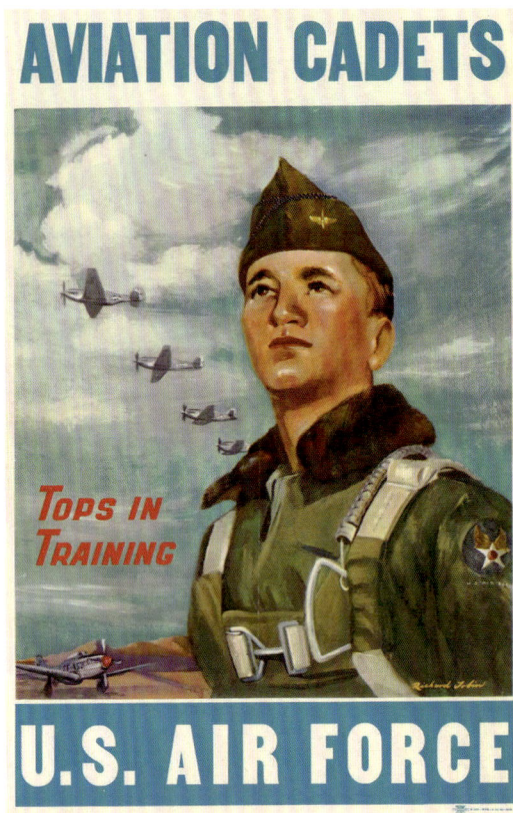

航空预备生，训练中的精英（理查德·乔宾，1943）

飞行意外事故等原因而未能通过训练。

为了满足规模如此庞大的训练队伍，美国陆航的基础设施也开始逐渐完善。在珍珠港事件爆发当天，美国本土拥有各类军用机场 114 座，但到了 1941 年底这一数据就增加到 151 座。仅仅一年之后，这一数据几乎翻了 4 倍，达到了惊人的 614 座，此外各类后勤救助站和民用航空认证培训学校等辅助机构的规模也在不断壮大。至 1943 年底，美国本土的航空基地规模达到了二战期间最大的 783 座，而本土之外的航空基地（包括获准起降）更是拥有 559 座，其中驻欧洲航空基地的增幅最为明显，多达 119 处的航空基地不仅是一年前的 3 倍，更是让美国人可以直接对柏林实施有效的轰炸行动。

与陆航的征兵工作相比，海军航空队和陆战

队航空队的招募工作显然要更为波折。海军部直到 20 世纪 20 年代末仍采取 30% 左右的原则比例从应召新兵中挑选飞行员，但他们很快就发觉不断扩大的飞行员数量同时也让海军的预算开支逐步攀升。随后而来的经济萧条以及军费吃紧等客观因素更是让国会于 1932 年决定削减海航飞行员的应召比例，同时从该年起海航飞行员的一切训练工作全部暂停，直到 1935 年经济条件略有起色之后，美国国会才于该年 4 月 15 日通过《航空学员法案》（Aviation Cadet Act），从而根本上挽救了海军航空兵源奇缺的问题。不过我们还是要强调的是，海军航空兵的受训人数比例仍被严格控制在应召人数的 20% 以内。

此外，在 1933 年 12 月美军正式组建舰队陆战部队（Fleet Marine Force）之后，海军陆战队航

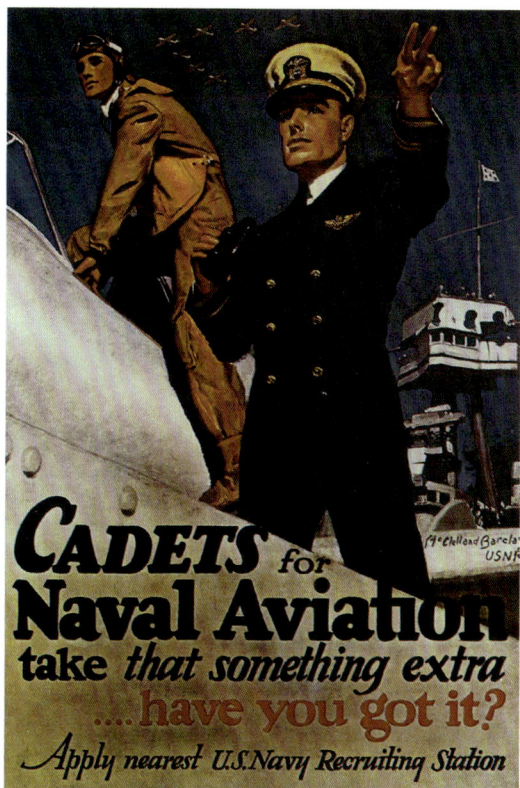

海航的航空预备生就是与众不同，你能体会到吗？（麦克利兰·巴克莱，1942）

18至26岁的学校毕业生都可以和海航一起飞翔（康诺·奥哈尔，1943）

空兵就开始逐渐将作战重心调整至配合两栖登陆作战以及抢夺沿岸阵地的任务上。按照海军总务委员会的说法就是："海军陆战队航空兵首先将会用于配合登陆行动的实施，其次将作为海军舰载机的后补力量加以调配……"根据国会在1940年6月的批准令，每10000架海航战机中就有1167架将拨由陆战队航空兵使用；不过实际情况却是，到珍珠港事件发生时，陆战队航空兵的飞行员人数仍不足400人。

海军部根据此项法案随后具体推出了"海军航空学员计划"，凡是年龄在19至25岁之间且有两年以上大学就读经历的适龄青年均可报名参加，受训时间为18个月。到了1938年，随着《海军扩军法案》（Naval Expansion Act）的出台，美国海军被允许装备3000架新式飞机，海军航空兵

的人数也得以进一步扩大。根据重新颁发的《航空学员修正法案》，海军航空兵的训练模式也开始逐渐向陆航靠拢，即将训练分为初、中、高共三级。同时，为了在短时间内完成训练内容，培训周期被缩短至12个月，后来又进一步减少至6个月。学员将会在训练合格并通过考试后获得"海军航空学员"的衔位。

然而海军部的这一举措并未让海军航空兵的人数呈现出明显的增幅，问题的核心在于海军航空学员的薪资标准远不及陆航飞行员的收入，且进衔难度也比陆航大得多。于是很多学员在完成了基本训练之后便退出海军，转而成为收入颇丰的民航机驾驶员。于是国会又在海军部的要求下于1939年4月11日颁布了《海军航空学员预备法案》（Aviation Cadet Reserve Act），重新安排

Wear the "*FIGHTIN'EST*" wings in the service

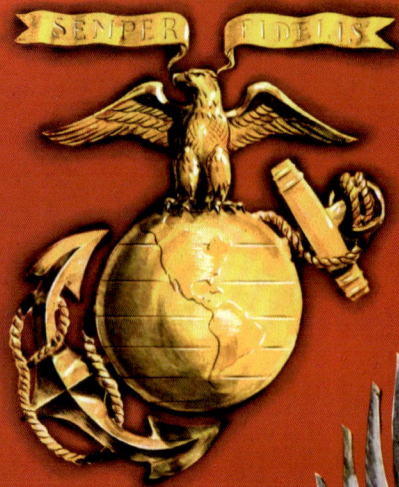

FLY WITH THE MARINES

APPLY, OR WRITE, TO NEAREST RECRUITING STATION

插上一双最具战斗力的翅膀，与海军陆战队航空队一起飞翔！（阿尔法设计印刷公司，1942）

学员的工资收入并将训练合格的学员军衔提升至海军少尉。这一举措虽让海军航空兵的招募工作得到有效的改善，但却不足以在短时间内发生根本的变化，而这也就能够解释为何海航队从1925年至1940年的这16年内一共只训练出了区区3949名海军航空飞行员。

海军航空兵的招募情况从1941年开始出现根本好转，原因除去《征兵法案》最终得以通过之外，更为重要的一点便是美国对日本的态度发生了转变。美国人的确在珍珠港事件中吃了一个大亏，但这并不代表他们对日本就没有丝毫戒心。实际上，美国海航在1941这一年里就完成了3112名飞行员的训练工作，不过这个数字不仅不足以与陆航加以比较，就连自己的对手——日本海军航空兵也难以与其相提并论。

1942年1月下旬，海军部部长欧内斯特·金决定完善"海航飞行员训练计划"并和陆航一样重启学员授衔制度。这位力推"太平洋第一"原则的海军元帅最早意识到，海军目前所拥有的这7千多名飞行员尽管从数量上来看与日本海军相差无几；然而这其中的一部分只是用于日常巡逻或是舰载的水上飞机驾驶员，真正用以对抗日本海军的航母舰载机飞行员却寥寥无几，但这却恰恰是金最迫切希望得到的。

海航飞行员训练计划与之前陆航飞行训练的

击落他们！与海军陆战队航空队一起飞翔！（维克·吉尼斯，1942）

内容大致一样，早期的训练工作也类似地分为初级、中级和高级三类，但训练周期约为10～14个星期（考虑到太平洋战场初期的不利局势）。战斗机飞行员在完成训练后还会被单独送往海军预备役战斗机中队进行实地舰载训练，只有该名学员在完成了600小时连续无失误飞行并在操控同一机型满300小时之后，他才会被允许加入前线的海航中队服役。

这套训练内容在经历了珊瑚海海战与中途岛海战之后得以重新修正，因为美国人从这两场战役中发现了太多的问题。从1942年下半年起，所有召入海航部队的合格学员都将增加不少于 100 小时的逃生营救训练（包括游泳、求救以及海上生存等内容），另外训练科目也先于陆航部队开始变得更为细致，包括鱼雷投放、机枪射击、精准轰炸、舰载补给、海上搜救和特殊维修等 12 类。至 1942 年底，海航共完成了 10869 名飞行员的训练工作，与日军相比，飞行员的数量差距已不甚明显。实际上，仅在太平洋战争的这 3 年时间里，美国海航飞行员的人数就扩大了 61658 人，足足是日本人的 2.5 倍之多。

到 1943 年结束时，海航又开始效仿陆航的做法，在佛罗里达州的彭萨科拉港组建了海航训练司令部（Naval Air Training Command），而这也标志着海航的训练工作已经变得统一协调。该年年底，美国海军航空兵的人数又增加了 20842 名，数量已经完全超过了此消彼长的日军飞行员。另外，从 1943 年 1 月 1 日起，海航入伍新兵将被要求挑选全美 20 处指定大学完成为期 3 个月的理论学习，随后在战时航空训练勤务学校（War Training Service School）和民航授权的飞行机构进行两个月左右的基础飞行培训工作。相比之下，迫于形势的急转直下，日军飞行员的数量不仅明显减少，其有效的训练周期也被逐步压缩；反观美国人的训练则进一步得到完善，他们不仅将前线一批作战经验丰富的飞行员抽调回国担任飞行教官，同时也额外补充了实战技巧训练，总周期延长至 18 周。美国人的这种优势实际上在 1944 年的马绍尔群岛战役中开始显现，并一直将这种优势保持到日本投降。

海岸警卫队

正如我们在前文所提到的，海岸警卫队为美国二战的征兵工作起到了抛砖引玉的作用，尽管他们并不必像其他兵种那样直接面对凶残的敌人。1941 年 2 月 19 日，经美国国会的最终批准，原先带有民众志愿性质的海岸警卫队预备役分队（Coast

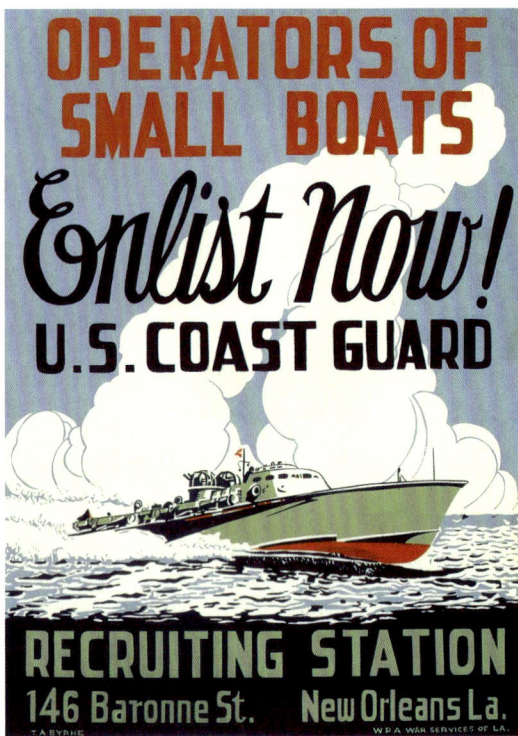

小型舰船的操作者！现在就加入海岸警卫队！（洛杉矶分区海岸警卫队，1942）

Guard Reserve）被正式更名为"海岸警卫队辅助分队"（Coast Guard Auxiliary）。尽管这支辅助分队直到 1942 年 5 月前甚至都没统一的着装，但却为海岸警卫队的新兵招募和培训工作完成了初步的构建。到了同年 11 月 1 日，经过罗斯福的允许，海岸警卫队自一战结束以后第二次从财政部划归海军部，而海岸警卫队的新兵招募和日常训练工作也全部按照海军的模式来执行。

鉴于海岸警卫队的工作性质，应召者的年龄上限得以尽可能地放宽，凡是年龄在 40 岁以下的美国公民均可报名参加，另外一些文秘、勤务等工作则适当放宽到 55 岁。招募到的新兵首先将被送往开普梅的海岸警卫队训练中心接受为期两个月的基础培训工作，包括体能和心理测试、军事理论和海上搜救等科目。完成基础训练以后，一些体能测试无法达标的应召者（主要是一些年龄

该行动了！今天就加入海岸警卫队！（美国海岸警卫队，1942）

较大的新兵）将直接接受文秘培训而不再进行后续训练，其余的新兵则根据自己当初选定的职位继续完成剩余的高级训练。

为了提防各海军港口可能出现的间谍渗透行为，海岸警卫队在 1942 年 2 月组建了所谓的港口安全志愿队（Volunteer Port Security Force），这或许称得上是二战期间海岸警卫队的最大贡献。为此，海岸警卫队特地在费城郊区新建了一所专门用来培训志愿队人员的训练学校，除去正常的 8 周基本训练外，这批队员还会接受完善的反渗透破坏专职训练。这支志愿队的工作职责后来不再局限于海军港口，而是将工作范围扩大到防火安全和海关检验等多个领域。到二战结束时，港口安全志愿队的人数已多达 2 万（另有 2 千多名女性成员）。另外，海岸警卫队还效仿当时英国人的做法，于 1942 年 10 月推出了"海岸巡逻计划"（Beach Patrol），委派特别培训的海岸警卫队员（也有一些是志愿报名的当地居民）在美国的东西海岸线负责海面情况的巡逻工作。

商船队

尽管商船队和很多海军舰艇一样活跃于战争的最前线，但他们往往容易被历史所遗忘。在整个二战期间，美国共损失了 733 艘商船，共有 9521 人为此殉职，尽管人数损失并不算高，但其 4.02% 的死亡率却远高出二战期间的美国其他各军种（海军陆战队为 2.94%，陆军为 2.08%，海军为 0.88%，海岸警卫队为 0.24%）。商船队的运输工作因此也被丘吉尔称为"二战期间最为悲壮的海上行动之一"。

根据 1936 年 6 月底通过的《商船贸易法案》（Merchant Marine Act），美国联邦海事局于 1938 年 3 月正式组建商船海运学员队（Merchant Marine Cadet Corps），用以满足未来大批新造商船的人员配置。随后，海事局在康涅狄格州的特朗布尔堡（Fort Trumbull）建立了第一所海员训练学校，后来又在加州的阿拉米达岛（Alameda Island）、纽约州的霍夫曼岛（Hoffman Island）建造了两所训练学校。招募海员的要求并不像军队那般严格：按照海事局的规定，凡是年龄在 18 至 25 岁之间的美国公民均可报名参加，要求至少有一年以上的船只驾驶经历，随后这些要求也被适当放松。一般来说，一名有经验的应召者只需 3 个月便可掌握全部驾驶技术，而对新手来说，这个过程可能需要半年甚至更久。

海事局的原计划是希望在 1942 年前完成至少

我将重返海洋！（战时船运局，1942）

加入到美国商船队的战斗队伍中！（美国海运局，1942）

3.5 万名海员的培训工作，但美国介入二战以后，这个数目显然无法满足商船队的人员配置需求；故此，海员训练周期被缩减到 8 周，原来要求的半年海上见习训练也被大幅度削减至两个月。另外，海运学员队的训练工作也于 1942 年 2 月转由海岸警卫队负责，但这项工作很快便在 7 个月后就移交战时船运局（War Shipping Administration）统一完成。同时为了尽快增加学员的数量，海事局又从 1942 年起在波士顿、怀尼米港和圣彼得堡增设了 3 处训练学校。

但是商船队的训练工作在 1942 至 1943 年期间遭受了极大的考验：从内部来说，由于美国工业机器于 1942 年起开始加速自由轮的生产工作，这就意味着战时船运局必须确保在平均建造一艘自由轮的时间内完成对应需求人员的训练工作，但这一要求起码在 1943 年上半年前根本无法满足；而从外部来讲，1942 年 3 月至 1943 年 5 月的这 15 个月无疑是商船队损失最为巨大的一段时间，尤其是支援英国和苏联的船队在德军潜艇和袭击舰的轮番攻击下付出了极大的代价。内外因素的综合影响让船员的训练周期被一再压缩，而招募工作的条件限制也被屡次修改，一些退役多年的老船员亦被允许加入进来以满足人数的需求。此外，美国黑人同样被允许破例加入商船队。在完成整套训练之后，56 岁的休·穆尔扎克（Hugh Mulzac）于 1942 年 9 月 30 日踏上了"布克·华盛顿"号（SS Booker Washington）的甲板并正式成为二战期间美国政府委任的首位黑人船长。

我们还要说明的是，商船上武装人员与船员的训练工作是分开完成的。早在 1941 年 10 月，美国海军部就专门为 1375 艘美国籍商船的自卫工作组建了海军武装防卫部队（Navy Armed Guard）

并在第二个月就开始了为期3周的炮击训练工作，训练课程仅为掌握商船上所有装备火炮的使用，包括2门37毫米艏炮、1门102毫米艉炮和6门20毫米防空炮。然而美国人实际上从1942年7月才开始改变商船海员的训练工作，原因是肆无忌惮的德国潜艇让他们意识到，炮击训练似乎有必要成为训练工作的重点内容。为了避免更大的损失，美国海军部允许将武装防卫人员的训练周期增加8天，同时将单艘商船12 ~ 16名武装人员的标准数量配置提高到了20 ~ 25名，随后又把人员数量增加到27人，而增加的这些人员主要作为艏艉火炮的操作手。这样做的原因十分简单，因为被潜艇击沉的商船比例从1941年的30.8%已经猛增到了目前的70.4%——这是一个令美国人都有些无法承受的巨大损失。

休·穆尔扎克及其船员，照片摄于1943年2月

尽管“史蒂芬·霍普金斯”号（SS Stephen Hopkins）曾在1942年9月27日成功击沉了德军HSK-6“施蒂尔”号（Stier）商船袭击舰，但这些凤毛麟角的战绩并无法掩盖商船队的窘境。因为训练周期以及人数配置的同时提高在短期内显然不利于美国商船队，比如那支经历了万难才抵达摩尔曼斯克港的PQ-17船队，全部33艘商船平均每艘商船的武装防卫人数甚至还不足10人。而人手短缺的问题也让这些商船在随后的几个月内遭受了更为严重的人员伤亡：很多商船的平均炮手人数不足12人，甚至像“西塞莱纳”号（SS West Celina）和“阿林”号（SS Arlyn）等几艘商船竟然在没有一名武装防卫人员在岗的情况下仍冒险选择出航，他们的最终命运也就可想而知了。这种被动情况直到盟军投入反潜航空母舰编队和远程反潜巡逻机后才在1943年5月前后出现根本好转，但在接下来的两年多里，仍旧有超过2400名船员和900多名武装防卫人员不幸殉职。

招募海员！现在急需你们！（美国海运局，1944）

直至二战结束，美国商船队共完成了21.5万名船员和14.5万名武装防卫人员的训练工作，他们为盟军的最终胜利做出了难以估量的巨大贡献。但让人感到万分寒心的是，这批二战期间的无名航海英雄在1988年之前都不被美国政府承认是作战人员，因此在战后40多年的时间里，他们始终无法享受到其他退伍军人或阵亡军属家庭所能享受到的政府抚恤慰问金。

我们履行责任！我们急需有经验的船员！（玛莎·索耶斯，1944）

第四章 加速生产

More And More Production

> 工业生产是战争中不可缺少的因素。前线士兵和后方工人并无性质界线，两者间相互依赖、相互帮助。
> ——道格拉斯·麦克阿瑟（美国陆军五星上将）

早在珍珠港事件爆发的一个月前，罗斯福就在国会的演讲中重点强调了工业生产的重要性："要通过更多的生产来消灭强大的敌人，仅靠一两架飞机、一两辆坦克、一两门火炮、一两艘战舰根本不足以击垮敌人……我们必须以一种压倒性的生产能力来遏制敌人，以此在任何一条战线上都能掀起摧枯拉朽的攻势。"然而在这座隆隆生产的民主兵工厂背后，却有着远比我们想象中更为错综复杂的关系，也正是因为这种纷乱的关系才让战时美国衍生出了无数的部门机构和法案条例。故此，在正式介绍二战期间的美国工业生产之前，我们有必要简单介绍一下自大萧条起便在美国工业阶级中逐渐形成的尖锐矛盾。

美国国内当时最大的劳工组织名为"美国劳工联合会"（American Federation of Labor）。作为美国在整个 20 世纪上半叶规模最为庞大的劳工组织，劳工联合会始终掌握着美国工业的命脉。

然而这个组织内部却从大萧条起逐渐出现了分歧：以美国矿工联合会（United Mine Workers）主席约翰·里维斯（John Lewis）为首的一部分工厂负责人开始对于劳工联合会长期奉行的同业工会制度提出质疑，他们认为有必要尝试产业工会的模式，即取消行业间的限制，受雇工人不分职业或行业，只要是某一工业的工人都可加入。这种做法遭到了劳工联合会多数人的反对，颇具讽刺意味的是，这其中也包括威廉·格林（William Green），这位十余年前还在矿工联合会里毕恭毕敬地拜师里维斯进行学习的现任劳工联合会主席。而这种矛盾也愈发尖锐直至在 1935 年劳工联合会的执行会议上最终迸发出火花。

当里维斯上台发表讲演并阐述如何组织一批经验欠缺的轮胎橡胶工人迅速融入工作状态时，坐在台下的威廉·哈钦森（William Hutcheson），这位坚定支持同业工会制度的木工联合会（United

约翰·里维斯

威廉·格林

Brotherhood of Carpenters）主席突然打断了里维斯，接着颇具嘲讽意味地评论这些工人不过是一群"小土豆"（美语中意为微不足道的人物）。里维斯毫不客气地反唇相讥并与其发生了激烈的口角。让谁都没有料到的是，里维斯在众目睽睽之下居然径直走向哈钦森，然后揪住这位工会元老级人物一顿痛揍。会场上顿时乱作一片，直到格林出面充当和事佬才算暂时平息了风波。

实际上，这场闹剧已将两方势力的观点直接挑明。里维斯随后就和劳工联合会中另 7 位支持自己观点的工会主席达成一致，并于 1935 年 11 月 9 日成立了一个全新的"产业工会联合会"（Congress of Industrial Organizations），以此希望在劳工联合会内部改变现有的单一政策。当然格林也不会袖手旁观，凭借着扎实的基础和控制范围，他一再表示拒绝与里维斯等人进行谈判，也不会做出任何让步。1936 年 9 月 10 日，劳工联合会公开宣布，开除 10 个加入产业工会联合会的工会组织（在后来的 10 个月里又有两家加入），而这些工会也在里维斯的组织下于一年后正式组成独立的产业工会联合会，并继续同劳工联合会展开正面对抗。

这种加剧的对抗很快就引起了罗斯福的注意。日本人在亚洲已经开始着手入侵计划，德国人在欧洲也蠢蠢欲动，一旦美国卷入战事，那么工业内部的矛盾就必将极大地影响战事的发展。于是这位美国总统在 1939 年 2 月以私人身份分别致信格林和里维斯，希望通过合作的方法来寻求问题的解决。他在信中解释道："……美国政府和美国民众都认为自由的劳动力和民主的劳工团体之间为了日后的良性发展有必要主动迈出第一步，因此我谨以个人身份询问两方的主席能否考虑组织一个专门委员会进行一次解决矛盾的谈判。"两位工会执掌者碍于情面很快就回复罗斯福表示愿意进行谈判。于是在 1939 年 3 月 7 日，由罗斯福本人亲自主持的第一次工会谈判在华盛顿召开。

然而，尽管劳工部部长弗朗西丝·珀金斯（Frances Perkins）对外一再强调"谈判结果将充满曙光"，但实际情况却并非如此理想。谈判双方在主要分歧和矛盾上都不肯让步，以至于里维斯在4月5日就致电给他的昔日弟子格林，借口要参加工会内部的一场听证会而无法继续参加会议。但当珀金斯询问劳工联合会谈判组代表马修·沃尔（Matthew Woll）为何之后的数次会议毫无一点进展时，沃尔给出的答复却是"与里维斯之前的会谈十分融洽，丝毫看不出他有任何敌对或不满，也没有从举止言行中流露出半点希望推迟谈判的意思"。显然，直到数周后谈判工作完全陷入停滞时，劳工联合会代表才意识到里维斯似乎早就失去了耐心，而他们两家之间的斗争似乎仍旧要持续下去。

这种僵局持续了将近半年之久。欧洲战事于9月爆发之后，罗斯福的担心开始变得愈加明显。于是他在10月中旬又分别给格林和里维斯发去两封致信，询问两家工会能否重启谈判工作。对于罗斯福的来信，格林的回复显得十分客套，他在信中表示："劳工联合会的大门时刻都是敞开的，我们也始终希望那些曾经寻求其他目的而离开的团体能够重新回到工会，并通过一种合理明智的方法来解决相互间的分歧。"但里维斯的回复却异常简短，他委婉地向罗斯福暗示道："我们的谈判人员似乎没有从劳工联合会那里发觉任何有助于谈判工作取得进展的信息。"当然，里维斯在信中并未说明他的另一层含义，那就是里维斯并不赞同罗斯福积极应对战争的政策，换句话说，他更加希望政府采取一种孤立的反战态度来处理这种国际局势。当罗斯福继续坚持自己做法而不曾做出改变时，我们也就不难理解为何里维斯会在卸任前于1940年10月25日在全国广播节目中，公开表示支持罗斯福的竞选对手威尔基了。

两大工会间的斗争随着和平谈判的无果而愈发激烈，发生在1941年6月5日加利福尼亚州英格尔伍德的北美航空公司分厂的大规模示威罢工运动便是其中的一个缩影。矛盾的起因是代表产业联合工会的汽车工人联合会（United Automobile Workers）和代表劳工联合会的国际机械师协会（International Association of Machinists）均想争取这家航空制造大厂加入己方阵营。尽管美国直到6个多月后才加入二战，但这个主要生产P-51战斗机、B-25轰炸机、AT-6A教练机以及诸多发动机引擎的公司实际上已为美国负责支援的欧洲国家生产了数量不少的军事物资。而当汽车工人联合会在3月13日的第二轮劳资关系选举中以70票赢得北美航空的归属权之后，不甘失利的国际机械师协会随后就开始酝酿反制性罢工。罗斯福随后就此事发表声明，表示如果罢工人员不能在24小时内回到工作岗位，那么政府就采取必要的手段加以介入。然而事态并没有得到扭转，相反却在6月9日急剧恶化：罢工工人在企图穿越警戒线时和一旁负责监视工作的警察发生冲突，局势一度出现失控，最后政府调来了第15步兵师3个营的兵力才算平息了这场冲突。整个事件中共有20人遭到逮捕，另有数十人不同程度地受伤。

实际上一直到日军偷袭珍珠港之后，这种所谓的和平谈判才开始真正出现曙光。当时的产业联会工会主席菲利普·穆雷（Philip Murray）开始和格林进行私下沟通，寻求双方在战时进行合作的可能性，随后便在12月下旬开始正式磋商。然而这时隔两年的谈判工作随着退居幕后的里维斯的一封公开信而被彻底搅乱：1942年1月17日，里维斯在给格林的一封公开信中强调，他认为唯一可行的解决办法是让格林和穆雷全部辞职，至于劳工联合会该由谁来执掌，他觉得工会当时的二号人物威廉·米尼（William Meany）最为合适。谈判双方都不认为这是里维斯所谓的和平解决办法，而是企图在重夺产业工会大权的同时削弱劳工联合会的势力。

在白宫事务调解员安娜·罗森伯格（Anna Rosenberg）等人的再三提醒下，罗斯福于1月21

在唐纳德·内尔森（中）的撮合下，威廉·格林（左）与菲利普·穆雷（右）就战时工业发展问题进行商讨，照片摄于 1942 年 3 月

日邀请穆雷前往白宫进行私人会谈。在这场后来被称为"罗斯福 – 穆雷"的谈话中，穆雷不仅表示反对里维斯的提议，同时也向罗斯福表态：他的工会出于战争考虑，将最大限度地与劳工联合会进行"非统一性的合作"，同时组建一个由两大工会人员共同参与，起到根本监督作用的战时劳工胜利联合委员会（Combined Labor War Victory Board），以此来完成组建的根本初衷。这一提议得到了罗斯福的同意并在 24 小时内就获得了格林的认可，双方同意各派出 3 名代表组成这个委员会。除去两位主席之外，劳工联合会的代表还有威廉·米尼和卡车驾驶员工会（Teamsters Union）主席丹尼尔·托宾（Daniel Tobin），产业工会则包括汽车工人联合会主席罗兰·托马斯（Roland Thomas）及联合电气工会（United Electrical Workers Union）财务处长朱里叶斯·埃姆斯帕克（Julius Emspack）。至此，这两家工会的矛盾才算暂且得以缓和，尽管这种缓和的表象下依旧是暗潮涌动的斗争。罗斯福自然深知这点，这位总统撮合这个委员会的真正目的也只是出于某种缓兵之计，即通过这个委员会来压制两大工会的战时矛盾。穆雷曾于 1943 年 5 月致信罗斯福抱怨这个委员会甚至都不曾参与过一次基本的劳工立法修订工作，但罗斯福对此却从未有过正面回应。

在解决美国工会矛盾的同时，罗斯福也在通过各种办法努力调动美国工厂的生产能力。珍珠港事件后，罗斯福便为美国工业制定了一个目标，那就是到 1942 年年中要生产 6 万架飞机、4.5 万辆坦克、2 万门防空炮以及 800 万吨作战物资；而到 1943 年，美国人将要达到年生产 12.5 架飞机、12 万辆坦克和 5.5 万门防空炮的能力。这个提议遭到了多数美国工业界人士和社会舆论的质疑。《纽约时报》的军事专栏作家汉森·鲍德温（Hanson Baldwin）在自己的评论中不解地表示："他设定的目标显然过高……产量翻番可能是我们能够完成的任务，但是现在却让我们翻两番之多，这个目标真能够完成的话，就绝对算得上是工业奇迹了。"当然，这位美国总统的确有理由要求美国工厂完成这一目标，因为罗斯福的设想从某种程度上可以通过一些数据加以辅证：美国的 GDP 产

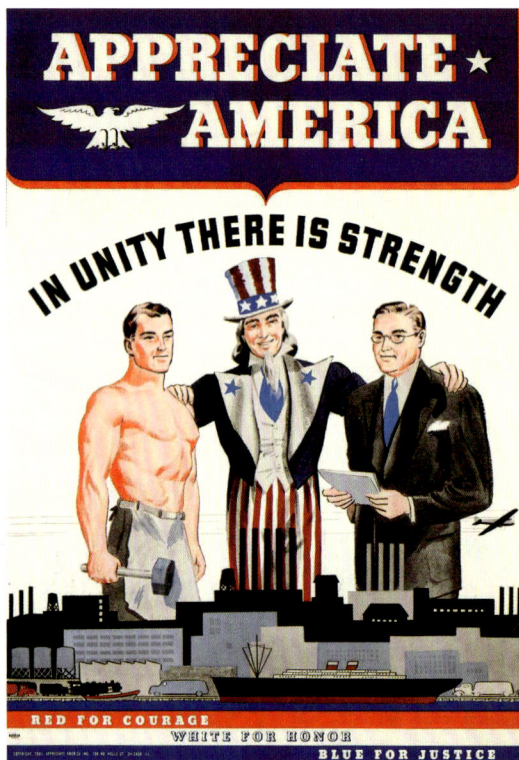

团结就是力量！红色代表勇气，白色代表荣耀，蓝色代表正义（感恩美国出版公司，1941）

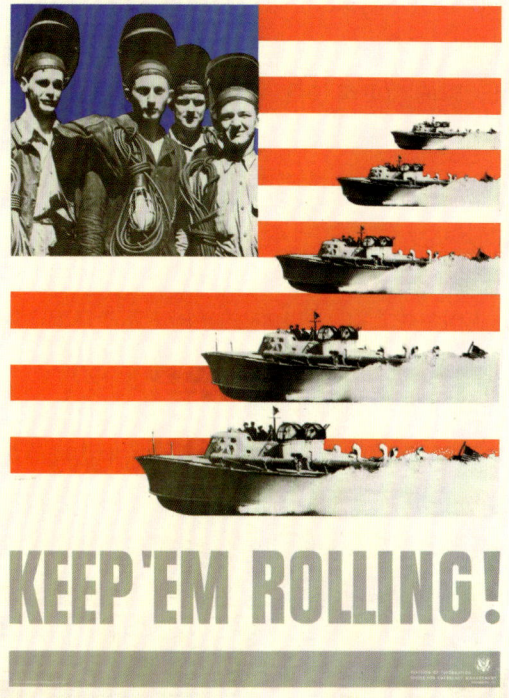

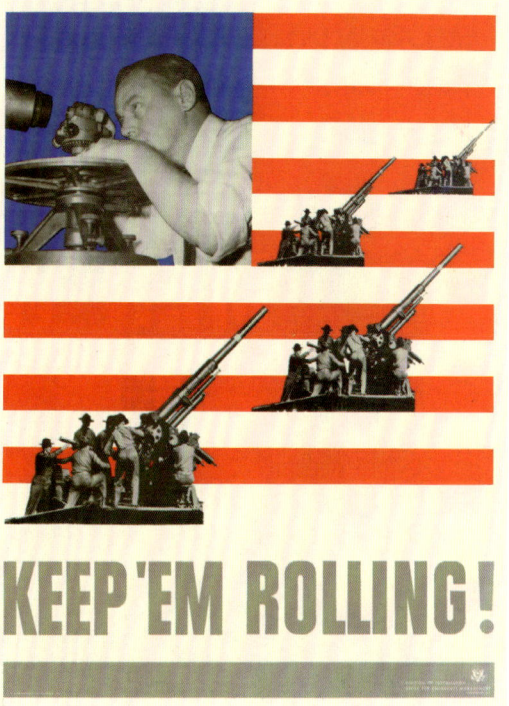

让它们始终开动着！（莱奥·利奥尼，1941）

量自 1940 年底就已经达到了 943 亿美元，不仅将两个宣战对手——德国和日本远远甩在身后；而且美国的 GDP 增长量已经连续 3 年保持在 7.5% 以上。罗斯福坚信，一旦美国的工业机器高速运转起来，他所设定的这些目标就并非是遥不可及的幻想。

然而很多异见人士并不这么认为。实际上早在美国参战之前，约 10% 的美国工业产量就已用于国防开支和援助英国作战上；而现在的情况是，美国人既要在欧洲战场和太平洋战场维持双线作战，同时还要按照《联合国家宣言》中达成的协议为其中的 11 个已参战国家提供必要的物资供给。按照鲍德温的保守估计，这些援助物资至少也要再占去美国工业产量的 30%。那么，很多人士不禁提出疑问：美国能否就凭着这剩余的 60% 工业产量来同时对抗德国与日本？

另一个让罗斯福政府饱受诟病的便是负责协调生产工作的部门机构。早在 1941 年 1 月 7 日，罗斯福便下令组建了一个名为"生产管理部"（Office of Production Management）的机构，专门负责动员和协调国防工业的管理及指挥；后又在 8 月 27 日另外组建了一个名为"战争资源分配委员会"（Supply Priorities And Allocation Board）的机构，以统一协调原材料和成品物资的运输和调拨。但是这两个部门之间协作不利的弊病随着战争的爆发而变得更加突出，各自为政的这两个部门开始让不少人都怀疑：政府部门能否让战时工业继续有序地运行下去？

为了回应这些质疑，同时也让美国工业得到更为统一的管理，罗斯福在 1942 年 1 月签署了第 9024 号总统令，废除之前的战争资源分配委员会和生产管理部，同时成立"战时生产委员会"（War Production Board），统一调配生产人力、设备、场地和资源，并逐步限制国内任何非战争用途的产品生产。根据罗斯福的任命，原生产管理部部长唐纳德·内尔森（Donald Nelson），这位曾在财政部下属采购处担任主管的密苏里人将出任委员会的首任主席。

所有人一起工作！（信息情报处，1941）

"Full speed ahead! Every moment counts. Time out helps the enemy. That's why we're drivin' hard every minute . . . . . . C'mon, fella, let's step on it."

PRODUCE FOR VICTORY!

"Gosh! Look at 'em fly! My Pop helps make those planes. With flyers like that and workers like my Pop . . . us Americans are sure gonna win this scrap!"

PRODUCE FOR VICTORY!

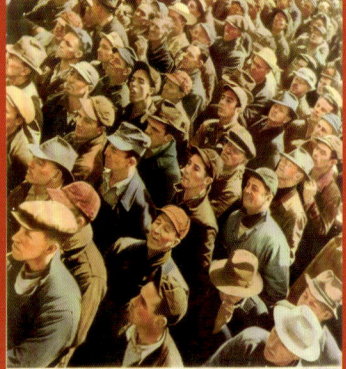

"No nation of slaves can match a nation of free men. We're doing more because _we want to_ than they can because _they have to!_"

PRODUCE FOR VICTORY!

"Guts . . . and sweat . . . that's the stuff victory is made of! We're fighting this war to WIN . . . and every mother's son of us is doing his job . . . . Who said, _America is soft?_"

PRODUCE FOR VICTORY!

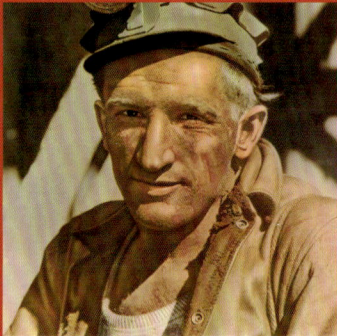

"The stuff our soldiers need is comin' . . . _but fast!_ We're workin' like _hell_ to give them everything they need to beat the livin' daylights out of those _DSOB!_"

PRODUCE FOR VICTORY!

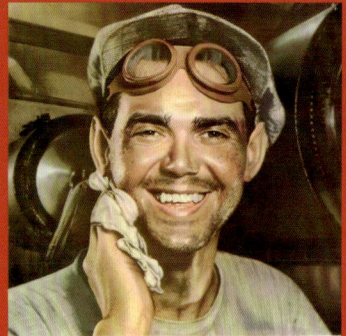

"Sweat, fella—sweat! The more we sweat, the less our boys bleed. Let's give 'em what it takes to knock out the enemy."

PRODUCE FOR VICTORY!

"I'm an Ellis Island American. I left the old country to be *free* – and nobody is going to take that freedom away. That's why I'm fighting on the production line – to help destroy the enemies of freedom. Let's keep 'em rolling!"

PRODUCE FOR VICTORY!

"Man for man, America's workers and America's soldiers are the best in the world! We helped them build our nation . . . we'll help them defend it."

PRODUCE FOR VICTORY!

"This is everybody's war. The enemy has made it so. May you never know what it means to be a refugee . . . to be hungry . . . to be homeless. *Be sure this never happens to you!*"

PRODUCE FOR VICTORY!

"*WE*, the Americans of today, know our duty to the Americans of yesterday and the Americans of tomorrow. *WE* shall keep the fires of freedom burning."

PRODUCE FOR VICTORY!

"You make 'em, buddy . . . we'll use 'em . . . and how! We're all soldiers together. Our victories in battle come right after your victories in production."

PRODUCE FOR VICTORY!

The hum of the motor . . . the pound of the punch press . . . the rat-a-tat-tat of the riveter . . . the flash of the welder . . . the thunder of the rolling mill . . . the roar of America in production echoes "Remember Pearl Harbor . . . **REMEMBER PEARL HARBOR!**"

PRODUCE FOR VICTORY!

"Keep 'em rolling, pal. On the production line, we're fighters, too. We'll give 'em a beating they'll never forget."

PRODUCE FOR VICTORY!

". . . and God bless daddy and all the American workers who are doing so much to protect freedom and make this a better world for us to live in."

PRODUCE FOR VICTORY!

"Every rivet we drive – every bolt we turn – every ounce we sweat, brings victory a little closer. Breaking production records is the American way of doing things!"

PRODUCE FOR VICTORY!

与生产管理部的组织架构相类似，战时生产委员会并不直接干预各个工厂的生产情况，而是通过在美国各地设立的 12 家地区生产委员会掌握这一地区的生产进度、产量和不足。根据定期的生产情况汇报，战时生产委员会会对这 12 处下属委员会制定下一阶段的工作目标，并由这 12 家委员会具体分配所管地区内工厂的任务指标。战时生产委员会的另一项主要工作便是宣传。1942 年 3 月 2 日，根据罗斯福的授意，内尔森通过各分支委员会告知全美的各家单位，希望在工厂内部成立一个志愿性质的劳资双方宣传组，专门用以鼓励工厂的生产工作。至于战时生产委员会自身的宣传工作，他们则更加依赖于战时新闻处和战时广告业委员会的合作，尤其是后者。实际上，战时广告业委员会在二战期间所创作的生产主题海报数量仅次于债券主题类海报，而所有海报均围绕罗斯福"加速、加速生产"（Speed, speed production）这一主题展开。当然，美国国内的很多大型工厂也通过雇用、聘请画家的形式为其创作海报，这些海报大多流传于工厂内部，尽管在当时产生的影响力十分有限，但这其中也不乏精品之作。

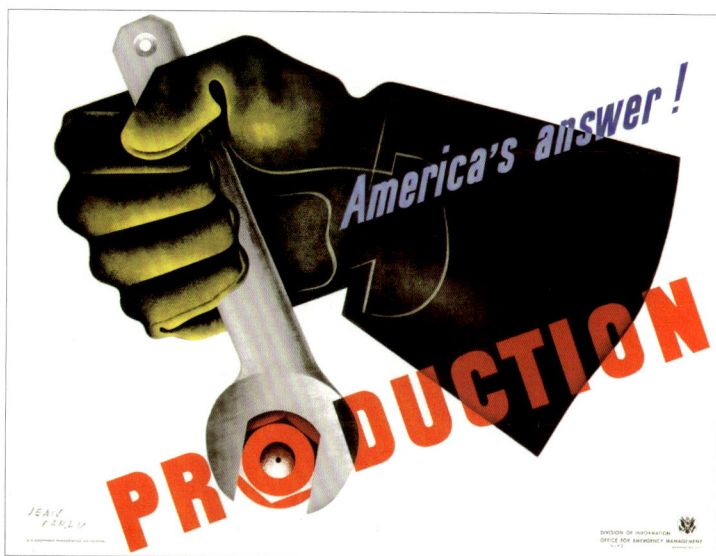

美国的回答：生产！（让·卡卢，1942）

捍卫美国的自由，这是每个人的工作！（麦克利兰·巴克莱，1942）

让他们双管齐下！（让·卡卢，1942）

足量且定时地向他提供物资！（诺曼·洛克维尔，1942）

THE *Second Front* IS RIGHT HERE!

PRODUCE **MORE** FOR VICTORY

第二战场就在这里！为了胜利而多多生产！（通用汽车公司庞蒂亚克分厂，1942）

"SPEED!" WILL SAVE LIVES!"
"SPEED!" WILL SAVE THIS NATION!"
"SPEED!" WILL SAVE OUR FREEDOM!"

ANNUAL MESSAGE TO CONGRESS
JANUARY 6, 1942

LET'S GO, EVERYBODY - KEEP'EM FIRING!

COPYRIGHT, 1942 - OLDSMOBILE DIVISION, GENERAL MOTORS CORPORATION, LANSING, MICHIGAN

速度可以挽救生命！速度可以拯救国家！速度可以保持自由！（通用汽车公司奥兹莫比尔分厂，1942）

罗斯福总统说："每个男人、女人和孩子都是分担者。"在 1942 年我们需要 6 万架飞机、4.5 万辆坦克、2 万门防空炮以及 800 万吨作战物资（战时生产委员会，1942）

在反映工业对战争的重要性上，信息情报处倒是发挥了些许促进作用。这其中，信息情报处聘用画家让·卡卢（Jean Carlu）的一幅名为《美国的回答：生产》的海报最为著名。在这张海报中，卡卢为我们呈现了一个简洁而又直观的现代派作品，通过一只扳动铁钳的大手向民众暗示了工业生产所能产生的巨大力量。当然，卡卢的这幅作品之所以能够出名，很大程度上归功于其标新立异的创作角度和表现手法，因为在战争早期阶段，大多数生产类海报更多的只是从一种爱国角度来激励民众的工作欲望。这种表现手法我们在之前便已经提到过，即冠以生产目的的主题框架，辅以正面的美国精神元素加以利导，抑或是用负面的对敌恐惧心理来经行刺激。另外，有一些设计者试图采取另一种方式，用稍微婉转的表达来触动工人们的积极性；这种常见的主题往往强调前方与后方同样重要：前方士兵手握武器，后方工人手执工具，两者前呼后应就能立刻凸现出生产的重要性。相比起第一种，第二种海报到了战争后期已经不再多见，倒是一些正面的美国元素在后期的生产海报还能屡屡出现。

美国要在 1942 年里生产 6 万架飞机，要在 1943 年里生产 12.5 万架飞机（战时生产委员会，1942）

ARE **YOU** DOING ALL YOU CAN ?

你是否尽你所能？（通用电气公司，1942）

更多、更多、更多、更多、更多地生产！（通用电缆公司，1942）

　　工业高速生产所导致的一个必然结果就是用工短缺。截至1940年6月，美国国内尚有900多万无业人群，而这个数字在1941年12月底就瞬间回落到400万，据统计当时的用工总数已经高达5160万人。不过这一数字显然不能满足整个国内的生产需要，因为根据联邦安全总署（Federal Security Agency）的预计，用工人数在1943年至少要达到6060万人。而这900余万人的用工缺口，自1942年初便开始成为困扰美国工业突破产量瓶颈的潜在威胁。联邦安全总署的估计并非空穴来风，仅仅以飞机生产为例，美国人在1940年的飞机产量尽管达到了18466架，但其中有9294架为构造简单的教练机，而真正可以用于前线战斗的只有8395架。如果要在1942年实现罗斯福下达的生产指标，那么增加900万劳动力的要求显然并不为过。

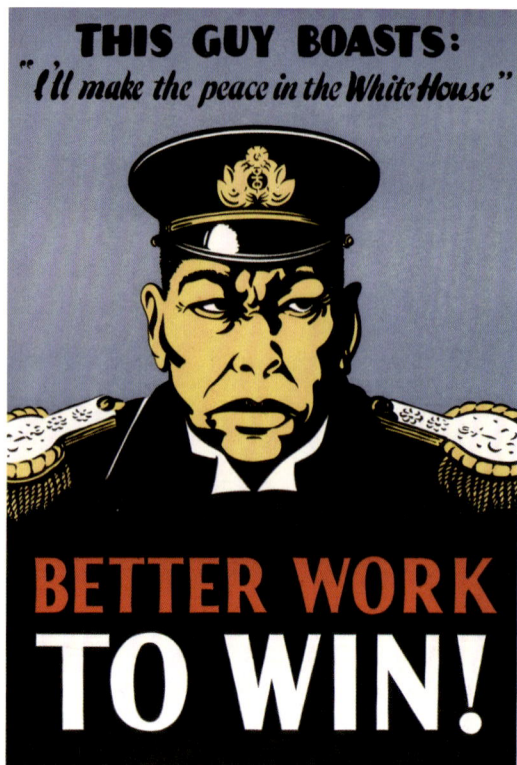

THIS GUY BOASTS:
"I'll make the peace in the White House"

BETTER WORK
TO WIN!

这个家伙自吹道："我将在白宫举行和谈。"为了胜利，更好地工作！（罗杰斯·凯尔洛·斯迪尔逊公司，1942）

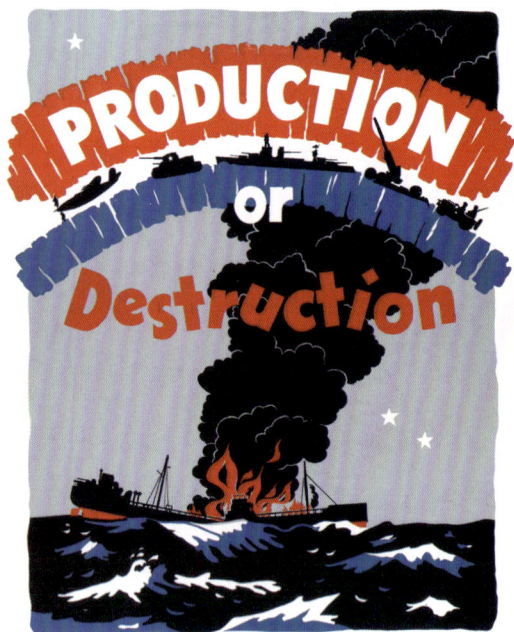

PRODUCTION
or
Destruction

2nd PLACE WINNER in A. O. SMITH CORPORATION CONTEST · Submitted by HUGH M. STOFFREGEN
COPYRIGHT 1942 · A. O. SMITH CORPORATION

生产还是毁灭？（休·斯托弗雷根，1942）

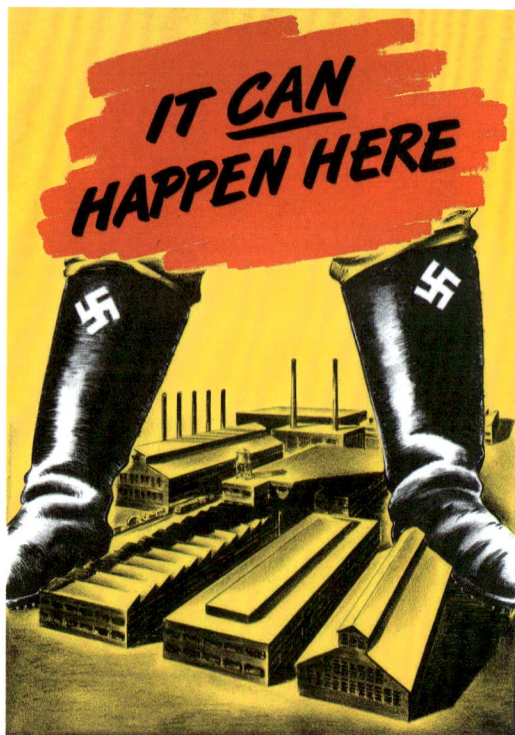

IT CAN HAPPEN HERE

这并非不可能！（通用电缆公司，1942）

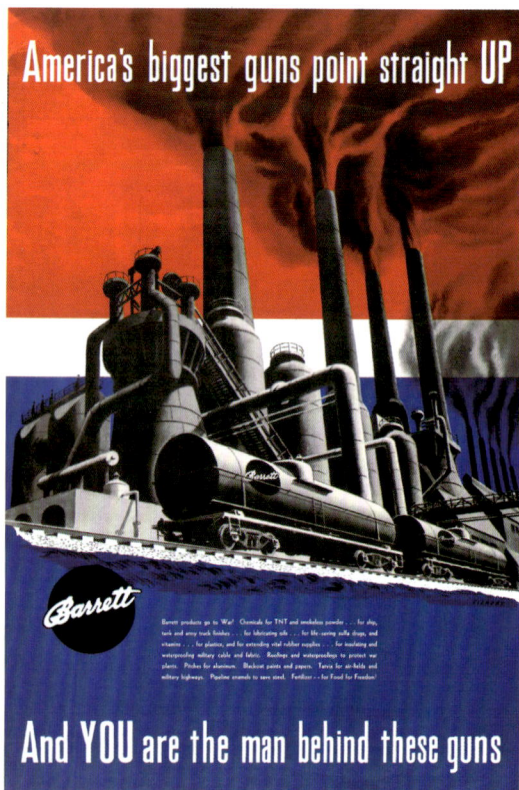

America's biggest guns point straight UP

Barrett

And YOU are the man behind these guns

美国最大的火炮已矗立起来，而你就是这门大炮的炮手！（约翰·维克瑞，1942）

更多地生产！（战时生产委员会，1942）

你的工作就是别让它们哑火！（赫伯特·斯图普斯，1942）

这飞机可真不赖——再多些就好了！多多生产！（罗伯特·里吉斯，1942）

稍微集中一下的注意力，可以吗？多多生产！（赫伯特·罗伊斯，1942）

他是一个作战狂，将最好的提供给他！多多生产！（弗雷德·卢德肯斯，1942）

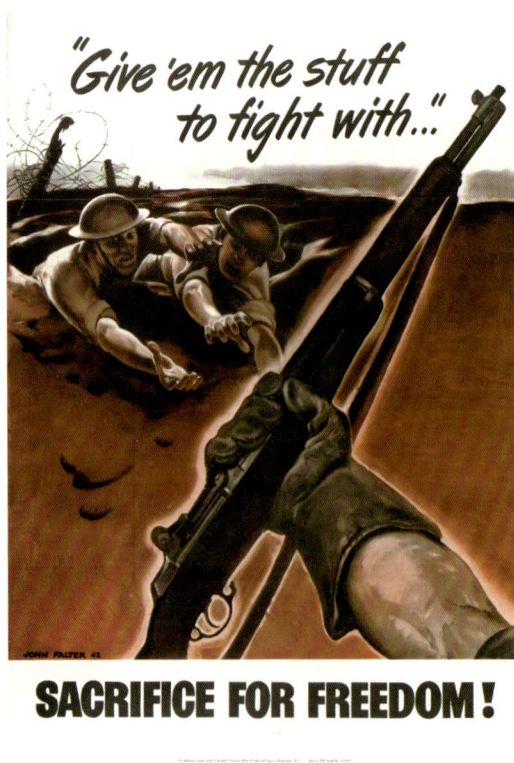

给我们提供战斗的武器……为自由而献身！（约翰·法尔特，1942）   为柏林准备的炸弹。多多生产！（墨尔伯恩·布里德尔，1942）

你们竭尽全能，我们提升战果。多多生产！（约翰·法尔特，1942）

后方来的好消息：坦克、飞机、大炮和舰船。多多生产！（斯蒂凡·多哈诺斯，1942）

给我们提供战斗的武器！（精确资料办事处，1942）

凭借更多的生产击倒他们！（战时生产委员会，1942）

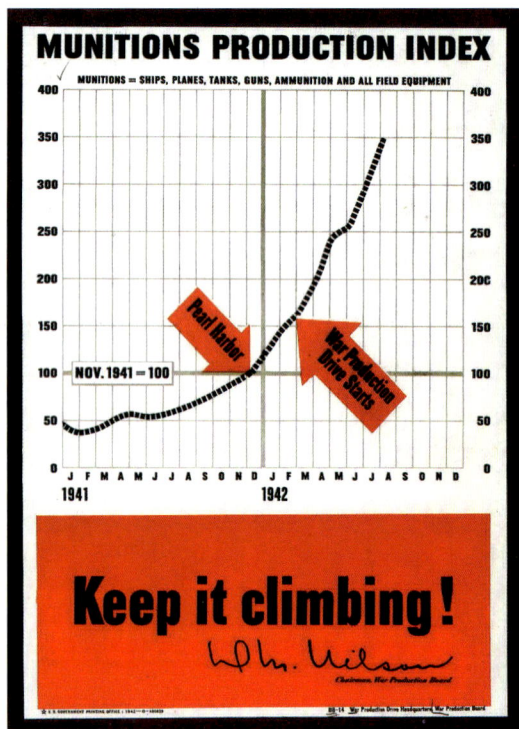

军需生产走势——让它始终上扬！（战时生产委员会，1942）

横亘在工业用工面前的一道难题便是兵役登记局的存在。作为美国的兵役登记单位，兵役登记局有理由为这个国家挑选部队的后备力量。但这样一来，劳动力短缺的问题很快就暴露出来：当时劳动力的招募工作主要由战时生产委员会下属的劳工部负责，尽管他们在战时生产委员会成立的前2个月里就为美国增加了200万名劳动力，但其征召能力显然无法与兵役部门相抗衡。为了解决这一棘手情况，罗斯福在1942年4月18日签署了第9139号总统令，宣布成立战时人力委员

为你的战时工作早做打算！数百万岗位和短期免费培训可供选择（战时人力委员会，1943）

自由劳动解决一切！（安东·布鲁尔，1942）

美国劳工阶级为反攻而生产！（民用生产管理局，1943）

会（War Manpower Commission），专门调节工、农业及军队中出现的用人不均现象，同时任命联邦安全总署署长保罗·麦克努特（Paul McNutt）担任主席之职。到了12月5日，第9279号总统令又决定将兵役登记局划归战时人力委员会一并管理。这样一来，战时人力委员会顺理成章地成了一个负责调整雇用劳动力和招募士兵的具有委任权的运行机构。在整个战争期间，战时人力委员会很好地起到了人力调度的角色，使美国在前线和后方都得到了最大的人力补充。

我知道战争还未结束，我打算去军工厂另觅岗位（查尔斯·马祖伊扬，1943）

联合起来才能胜利！（柯特尼·阿伦，1943）

被你遗忘的人需要你的帮助！（查尔斯·马祖伊扬，1943）

工厂用工的另外一个突出问题便是雇用劳工的培训制度。根据产业联合工会主要创办人西德尼·希尔曼（Sidney Hillman）的率先提议，美国在 1940 年 6 月正式推出了"国防工人培训计划"（Vocational Training For Defense Workers）。战争爆发之初，已有 600 多家技工学校提供了全年无休的培训课程。截至 1942 年 4 月初，提供专项或综合生产培训的技工学校已经超过了 10500 家，而有不少于 345.7 万人完成了必要的工岗职位培训。不过这一计划仍然无法满足战时美国用工人数的需求，于是劳工部又成立了一个名为"挂职培训处"的下属管理机构，即通过聘请专家、技师或是工厂工段长的方式来提供辅导帮助，让一批新手在培训中能快速适应自己的岗位。通过这种培训方式，美国又扩充了至少 210 万名生产工人。然而我们要指出的是，由于之前鲜有实际生产工作的经验和认识，这批毫无经验的新手也是工伤事故层出不穷的高发群体。

与工厂用工情况相比，美国的农业生产同样需要大批的人手来满足。早在珍珠港事件发生前的 1941 年 9 月，当时的农业部部长克劳德·维卡德（Claude Wickard）就曾经对外表示："为积极满足国防计划和支援抗击纳粹的盟友，美国一定会创造出历史最高的农业产值。"为了兑现承诺，农业部随后将各州的农业产量目标提高了 20% ~ 35% 不等的幅度。然而，这一数据等到珍珠港事件爆发后的第二周便开始出现放缓迹象，平均增长率也在一夜之间回落至 15% 不到。物资需求的迅速增长与劳动力的不断流失，成了农业部一时难以应付的棘手问题。

很显然，在战时人力委员会组建之前，美国的农业劳动力始终处于令人担忧的半饱和状态。为了迅速补充人手，战时人力委员会和农业部在 1942 年 5 月下旬一起推出了和工业招募相类似的"务农人员培训计划"——在全国的 2500 多处农业工作区内成立农业培训学校，并大量招募农业工作者。与军队和工厂招募所不同的是，农员招募的要求更

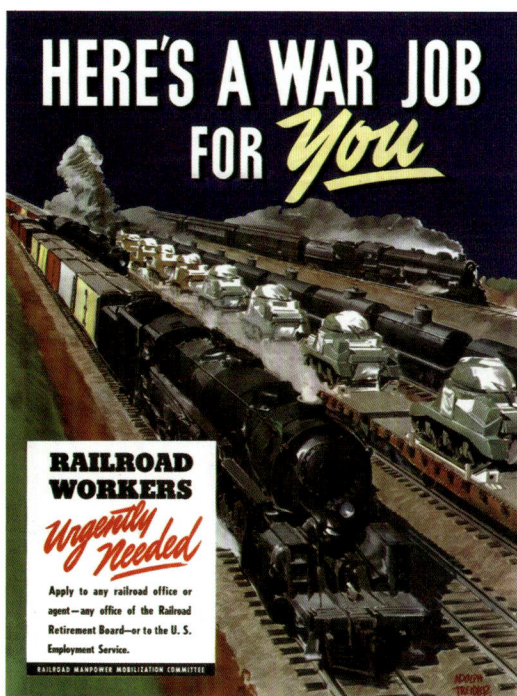

这里有一份战时工作，急需铁路工人！（阿道弗·特莱德勒，1942）

低，除了可将年龄适当放宽至 50 岁之外，多数岗位还不限男女性别。另外，该计划还积极鼓励公司职员和在校学生参与进来，这类人群由于受教育程度较高，故此能够胜任现场的调度和管理工作。截止 1942 年底，战时人力委员会已经为农业生产招募了大约 67.9 万人，这其中的 8 万人经过专门的管理培训之后成了农业现场工作的指挥协调员。

1943 年 2 月，农业生产迎来了又一个重大转机。在麦克努特和粮食生产协调专家切斯特·戴维斯（Chester Davis）的共同提议下，美国政府决定组建一支人数在 350 万人左右的全国性农业劳动组织。由于其工作目的主要是为前方军队提供食物，所以该组织的成员被要求必须是经验丰富的农业工作者。4 月 29 日，美国国会又通过第 45 号公共法案，正式批准了对日后美国农业生产影响深远的《农业人力紧急计划》（Emergency Farm Labor Program）。依照该计划，美国各州的农业推广处可以自由地招纳农业劳动者，基于

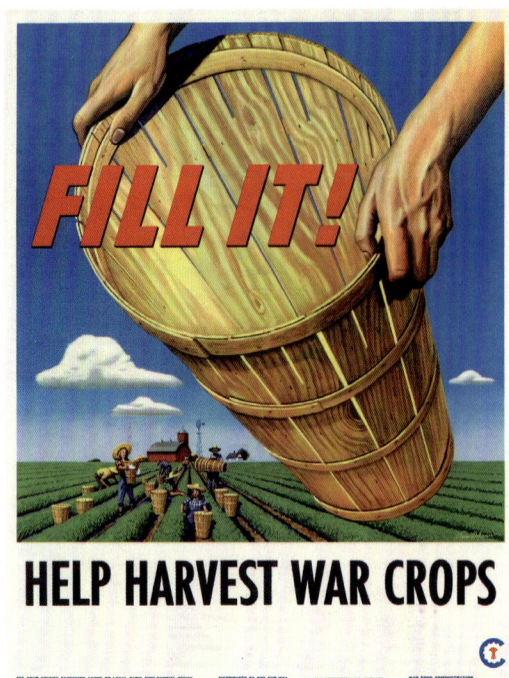

满载而归！帮助战时农业收获队（斯蒂凡·多哈诺斯，1945）

今年夏天就前往农场工作（斯宾塞·道格拉斯，1943）

帮助收获！（战时食品管理局，1943）

此，美国农业部、战时人力委员会和美国就业局（Employment Service）最终决定正式组建美国农业队（United States Crop Corps）。根据战后的不完全统计，前线军队的食物补给中有超过 75% 的份额都是由美国农业队提供的。

当然，即便战时人力委员会比较妥善地平衡了军、工、农三方的用人需求，但美国的劳动力在二战结束前仍时常处于短缺状态，而短缺最严重的时期是在 1942 年 7 月至 1943 年底的这 18 个月。为了应对人手匮乏这一难题，战时人力委员会在 1942 年 8 月向政府提议适当引入外籍劳工来缓解人手不足的情况。最后美国政府和邻国墨西哥签署了《手工劳动力计划》（Bracero Program），允许墨西哥公民在持有合法入境文件的前提下进入美国工作。由于言语不通，这批墨西哥人多数流入美国西南部的加利福尼亚、亚利桑那、德克萨斯等州，即便有区域局限，但这些外乡人仍旧解决了美国将近 20 万人的劳动力缺口。不过这一计

AMERICANOS TODOS
★
LUCHAMOS POR LA VICTORIA

★ AMERICANS ALL ★
LET'S FIGHT FOR VICTORY

所有的北美人，让我们一同为胜利而战！（莱昂·埃尔格拉，1943）
这是一张针对外籍人士（主要是墨西哥人）的海报，所用的宣传语也增加了西班牙语翻译

联合制胜！（战时人力委员会，1943）

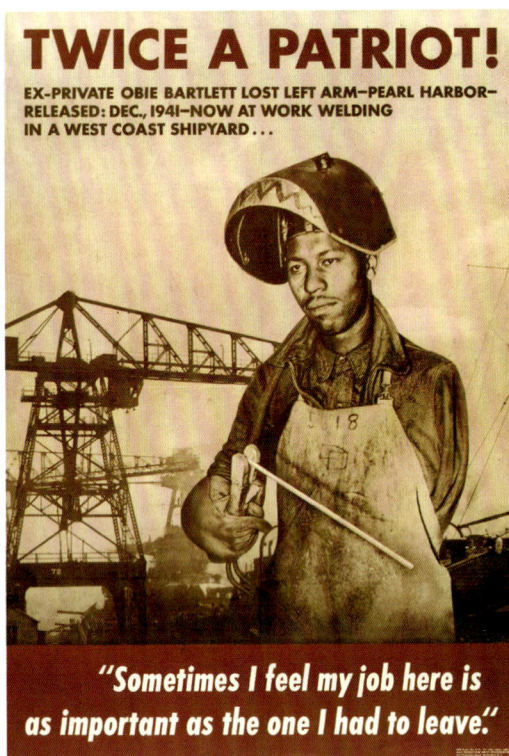

双重爱国！有时候我觉得自己现在的这份工作与我当初被迫离开的岗位一样重要。（民用生产管理局，1943）
注意海报中还着重介绍了这位名叫奥比·巴特莱（Obie Bartlett）的黑人。巴特莱于 1940 年加入美国陆军，后被派往夏威夷。珍珠港事件中，巴特莱被日军飞机扔下的一颗炸弹严重炸伤，后不得不接受左臂截肢手术。由于无法继续执行军事任务，巴特莱作为伤残军人退出陆军并在加利福尼亚造船厂从事焊接工作。由于其表现突出，战时生产委员会在 1944 年为他颁发了一枚银星服务奖章

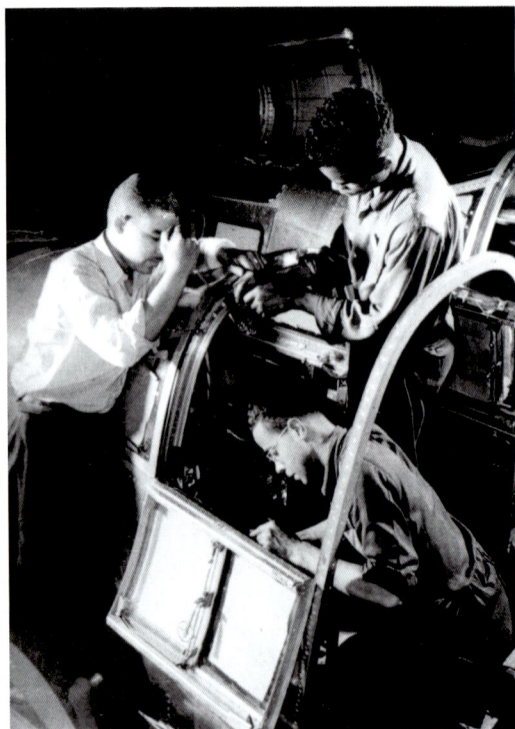

在工厂内负责装配工作的美国黑人

划同时也带来了两个问题，其一是由于薪酬待遇相比美国工人要低得多，这些墨西哥人很快就成了战时罢工的主力军；而另一个更严重的问题则在于，有相当多的墨西哥人开始通过非法入境的方式在美国寻求工作淘金，这个现象直到 1964 年该计划被宣布废除后仍无法彻底根除。时至今日，庞大的墨西哥籍非法入境人群始终都是美国边境保卫局和移民局最为头疼的一大问题。

战时人力委员会除有效地解决了军、工、农三方的用人问题之外，还较为成功地缓解了黑人问题。众所周知，对于黑人的偏见和歧视一直是困扰美国的一个社会问题。尽管罗斯福早在 1941 年就颁布了第 8802 号总统令，要求"在征召工人时应该不问种

哪怕节省一秒钟也好——开动脑筋！好点子同样能缩短战争周期
（亨利·科尔纳，1943）

让我们全心投入其中，直至战争胜利！（阿尔伯特·哈德尔，1942）
战时众多海报的宣传语皆有双关寓意。以这张海报为例，海报的
主题为美国十分流行的棒球运动，其短语"pitch in"可根据画
面主题理解为"投手将球投入好球带"

族、信仰和出生血统"；并同时建立公平实践及劳动委员会（Fair Employment Practices Commission），一旦发生种族歧视事件即可调查，但是这个社会主要矛盾还是不断地引发冲突。其中最严重的一起事件发生在1943年的底特律，这场种族骚乱最终造成了9名白人和25名黑人丧生。对于这个问题，战时人力委员会极尽所能：他们大力宣传，要求人们以战争大局为重，对黑人给予充分的理解和宽容，做到一视同仁；同时委员会也刻意强调了"正义"一词，号召黑人忘记过去的不睦，加入军队一起战斗。然而在整个战争中歧视黑人的现象仍是痼疾，比如不愿和黑人一起工作、执行任务、吃饭、同屋就寝等（在电影《十二金刚》中就有类似的情况描写）；但是客观地说，战时人力委员会还是和其他政府机构一起动员了相当一部分的黑人。

时值珍珠港事件爆发一周年之际，罗斯福在12月9日的全国公共讲话中首次提出，希望各家工厂为了提高生产进度而安排七日制的工作周期，通过轮班来确保机器处于24小时工作状态。另一方面，战时生产委员会的管理工作开始逐项推进，他们从一开始就大力宣传"工作效率"，包括利用时间、减少浪费、设备养护、防止损坏和预防工伤（该问题后文详述）等9个方面，可以说，二战期间美国有相当数量的生产海报均围绕着这些主题加以展开。这些海报的表现形式随着战事的发展而日趋多样化，同时为了更加突出海报的宣传力度，战时生产委员会为生产类海报规定了40×28.25英寸的最小标准尺寸，目的就是让每一位生产者感受到海报所传递出的精神和鼓舞。同时，在各个工厂内部还开始广泛推广一项名为"口号创作大赛"（Slogan Contest）的活动，战时生产委员会要求各工厂结合自身实际情况，鼓励员工创作言简意赅的宣传口号，一些优秀的宣传口号还有可能在全国加以使用。这些口号通过横幅的形式在工厂各处展示，但更多的则是作为海报中的主题内容加以张贴。

另一个促进生产的举措便在于实行"产量竞赛"。这种鼓励生产的形式最早出现于1941年下半年，当时陆军部和海军部为了鼓励生产成绩突出的工厂分别设立了"陆军优异章"和"海军优秀章"。到了1942年7月，战时生产委员会决定将这两套独立的鼓励系统合为一体，后以半年为一个周期在各个行业内部进行评比，凡是产量名列前茅的工厂或公司均可以获得"陆海军优秀章"（Army-Navy E Award），同时允许工厂悬挂一幅白底镶边的红蓝色锦旗以示表彰。倘若一家单位的产量排名持续靠前，则通过每期添加一颗白星的形式来加以区别。至1945年12月竞赛工作结束前，一共有4283家工厂获此殊荣，占到全部美国工厂的4%；其中有763家额外获得了1颗白星，723家获得了2颗白星，776家获得了3颗白星，820家获得了4颗白星，206家获得了5颗白星，只有卡梅隆钢铁厂（Cameron Iron Works）和通用汽车公司等8家单位获得了全部6颗白星的优异成绩。

除了这些主要宣传工作之外，战时生产委员会还从一些细节方面辅助生产工作的顺利开展。比如他们要求每家工厂均设立"生产信息宣传栏"和"产量图表专栏"，除可适当张贴一些战时进展的简报和摘录之外，这两个宣传栏的主要目的就是要将全美近期以及工厂内部的生产情况向工厂员工进行展示，委员会允许工厂方面不公开自身产量的具体数字，但要求必须公布完成率或完成份额。战时生产委员会的另一个举措就是要求在各工厂内部增加意见箱，每一位员工均可以针对工作中的问题和弊端以书信的形式记录下自己的看法、设想或创意并将其放入意见箱中。根据战时生产委员会的规定，工厂管理层必须要在一周内对这些意见加以明确回复。

这是标准汉密尔顿螺旋桨制造厂（Hamilton Standard Propellers）和哈里斯堡钢铁厂（Harrisburg Steel）在杂志上所做的宣传广告。对于二战期间的任何一家美国工厂来说，取得陆海军优秀章就是对他们工作的最大肯定，同时也是一种莫大的荣耀

好点子能帮助目标完成！现在就看你的了！（美国现金出纳公司，1942）

　　唯一让人遗憾的是，罗斯福为美国工业所设立的目标在 1942 年并无一项得以完成：美国人在 1942 年仅制造了 26608 辆各类坦克以及 46907 架各类飞机。不过在这些数据的背后，我们仍能发现，美国国内机械制造业的潜力在战时生产委员会的这些工作引导下，正一点点地被激发出来，而实际上，这些工厂已经全部成了为前线军队生产作战武器和物资的军工厂。这种说法毫无一丝夸张的成分存在，仅以汽车行业为例来说，整个美国在 1943 年中只生产了 143 辆民用车辆，而他们全年却为美国陆军生产了超过 3.71 万台各式坦克装甲车辆。

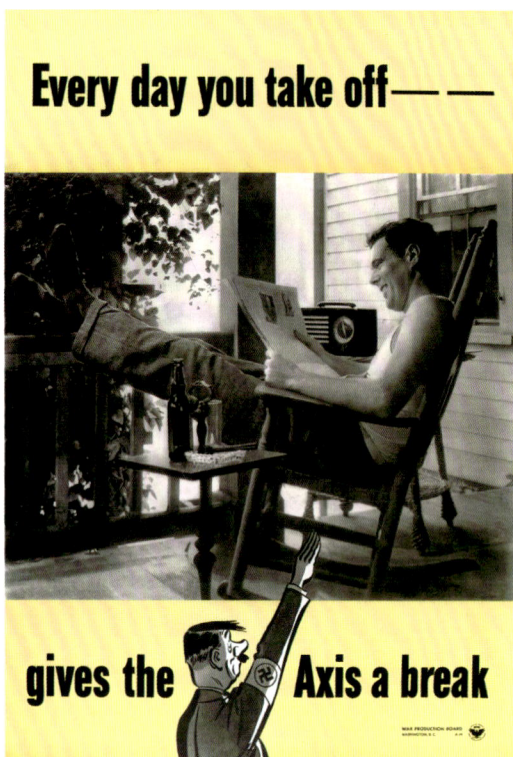

Every day you take off——

gives the Axis a break

每天怠工——就给纳粹一次喘息！（民用生产管理局，1942）

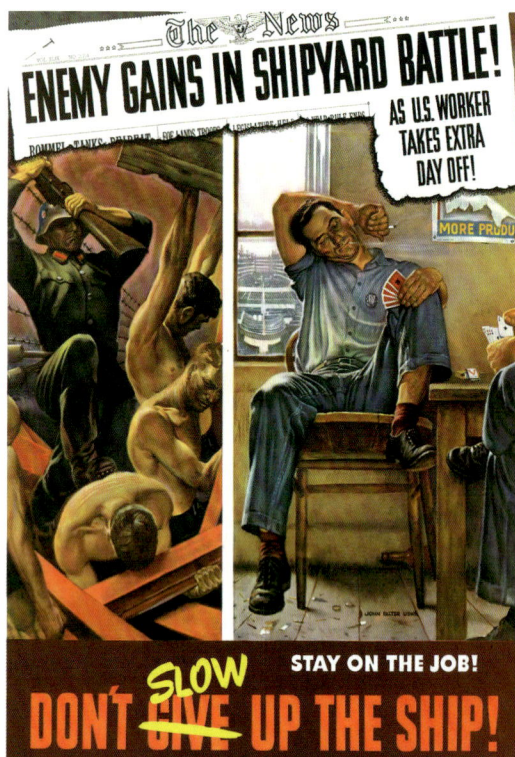

The News
ENEMY GAINS IN SHIPYARD BATTLE!
AS U.S. WORKER TAKES EXTRA DAY OFF!
MORE PRODU
STAY ON THE JOB!
DON'T ~~GIVE~~ SLOW UP THE SHIP!

敌人已攻入船厂！就因为美国工人时常怠工！坚守在你的岗位！不要放慢造船速度！（约翰·法尔特，1943）

KILLING *Time* IS KILLING *Men*

浪费时间等于无谓牺牲！（雷蒙德·布朗，1943）

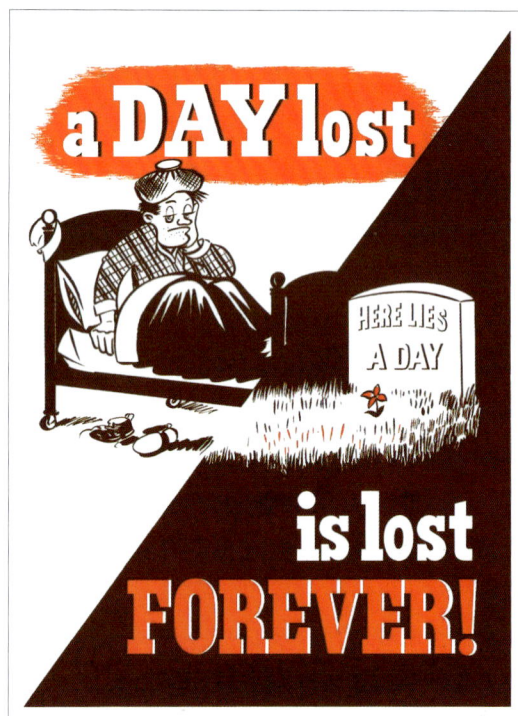

a DAY lost

HERE LIES A DAY

is lost FOREVER!

后方浪费的一天在前线永远无法挽回！（联合飞机公司东哈特福德分厂，1942）

浪费一天等于贻误战机！（联合飞机公司东哈特福德分厂，1942）

承蒙你的怠工（美国橡胶总公司，1943）

你怠工一天，他得意一天！（美国橡胶总公司，1943）

不要频繁更换工作！我们的士兵枪杆不离，所以请你坚守你的岗位！（迪士尼动画公司，1943）

每一个小小的疏忽都会让我们的敌人得以喘息！别忘了，我们正身处战争！（乔·诺南，1943）

不要丢弃，加以利用！（国家过程控制公司，1943）

损坏的工具会放缓生产进度！（联合飞机公司东哈特福德分厂，1942）

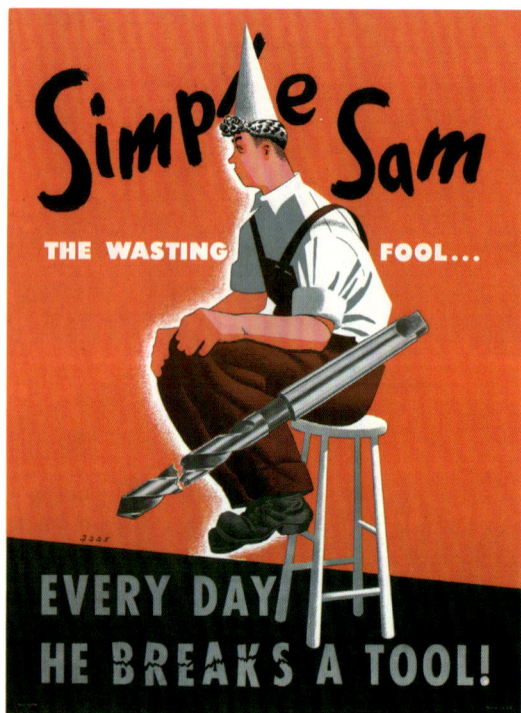

愚蠢的萨姆，他每天都弄坏一件工具！（战时生产委员会，1942）

办公设备很珍贵！记住他们的需求，多多保养你的办公设备就能节省稀有物资从而帮助前线赢得战争（约翰·维特考姆，1943）

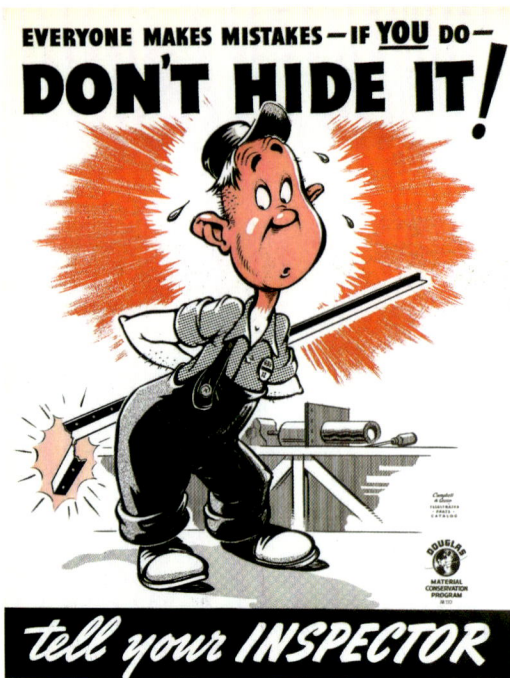

人人都会犯错——如果你发现问题，请不要瞒报，通知你的检查员！（道格拉斯飞机制造厂，1943）

其他人或许也需要这些设计图，用完后请立刻放回文件柜！（乔·诺南，1943）

这不仅是一台设备，还是一辆你正在建造的坦克！（芝加哥独立气动工具公司，1942）

这不仅是一台设备，还是一艘你正在建造的战舰！（芝加哥独立气动工具公司，1942）

★★★ 138 ★★★

这不仅是一台设备，还是一架你正在建造的战机！（芝加哥独立气动工具公司，1942）

你所报废的每一个零部件都会帮助日本！（芝加哥独立气动工具公司，1942）

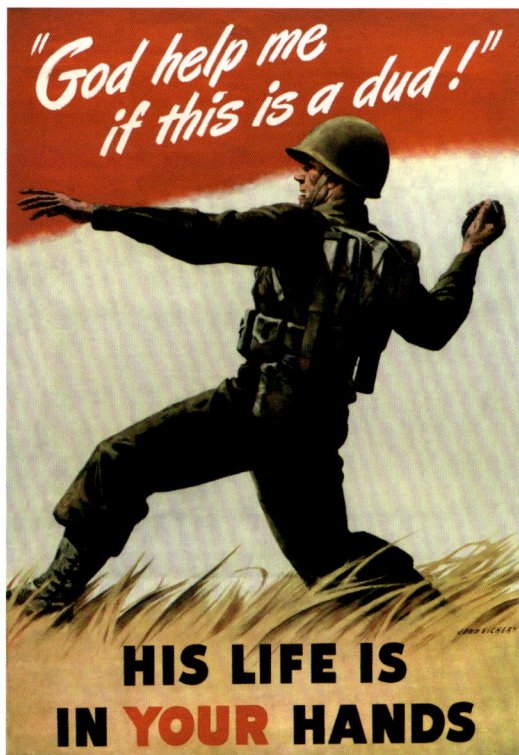

"上帝保佑，但愿这不是一颗哑弹。"他的生命掌握在你的手里！（约翰·维克瑞，1942）

你所做的一切都可以避免这个场景的发生！（阿道弗·特莱德勒，1944）

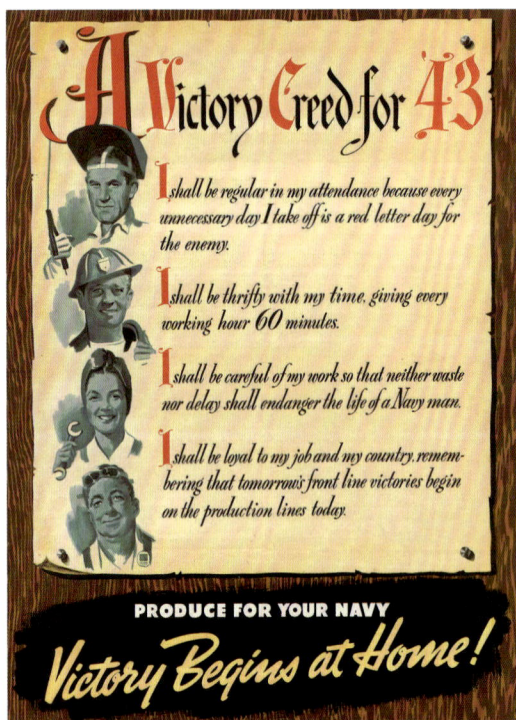

A Victory Creed for '43

I shall be regular in my attendance because every unnecessary day I take off is a red letter day for the enemy.

I shall be thrifty with my time, giving every working hour 60 minutes.

I shall be careful of my work so that neither waste nor delay shall endanger the life of a Navy man.

I shall be loyal to my job and my country, remembering that tomorrow's front line victories begin on the production lines today.

PRODUCE FOR YOUR NAVY

Victory Begins at Home!

1943年的胜利生产宣言！为了你的海军而生产，胜利源于后方！（埃森·弗里曼设备公司，1943）

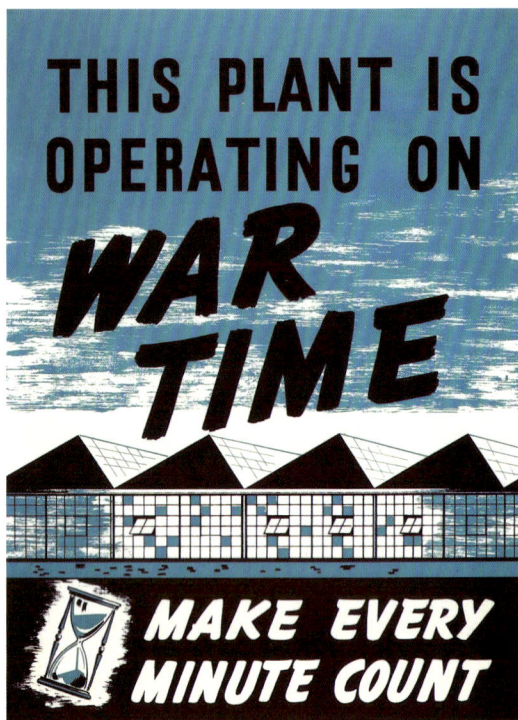

THIS PLANT IS OPERATING ON WAR TIME

MAKE EVERY MINUTE COUNT

这家军工厂为战争而生产。让每一分钟都发挥作用！（联合飞机公司东哈特福德分厂，1942）

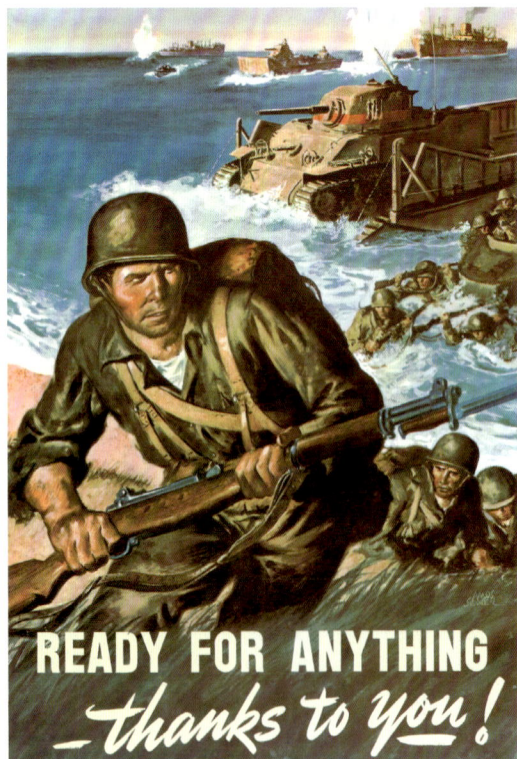

READY FOR ANYTHING _thanks to you!

万事俱备，多谢你们！（阿莫斯·塞维尔，1943）

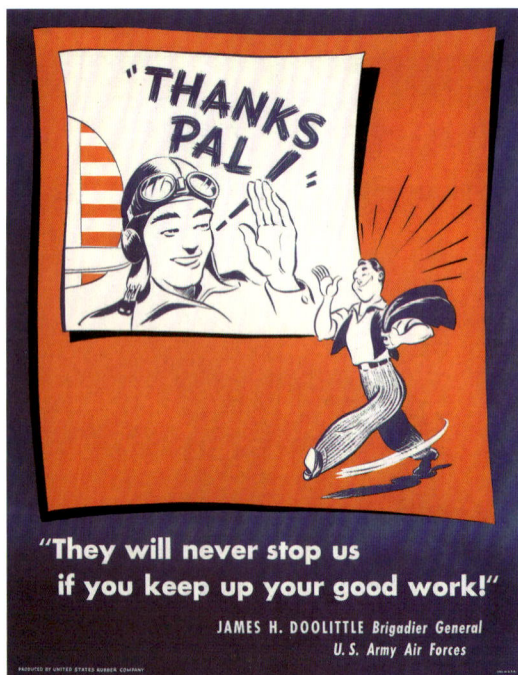

"THANKS PAL!"

"They will never stop us if you keep up your good work!"

JAMES H. DOOLITTLE Brigadier General
U.S. Army Air Forces

伙计，多谢！如果你能保持良好的工作状态，他们就根本无法阻挡我们！（美国橡胶总公司，1943）
海报中的后半句引用了吉米·杜立特的一次演讲原稿

排山倒海！（加雷特·普莱斯，1942）

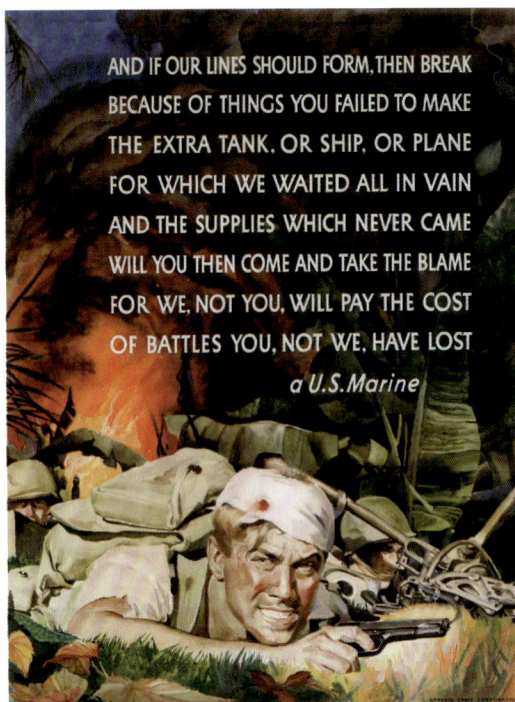

AND IF OUR LINES SHOULD FORM, THEN BREAK
BECAUSE OF THINGS YOU FAILED TO MAKE
THE EXTRA TANK, OR SHIP, OR PLANE
FOR WHICH WE WAITED ALL IN VAIN
AND THE SUPPLIES WHICH NEVER CAME
WILL YOU THEN COME AND TAKE THE BLAME
FOR WE, NOT YOU, WILL PAY THE COST
OF BATTLES YOU, NOT WE, HAVE LOST

a U.S. Marine

一位海军陆战队员的独白："原本我们能组织起防线，可我们却失败了；坦克、舰船、飞机，什么都没有；我们期盼的补给也没有看见过。但是受到指责的是我们，而不是你们！扪心自问，该为这次战斗失败负责的是你们，不是我们！"（塞西尔·比尔，1943）

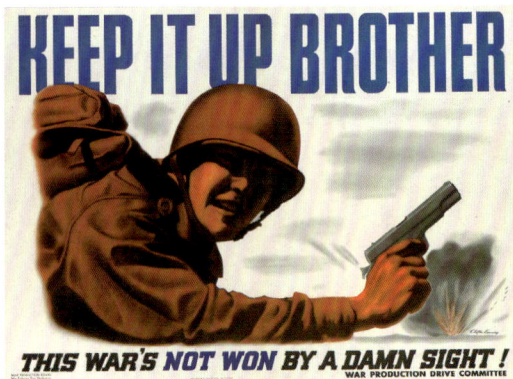

KEEP IT UP BROTHER

THIS WAR'S NOT WON BY A DAMN SIGHT!
WAR PRODUCTION DRIVE COMMITTEE

不要松懈，兄弟！这场战争不是光靠瞄准镜就能拿下的！（克莱顿·肯尼，1943）

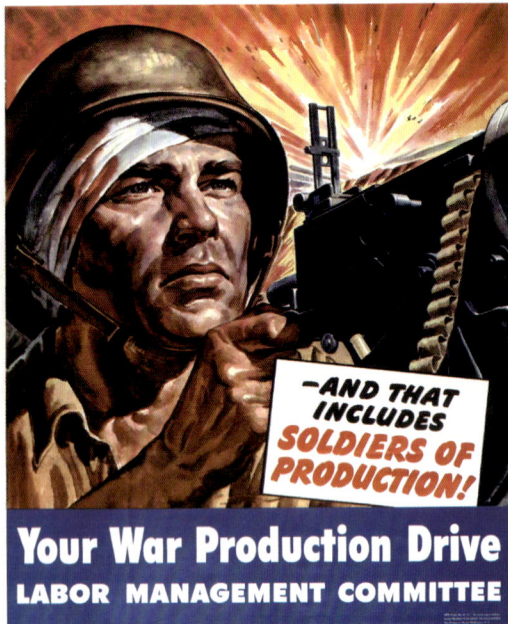

A GOOD SOLDIER STICKS TO HIS POST!

—AND THAT INCLUDES SOLDIERS OF PRODUCTION!

Your War Production Drive
LABOR MANAGEMENT COMMITTEE

好的士兵坚守岗位，这也包括生产线上的士兵！（民用生产管理局，1943）

Give Us MORE WEAPONS

Q·Q·V

质量＋数量＝胜利。给我们更多的武器！（通用电气公司，1943）

以他们的战斗热情投入生产，我们将最终取得胜利！（华纳－斯瓦西设备公司，1944）

给他们更多的火力支援！（瓦伦·鲍姆加特纳，1943）

不同国籍、种族和信仰的团队合作让美国变得无比强大的同时，也能加速我们取得胜利（凯利·米勒 1943）

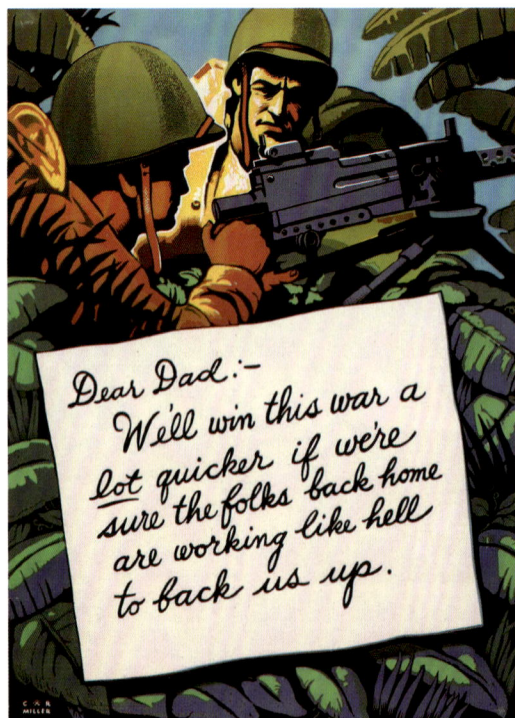

亲爱的父亲：只要后方的人们不遗余力地通过生产来支持我们，我们就能以超乎预期的速度赢下这场战争（凯利·米勒 1943）

全速前进！为了你的海军而生产，胜利源于后方！（美国海军部，1943）

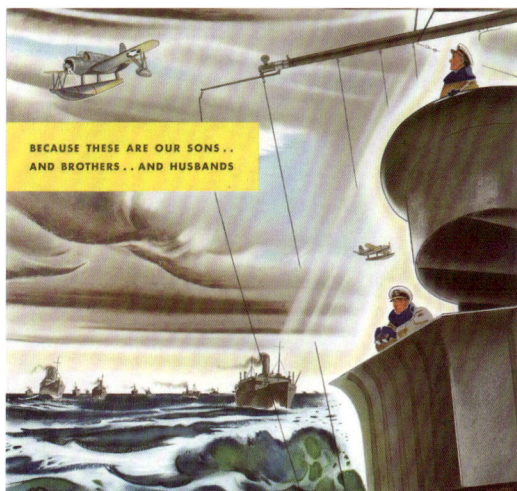
因为他们都是我们的爱子、兄弟和丈夫（美国铝业公司，1943）

一天要比一天多！（美国铝业公司，1943）

兄弟，我们保证让你尽早回家！（美国铝业公司，1943）

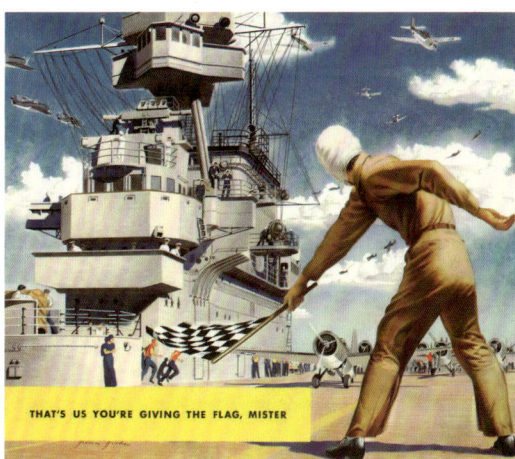
先生，是我们让信号旗可以如此挥动（美国铝业公司，1943）

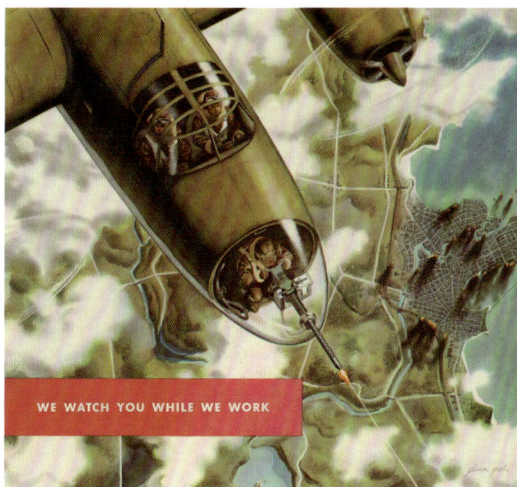
我们在工作的同时也关注着你们（美国铝业公司，1943）

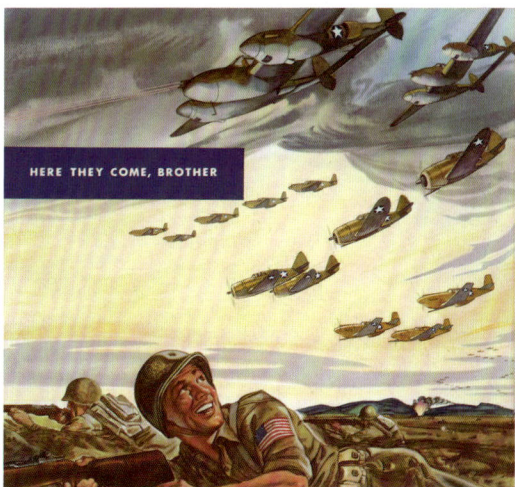
他们来了，兄弟们！（美国铝业公司，1943）

然而真正让世人感受到美国人建造速度的不是飞机和坦克，而是他们的货轮。这种可运输各类作战物资和人员的货轮最早于 1940 年在美国开工建造，以支援因生产能力饱和而无力承担更多货船建造工作的英国人。美国人最初对帮助英国人建造货轮并不是很积极，很多船厂雇主都认为，即便英国有能力赢得战争，巨大的军费开支也让他们无法在短时间内偿还这笔外包费用。不过到了 1941 年 3 月 27 日，随着《防御援助辅助拨款法案》（Defense Aid Supplemental Appropriations Act）的正式通过，美国人的舰船制造产量在第二个月就猛增至 306 艘，这其中有 117 艘就是货轮。同时美国海事委员会也完成了《紧急造船计划》（Emergency Shipbuilding Program）的制定，并根据美国人的建造习惯，在英国人的设计基础上进行了大幅度的更改和优化处理，使得船只建造起来更快而且更便宜。

1941 年 9 月 27 日，第一艘由美国人设计的货轮"帕特里克·亨利"号（SS Patrick Henry）正式下水，与其一起完成下水工作的还有首批 13 艘同型货轮。在下水仪式中，应邀参加的罗斯福引用了帕特里克·亨利的那句名言"不自由，毋宁死"，同时他还强调，这些船只将给欧洲带去自由——于是这批货轮也更多地被人称之为"自由轮"（Liberty Ship）。为了给这些货轮完成命名，海事委员会在 1941 年初专门成立了命名委员会。货船最初多以对美国历史或社会做出过贡献的已故名人的名字来命名，比如托马斯·杰弗逊和本杰明·富兰克林等等，另外还有一些与美国有联系的历史名人，比如美洲大陆的最早发现者亚美利哥·维斯普齐（Amerigo Vespucci）和英国航海家乔治·温哥华（George Vancouver）等等。不过到后来，这些名字也开始变得复杂无序，为了突出种族平等，18 艘自由轮依照一些著名黑人的名字来冠名，而到二战末期，则开始用一些在二战中牺牲的美国海员来命名自由轮。

1943 年的一大问题！造多少？造多快？坚守在你的岗位！不要放慢造船速度！（霍华德·斯科特，1943）

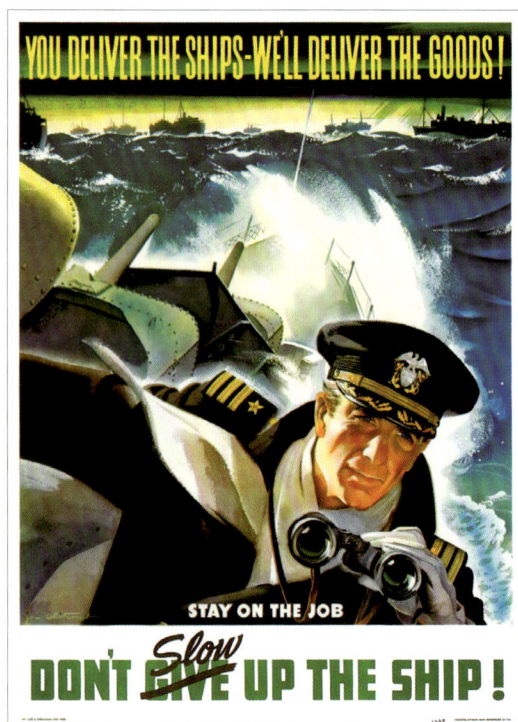

你们交付货船，我们交付物资！坚守在你的岗位！不要放慢造船速度！（保罗·海瑟，1943）

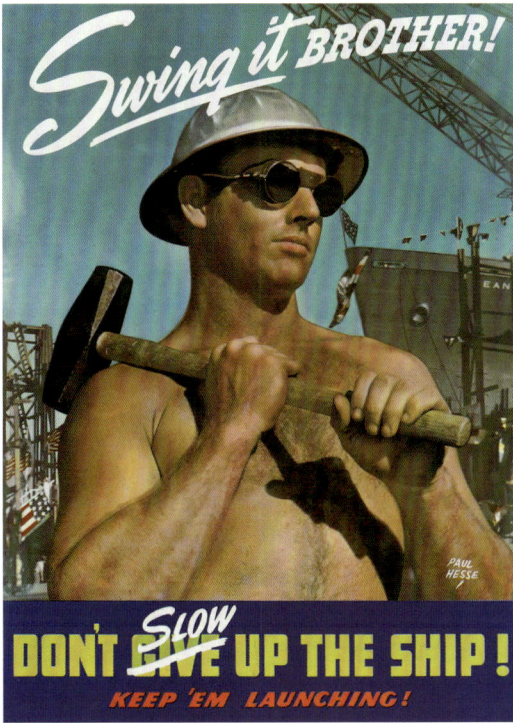

挥动起来！不要放慢造船速度！（保罗·海瑟，1943）

欧内斯特·金将军说："争分夺秒——我们的时间紧迫。"杜绝旷工和怠工！不要放慢造船速度！（鲁兹－香克曼广告设计公司，1943）

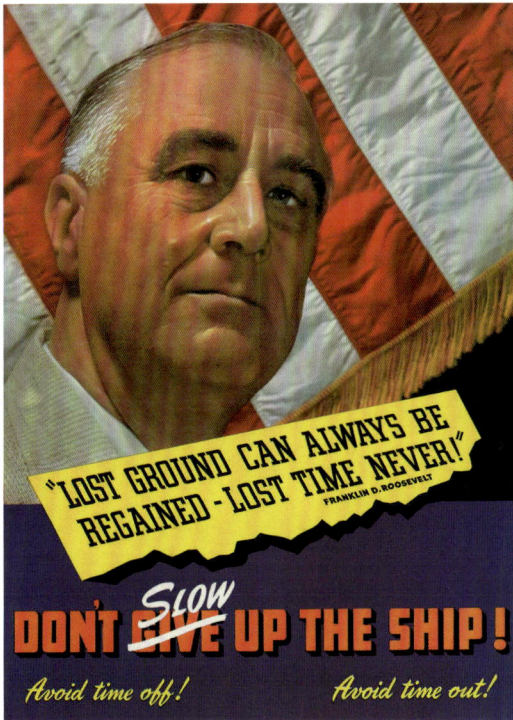

罗斯福总统说："失去的土地可以收复，但时间永远流逝。"不要放慢造船速度！杜绝旷工和怠工！（鲁兹－香克曼广告设计公司，1943）

海洋的自由掌握在你的手里！不要放慢造船速度！（约翰·维特考姆，1943）

团队制胜！（国家生产安全委员会，1943）

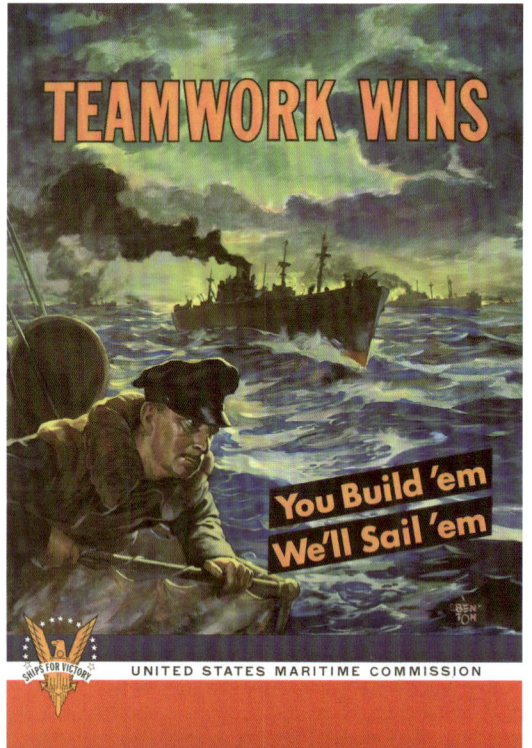

团队制胜！你们负责建造，我们负责驾驶！（国家生产安全委员会，1943）

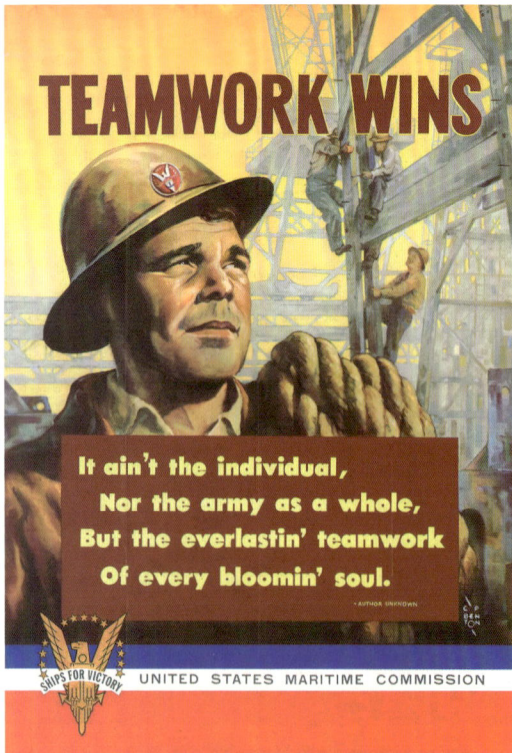

团队制胜！这不是个人也不是军队，而是每个灵魂中那永恒的团队合作！（国家生产安全委员会，1943）

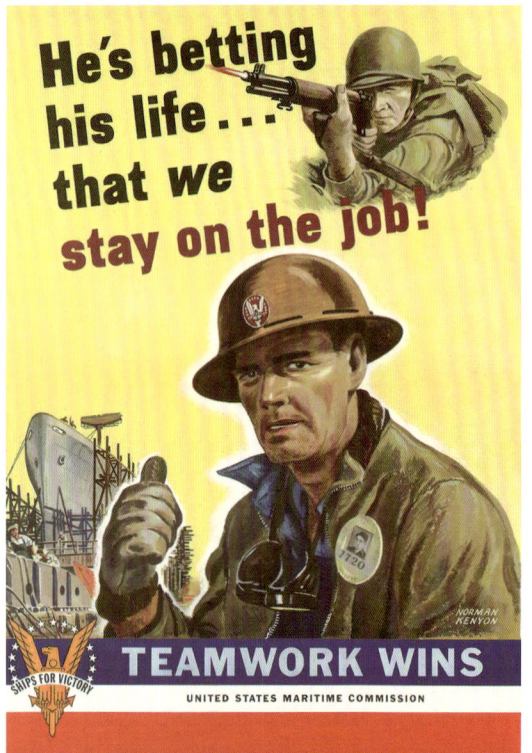

他的生死取决于我们能否完成工作！团队制胜！（诺曼·肯扬，1943）

美国加入二战后，自由轮的建造工作开始加大马力。至 1942 年 2 月，美国战时航运管理局（War Shipping Administration）又在自由轮的基础上完成了该船的改进型设计，也就是后来的"胜利轮"（Victory Ship），其主要区别不仅在于提高了后者的航速、航程和载量，同时也改善的船体的结构强度并加强了船载的自卫武器。由于自由轮和胜利轮的建造是流水线生产作业，因此需要大量劳动力。为填补劳动力缺口，总承包商亨利·凯泽（Henry Kaiser）开始在各地建立培训班，新招募的男女工人经过 100 到 200 个小时的培训后就开始在装配线上工作，锅炉工厂、轮机工厂的工人也是用同样方法培训出来的。另外，船只在建造过程中大量使用了焊接工艺，这就使得原来需要几个月来铆接的工作时间被大大缩短了。

直到今天，自由轮不仅是现代工业生产中一个无法复制的奇迹，同时也是二战期间美国强大生产力的一个具体缩影。从最初的"帕特里克·亨利"号花费 244 天完工，美国人的建造速度可谓是飞速提升：1942 年 10 月，俄勒冈船厂的"约瑟夫·梯尔"号（SS Joseph Teal）在铺设龙骨后 10 天便完成下水；另一艘在里士满船厂建造的"罗伯特·皮尔里"号（SS Robert Peary）在 11 月 8 日铺设龙骨，至 11 月 12 日完成下水的全部建造时间只用了 4 天 15 小时 29 秒，后续的舾装和试航工作也只花了 3 天时间。随着大西洋海战局势在 1943 年出现根本转变，美国的造船业随即进入巅峰期。根据海事委员会的预计，美国参与建造工作的 53 家船厂将在 1943 年完成 1600 万吨的商船建造量，而这些船厂的实际建造量却高达 1920 万吨。并且，这些船厂也不断地在建造中刷新着记录：伯利恒船厂在 46.3 天内建造 3 艘自由轮的成绩足以令人惊叹，但在里士满船厂面前他们却只能黯然失色，因为后者竟在 37.5 天内完成了 13 艘自由轮的建造工作。在这种你追我赶的生产节奏下，整个 1943 年中，平均每天就有 1 艘自由轮

停泊在洛杉矶加州造船厂（Calship Yards）内的"胜利轮"，照片摄于 1944 年

下水，这就意味着，任何一艘自由轮只要能够驶抵目的港，就能为受助国带来价值约 160 万美元的作战装备或物资。另外值得一提的是，在美国全部完成建造的 2710 艘自由轮中，有将近 41% 的货船是在 1943 年完成。

到了 1944 年，美国的工业生产已完全拥有了符合罗斯福总统提出的"摧枯拉朽"的能力，而且这种产量在盟国空军加大轰炸轴心国工业基础设施的推波助澜下更是呈现出一种此消彼长的疯狂增长态势：仅在 1944 年，美国人的飞机产量就达到 96270 架，不仅比 1943 年的产量足足多出了近 1.4 万架，更是比 1942 年增加了 1 倍之多；坦克生产尽管在 1944 年仅完成了 20537 辆，但加上 1943 年生产的 37198 辆，也足以应付前线的作战需要。另外，根据《紧急造船计划》的要求，美国人在 1943 和 1944 年这两年期间先后完成了 1875 艘、1688 艘各类商船的建造，而这些货船所运送的各类作战物资总计达 4 亿多吨，其价值超过 220 亿美元。

THINK OF THEM BEFORE YOU TAKE A DAY OFF !

WANT SOME FUN ?

WEATHER TOO HOT ?

ALL WORN OUT ?

THINK OF CHIEF GUNNER'S MATE ALBERT NOLAND, USN WOUNDED 5 TIMES HE KEPT HIS ANTI-AIRCRAFT GUNS FIRING EVEN AFTER 19 OUT OF 21 MEN IN HIS GUN CREW WERE KILLED.

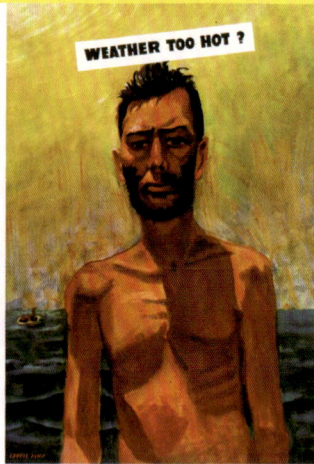

THINK OF CHIEF AVIATION MACHINIST'S MATE HAROLD DIXON, USN – HIS BODY SCORCHED RAW HIS ARMS AND LEGS BURNED BY THE SUN WHILE ADRIFT ON AN OPEN LIFE RAFT FOR 34 DAYS.

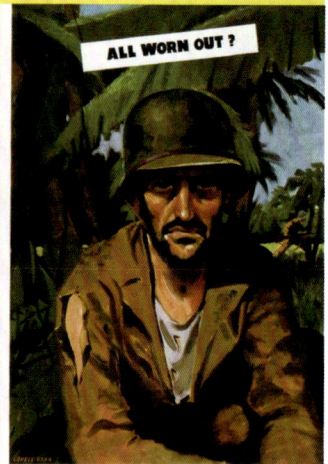

THINK OF PRIVATE FIRST CLASS RICHARD HOLLINGER, USMC-LOST IN ENEMY INFESTED JUNGLE FOR 108 HOURS-UTTERLY WITHOUT FOOD OR WATER-HUNTED NIGHT AND DAY BY JAP PATROLS.

当你想旷工时，想想他们吧！（德沃尔夫·哈彻金斯，1943）
海报中列举了 3 个真实的事迹：（左）在 21 人机枪组中 19 人阵亡的情况下，曾 5 次负伤的主机枪手阿尔伯特·诺兰仍然使用防空机枪进行战斗；（中）航空机械师哈罗尔·迪克逊身体被烧伤，但仍在救生艇上坚持了 34 天；（右）一等兵理查德·霍林格不幸在蚊虫滋生的丛林中掉队，在被日军巡逻队俘虏前，他已经不吃不喝地坚持了 108 个小时

U.S. NAVY DISPATCH

TO FELLOW AMERICANS ASHORE: The only way to win this war is to go in there and slug ... all of us .. all the time. Your job is your battle station! Stay on it every day! Make every minute count!

ADMIRAL ERNEST J. KING USN
COMMANDER IN CHIEF – US FLEET

Produce for Your Navy
VICTORY BEGINS AT HOME !

为了你的海军而生产，胜利源于后方！（约翰·维特考姆，1943）

THEY'LL LET US KNOW WHEN TO QUIT!

WAR MANPOWER COMMISSION

他们会告诉我们何时停下生产！（莱曼·安德森，1944）

氯气制品与海军一同战斗！（索尔维集团销售公司，1943）

氯化钙——战争中的工人！（索尔维集团销售公司，1943）

苏打灰也是一种武器！（索尔维集团销售公司，1943）

苛性钠让他们始终飞翔！（索尔维集团销售公司，1943）

我也为我的人民感到自豪！（约翰·维特考姆，1944）

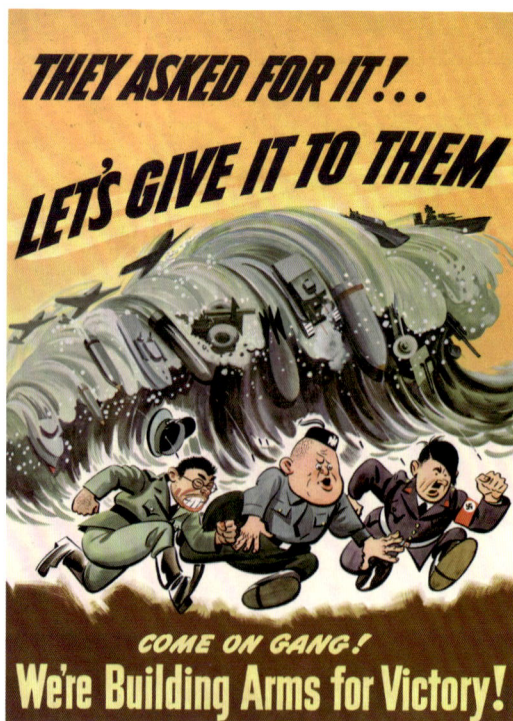

他们自找的！让他们尝尝厉害！加把劲，我们为胜利制造武器！
（通用汽车公司庞蒂亚克分厂，1942）

利德尔·哈特（Liddell Hart）在《第二次世界大战史》中曾指出："在大战略的领域中，工业和经济的确已经把军事从前台推到了后台……赳赳武夫所组成的行列依旧威风凛凛，但在近代战争的军事家眼里，他们不过是装在传动带上的一群玩偶而已。"可笑的是，轴心国似乎从一开始便未曾看清美国工业的真正实力：戈林曾自负地将参战不久的美国看成是一个生产剃须刀和玩具的工业弱国，但美国人仅用 30 个月就基本达到了纳粹德国耗费 6 年才取得的工业成就；无独有偶，尽管山本五十六一再强调美国的工业实力不容小觑，但日本仍天真地断言美军最快也要在 1943 年中期才能集结反攻兵力，但事实却是美国人在珍珠港事件后的第 9 个月就给予日本人一记重拳；这种压倒性的工业优势自然也让意大利感同身受，因为单单美国一家"柯蒂斯－莱特"公司的飞机产量就是该国整个二战期间飞机制造总量的 2.6 倍之多，而仅福特公司一家的坦克生产量就能超过意大利整个工业在任一时期的坦克产量。

第五章 军需补给

War Supplies

每分每秒地为前线将士提供武器就等于挽救了成千上万人的生命！
——亨利·史汀生（二战时期美国战争部部长）

美国人在 1942 年初所面临的不单单是如何提高工业产量的问题，还有如何去保证在工业制造中必须满足的原料物资的供给问题。对于同盟国来说，轴心国犀利的攻势不仅让他们失去了大片领土，也让他们反攻所需的原料供给被一点点扼断：在亚太地区，日本不仅控制着中国东北和朝鲜，还南下攻占了菲律宾和大半个新几内亚岛；在欧洲，德军通过沦陷的北欧、克里特岛和苏联大片土地正不断地攫取着这些国家的石油和矿产资源；而在北非，德军已在阿拉曼地区安营扎寨，对盟国的物资输出造成了极大的威胁。当盟友一个个身陷囹圄之时，美国就成了扭转这种被动局面的唯一助力。

不过客观来说，美国人当时的原料储备情况实在是不甚充足，这不仅因为美国在 1942 年上半年的生产能力还远无法满足自身军队及其他援助盟国的参战需求，还在于活跃于大西洋各个角落的德军潜艇也无时无刻地通过袭击盟军商船来破坏盟国之间原本就捉襟见肘的物资供给。战时，主抓原材料物资供应工作的是隶属于战时生产委员会的军需部；另外，同属委员会下属组织的采购部和运输部也要负责一些原料的订购和进口工作。美国几乎所有的作战物资都或多或少地依赖进口，从铝（15%）、铜（25%）、锌（30%）、镁（60%）与锡（70%）等重要的基础加工矿料，再到诸如镍、锆、钯和石英等几乎全部倚靠进口的稀缺原料。为了有效改善原料物资的供给情况，罗斯福政府在 1942 年 9 月提出了一项具体改进举措，即在某些重要工业加工领域增设一名领域内专管人员，通过专管的个人关系和能力来配合战时生产委员会的工作落实，而这些人在当时也被人们昵称为"大鳄"（czar）。

在几大重要原料的供应中，石油供给问题最早于 1941 年秋季就出现了严峻的危机。由于大量的原油通过航运被紧急运往英国作为物资补给，

美国从 1941 年下半年起就出现了部分地区石油
供应短缺的现象。为了缓解这一情况，罗斯福在
1941 年 5 月底致信内政部部长哈罗德·伊克斯
（Harold Ickes），邀请这位总统的好友担任石油
协调处（Office of Petroleum Coordinator）的总负责
人。根据罗斯福的设定，这个协调机构将主要完
成两方面的工作，一方面为石油生产工作负责收
集数据并制定地区供应比例，另一方面与相关的
联邦机构和政府部门做到业务沟通协调。

　　然而这个部门自成立之初便遇到了很大的外
部阻力，主要原因是美国公众对于限制石油供应
而造成的油价上涨十分不满。当然，内部矛盾也
是一个重要因素，在运输车辆耗油总量的问题上，
石油协调处就与国防运输处（Office of Defense
Transportation）发生了较大的分歧；而在是否利
用外国资源进口石油的问题上，石油协调处又和
经济作战委员会（Board of Economic Warfare）产
生了很大的摩擦。

　　这些问题随着美国卷入二战而变得更加明显，
尽管民众的反对呼声已不再强烈，但政府部门内
部间的矛盾却没有丝毫缓和的迹象。1942 年 8 月
19 日，在伊克斯写给罗斯福的信函中，这位内政
部部长向总统正式提出，希望可以重新成立一个
负责石油及其衍生产品生产和供应的部门以改善
目前混乱不堪的石油供需状况。罗斯福对于这一
提议表示支持并最终于 12 月初签署条令，宣布正
式组建战时石油管理局（Petroleum Administration
For War），由这个隶属内政部的下属部门专门协
调此类工作。该部门不仅将限制国内民用石油产
品（主要是汽油和柴油等衍生物）的供量，而且
还将统一安排前方军队、后方运输以及工业生产
这三方的燃油用量比例，同时也将与内尔森领导
的战时生产委员会进行直接联系，保证宝贵的石
油资源用于运输那些最为急需的作战物资。

　　内尔森本人对于这一做法表示坚决反对，他
认为战时石油管理局作为一个独立的运营机构将

We're on our Way!

It takes 2,000,000 gallons of Hi-octane gasoline to put 1,000 planes over Germany

Stick to your Job—Oil is Ammunition

我们正在途中！坚守岗位——油料也是弹药！1000 架负责轰炸
德国本土的轰炸机大约需要 200 万加仑的辛烷汽油！（战时石
油工业委员会，1943）

We're on our Way!

The Navy moves in on a sea of Oil

Stick to your Job—Oil is Ammunition

我们正在途中！坚守岗位——油料也是弹药！海军行动需要大量
石油！（战时石油工业委员会，1943）

二战期间主要参战国的石油产量（含进口）

	1942	1943	1944	1945
美国	183.9	199.6	222.5	227.2
苏联	22.0	18.0	18.2	19.4
英国	11.2	15.8	21.4	16.6
德国	6.6	7.6	5.6	?
日本	1.8	2.3	1.0	0.1
意大利	0.01	0.01	?	?

单位：百万吨

任一个主要角色，即由石油管理局负责整个石油的供给和采购工作，但管理局制定的任何一项需求计划都需通过委员会下属军需部的审核。

这种解决方式其实根本就没能摆平两家之间的矛盾和隔阂，内尔森始终抱怨工业生产所需的石油原料阻碍了美国工厂制造更多的物资，而伊克斯（其实也包括罗斯福本人）则更多地从军方的角度来优先考虑军需机械的用油问题。但一个根本问题在于，无论是战时生产委员会还是其前身生产管理部，作为主管的内尔森都未曾考虑组建一个配合石油工业生产的部门；故此，他的委员会只能更多地以一个配合者的身份去协调原油的加工生产。这样的矛盾随后便转移至煤炭产业并变得愈发尖锐：尽管内尔森的委员会内部的确在军需部下的矿业处内设立了一个煤炭科，但其职能范围显然过于有限，而美国矿工联合会在1943年1月中旬开始的大规模罢工运动也让罗斯

会严重干扰战时生产委员会的工作进展；他向罗斯福提议将这个部门并入战时生产委员会并成为其下属单位以保证工作的高效率和执行情况的最优化。不过罗斯福并未完全听取内尔森的意见，他认为战时生产委员会的优先工作在于生产工作的协调以及作战物资的分配上。作为某种妥协，罗斯福允许战时生产委员会在石油供应工作上担

小零件亦能发挥大用处！（美国陆军部，1943）

福最终认为，战时生产委员会似乎无力协调煤炭工业以配合战时的生产工作；于是他在 1943 年 4 月 19 日正式签署条令，以原内政部下属的烟煤生产部（Bituminous Coal Division）为班底正式组建固体燃料管理局（Solid Fuels Administration for War）；随后，兼任固体燃料总协调工作的伊克斯在上任后的第 3 个月就针对性地成立了煤矿管理局（Coal Mines Administration），并从根本上让国内的煤矿罢工次数较 1943 年 6 月前减少了将近三分之一。但因为上级部门之间的矛盾始终伴随着二战美国的石油和煤炭工业，也让这两个支柱性原料产业的平均年产增长量甚至不足 8%。

和石油同样出现供给紧张的重要原料还有同等重要的天然橡胶。美国 90% 以上的天然橡胶原料必须依赖进口，但随着日军步步攻占盛产橡胶的东南亚地区，加上与南美国家的外交关系又不甚明朗，而合成橡胶的加工生产还要受制于石油的供给情况，美国人的橡胶工业顿时陷入了随时都可能停滞的困境。当时的实际情况是：至 1942 年 7 月 1 日，美国的橡胶储备量为 63.1 万桶，这其中包括 5.3 万桶来之不易的进口橡胶。但根据战时生产委员会的初步估计，即便是忽略民用生产所需的橡胶供量，美国在 1944 年 1 月前的橡胶储量至少要达到 84.2

位于西弗吉尼亚州的美国橡胶公司生产车间内，两名质量检查员正在对制造出的合成橡胶样品进行抽检

万桶，而这 21.1 万桶的原料缺口除非能在短时间内寻觅到可靠的进口源，否则就只能依赖美国人自己的橡胶工厂了。然而，最让美国人头疼的并不是这个看似庞大的需求量，而是美国在 1942 年初所能达到的单月合成橡胶产量甚至不足 300 桶。

在意识到这种困境之后，美国国会在 7 月上旬批准了"合成橡胶计划"（Synthetic Rubber Program），旨在对美国现有的合成橡胶制造工艺进行改进，以便从根本上增加人工橡胶的产量。随后，橡胶储备公司（Rubber Reserve Company）和国防工业公司（Defense Plant Corporation）组织了试验小组着手对氯丁橡胶和丁苯橡胶等制作工艺进行改进。依据战时生产委员会的需求估算，从 1944 年起，美国的合成橡胶产量需要达到 80 万桶以上。然而，由于合成橡胶的加工原料不可避免地要涉及石油供应问题，这项工作随后也因橡胶储备公司和石油协调处之间的分歧和矛盾而遭遇瓶颈。罗斯福随后任命经济学家伯纳德·巴鲁奇（Bernard Baruch）组织一个专门的调查委员会，针对目前的橡胶产量问题进行汇报；而后者得出的最终结论是，计划内部的组织架构需要简化。于是罗斯福在 1942 年 9 月 17 日签署了第 9246 号总统令，由内尔森的战时生产委员会全权负责橡胶计划的执行工作，同时在委员会内部任命一名橡胶专管协调员负责和各政府部门的沟通工作。另外，橡胶的生产工作由橡胶储备公司负责监督，而战时石油管理局则负责从石油中提取合成橡胶原料的研发工作。内尔森随后邀请联合太平洋铁路公司（Union Pacific Railroad）的总裁威廉·杰弗斯（William Jeffers）担任这个橡胶专管协调办公室的主负责人，同时宣布正式撤销军需部下属的橡胶处，其工作人员全部转由杰弗斯指挥安排。

与战时石油管理局有着很大不同的是，尽管杰弗斯的日常工作内容与伊克斯基本相同，但由于战时生产委员会实际掌控着橡胶专管协调办公室的全部工作，这就让部门之间的利益矛盾对橡胶工业造成的影响更为有限。实际上，杰弗斯根本无须考虑战时生产委员会会给自己的工作带来多少麻烦，而伊克斯很大程度上不仅要扮演成一个战时生产委员会和石油工业界之间进行联络沟通的角色，很多时候还必须和战时生产委员会进行互不相让的斗争。在这种外部影响较小的情况下，美国人在 1945 年的橡胶产量高达 756042 桶，足足是 1942 年的 210 倍之多。虽然没能达到估算的 80 万桶的要求，但由于美国人后来在外交上成功地拉拢了巴西进而通过工业援助的方式换来了宝贵的矿石和天然橡胶资源，这些合成橡胶也算

"合成橡胶论坛的产量足以完成 40 亿英里的驾驶里程。"这是百路驰轮胎（Goodrich）公司在 1943 年为其生产的合成橡胶轮胎所做的宣传广告

	铜	铅	锌
基价	12 美分	6.5 美分	8.25 美分
增量 / 磅	5 美分	2.75 美分	2.75 美分
第 1 基价	17 美分	9.25 美分	11 美分
第 2 基价	—	12 美分	13.75 美分
第 3 基价	—	—	16.5 美分

从根本上满足了日常生产的需求。

矿产原料的供给工作很大程度上类似于橡胶。但和橡胶产业有所不同的是，矿产业从一开始便牢牢地控制在战时生产委员会的手中。根据原料的重要程度，战时生产委员会于 1942 年 9 月正式对军需部进行改编和重组。重组后的军需部下辖有矿业处、化学制品处、铝镁金属处、钢铁处、人力处和储备运输处等 15 个分部门，这些部门辖下的 4 ~ 8 个办公室则根据自身职责范围，对国内的各家矿业机构和提炼、加工工厂进行协调以及分配管理。

早在战时生产委员会于 1942 年 1 月 16 日组建起来的 4 天前，它的前身——生产管理部就与战争资源分配委员会、价格管理局以及产业联合工会在华盛顿完成了一次只能算是几方妥协的磋商。考虑到战争中巨大的原料加工开销，为避免出现物价波动而可能造成的负面影响，这 4 家部门为铜、铅、锌这 3 种重要的基本金属原料制定了物价新政：要求铜的基价为 12 美分，随后以 5 美分 / 磅的价格开始计算，而铅和锌的基价分别为 6.5 美分和 8.25 美分，增率同为 2.75 美分 / 磅。到了 2 月 9 日，战时生产委员会又为国内所有的金属加工厂制定了明确的生产任务并划分了 5 档定额标准，即 0 定额（月产量小于 200 吨）、1% ~ 99% 定额（月产量小于 600 吨）、100% 定额（月产量大于 600 吨）、小于 100% 特殊定额（个例）和大于 100% 特殊定额（总产量比 1941 年高且还能盈利）。

这种定价配定额的模式极大地增加了工厂的工作热情，但问题也接踵而来，那就是工厂之间存在着生产能力、设备以及工艺技术的差异，但这样的模式却让很多超额完成产量的工厂仅能享受到增量相同的酬劳。为了鼓励工厂进一步提高产量，战时生产委员会在 1942 年 12 月 15 日推出了全新的定额和物价政策，即将生产工作分为 A、B、C 三类，同时将每次增量的数目作为一级酬劳标准。如果工厂超额完成了 A 类产量，则超出部分的所得全部按照第 1 基价为系数计算，同样的，超额完成的 B

类产量则按照第 2 基价计算，超额完成的 C 类产量则按照第 3 基价计算。到了后来，战时生产委员会又逐步将这一做法推广到一些其他生产原料上。

这一措施很快就在 1943 年取得了成效，很多金属产量实际上都在这一年达到了战时产量的极值。到了 10 月 27 日，考虑到美国对外进口量也开始逐渐回升，战时生产委员会遂对外宣布，铅和锌已不再是战时紧缺物资，这两种金属的 B、C 两类基价也就此取消。到了 11 月 9 日，战时生产委员会再次宣布解除对铝、铜等金属物资的紧缺警报，同时决定自 1944 年 1 月 1 日起取消这些金属的第一基价指标；也就是说，从 1944 年的第一天起，美国国内的多数物资原料的生产工作将重新回归往常。然而，战时生产委员会始终没有解除钢铁的紧缺令，这不仅因为美国国内的废旧物品回收运动无法像获得铝、锌等金属那样轻易地回收到足够数量的废旧钢铁，还在于整个炼钢过程常常受制于一些其他物资的供给情况。这也直接导致了美国各家军工厂自 1943 年 12 月起重新采用黄铜作为子弹壳的主要原料。

二战期间美国主要金属及矿产产量　单位：千短吨（1 短吨≈0.907 吨）

	铝	砷	镉	铜	溴	铅	镁	锡	锌	钴	硫	铁石	煤炭
1941	309	32.5	3.62	958	34.1	462	16.3	749	904	505	3139	92410	514149
1942	521	28.7	3.68	1060	31.9	496	47.0	768	1053	735	3461	126527	582693
1943	920	31.2	4.23	1091	47.1	453	183.6	744	1261	732	2539	119675	590177
1944	776	36.1	4.37	973	51.1	416	157.1	718	1133	829	3218	111020	619576
1945	495	24.3	4.18	773	39.9	391	32.8	614	945	?	3733	106312	577617

铜对于国防工业至关重要！（贝尔电话西南区分公司，1941）

保持供给且及时供给！（维莫·普鲁塞尔，1942）

The Army is counting on you for
MORE METAL

U. S. ARMY
OFFICIAL POSTER

陆军希望你能提供更多的金属！（维克多·开普勒，1943）

我们可以击败他们——只要给我们弹药！（罗纳德·迈克莱奥德，1943）

你的金属就是他们的力量！（延斯·施莱凯尔，1943）

给他们信心，为他们提供更多的火力！（迪恩·考威尔，1943）

你的金属挽救了我们的船队。加大生产！（美国陆军部，1943）

你的军需补给维系着他们的生命！（哈罗德·冯·施密特，1942）

立刻整理你的包裹。仔细包装，投入战斗！（约翰·法尔特，1943）

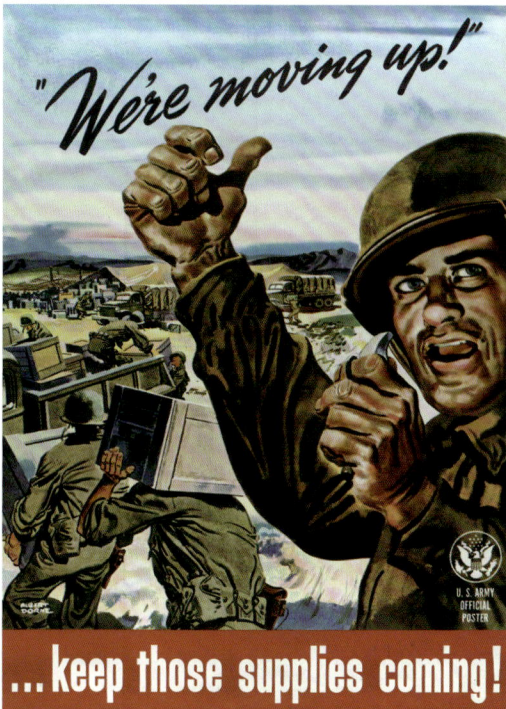

我们正在前进！确保补给跟上！（阿尔伯特·道恩，1943）

你提供弹夹，M-1步枪替我解决问题！（延斯·施莱凯尔，1945）

战斗中的铝品（美国陆军部，1943）

生产得越多，战争就越早结束！（美国陆军部，1944）

除去这几大最为关键的军需原料之外，木材同样也是不可或缺的作战物资。从训练航空兵使用的教练机，到部分军用筑物的搭建铺设，再到直接参加前线作战的滑翔机和鱼雷快艇，都无法缺少加工木材的供应。但是与石油、橡胶和矿产不同的是，木材生产并不受到战时生产委员会的直接控制，而是归于美国林业局管理。

森林保护与采伐其实一直是美国历史上颇有争议的举措。不过在美国参与二战之前，美国林业局仍出于保护国内林业的目的而始终对木材生产进行严格控制，他们通过定量配给民用建筑木材、减少放养牲畜数量并大力增加人为植树等办法，使得美国的林业面积在 1935 年就已经超过了 2 亿公顷，树木种类多达 500 余种。然而这种局限性的保护政策随着美国加入二战而发生了彻底的改变；迫于战争的需要，林业局在 1942 年 1 月最终允许放宽伐木加工的产量。另一方面，伐木场和木材

加工厂的客源销处也开始发生转变；通过和政府部门之间建立的契约关系，这些大大小小的工厂开始陆续转为军方提供木材供应。

战争期间，林业局开始效仿财政部推行债券的做法，为国内的每个州都设立了一个木材加工目标。然而到了 1942 年 12 月，林业部却吃惊地发现，整个木材产量不足总计划的 70%，而完成目标产量的只有 11 个州。林业部随后得出结论，困扰美国战时林业加工的主要原因在于伐木工人和木材加工者的人数极为稀缺。除了美国在战前严格限制砍伐规模之外，之所以会造成这种情况的出现，还有更为重要的一点，那就是当时的木材加工厂和伐木厂有很多都不是两大工会的会员；故此，他们也没能享受到战时人力委员会所能给予的人力资源调拨。而这种不利因素更是无法约束原来在厂里工作的人员，很多工人仍旧可以凭着自己的手艺在别处另谋出路，况且他们所能得

给我们更多的木材建造鱼雷快艇！（美国陆军部，1943）
海报中所描绘的战斗发生在 1942 年 4 月 8 日夜晚，当时的美军 PT-34 号鱼雷艇在宿雾岛附近海域借着夜色成功击伤了日军"球磨"号轻巡洋舰。可惜的是，该艇于次日上午在考艾岛附近遭遇日军"赞岐丸"号特设母舰上派出的 4 架"零"式水上飞机，在混战中该艇被击伤，后被日军飞机炸沉

你给他们插上翅膀！陆军需要木材来建造教练机！（唐尼·沃德，1943）

到的工资酬劳也可能更高。当然，来自外界的干扰也让很多伐木工人产生了恐慌心理，特别是当美国民众陆续得知日军的潜艇和水上飞机对俄勒冈地区发动了攻击（后文详述）之后，有不少人都认为美国的东、西海岸地区极有可能成为德国和日本空军的空袭目标——而俄勒冈州和新英格兰地区是美国当时的两个木材集中产地。

在认识到了这一问题的严重性之后，战时人力委员会于1943年7月决定将国内的伐木业工人纳入战时劳工人力资源体系。这一举措尽管极大地改善了木材业人手不足的状况，并让木材产量在1944年达到了最大的497亿板英寸（1板英寸约合0.09平方米），但林业局与战时生产委员会后来出现的矛盾却让木材产量直至战争结束仍无法完全满足军队的需求。尽管战时生产委员会一直强调木材产量与军队的实际用量还有些许差距，但林业局却始终不肯让步，他们认为战时的林业砍伐量已经严重过渡，而过渡的林木砍伐实际上又有悖于美国之前制定的林业保护条令。在这种矛盾下，美国人在1945年8月战争宣布结束前制造的木材总量只有1740余亿板英寸，而有些品种的木材由于供应有限而不得不采用复合拼板来代替。

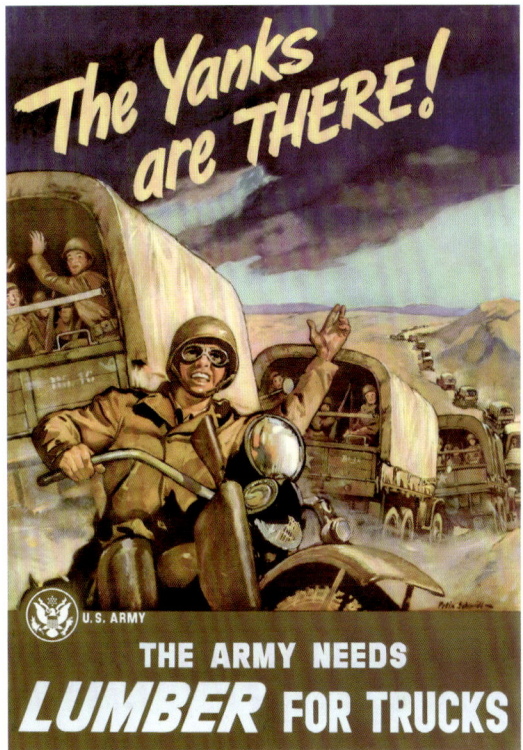

美国人在这里！陆军需要木材建造卡车！（菲利克斯·施密特，1943）

由于后方木材无法正常满足前线部队的推进需求，很多美国木材加工企业于是将临时的锯木场或伐木人员移至前线，并由附近地区的作战部队负责统一管理。比如照片中的这家由毛坯木材加工厂开设在新几内亚前线的临时锯木厂，该厂由当时在新几内亚岛作战的第41步兵师第186团负责管理

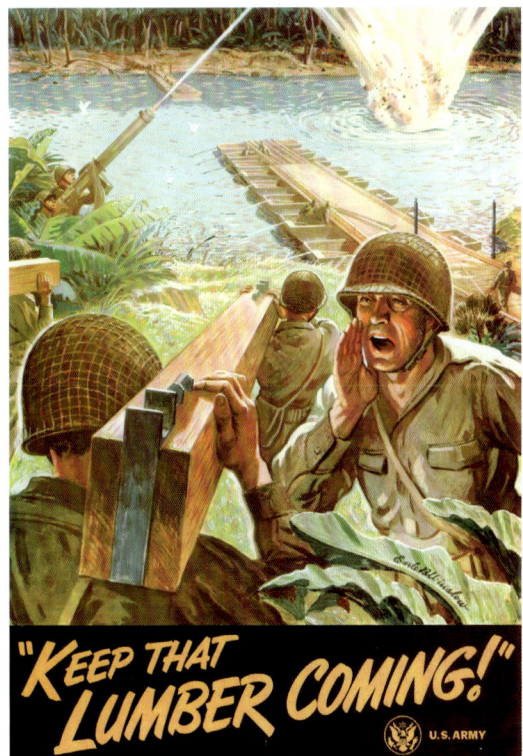

始终保证木材补给！（厄尔·温斯洛，1943）

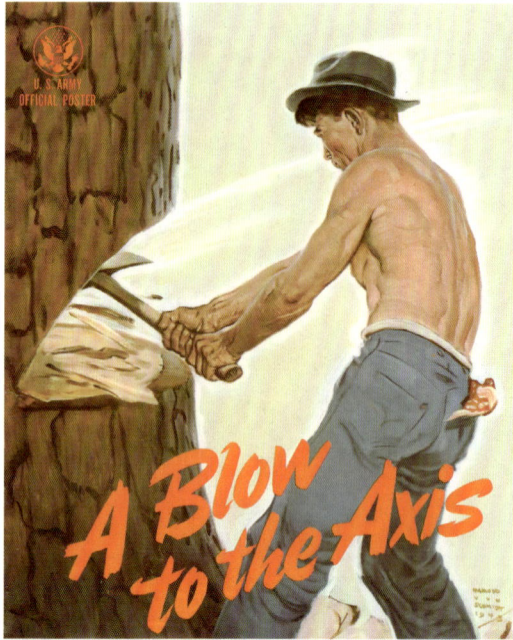

A Blow to the Axis

MORE LUMBER FOR THE ARMY

对轴心国的一击。陆军需要更多的木材！（哈罗德·冯·施密特，1943）

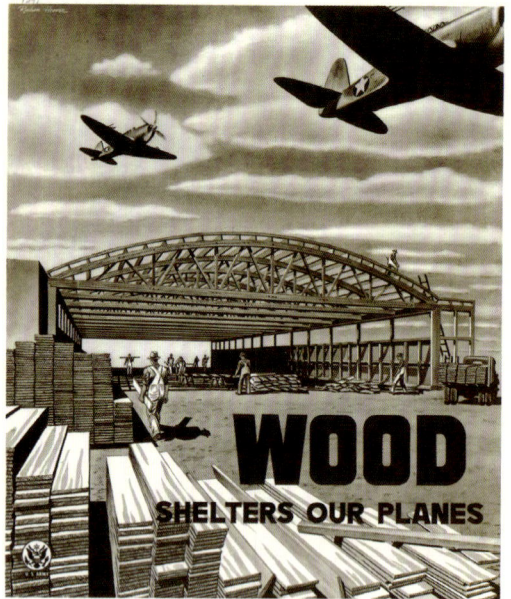

WOOD SHELTERS OUR PLANES

THE ARMY & NAVY NEED 156,000,000 BOARD FEET A YEAR FOR HANGARS

木材为我们的飞机提供遮蔽！陆军和海军需要 1.56 亿板英寸木材用以建造机库（美国陆军部，1943）

战争中的木材（公共关系事务署，1943）

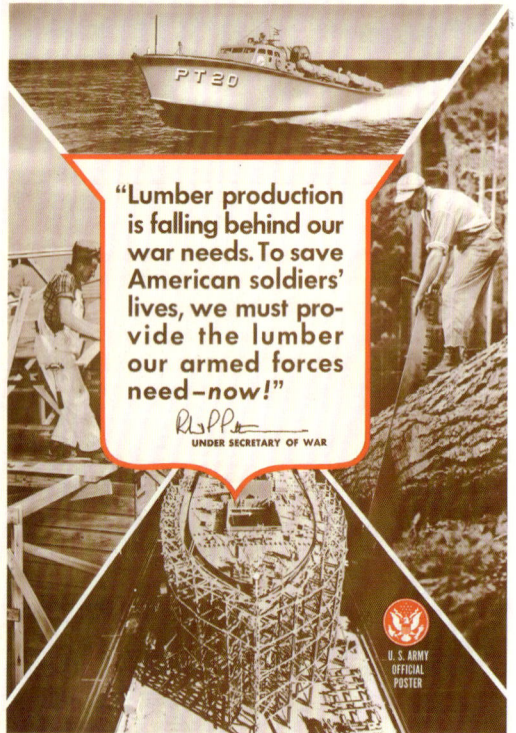

"Lumber production is falling behind our war needs. To save American soldiers' lives, we must provide the lumber our armed forces need—now!"

UNDER SECRETARY OF WAR

木材生产已经严重滞后于战争所需。为了挽救更多美国士兵的生命，我们要努力满足这个需求！（公共关系事务署，1943）

"...pass the ammunition"

50 FU ZES P.D., M46

THE ARMY NEEDS MORE LUMBER

陆军需要更多的木材来运输弹药！（弗里德里克·斯坦利，1943）

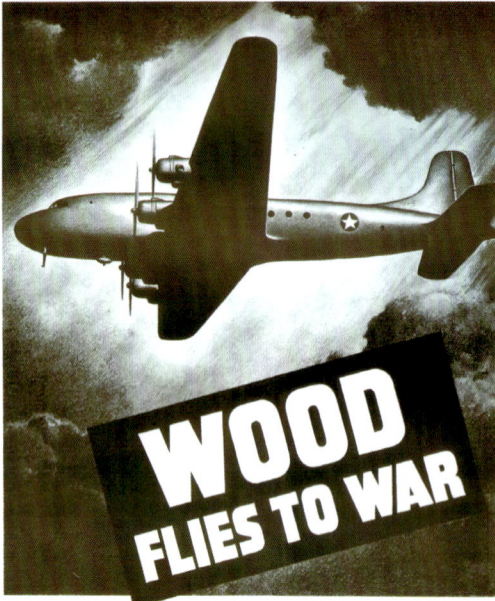

WOOD
FLIES TO WAR

THE ARMY & NAVY NEED 20,000 SQUARE FEET
OF PLYWOOD FOR EACH CARGO PLANE

飞行的木材。陆军和海军的每架运输机需要 2 万板英寸胶合板材
（美国陆军部，1943）

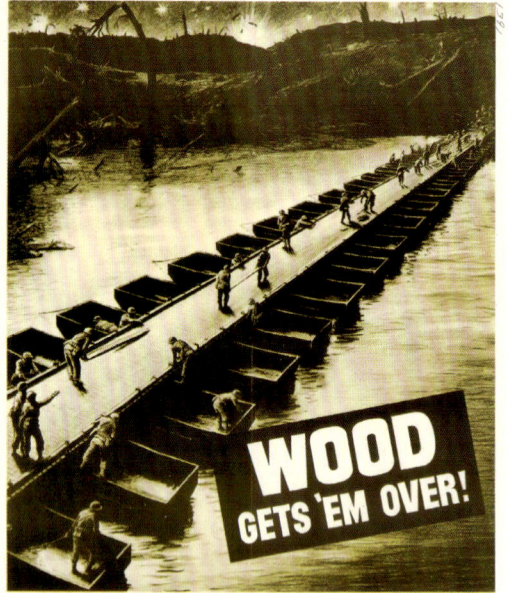

WOOD
GETS 'EM OVER!

THE ARMY NEEDS 17,000,000 BOARD
FEET A YEAR FOR PONTOON BRIDGES

木材让他们渡过河流。陆军每年需要 1700 万板英寸木材用以铺
设浮桥（美国陆军部，1943）

WOOD
JOINS THE COLORS!

THE ARMY & NAVY NEED MILLIONS
OF BOARD FEET FOR BARRACKS

木材也加入了战斗！陆军和海军需要数百万板木材用以搭建兵
营！（美国陆军部，1943）

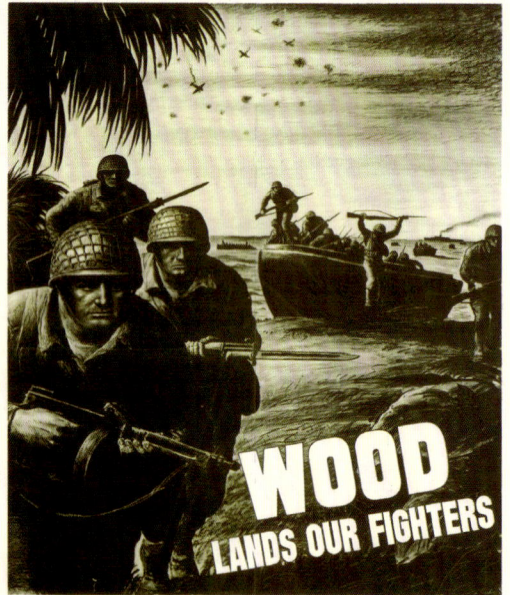

WOOD
LANDS OUR FIGHTERS

THE ARMY & NAVY NEED MORE
LUMBER FOR LANDING BARGES

木材搭载的是我们的登陆队员！陆军和海军需要更多的木材用以
建造登陆艇！（美国陆军部，1943）

Supply lines are life lines
.. they depend on YOU!

补给线现在就是生命线。他们就指望你了！（美国陆军部，1944）

食物第一！（格伦·格罗厄，1943）

与其他主题相比，提高原料产量的宣传在二战期间并未受到足够的重视，应当说是未得到管理人员的足够重视。很多历史学者将这种现象归咎于部门之间永无停息的争斗，因为任何一个部门都不希望宣传达到的产值增量成为另一部门极力钻营的对象。在这种僵局下，人们惊讶地发现，美国陆军和海军取代了战时生产委员会等一批主管部门，成了宣传原料加工生产的主要倡导者。应该说，这种情况是美国战时宣传工作中的一个特例，同时也是美国为数不多的失败点之一，尽管他们的战时产量冠居世界第一。

除去提高生产产量，作战物资的运输问题也是战时补给工作的一大重点。与德国和日本颇有些相同的是，美国人在二战期间同样将自己的铁路系统作为物资运输的主力并将其和军队的发展紧密地联系在一起，尽管这种合作在走马上任的马歇尔将军决心扩充美国陆军实力之前都看不出丝毫的迹象。实际上，美国的铁路网已经十分完善，但其货运列车数量的不足却让这个国家在1939年11月仍处于负荷运作状态。这一缺陷到了1941年5月27日政府宣布进入全国紧急状态时就变得更为明显：一方面，美国人为扩军工作开始大量地增加物资产量和兵役人员；另一方面，美国人还得为英国提供必要的物资援助以对抗不可一世的德国军队。直到1941年12月18日罗斯福宣布成立国防运输处之后，美国国内无序的运输工作才算得以根本扭转。

美国同时也在1940年下半年紧急开始了铁路机车和货运车厢的建造工作。由于通用汽车公司在1939年11月成功研制出了FT型柴油机车，故此在这段蒸汽机车与柴油机车的转型过渡时期，就存在了同时建造两款列车的特殊格局；不过这种情况随着战时生产委员会的成立而发生了根本改变：尽管柴油机车功率更大、养护也更为简单，但考虑到柴油机车必须依赖石油加工的衍生物，且建造周期相对也要长于蒸汽机车，另外配套的铁路设施建设在全美地区也尚未完善，故此委员会最终决定，仍旧建造传统的蒸汽机车作为美国铁路运输工具的首选。这一决定尽管让蒸汽机车就此成为战时美国铁路运输的常备车型，却也并未明文限制柴油机车的建造工作；所以尽管美国在二战期间生产了超过5800辆蒸汽机车（包括援助盟国的约1700辆机车），但一些敢于创新的美国工厂同时也建造了大约700辆柴油机车。这批机车在战争后期开始大量投入使用，包括美国战时首条全由柴油机车运营的萨斯奎汉纳西部铁路（Susquehanna & Western）就率先在1944年用16辆柴油机车替代了29辆蒸汽机车作为运输工具。

1940年，美国的铁路运力为3783.43亿吨/英里，而这一数字到了1945年就几乎翻番，达到了7458.29亿吨/英里，占到美国整个军事物资运输份额的70%。煤炭、水泥、铁矿石、铜、铅、锌、硫等物资大部分都是通过铁路完成运输的。同样，铁路系统的人力运输也从1940年的238.16亿人次猛增至1945年的956.63亿人次，占据了全国人员运输量的75%，这其中有97%的人次是兵员运输。美国的铁路中转车站多达18万处，确保最多只需14公里的车程就能将任何一种生产原料或是作战物资运上火车并运抵美国的任何一个角落，即便是将洛基山脉地区的木材运往美国东西海岸的海军修造船坞，其运输时间也不会超过5天。也正是有了这些流动不息的新鲜血液，才让美国人在战时的各项生产工作趋于正常开展。

种植更多的甜菜！糖类提供能量，满足他们所需！（美国陆军部，1944）

生产更多的牛奶！（美国农业部，1943）

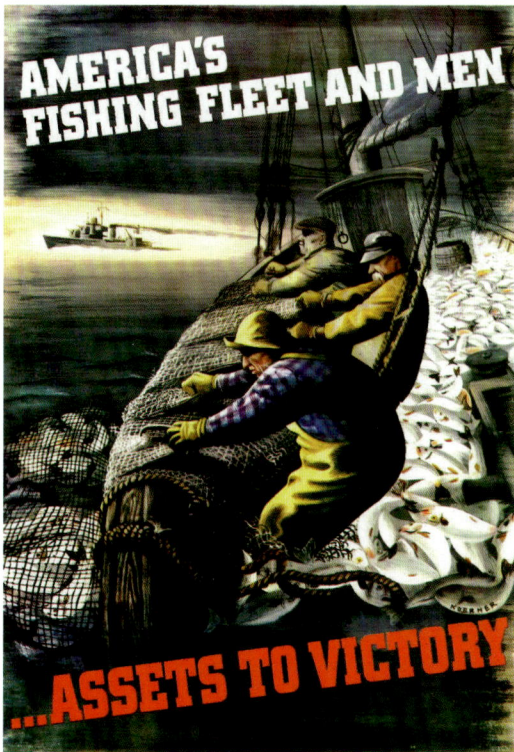

美国捕鱼队对胜利的贡献（亨利·科尔纳，1943）

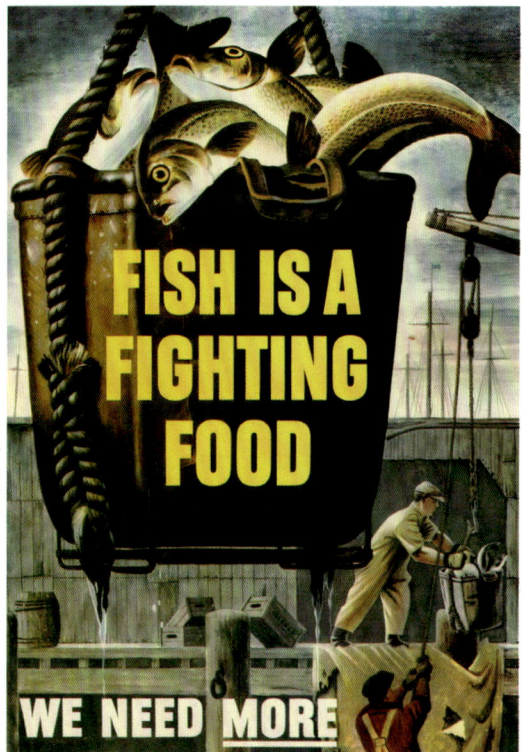

鱼类也是一种作战食品。我们需要更多！（战时新闻处，1943）

供给工作者的誓言（美国陆军部，1943）

值得牢记——在整个战争期间，97%的军事人员调动通过铁路完成，90%的作战物资运输依靠火车完成（美国铁路协会，1945）

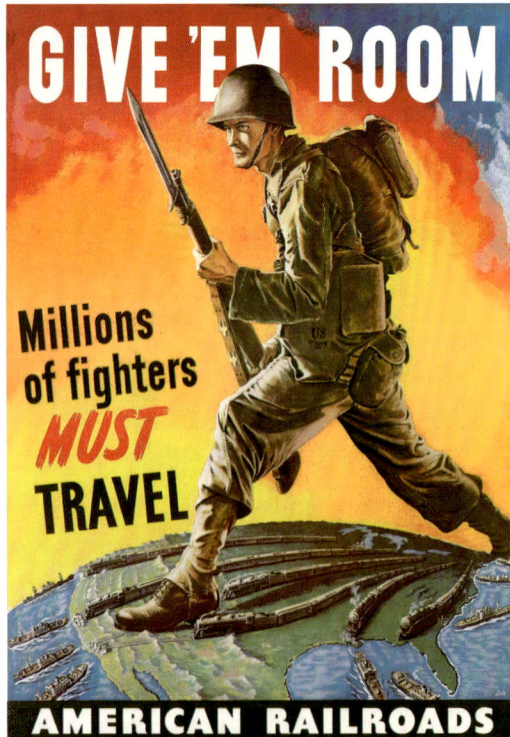
为他们腾出空间，上百万士兵需要调遣！（丹尼斯·洛尔，1943）

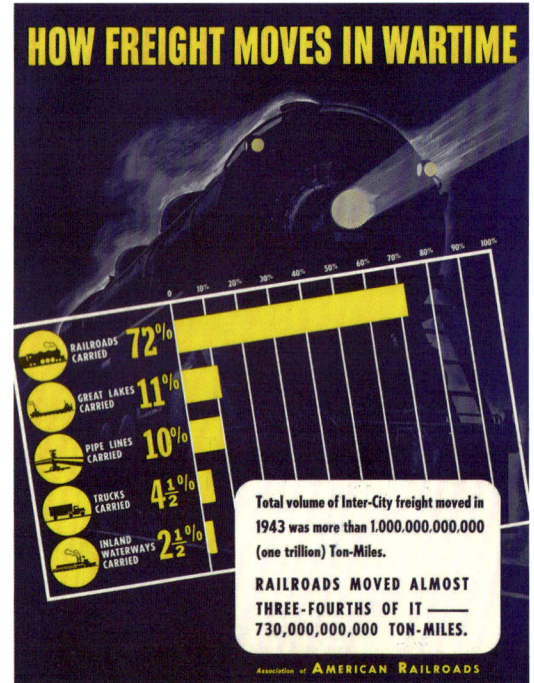
战时货物是如何运输的？（美国铁路协会，1945）
这张海报给出了一系列详尽的数据：72%的铁路运输，11%的五大湖区船运，10%的补给管路传输，4.5%的卡车运输加上2.5%的内陆水运。在整个1943年间，仅城际之间的运输量就达1万亿吨/英里，而其中铁路运输量就达到了7300亿吨/英里，几乎是总量的四分之三

二战中的美国通用汽车公司

当主管美军军需供给的布里恩·萨莫维尔（Brehon Somervell）中将于1944年对密歇根地区的通用汽车公司工业区进行了实地视察之后，他留下了如此一番评论："当希特勒决定启动他的战争马车之时，他和我们之间的这场竞赛就已处于下风；而当他现在孤注一掷地为自己的战争四轮马车安装上内燃机的时候，他却没有意识到，我们对于他试图赢下的另一场竞赛早已胸有成竹了。"

20世纪20年代末，美国出现严重的经济危机，这场旷世的经济浩劫让通用汽车公司的发展经营步履蹒跚：外部经济衰退严重，内部管理危机重重，汽车市场萎靡不振，公司收入寥寥无几。由于市场萎缩且库存积压，导致现金极度匮乏，通用被迫关掉许多分厂，大批工人下岗失业。在这种情况下，通用汽车公司陷入了恶性循环，局面开始失控，改组成了通用的当务之急。而时任通用汽车公司常务副总裁的阿尔弗雷德·斯隆（Alfred Sloan）受命于危难之时，开始对公司进行全面的

阿尔弗雷德·斯隆

整顿、变革。这位毕业于麻省理工的高才生在沉寂了数年之后，终于在这个岗位上大展拳脚，大刀阔斧地实践着自己的鸿鹄之志。事实证明：通用选对了人。在采用了斯隆提出的在统一协调的集中政策控制下分权经营的理念来取代先前各个分公司各自为政的观念之后，通用汽车公司神奇般地走出了低谷，重振雄风。而作为改革的主导和推行者，斯隆的贡献不仅在于创造了一个可以挽救通用的组织形式，还在于他开创了一种被无数公司纷纷采纳的新的管理政策。从根本上讲，这一政策包括了将企业的管理权收拢并集中在最高管理层手中，高层董事会则负责政策的制定以及对组织内部的操作责任进行指定分配。对于一个由许多不同部门组成的大公司来说，这样的一个组织系统无疑将是它成功的关键。

1940年1月11日，通用汽车公司生产的第2500万辆车正式下线，这一骄人的数字让同行啧啧称赞，羡慕不已。到了1941年通用已经占据了美国汽车市场44%的份额，这是一个令他人鞭长莫及的业绩；然而通用汽车公司并没有为此沾沾自喜，相反却在美国正式宣布加入战事以对抗轴心国之前就已经敏锐地嗅出外界的变化，开始对工厂进行改编重组，在销售汽车的同时也开始生产军用武器的大小零配件，并从中不断改进生产加工工艺。当艾利逊引擎公司（Allison Engine Company）的老厂需要93道主工序才能完成一台V-1710引擎的拼接组装时，负责承包工作的凯迪拉克公司只花了25道工序就完成了同样的工作，但凯迪拉克公司的单位工时所需工人仅有区区0.2人，而艾利逊公司却要11人——按照斯隆自己的说法，这就是通用汽车公司为应对战争而推出的"大炮加黄油"政策。事后的一切都说明了通用在那段时间无疑是个成功者：在日本人偷袭珍珠港之后，通用汽车公司的工业技术被有效地应用到了军事领域，生产订单也开始接踵而至。在斯隆的有效组织下，通用汽车公司的各家分公司开

始逐渐迸发出巨大的生产能量。

1942年2月，费舍尔车身分厂率先停止民用车辆的生产，并在位于弗林特的制造车间开始了"谢尔曼"坦克的组装工作。至1945年战争结束，费舍尔车身分厂共为美军生产了11358辆坦克；庞蒂亚克公司的战争动员相比费舍尔车身分厂更早，按照该公司在诸多广告中的宣传，他们早在珍珠港事件爆发的9个月前就已为美国海军生产了第一门舰载防空炮，另外海航鱼雷攻击机上的鱼雷武器也均由该公司负责完成；凯迪拉克公司的主要生产方向是为陆军建造M-5型坦克以及各类军用卡车；而奥兹莫比尔公司虽不直接参与大型作战武器的生产，但美军使用的4800万枚各类炮弹、空军作战飞机上的14万挺航空枪炮、35万件航空发动机零部件和多达1.75亿磅的军用机械铸件也均由该厂完成生产；此外，成立于1942年1月21日的通用汽车东部飞机分部尽管历史较短，但该公司在整个战争期间所生产的7860架F4F"野猫"式舰载战斗机和9839架TBF"复仇者"式舰载鱼雷攻击机仍为美国海军在太平洋战区的大反攻做出了相当的贡献。相比这些公司，两家规模更大的雪佛莱公司和别克公司则承接了更多的生产重任：前者不仅是格鲁曼飞机制造公司的承接分包商，同时也是各类枪炮弹药、火炮部件和航空引擎的主要生产商之

一，而包括像M-3半履带装甲车和CCKW军用卡车等一大批作战车辆也都出自该公司的生产车间；而别克公司的生产任务也颇为繁重，他们不仅在整个二战期间为美军生产了1250万匣弹夹，还以每月生产1300台的速度为B-24轰炸机制造商提供关键的航空发动机组件，此外，活跃在欧洲西线的2507辆M18"地狱猫"坦克歼击车也均来自该工厂的生产流水线。

在1940至1945年间，通用汽车公司的11.3万名员工共为这个国家创造了价值高达123亿美元的国防物资。从加工最小的球轴承，到制造枪械、炮弹，再到生产坦克、舰船和军用飞机，通用的生产范围几乎囊括了所有可以想到的产品，其中就包括被士兵们亲切地称为"鸭子"的著名DUKW水陆两栖车和6×6多用途军用卡车。通用汽车公司生产的各类军用卡车自诺曼底登陆后便开始发挥其难以估量的军事价值。在8月25日至11月16日期间，近6000辆通用卡车所组成的物资运输队开辟出的"特快专列"（Red Ball Express）线路每天都能为前线盟军部队提供至少9200吨的各类作战物资，而在其巅峰时期，单日的物资运输量更是高达1.25万吨；而另一条随后开辟出的来往于勒阿弗尔和巴黎之间的"舞会专列"（White Ball Express）运输线路也运送了各类物资达13.4万吨之多。

在整个二战期间，通用汽车公司共为美军制造了85.4万辆各型卡车、20.6万台航空引擎、19.8万台柴油发动机、3.8万辆各类装甲坦克（车）和1.3万架各类作战飞机，而多如牛毛的各类弹药物资更是无法精确统计。另外值得一提的是，当时平均每4架美国战机中就有1架所用的引擎来自通用的生产线，而作为二战期间仅有的8家能在红蓝色锦旗上镶满全部6颗白星的美国生产单位，通用汽车公司自1944年5月开始，部分军需产量就已经能基本媲美整个德国的军工生产线，更别提产力相对偏弱的日本和意大利了。灵活多

战争前线的通用卡车运输队

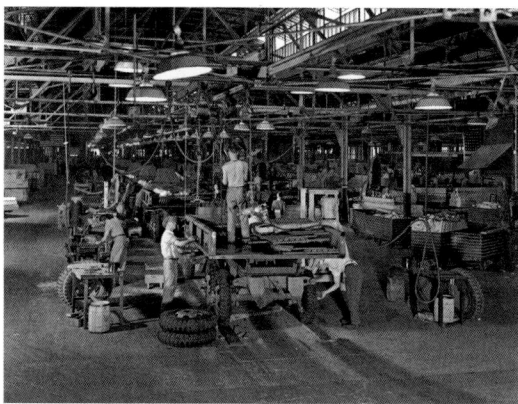

通用汽车公司内的 CCKW 卡车生产车间，照片摄于 1944 年

这是位于密歇根州的"柳木"（Willow Run）飞机装配厂的车间一角。这个隶属于通用汽车公司的装配厂仅耗时 5 个月便修筑完成并投入使用，它在战争期间平均每小时生产一架 B-24 轰炸机的速度也是很多工厂所无法企及的

变的管理体制与同国家共命运的高度责任感使得通用几乎在一夜间就成了由民用生产转型为战时生产的典范。而雪佛兰汽车公司总裁威廉·努德森（William Knudsen）也因其杰出的领导才能和在制造、机械和、产力方面丰富的学识，于 1940 年被罗斯福总统任命为新的生产管理部部长，同时兼任国防生产咨询委员会（National Defense Advisory Commission）的顾问委员，以全面管理美国战时的工业生产动员工作——这何尝不是对通用汽车公司的一种肯定呢？

作为战争期间美国国内生产的龙头老大，通用汽车公司自然时时刻刻不忘告诫与教育手下的员工，激励他们同样也是战争中的主角，生产上的数量与质量可以改变战争的格局发展。为此，通用汽车公司设计了为数众多的海报，这些海报的内容多样，几乎涉及战时的各方面话题，大到国家战事的进程发展，小至生产中的一个弊病细节，几乎涵盖了战争中的一切题材。然而这些海报最后却都殊途同归——用言简意赅且有强劲有力的言语要求工人们为国家能够赢得战争的最后胜利而加大生产力度与工作效率。

通用汽车公司的海报给人的第一感受就是绘画手法简单清晰却又不觉做作；但最使其出彩的还在于通用的海报版面色彩丰富但又不显驳杂，宣传言语精练却又富于张力。战争海报的基调普遍都显得十分严肃认真，然而无论其风格是略带调侃挪揄的卡通，还是就事论事的现实反映，或是战场镜头的加工重演，通用的海报都能利用色彩的层次变化巧妙地将这种肃然的感觉化解开来。通过颜色，海报设计者们无形之中松弛了人们普遍因战争而绷紧的神经；同时，海报的宣传口号也独具匠心。仔细看看通用的几张海报就不难发现：几乎每张海报都有一句固定的口号标语。重复一句话或许会让人产生些许的不耐烦，但正是这些强而有力的表达，一遍又一遍地督促着生产车间中的工人加快生产，不要为战争拖后腿。而通用汽车公司的海报也似乎渐渐形成了一种固定的风格，以至于日后每一位海报收藏者几乎都可以从极具标志性的口号和与众不同的风格不假思索地将其判断识别出来。不管从哪个方面来讲，通用汽车公司在二战期间创作的很多海报都是十分成功的。翻看通用的海报，简直就感觉是在翻阅一部二战简史；故此，在这里特地遴选出数十张，让我们透过这一张张充满表现张力的海报，从一个特殊的角度来重新回味那场战争。

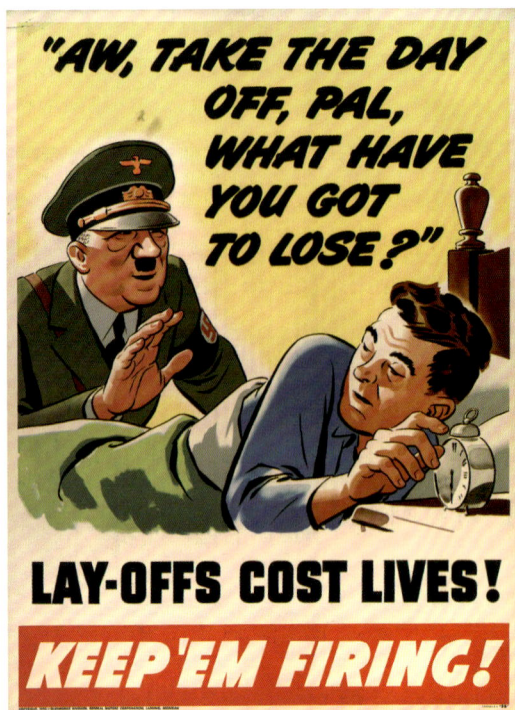

"一天没上班，伙计，你知道你失去了什么？"旷工会造成伤亡！
让他们保持火力！（奥兹莫比尔公司）

别给日本任何可乘之机！时刻注意工具设备是否完好！（奥兹莫
比尔公司）

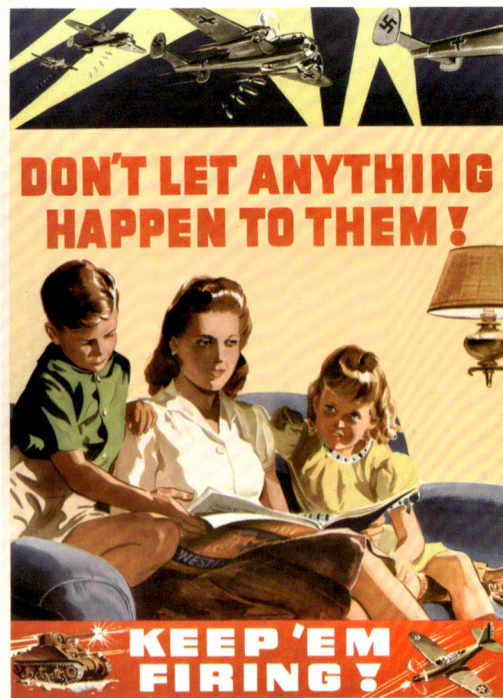

别让这一切出现！让他们保持火力！（奥兹莫比尔公司）

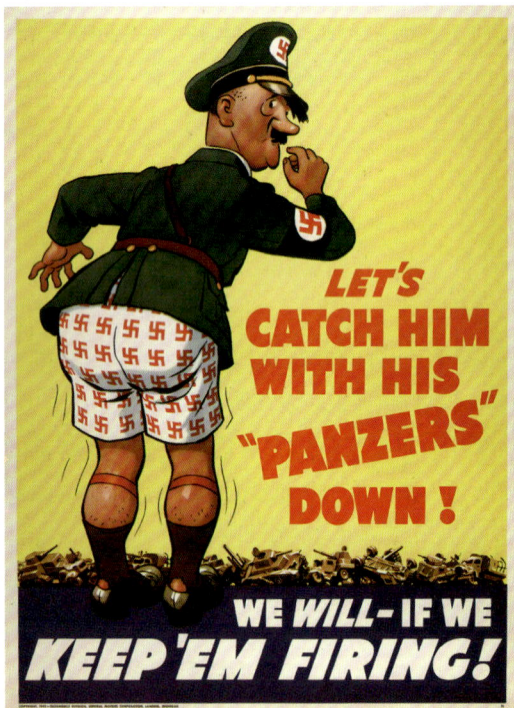

打败德军装甲部队，让希特勒脸面尽无！让他们保持火力，我们
可以做到！（奥兹莫比尔公司）

多谢了，伙计！让他们保持火力！（奥兹莫比尔公司）

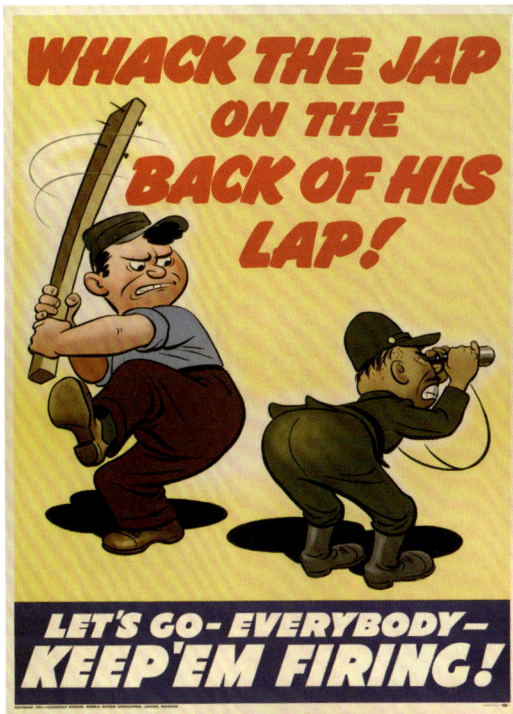

对着日本狠狠凑下去！来吧，让他们保持火力！（奥兹莫比尔公司）

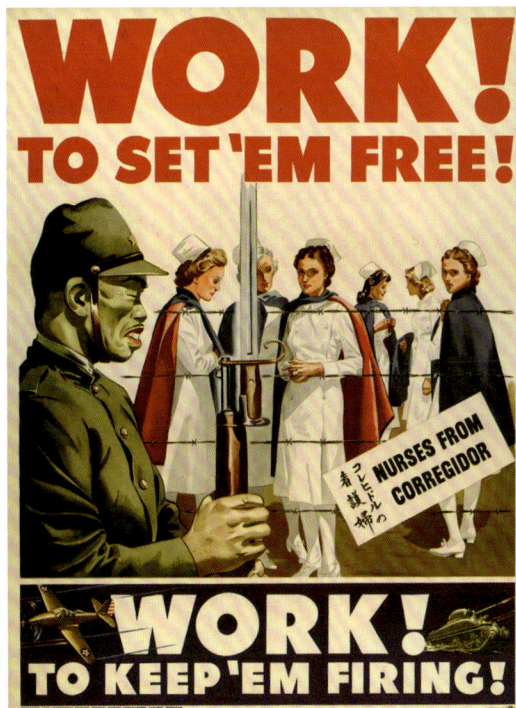

工作让她们重获自由！工作让他们保持火力（奥兹莫比尔公司）。海报里表现的是 78 名美军护士在菲律宾战役期间遭日军俘虏并囚禁的一幕

当心了！让我们将一切都投入到生产中！全力以赴，让他们保持火力！（奥兹莫比尔公司）

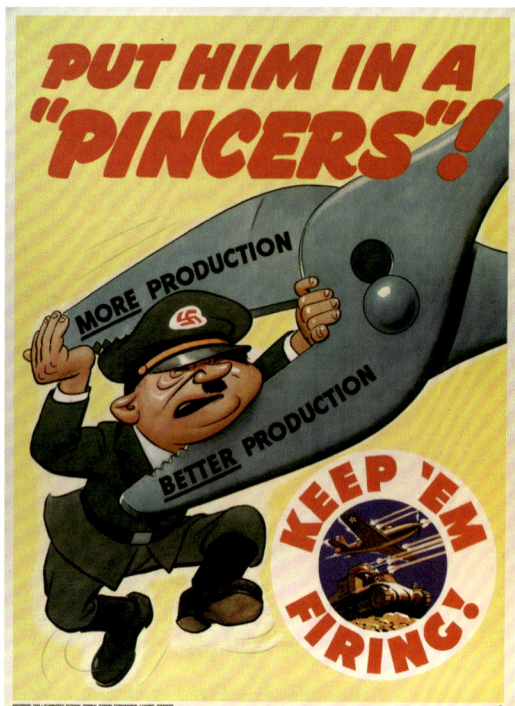

将他牢牢钳死！让他们保持火力！（奥兹莫比尔公司）

美利坚之翼上正装上我们的利刺！这都指望我们了。来吧，让他们保持火力！（奥兹莫比尔公司）

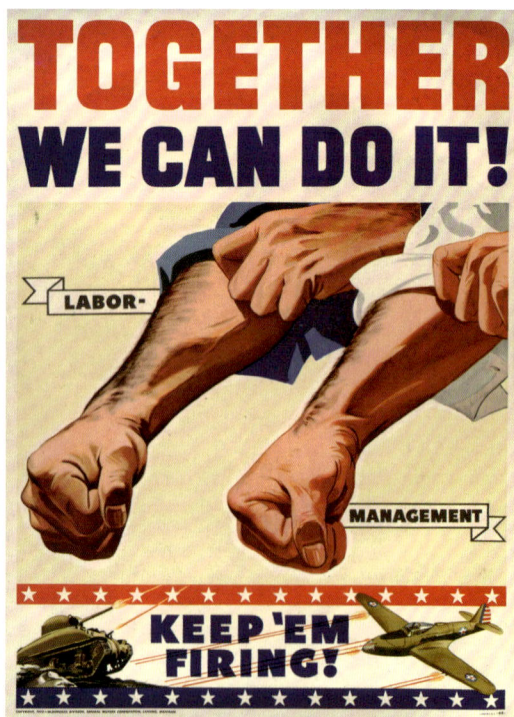

联合起来我们就能做到！让他们保持火力！（奥兹莫比尔公司）

警告！我们的家园正处于危险之中！我们的工作是让他们保持火力！（奥兹莫比尔公司）

你们为我们提供火力，我们将他们送入地狱！来吧，让他们保持火力！（奥兹莫比尔公司）

如何增加产量？如何提升质量？山姆大叔需要你的点子！让他们保持火力！（奥兹莫比尔公司）

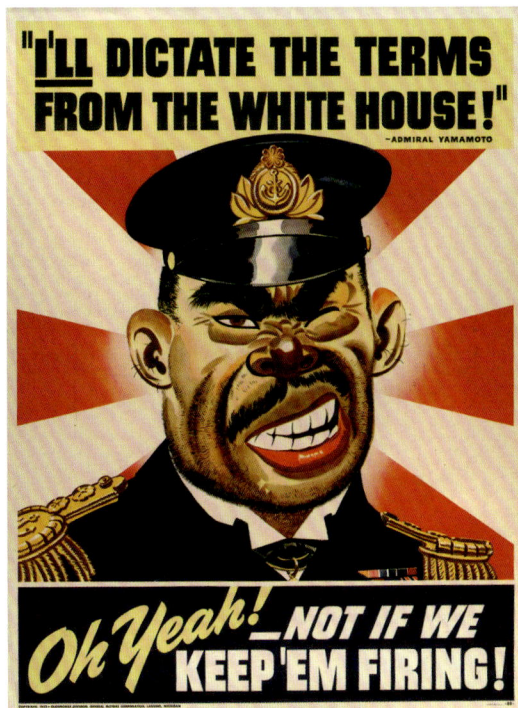

山本五十六说："我将在白宫执掌大权。"如果我们帮助他们保持火力，那就随他怎么说吧（奥兹莫比尔公司）

确保每次行车时坐满4人，5人更好！顺路搭乘和节约橡胶能让他们保持火力！（奥兹莫比尔公司）

胜利——不间断地生产会加速实现它！来吧，让他们保持火力！
（奥兹莫比尔公司）

实现预定工作目标！让我们帮助他们赢取胜利！（奥兹莫比尔公司）

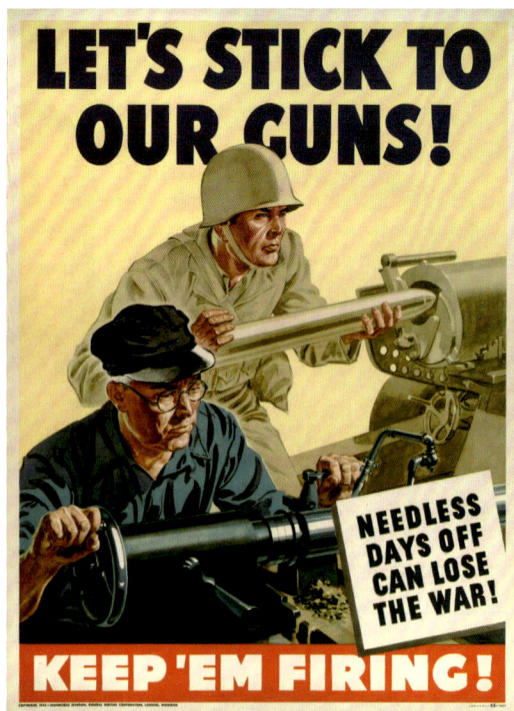

始终不离我们的枪炮！无谓矿工会失去战争！让他们保持火力！
（奥兹莫比尔公司）

他的射击精度取决于我们！来吧，让他们保持火力！（奥兹莫比尔公司）

他就指望我们了！他的火力强度取决于我们的工作强度！来吧，让他们保持火力！（奥兹莫比尔公司）

他无法校准他的瞄准目标！正确制造，让他们保持火力！（奥兹莫比尔公司）

踏上去！让我们帮助他们赢取胜利！（奥兹莫比尔公司）

我们的生命掌握在我们的手中！让我们帮助他们保持火力！（奥兹莫比尔公司）

一件损坏的工具等于——浪费时间！浪费资金！工作停滞！产量降低！注意工具完好，让他们保持火力！（奥兹莫比尔公司）

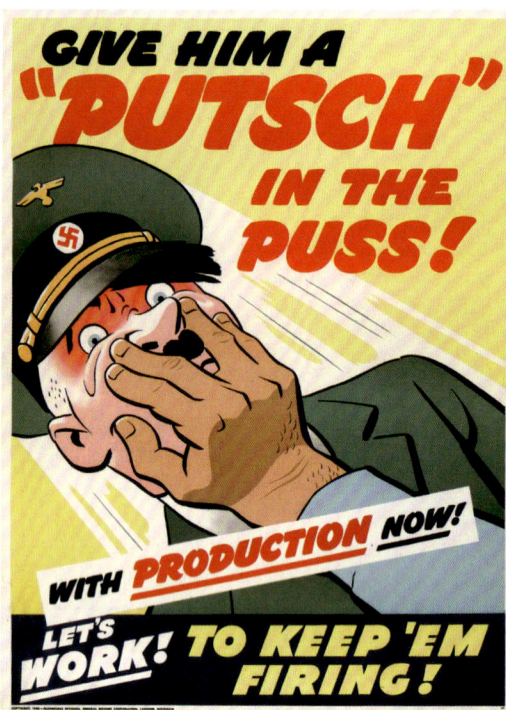

用生产给他一记重拳！让我们的工作来保持他们的火力！（奥兹莫比尔公司）

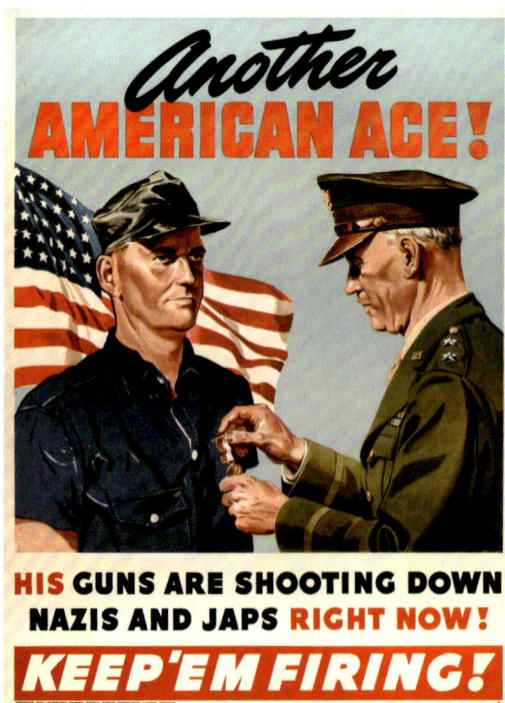

又一位美国王牌！他的枪炮正向纳粹和日本射击！让他们保持火力！（奥兹莫比尔公司）

这的确会发生！除非我们帮助他们保持火力！（奥兹莫比尔公司）

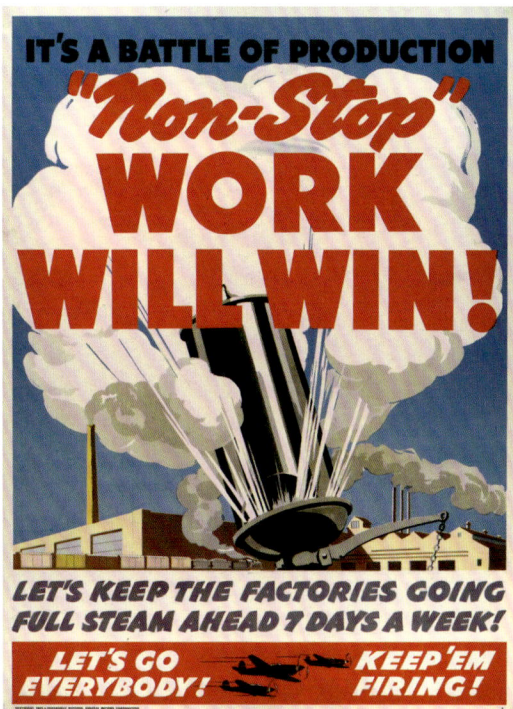

这是一场生产力的战斗！不间断的生产才能赢得战争！来吧，让他们保持火力！（奥兹莫比尔公司）

争分夺秒！让他们保持火力！（奥兹莫比尔公司）

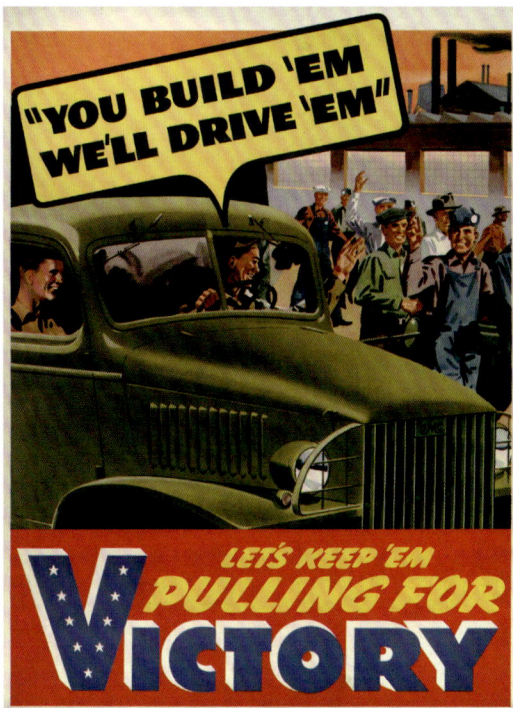

"你们造，我们开。"让我们帮助他们赢取胜利！（别克公司）

"看在上帝的份上，派些飞机来吧。"飞机就是大炮，我们的大炮！（别克公司）

"让炸弹远离我们。"让我们帮助他们赢取胜利！（别克公司）

帮助我们夹碎这个世界上最大的坚果。帮助他们赢取胜利（别克公司）。在美语中，"nut"一词兼有"笨蛋、疯子"的意思

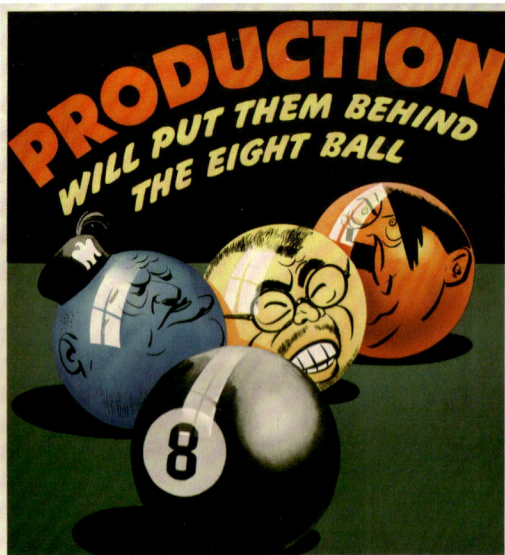

加大生产会让敌人陷入困境！让我们帮助他们赢取胜利！（别克公司）海报中借用了美式桌球的规则，要求黑8球必须在其余彩球全部入袋之后方可击打，否则将视为违规。而将彩球藏于黑8球身后，无疑将会对击球增加不小的难度

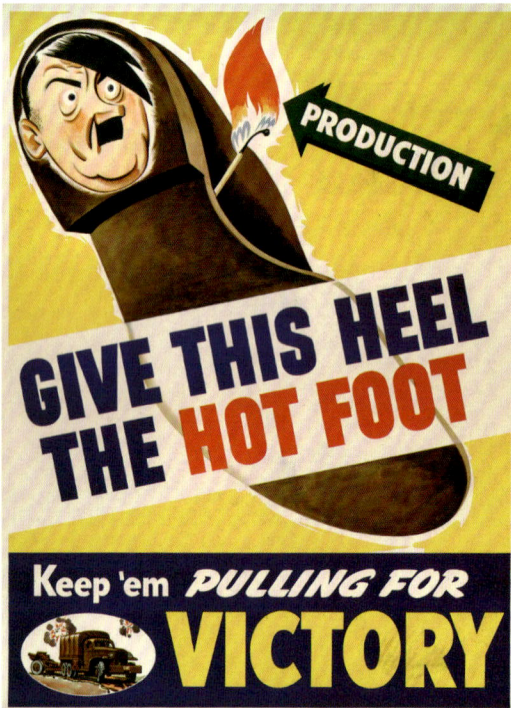

加大生产会让希特勒坐卧不宁。让我们帮助他们赢取胜利！（别克公司）

美军工程兵部队在前线。让我们帮助他们赢取胜利！（别克公司）

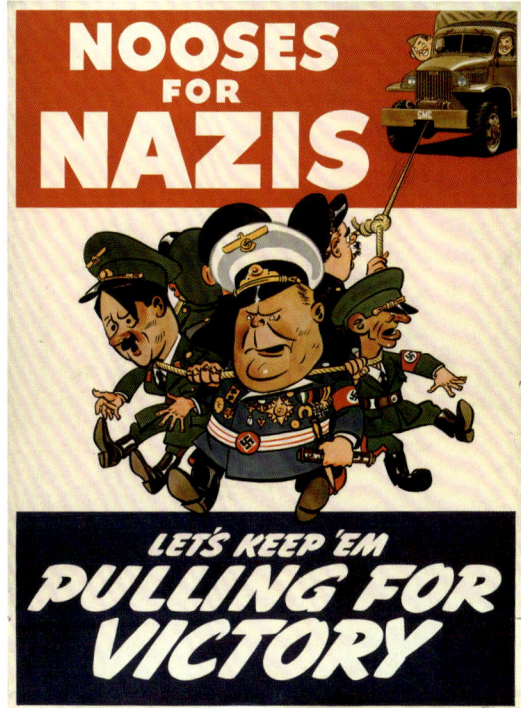

纳粹脖子上的绞索。让我们帮助他们赢取胜利！（别克公司）

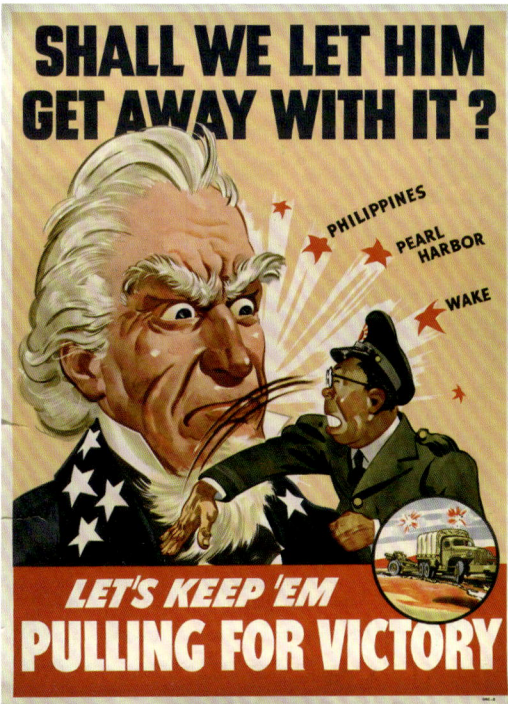

难道就让他这么肆意妄为？让我们帮助他们赢取胜利！（别克公司）

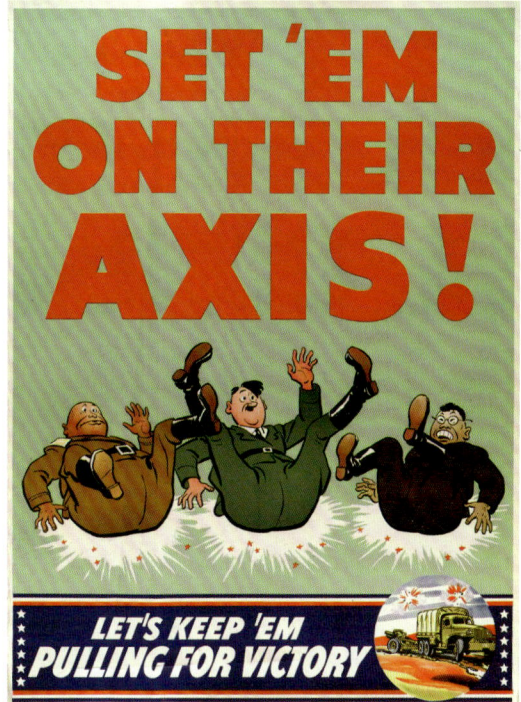

让敌人如坐针毡！让我们帮助他们赢取胜利！（别克公司）

让我们齐心协力，帮助他们赢取胜利！（别克公司）

身着不同的制服，却肩负相同的重任。让我们帮助他们赢取胜利！（别克公司）

我们就是炮手身后的坚强后盾。让我们帮助他们赢取胜利！（别克公司）

这里的失误会造成那里的混乱。帮助他们赢取胜利！（别克公司）

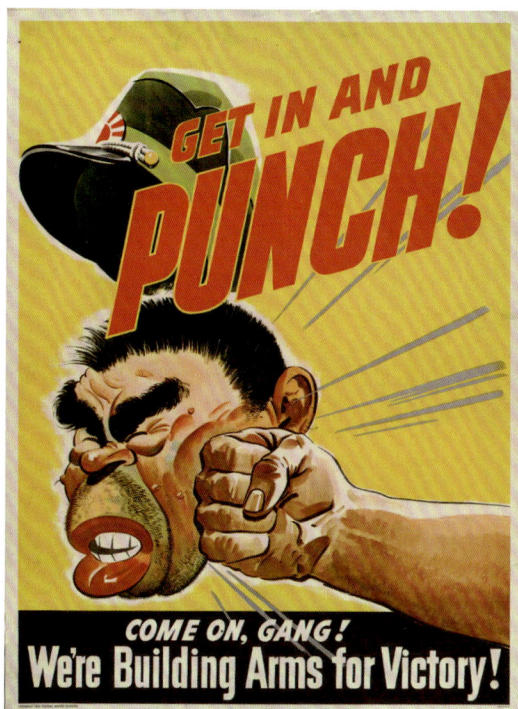

吃我一拳！加油，工人们！我们为了胜利而生产武器！（庞蒂亚克公司）

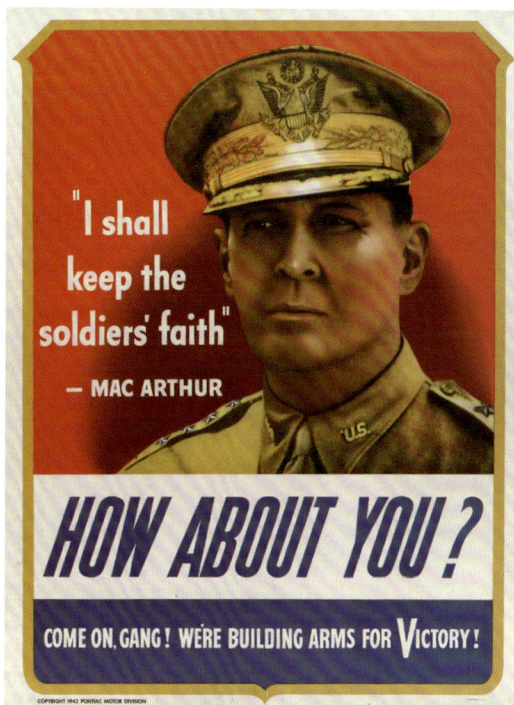

麦克阿瑟说："我始终恪尽职守。"你呢？加油，工人们！我们为了胜利而生产武器！（庞蒂亚克公司）

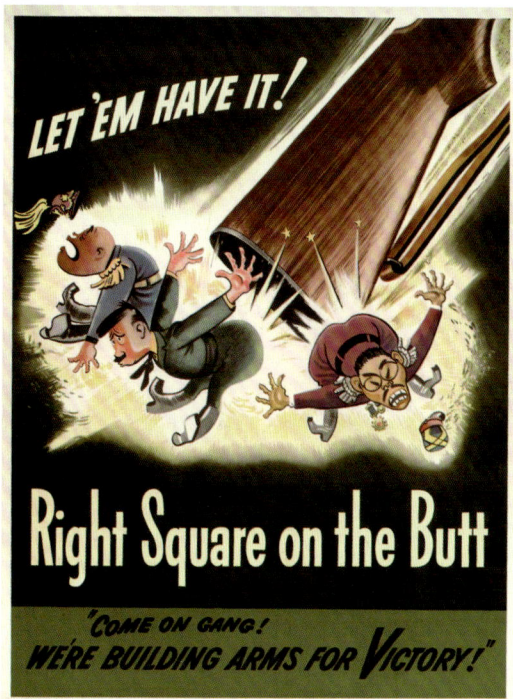

让他们尝尝滋味！加油，工人们！我们为了胜利而生产武器！（庞蒂亚克公司）

他需要你的帮助。加油，工人们！我们为了胜利而生产武器！（庞蒂亚克公司）

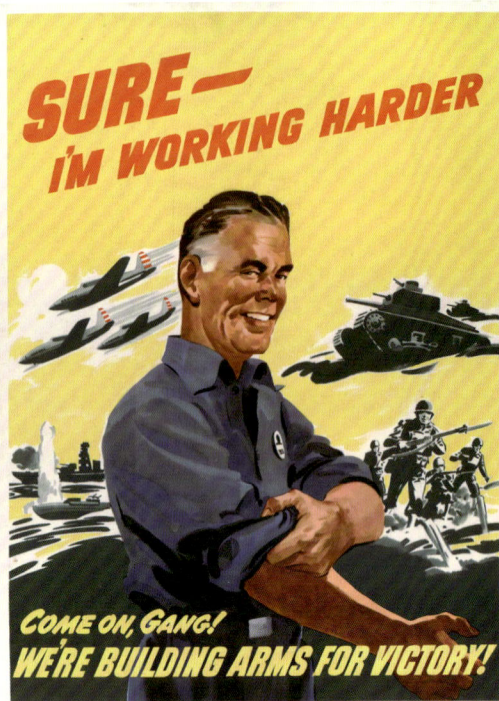

我保证更加努力工作。加油，工人们！我们为了胜利而生产武器！
（庞蒂亚克公司）

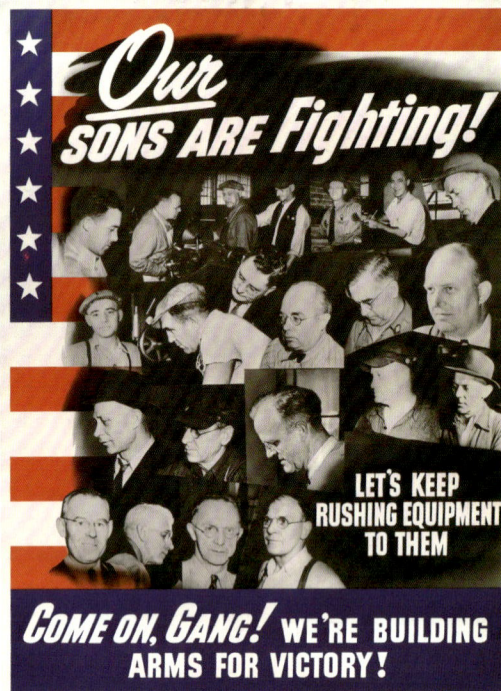

我们的子女正在战斗！为他们时刻提供物资补给。加油，工人们！
我们为了胜利而生产武器！（庞蒂亚克公司）

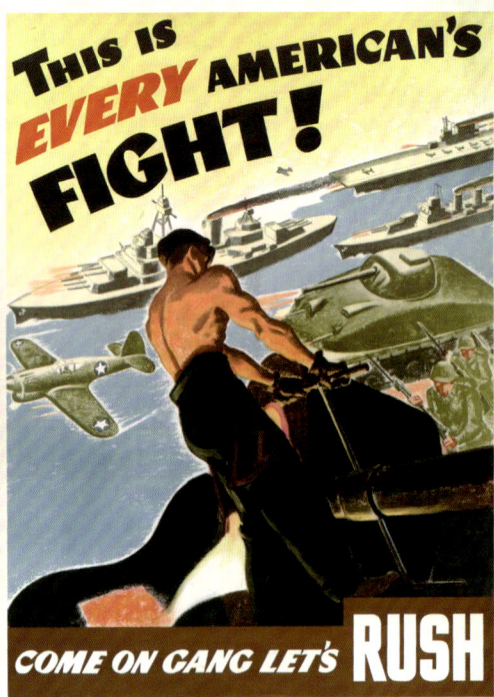

这是每位美国人的战斗！让我们加把劲，工人们！（庞蒂亚克公司）

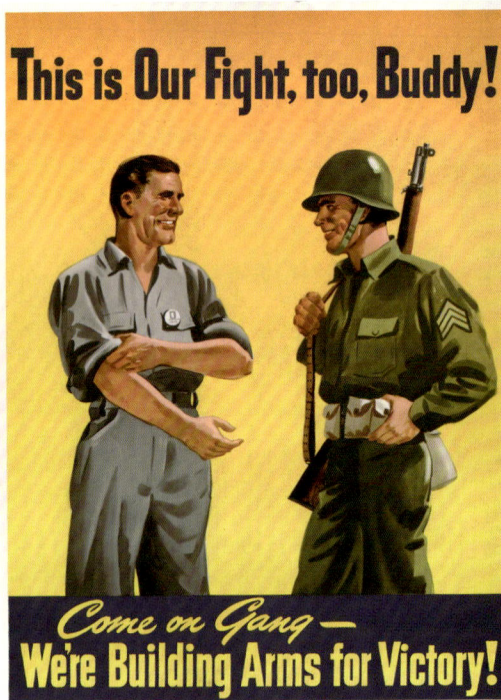

这也是我们的战斗，伙计！加油，工人们！我们为了胜利而生产武
器！（庞蒂亚克公司）

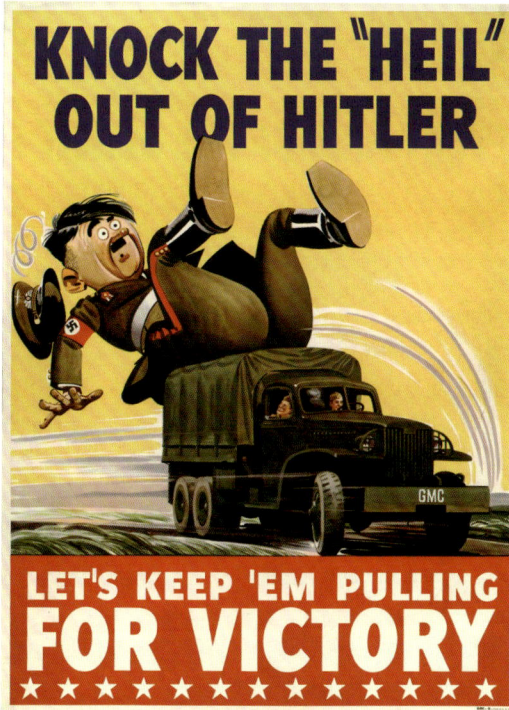

把希特勒撞进地狱。让我们帮助他们赢取胜利！（雪佛莱公司）

不好意思了。让我们帮助他们赢取胜利！（雪佛莱公司）

大力生产才是我们的方式。帮助他们赢取胜利！（雪佛莱公司）

活跃在前线和后方。让我们帮助他们赢取胜利！（雪佛莱公司）

火炮威力取决于卡车牵力。我们的工作是：帮助他们赢取胜利！（雪佛莱公司）

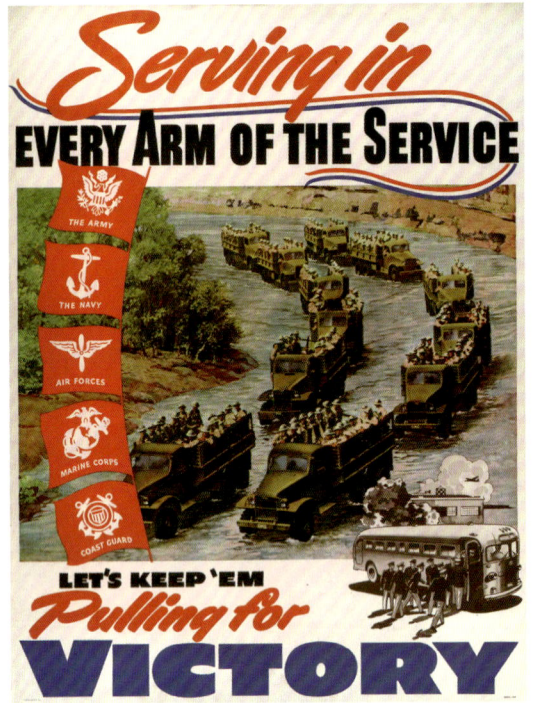

军队中随处可见的身影。让我们帮助他们赢取胜利！（雪佛莱公司）

盟军重型卡车的首选。让我们帮助他们赢取胜利！（雪佛莱公司）

配合我们的轰炸机。帮助他们赢取胜利！（雪佛莱公司）

他们的生命取决于你的工作是否完成。帮助他们赢取胜利！（雪佛莱公司）

他们自找的。帮助他们赢取胜利！（雪佛莱公司）

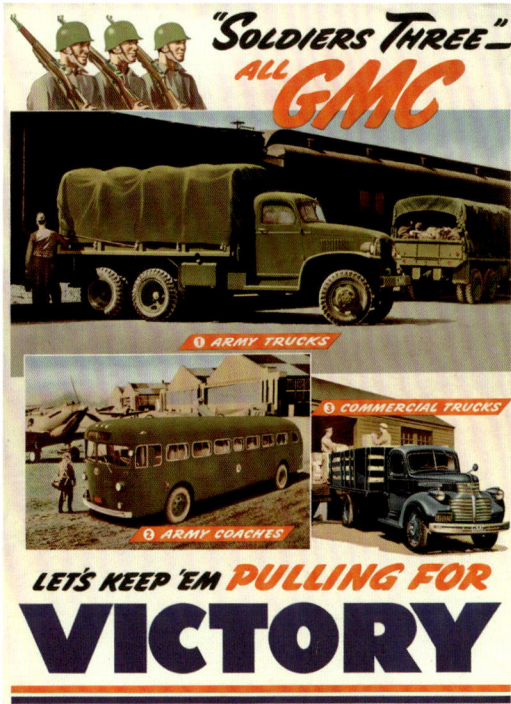

通用卡车——一个好汉三个帮。让我们帮助他们赢取胜利！（雪佛莱公司）

为我们的舰队运输补给和人员。帮助他们赢取胜利！（雪佛莱公司）

我们的下一任领袖？如果我们能帮助他们赢取胜利，就不会这样了！（雪佛莱公司）

这里的怠工等于战场的失利。帮助他们赢取胜利！（雪佛莱公司）

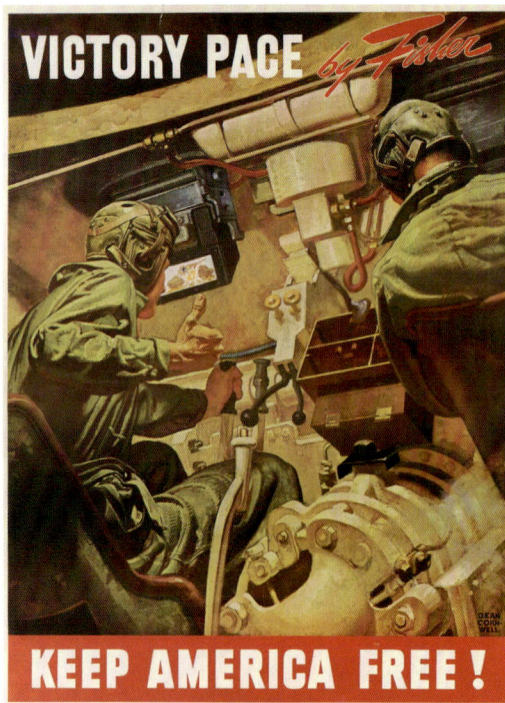

费舍尔车身厂向胜利迈去。让美国保持自由！（费舍尔车身分厂）

计划就绪！与他们同行，让美国保持自由！（费舍尔车身分厂）

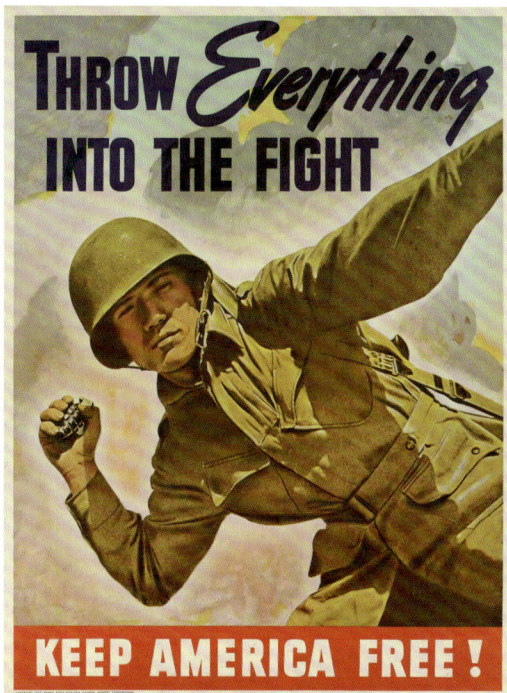

将一切都投入战斗。让美国保持自由！（费舍尔车身分厂）

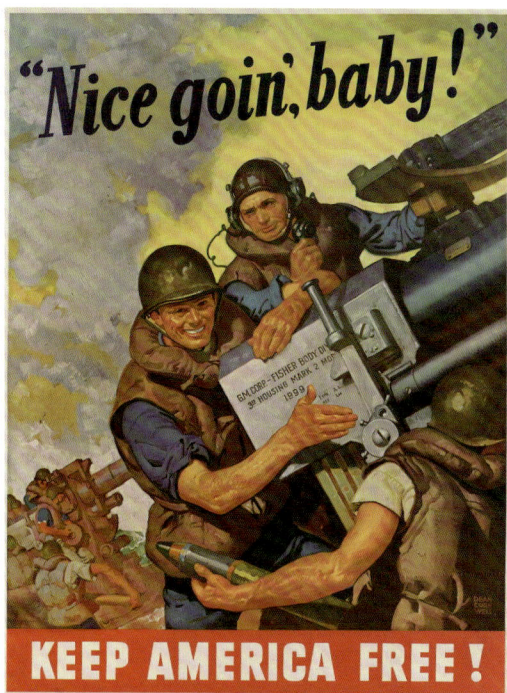

来得正是时候，宝贝！让美国保持自由！（费舍尔车身分厂）

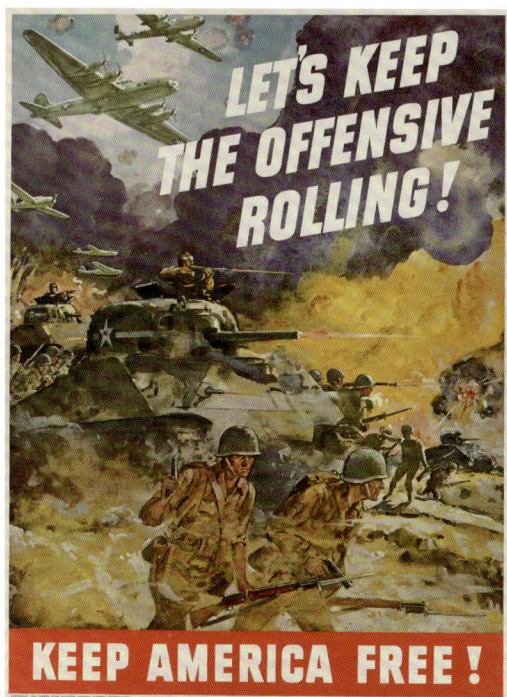

让攻势再猛烈一些！让美国保持自由！（费舍尔车身分厂）

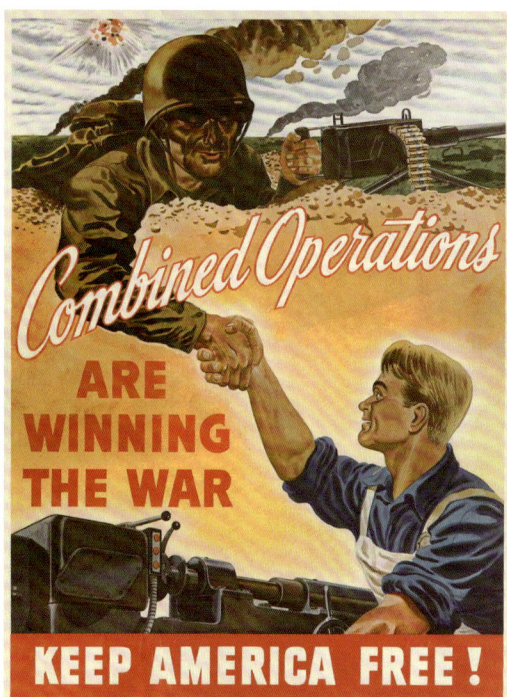

通力合作，赢得胜利。让美国保持自由！（费舍尔车身分厂）

通往胜利的道理漫长而艰辛！让美国保持自由！（费舍尔车身分厂）

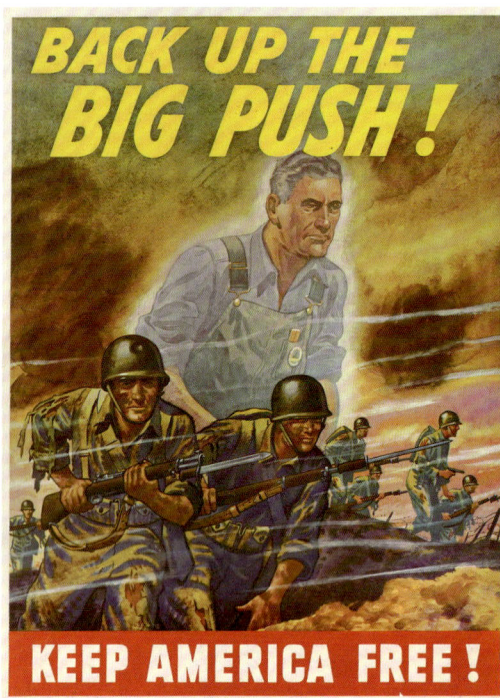

为大推进提供支援！让美国保持自由！（费舍尔车身分厂）

向柏林挺进！时刻支援他们！让美国保持自由！（费舍尔车身分厂）

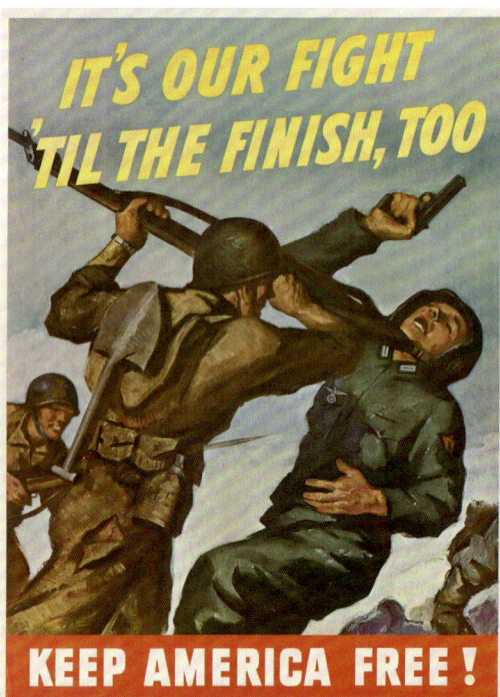

在战争结束前，这也是我们的战斗。让美国保持自由！（费舍尔车身分厂）

战斗中的桥头堡！让美国保持自由！（费舍尔车身分厂）

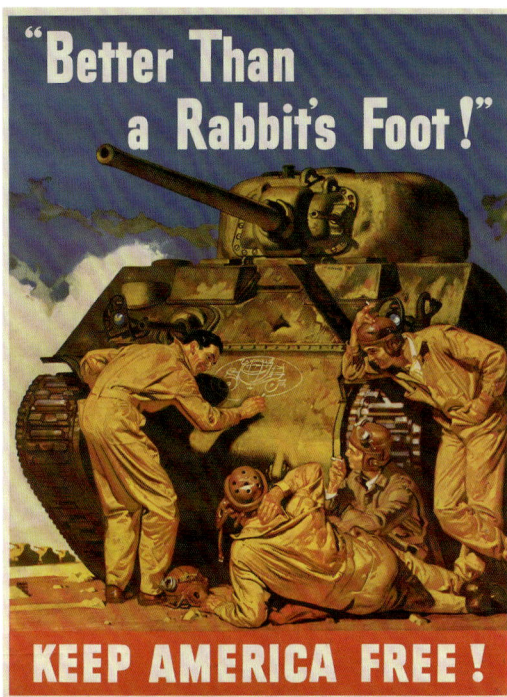

这可不仅靠运气！让美国保持自由！（费舍尔车身分厂）
在西方文化中，"兔脚"（Rabbit's Foot）不仅寓意幸运，同
时亦有护身避邪的神力

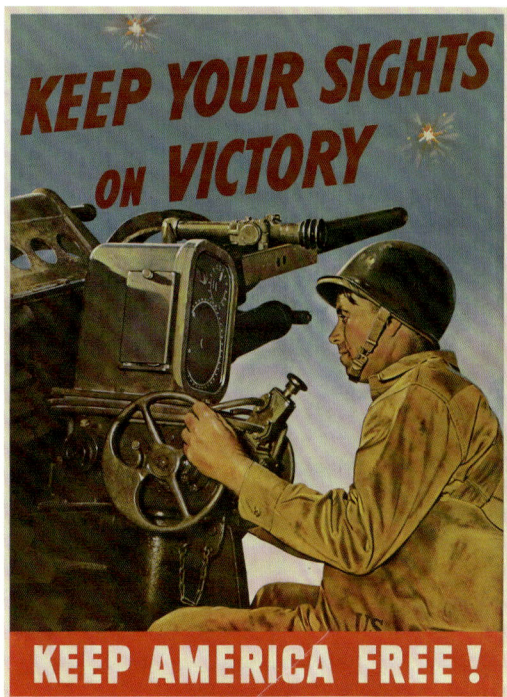

以胜利为目标。让美国保持自由！（费舍尔车身分厂）

隆隆轰鸣的费舍尔枪炮。让美国保持自由！（费舍尔车身分厂）

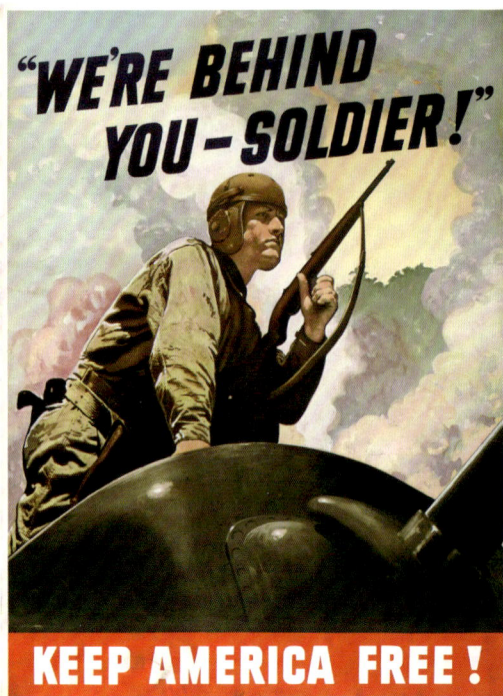

士兵们，我们就在你们的身后！让美国保持自由！（费舍尔车身分厂）

我们的战士舍生忘死，你呢？让他们继续战斗！（费舍尔车身分厂）

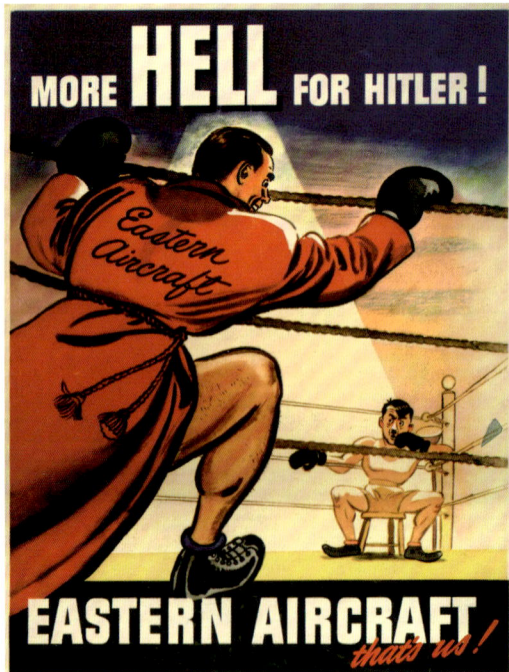

东部飞机厂会让希特勒吃尽苦头！（东部飞机分公司）

海军将士们，把他们送入地狱！我们会把最好的提供给你们！（东部飞机分公司）

第六章 军工安全

Safety Comes First

> 若将珍珠港事件以来所酿成的上万起伤亡事故制作成纪录片，
> 那么其带来的震撼效果将绝不亚于那些反映前线战争血腥而残酷的镜头。
> ——约瑟夫·基南（战时生产委员会安全管理专家）

后方生产和前方如火如荼的战事一样承受着巨大的牺牲。"昨日，约翰·琼斯在操作机器时因衬衣缘故而被不慎卷入机器导致当场死亡。约翰·琼斯是第236区合营工厂的员工，同时也是该厂的创办人之一。他的死亡让其妻艾斯特·琼斯陷入绝境……"这则刊登在1944年美国劳工部宣传手册《得不偿失》（Is This The Payoff）封面上的警言和其他诸多事实一样，都旨在唤起民众对战时后方生产事故频发的认知以及对生产劳动安全的重视。

"工伤"一词对于美国人来说其实并不算什么新概念。早在19世纪早期，美国铁路业、炼钢业、木材业和煤炭业等多个行业就曾发生过大面积的工人因工致死致残这类恶性事件。只是这些发生在战争期间的工伤事故，造成的就不单单是一个家庭的不幸，更是国家备战工作的损失。除了要支付给工伤家属一定抚恤金并付出修复机器设备

的养护费之外，根据美国官方战后的统计标准，失去一个工人就等于减少约6000工时，即便是因工致残，也将造成4500工时左右的损失。而大量的战时工伤事故毫无疑问就意味着武器装备和维护补给供量的下降，这种此消彼长的关系不仅延误了战事的进展，更是间接地为轴心国提供了苟延残喘的时间。

与欧洲早在18世纪初就已开始工伤问题的研究相比，美国政府直到19世纪中叶才开始采取措施改善工人的健康状况，其目的是促使雇主们承担起为员工提供安全工作环境的责任。1852年，马萨诸塞州通过州立法律，要求增强工厂蒸汽机的安全系数。随后在1870年，蒸汽机强制定期检查也被加入在州法案中并在1877年得以进一步修订。在接下来的15年中，类似的安全检查法案陆续在新泽西（1884）、威斯康星（1884）、俄亥俄（1884）、纽约（1886）、康涅狄格（1887）、

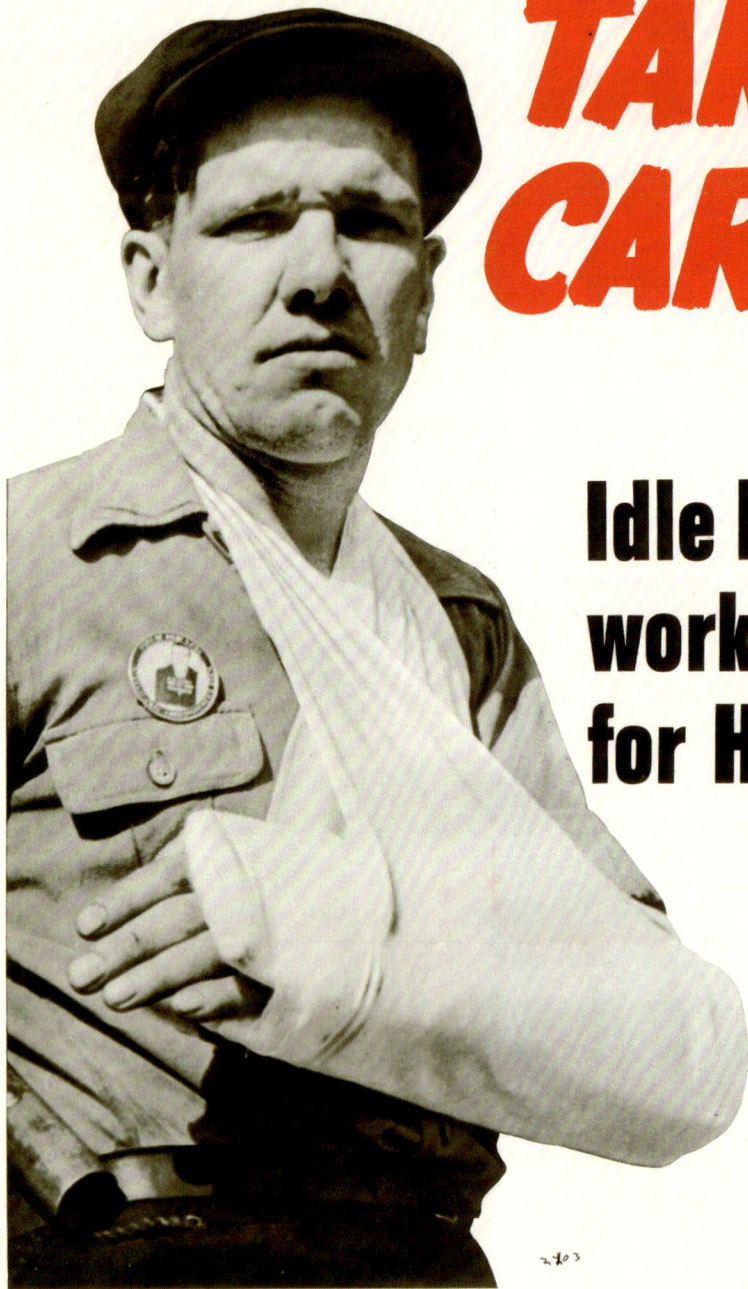

时刻注意！工伤等于帮助希特勒！（民用生产管理局，1943）

明尼苏达(1887)、缅因(1887)、宾夕法尼亚(1889)和密苏里(1891)等州获得通过。至1930年，美国各州都已通过了相应的工厂安全检查法案。

除了工作环境安全，对作业工人的保护也是各州立法的另一个重点。第一个提出工人保护法案的是犹他州，该州在1896年通过了一项针对采矿业的8小时工作制法案，以此来提高工作安全系数。在法案实施之初，就有一名盐湖城当地矿主因勒令其工人每天工作超过10个小时而被拘捕定罪，除支付57美元罚金外，这位倒霉的矿主还被处以两个月的监禁。在狱中这位服刑人开始上诉，最后告到了最高法院。1898年，美国最高法院对这起历史上著名的"霍尔登-哈代"(Holden vs. Hardy)诉讼给出终审判决：支持犹他州政府的8小时工作制法案。而这一判决后来被普遍认为是美国赋予工人保护类法案合宪性的法律依据。然而，直到20世纪初，尚不健全的强制安全检查与保障工作安全法案并不足以从本质上提高工作环境的安全性。很多检查最后不了了之，雇主很少因为玩忽职守或触犯相关法规而被处以惩罚。即便偶尔实施惩罚措施，其代价对于雇主们来说也只是隔靴搔痒。于是，更多的工人们开始为自己争取安全生产的权益，但在当时的社会背景下，工人一方在经济和法律两个方面都处于明显的劣势。当时的美国法庭普遍认可一种被称为"适度关心"的政策，也就是说只要雇主对雇员表现出"适度的关心"，那么他对随后发生的工伤都不必负责任，所以绝大多数员工起诉雇主的工伤案件往往是以员工的败诉而告终。

一直到20世纪初，过多的工伤诉讼终于让这种陈旧的习惯法理论产生了动摇。商人们开始担心自己会因为工厂安全问题而输掉官司，加上工厂雇主和运营人无法保障一个安全的工作环境，这两点促使政府最终决定建立工人赔偿金制度。在美国工业的"进步时代"，该项改革运动的3位倡导者——约翰·康蒙斯(John Commons)、

爱丽丝·汉密尔顿(Alice Hamilton)和弗洛伦斯·凯丽(Florence Kelley)都认为，由雇主完全承担工伤家庭经济赔偿的法律早已过时，而应由各州政府设立的专属基金或由政府专门认定的保险公司来承担工伤家庭的经济损失，以通过高额的保险费去约束雇主们改善工作环境。不过这些新推出的法律虽然有效，但仍存在一定弊端，比如在1910至1917年间，农场工人、家庭用人及人数少于6名雇员的小公司员工并未被列入受益人范围之中；另外，早期的法案也并未涉及对职业病患者的保护，比如因过量吸入石英粉尘而引发的硅肺病等，但总体来说，工人赔偿金法案确实是对工会的一种有力支持。美国劳工联合会及其下属组织事实上一直致力于提倡、改进和实施工人赔偿金法案。作为最活跃的几个劳工组织之一，威斯康星州劳工联合组织就积极促成该州采取国内最为先进的工人赔偿金制度，在他们的不懈努力下，州政府最终批准将公司的保险费与其生产安全记录挂钩。到1932年美国迎来罗斯福执政前夕，除阿肯色、佛罗里达、密西西比和南卡罗来纳这4个州以外，大部分州已采纳了这种"威斯康星安全体系"。

尽管法制与政治上对降低工伤的努力始于"进步时代"，这些举措真正初显成效却是在罗斯福实施新政之后。根据官方不完全估计，美国国内仅在1917年就发生了3万多起工伤致死事故，而这个令人咋舌的数字在10年后依然未见下降趋势。实际上，在《工作环境安全检查法案》实施的初期阶段，即便是威斯康星的检查人员也并未认真履行好自己的职责，而雇主们也仍旧利用法律中的漏洞无孔不入，尽量将保障安全花费占公司运营成本的比例压至最低。此外，美国劳工健康署(Workers' Health Bureau of America)也未能赋予工人权利使自己工作安全的预期目标得以保障。这个由一群女性工人于1921年建立的新组织致力于降低工伤发生率并和美国劳工联合会覆盖

的城市紧密合作；然而，这种良好的合作关系并未得到延续，当劳工健康署希望美国劳工联合会能够对他们提出的工作安全建议予以政治和经济上的支持时，后者非但没有应允，反而解散了该组织。于是很多工人只能将降低工伤事故的希望寄托在其他方面，比如公众对生产安全的认知、工人赔偿金覆盖范围的提升，以及参与工人安全运动组织的专家学者，但这些努力显然不足以从根本上降低工伤的发生率。

让人略感诧异的是，劳工健康署不复存在以后，美国工厂的工伤率反而大大降低了，不过要找出原因所在，其实并不困难：首先要归功于国家生产安全委员会（National Safety Council）不遗余力的宣传工作，这一宣传活动由多个部门在1912年联合发起，目的就是为了提升工业生产安全；第二是经济萧条迫使雇主开始大幅度的裁员，这样做的直接目的虽然是让一些能力平庸的员工下岗失业，但也从客观上排除了危险高发因素；第三就是在罗斯福就任期间，劳工部历史上首位女性部长弗朗西丝·珀金斯将降低生产安全事故作为其在任期间的重点治理项目。据1936年美国劳工统计局的统计结果显示，大约有2700名建筑工人死于工伤事故，此外有15400人落下终生残疾，另有超过265000人短期伤残——换句话说，平均每4个建筑工人里就有1人曾经遭遇过致残甚至更严重的工伤事故。

到1938年，劳工部实施的"增进安全意识"工作以及美国经济的不景气让建筑工人的死亡人数下降至2000人左右，终生残疾人数下降到10700人，而短期致残的人数也跌落至19.1万人；3项统计指标均下降了至少20%。这一现象让美国人确信，只要严格执行安全监察制度，工伤就可以控制。到1939年，全美各行业总共约有15000例工伤致死案，尽管这一结果还是美国数年来工伤率的最低值。另外，根据美国公共卫生署（Public Health Service）下属的国立卫生研

究院在1937年对8个城市所开展的一项意外伤亡评估显示，只有约23%的死伤事件发生在工厂，而真正出现大范围意外伤亡的却是在公共场合，占到总数的40%。尽管这些数据乍看起来触目惊心，但客观来说，罗斯福政府值得为此感到振奋，因为起码在1936年通过并实施的《公共合同法案》（Walsh–Healey Public Contracts Act）显然是起到了效果。这份最初由马萨诸塞州两位议员大卫·沃尔什（David Walsh）与阿瑟·希利（Arthur Healey）提出的法案除明文规定生产合同所涉及的最低工资及加班工资以外，还同时要求所有政府合同雇员机构每季度必须收集汇总工伤案例，且必须为属下员工提供一个卫生、无害的安全工作环境。战争爆发初期，这一内容又被进一步扩充，比如要求机构设置内部安全组织，且该组织必须有一名主管、一名安全监察员和一定数量的工作

去年一年因工伤事故而死伤的美国工人数量比过去两年内死于德军空袭的伦敦居民还要多。请遵守安全条例！（战时生产委员会，1942）

人员和办事员。此外，政府方面还要求工厂的工人和管理层必须成立中央安全委员会来计划和实施安全培训。

只是这些在新政时期取得的进步随着美国卷入战争而被渐渐遗忘。在罗斯福第3次当选总统的1940年，有141万余名工人曾遭遇过各类工伤事故，而死在工作岗位上的工人数量则反弹至1.7万余名，工伤发生率相比前一年陡增20%，造成了约1.7亿工作工时的损失，要知道这一数字是当年工人罢工和工厂停工时间总和的50倍。13个月后，当成百上千的工人响应罗斯福的号召，为加快法西斯灭亡而加速生产的同时，工厂开始雇佣一大批没有任何工作经验的新人以满足额外生产班次的需要。尽管这在很大程度上成为美国政府降低失业人数的隐性考核指标，但在1942年7月《财富》杂志上的一篇名为《生产一线中的伤亡》的文章后来就总结道："事故隐患就是在'为了提高工厂生产能力而不惜一切代价'这一思想驱动下滋生的。"《财富》杂志尽管长期以来倾向于工厂一方，但在当时抛出这一观点表明其已经站在了工人一边；他们认为工伤出现的责任在于工厂管理上的疏忽而不是工人防范意识缺失："战争的压力和工伤事故已形成了一个恶性循环。战争的到来迫使工厂加速运转，这所带来的结果就是安全隐患的加剧。这些安全隐患如未得到及时控制，就会造成工伤频发，从而引发劳动力损失，而这个损失往往是巨大的。"

然而《财富》向民众传递的信息并不算准确，因为在很多管理人员看来，一线人员既是可悲的牺牲者，又是酿成苦果的始作俑者。根据国家生产安全委员会于1941年对1000起致死致残事故的研究表明，其中68%的事故起因同时包含个人疏忽和机械故障因素，而单纯机械原因造成的事故只有17%，剩余的15%则是纯由人为因素引起的。发表在1942年3月《大众机械》杂志上的文章《安全生产之战》正是基于此种观点："由于

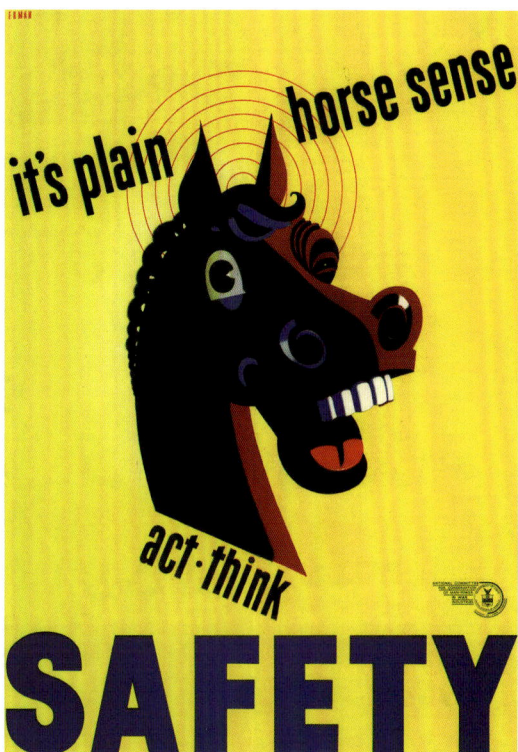

这个道理再浅显不过。首先考虑安全！（斯坦利·艾克曼，1942）

我需要你全勤工作——所以不要受伤！（哈里·迈尔斯，1943）

又出工伤了，好开心啊，多谢多谢！（约瑟夫·劳林，1943）

东条英机就喜欢粗心大意的工人！注意安全！（战时生产协调委员会，1943）

安全意识淡薄，战争爆发伊始，工伤事故就如闪电般席卷了全美，数以千计的工人死于生产事故，更多的人则因工伤落下残疾。"尽管这篇文章后半段错误地引用了国家安全委员会的统计资料，并分析认为工伤数量的激增主要是由于那些返聘的老工人或那些毫无工作经验的新人造成的，但其核心思想仍得到了包括国防工人培训计划负责人勒罗伊·霍金斯（Leroy Hawkins）博士等一批管理者的支持。霍金斯还于1942年发表声明："大部分工伤都是由于个人不遵守安全守则引起的，而非其他不可见因素。"可惜的是，尽管霍金斯始终相信在不久的将来工伤问题会不治而愈，但事实并非如此。

这些让人揪心的数据让人们自然而然地将问题的矛头直指罗斯福政府、劳工协会和工厂管理层，但从政府层面上来说，罗斯福政府当时所能做到的工作只是赞助一些主要由管理人员领导的，有一定数量的劳工组织员工参与的生产安全宣传活动。至于这些宣传活动为何都由管理人员来组织，其原因在于从20世纪40年代起就风行并约定俗成的观点，即工厂管理人员应该为员工创造安全的生产环境。正如美国生产安全理论的奠基人赫尔伯特·海因里奇（Herbert Heinrich）于1941年出版的《工伤事故预防》（Industrial Accidental Prevention）一书中所说的那样："在每一本安全生产手册中，每次由政府、管理人员或是劳工组织发表的声明里都可以发现相同的共识，也就是仅从道德的角度上来说，雇主就有责任为雇员提供一个安全的工作环境。"而工头作为管理层与工人之间的纽带担负着为工人提供安全培训，监督车间安全，维护设备正常运行，及时上报设备问题与违反安全条例现象的职责。

安全最关键。适用安全设备，牢记安全意识！（国家生产安全委员会，1943）

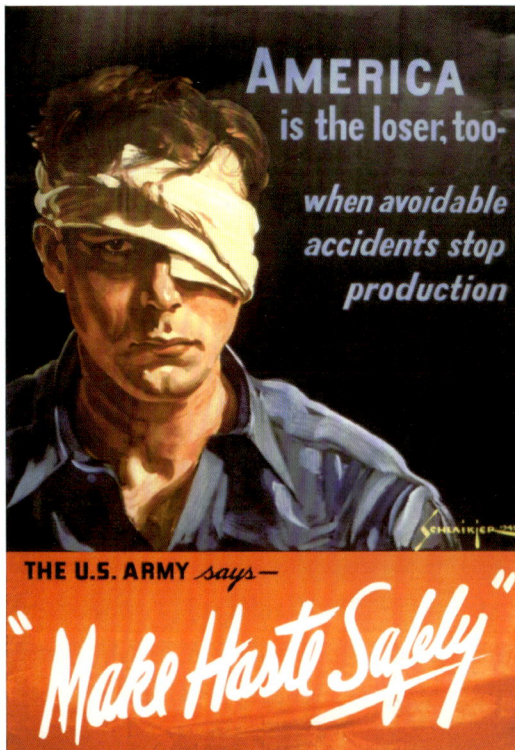

本可避免的事故一再发生，美国其实也是一个失败者——生产中不忘安全！（延斯·施莱凯尔，1943）

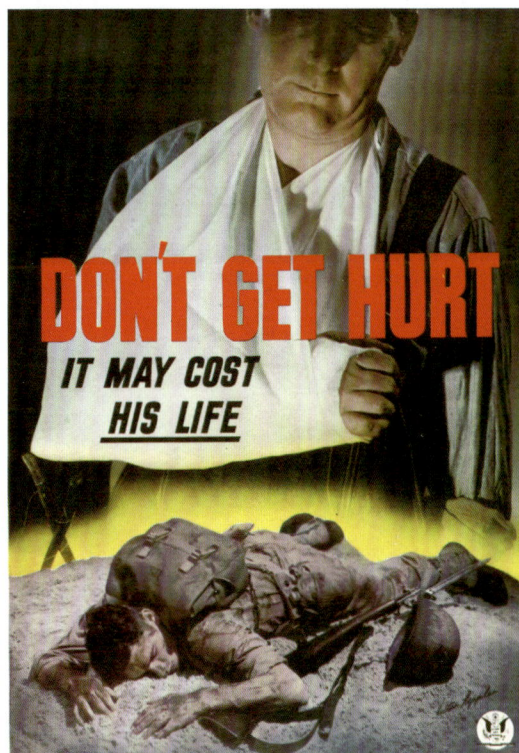

别造成工伤，这可能会要了他的命！（维克多·开普勒，1943）

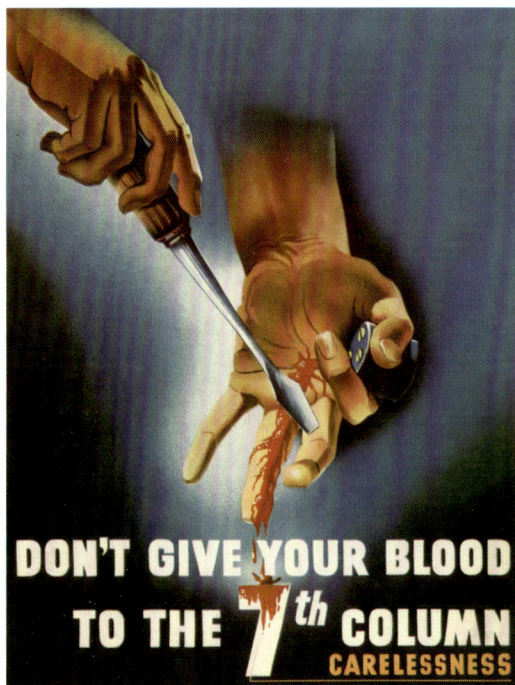

别让你的血浪费在"第七纵队"上！（利宝互助保险公司，1944）《第七纵队》（Seventh Column）其实是1943年由导演威尔·杰森（Will Jason）拍摄的一部安全宣传短片，短片主题就是指导生产工人如何杜绝各类工伤的发生

然而，尽管美国各个工厂在进入战争状态之前就已经陆续实施了这套工厂安全项目体系，但总体来说，这些雇主们起码在一开始并没把他们的责任太当回事。这种情况一直持续到政府部门介入才让很多观察者们看到了些许改变的契机。与当年新政时期的行事作风一样，为应对居高不下的工伤率，罗斯福开始实施整治方案：他决定创立一个新部门专门来处理工伤问题。1941 年 10 月 17 日，罗斯福致信当时的劳工部部长珀金斯，语气委婉地要求这位女部长适时地解决一下工伤问题。罗斯福在他的信函中表示道："目前国防生产面临的巨大压力使我们不得不对工伤频发的事实产生更大的担忧，要知道在 1940 这一年里因为工伤所损失的劳动时间达到了 10 至 15 亿工时……劳动力的丧失不仅仅给受害工人及其家人带来了沉重负担，也给工厂管理层造成了经济损失，更导致了工厂生产进度的严重滞后，这对于急需设备和物资补给的战场来说是非常不利的，也将直接影响到我们国家的安全……"

罗斯福的最终要求是让珀金斯领导并组建一个名为"国防工业人力保护委员会"（National Committee For The Conservation of Manpower In Defense Industries）的新组织，全部委员均由劳工代表、管理人员或政府官员胜任。这个委员会的基本工作便在于：领导宣传工作，唤起公众对工厂生产安全的重视。作为一个在战前就十分推崇"提高生产安全"理念的国家政要，珀金斯非常积极地参与到了这项活动中来。比如在 1942 年 11 月，她在国家安全委员会的年度例会上就请求与会代表"想办法阻止工伤所带来的成千上万的死亡与残疾"，而每次进入公开发言阶段时，珀金斯就会和她的支持者们为与会者提高工厂安全认识而慷慨陈词。

除了在公共场合和电台发表讲话之外，委员会的成员们同样也通过发行公众刊物来宣传一些普遍存在或是出现于特殊行业的工厂安全问题。

U. S. ARMY OFFICIAL POSTER

Keep Pitching with BOTH HANDS Brother

兄弟，把双手都投入到工作中去（阿道弗·特莱德勒，1944）

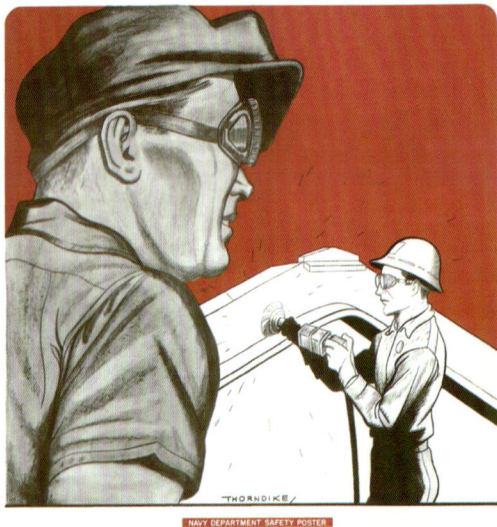

"I ALWAYS WEAR GOGGLES NEAR WIRE BRUSH OPERATIONS!"

NAVY DEPARTMENT SAFETY POSTER

钢刷批磨时我始终佩戴着防护镜（查克·桑代克，1944）

你的工作，你的家庭，你的同胞，你自己和你的国家——别拿生命做赌注！请小心驾驶！（国家生产安全委员会，1943）

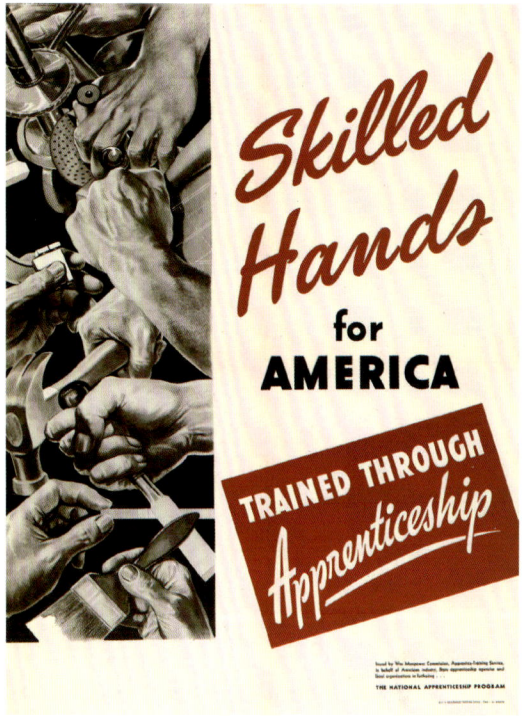

美国需要熟练工！通过师徒传教完成培训（战时人力委员会，1945）

他们发行的所有宣传手册，其内容大多是在联邦政府所规定的"最基本安全保障项目"的基础上来编写的。比如在委员会编撰的一本名为《安全促进生产》的宣传册上，其成员就直言："工伤就是不经意的'蓄意破坏'……对美国和前线战士意味着补给无法及时送达，这等于给希特勒、东条英机和墨索里尼帮了大忙。"不过这个委员会的所有举措无不向人暗示着当时的盛行思想，那就是生产安全的责任主要在于工厂管理层。随着战事的愈演愈烈，人们很快就发觉，即便是管理层约法三章依然无法减少频发的工伤事故。

对于美国工厂来说，1941 至 1942 年的这 700 余天无疑是一段充满了血腥回忆的煎熬。仅在这两年时间里，工伤事故的数量一下就从 218.02 万起猛增到 226.77 万起，相应的死亡和终身伤残事故也从 1.92 万起提高到 1.99 万起。这种损失对工业生产的影响绝对是灾难性的，根据一位海军军官的估计，只要国内造船厂的事故发生量能降低 15%，那么美国就能至少再多建造 100 艘自由货轮。除此之外，由各类工伤事故导致的家属抚恤、工资赔付、医疗费用和人身保险，加上设备损毁等一些间接费用仅 1942 年一年就超过 9 亿美元，相当于美国军队在当时太平洋战场上近一个月的总军需开支，也基本等同于该年财政部从债券计划中所得的全部资金。

直到 1942 年中旬，美国人才逐渐发现了工伤事故中的一些规律，这些规律揭示了工作环境才是造成工伤高发的最主要原因，而个人因素和管理制度相比之下显然只是次要因素。很多调查人员发现在中班（下午 4 点至晚上 12 点），尤其是夜班（晚上 12 点至次日清晨 6 点）中发生工伤的频率明显要高于正常工作的日班时间——很显然，疲劳就是产生工伤的最大原因。尽管一些工厂经理和高层开始注意到这一现象并为夜班工人提供补充营养的热餐和咖啡以消除他们的疲劳，但大多数工厂直至战后也未提供如此人性化的待遇；当然这顿夜宵也绝非免费供应，当很多工人发觉这顿餐点的部分成本费用仍旧需从自己的工资中扣除时，他们中的多数都选择了放弃。此外，雇主们很难说服那些经验丰富且愿意上晚班的工头来专门监督车间的安全工作，这也为安全工作埋下了不小的隐患。

与战争爆发前一样，研究者还发现小规模工厂总是比综合性大工厂更易酿成工伤事故。单单是 1941 这一年，小工厂的工伤率就比大型工厂高出 36%；比如，位于内布拉斯加州奥马哈的"格伦·马丁"轰炸机组装厂（Glenn L. Martin）在累计超过 1.08 亿个工时期间就从未发生过一起致死性工业事故。另一个负责制造 P-51 战斗机的北美航空公司（North American Aviation）位于加利福尼亚州英格尔伍德分厂的工伤数量甚至还低于战前水平；更为可贵的是，这个成就还是在很多所谓的"不利因素"的影响下取得的，比如招募新手，增加工作时间和安装新的设备。该工厂的管理人员将这一切归功于企业严格的安全监督系统。1941 年 10 月，公司管理人员通过调查发现，有近 60% 的工伤事故是由工作中的各类尖锐金属引起的，而事故也特别高发于一些涉及动力剪切机、冲床和手动制动设备的相关工作上。所以工厂的安装保障工程师在所有的动力剪切机上都安装了手指保护装置，将冲床的踏板换成了手柄，并将制动设备的大型踏板改换成小型可移动式踏板，这样就可以减少占地面积，从而减少安全隐患。有了这些安全措施，再加上公司本身正在推广使用的护目镜和面罩，使得该工厂在 1942 年中期就已将工伤率降低了一半。

这一系列有效措施带来的超低工伤率很快就被作为借鉴对象而传遍全美。人们从中发现了提高工厂安全的希望，但同时也发现了需要改进的地方是如此之多。像北美航空公司这样规模的公

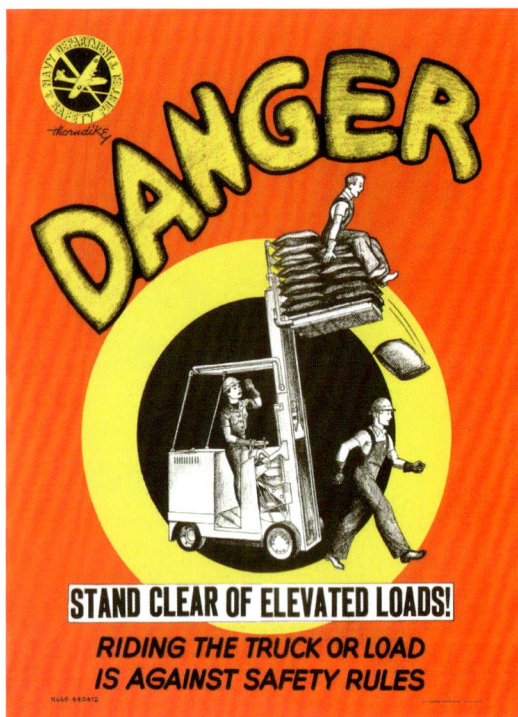

危险！不要在载有物品的起降车前走动！在起降台上停留同样违反安全条例！（查克·桑代克，1944）

这"龟壳"起码能保护脑袋。我将时刻佩戴安全帽（查克·桑代克，1944）

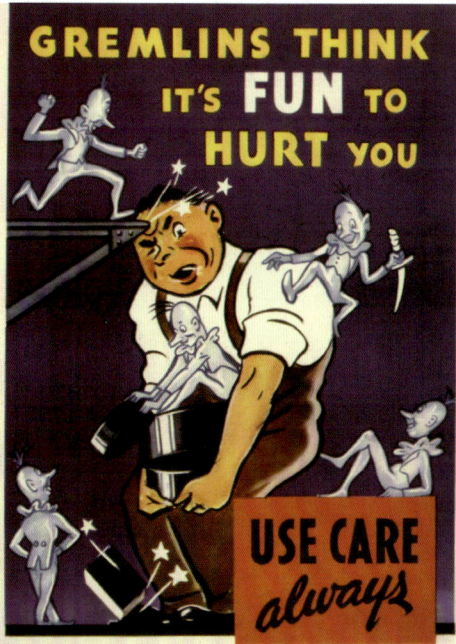

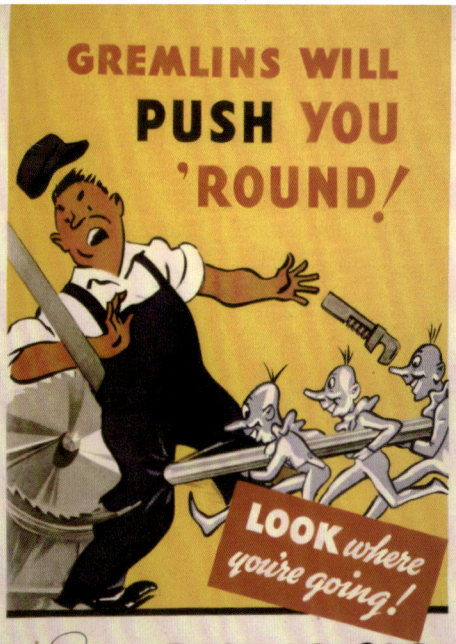

格雷姆林（Gremlin），原为英国民间神话中一种住在高山上经常在天空中来回飞翔的小鬼。这种精灵最喜欢潜入机器内部从而引发各类故障。战时生产委员会就以这种精灵为主题，创作了一套宣传安全生产的海报《支援我们的飞行战线》，以此告诫航空工业的广大员工提高安全意识，谨防各类生产事故

司在美国不下千家，但绝大多数没有完备的安全保障体系。更令人震惊的是，美国民众根本就不关心工伤的严重性。尽管战时生产委员会也开始关注工伤问题，但推进工作显然十分困难，根据委员会安全管理专家约瑟夫·基南（Josef Keenan）的说法："如果一个美军整编师在战场上全军覆没，那一定会成为新闻头条并引起民众的强烈关注。但工伤可就不同了，经常是以小标题的形式一笔带过。"然而，一个不可否认的事实是，美国国内每年因工伤死亡人数的规模至少相当于10多个陆军营的兵力；最终，美国政府开始在1942年下半年正视该问题。当罗斯福直面这个问题的时候，他惊讶地发现，尽管全国各地有众多的政府部门负责监督工厂安全，却没有一个专设部门分管处理工伤事件。二战时期，美国大约有几十个州级和市级的政府安全组织，但如果从政府层面来看，这些部门各自为营，协调工作简直是毫无章法；而联邦政府的安全监察组织职责也并不明晰，由于涉及美国公共卫生署、国防健康与福利办公室等诸多部门，故此工作的执行情况常常是大打折扣。

此外，每个战时机构都根据自身生产和劳力需求来配备特有的安全设备。比如在1943年，当听说了北美航空公司以及其他一些公司的成功经验之后，战时生产委员会的安全与技术设备部门就开始推行一个安全运动，号召雇主们购买更多的安全设施。这个部门，正如它名字所示，旨在为人们提供安全设施的技术支持。到了1943年底，军工厂已经采购了大约4100万美元的安全防护设备。

根据战时生产委员会于1944年发布的关于安全设施购买及使用的调查显示，除造船业以外的很多工厂，平均在每个工人身上投入的安全设施越多，工伤率就越低；相反，平均在每个工人身上投入的安全设施越少，工伤率就越高。在这份报告中，战时生产委员会同样也总结出了几大问题，其中之一就是由于战时物资的短缺，雇主们

有时候无法买到足够的安全设施，比如保护靴和护目镜。这份摘自某工厂经理写给战时生产委员会的信件内容便很能说明问题："……由于无法采购到足够数量的安全保护设备，我们的安全生产部门为此相当担忧。只有通过长期不懈的宣传教育与坚定不移的执行才能将保障工人生产安全的理念深入人心。因此要想长久地提升工厂安全，一个重要的前提就是能够让工人们用上足够数量的安全保护设备，这样他们才能遵守规定，参与到保障安全生产的活动中来。而我们现在严重缺乏护目镜和呼吸罩，以至于工人们根本无法按照规章制度来实现安全生产……"

但是，像战时生产委员会进行的这种宣传活动毕竟只是个体的努力，工伤事故仍如惯性作用般不断地发生，伤亡数量并没有得到明显减少。到了1943年，这些工伤事故所造成的劳动力损失

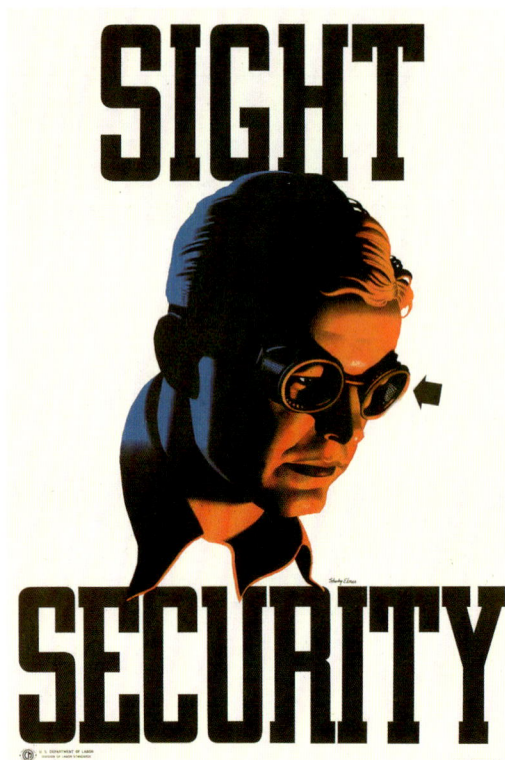

安全防护双眼！（斯坦利·艾克曼，1944）

加起来甚至能够导致这个国家的工业生产停摆一周时间；截至 12 月底，美国各大工厂发生的事故累计达 241.4 万起，其中的 2 万余起造成了人员死亡或终生残疾。另一组让人难以置信的数据是，在 1943 年前后，由工伤引起的死亡人数和伤残人数居然大大超过了美国前线士兵的伤亡人数：在战争爆发的前 16 个月里，共有 12123 名美军士兵牺牲，另有 15049 人受伤，此外还有 51063 人在战斗中失踪或被俘；但这串数据相较后方的工伤人数来说或许值得美国人欣慰，因为在这段时期内，至少有 19000 名一线工人死于各类工伤事故或意外，另有超过 200 万人因生产事故而不同程度地受伤。

这种反差巨大的失控场面让罗斯福很是担心，无论工伤问题会不会成为反对派在来年总统竞选时死咬不放的话柄，但就目前前线进展和生产现状而言，美国人只能，也必须赢下这场战争。于是在 1943 年初，罗斯福政府提出建立一个多部门临时合作的委员会，以促使工人安全健康活动能够得到更为有效的协调。这个委员会在 8 月初成为正式部门并被命名为"工业保健与安全分部"（Industrial Health And Safety Section），隶属于战时生产委员会的劳动生产部下辖分支的工厂及社区设施服务处（Plant and Community Facilities Services Division），成员由民事部门、陆军部、私人组织（比如美国商会和国家安全委员会）和两大工会派来的代表组成。该分部主管约翰·弗克斯（John Fewkes）在上任后不久就发觉，工厂管理人员和劳工代表似乎都不太愿意改变原有的陈旧观念。在 1943 年 12 月 20 日的一次部门会议上，产业工会联合会代表约翰·吉布森（John Gibson）和劳工联合会成员马丁·杜尔金（Martin Durkin）就表示，

防护准备一定要充分！（拉尔夫·摩斯，1942）

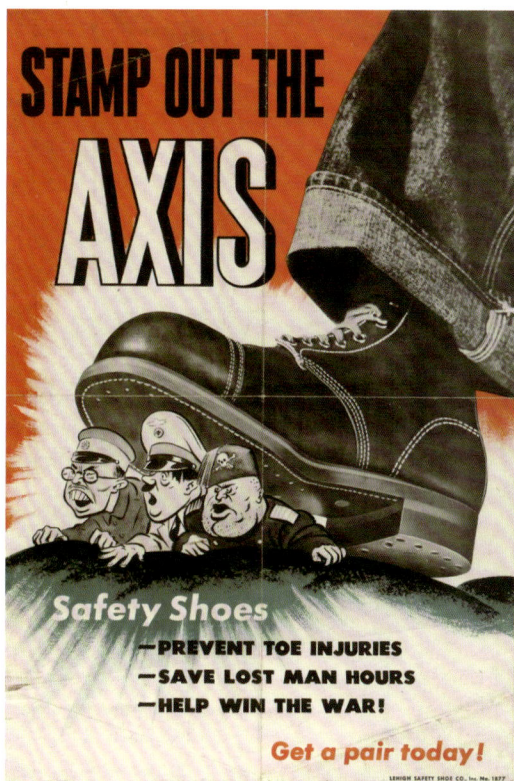

安全工靴向轴心国踩去！（利哈伊生产鞋业公司，1943）

保障安全的工作环境是工厂管理人员的职责，但他们对此的认识还远远不够。于是该部门随后就发起了一场全国范围的宣传活动，内容包括：说服更多的雇主认真审视工厂安全问题，倡议劳工工会和雇主一起改善工作环境安全，提高联邦政府雇佣机构的工作安全性，提出一项新的政府措施来惩罚忽视安全生产的雇主，鼓励每家工厂都设立专门的劳工安全管理部门。从此以后，这类宣传安全合作管理的活动逐渐步入正轨并开始缓慢地取得成效。

在提高工厂生产安全这件事上，雇主们显得比任何劳工组织的管理者们更为积极。当国家劳动力保障协会（National Committee For The Conservation of Manpower）发行了一部用于工头进行安全培训的宣传短片之后，最初的 500 份拷贝文件居然在一周内便被一扫而空。于是协会再次追加了 1000 份拷盘以满足雇主们的购买热情。工业保健与安全分部也遇到了类似的情况，培训教材非常受工厂管理人员的欢迎。国家劳动力保障协会和工业保健与安全分部还会经常给劳工组织送去带有醒目标题的宣传手册，比如在前文我们特意提到的《得不偿失》和《工业安全与健康：给劳工组织的一些建议》等一批宣传资料。和《得不偿失》一样，很多宣传手册大都只是一份三折的工资单附页，但《工业安全与健康：给劳工组织的一些建议》却是由约瑟夫·基南，这位后来成为劳工联合会在战时生产委员会的主要代表所专门整理的资料。在这本宣传手册里，基南恳请工人们对于安全问题也要有足够的重视，他知道工厂安全在战争时期是一个不愿被提及的话题，但是"若将珍珠港事件以来所酿成的上万起伤亡事故制作成纪录片，那么其带来的震撼效果将绝不亚于那些反映前线战争血腥而残酷的镜头"。

不要在墙角边拉拽电线，节约设备！（埃姆哈特机械集团，1942）

不要使用破损的电线插头，赶紧更换！（埃姆哈特机械集团，1942）

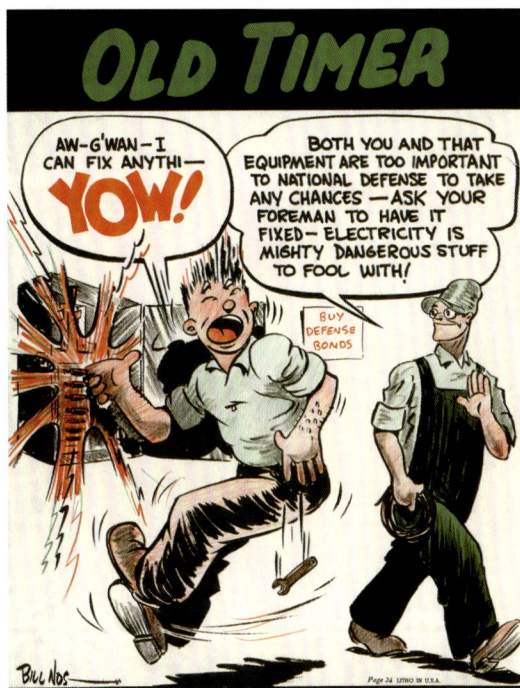

老前辈说："你的设备对于国家国防事业同样重要，丝毫不能马虎。问问你的工头如何修好它，触电可不是闹着玩的。"（比尔·诺斯，1942）

"老前辈，很高兴能再次看到你。我们只想告诉你，我们需要你提供的一切。""没问题，我们一定尽力，当然我们也不忘安全生产。国防工业从来就是一项庞大的安全工程。"（比尔·诺斯，1942）

　　基南认为工人既要对自己的安全负责，又要积极投入到提高生产环境安全的活动中去，而不是仅仅依靠雇主来提高自己的安全意识。尽管这是个绝对正确的想法，但是战时生产委员会发行的其他一些宣传手册中却没有表达类似的观点，反而更多的是持令人费解的，甚至是产生歧义的相反意见。战时生产委员会和劳工部以及其他一些组织，比如劳工组织，都认为提高工厂安全势在必行，但是其主要责任在管理方，工人只是从旁协助。他们认为工厂的管理层应该"持续地支持和维护工厂安全项目的实施"。然而基南却提出了一个有效的安全生产项目，包括广泛使用安全保障设备，定期举行安全监察、安全教育、事故调查以及成立最为重要的，由劳工参与的劳工管理委员会。基南运用了可能是美国劳工联合会最常用的协调劳资关系的方法，强调雇主与员工的合作胜过一些硬性职责划分，比如在合同里加入关于安全生产责任的细节。他认为原

有的安全健康联合委员会（Joint Safety And Health Committee）应该营造一种安全生产环境，这样工人和管理者就可以齐心协力降低工伤和职业病，并且帮助美国更快地获得战争的胜利。

　　但是战时生产委员会的公开宣传似乎并没能降低生产事故的发生率。究其原因可以分为两个方面：首先，政府没能有效地迫使管理者履行他们维护工厂安全的职责；其次，劳工组织也没能有从战前沿袭下来的成就思想中脱离出来，从而分担一部分促进工厂安全的责任。1944 年 6 月底，战时生产委员会副主管查尔斯·威尔逊（Charles Wilson）公布了从珍珠港事件爆发到诺曼底登陆这段时间内的工伤事故统计报告，数据显示共有 42000 名工人死于工伤，16 万人致残，420 万名工人受到不同程度工伤伤害。唯一让人略感欣慰的是，在整个 1944 年的前 6 个月出现的工伤事故数量比 1943 年上半年略有改观。即便这样，威尔逊

随后还是给威廉·格林写了一封充满悲伤情绪的信，希望他对生产安全的宣传工作予以更多的支持。"我们希望工伤和职业病的发生率可以在所有军工产业中立刻实现大幅的降低"，格林在回信中写道，并很快在收到信件的第二天就召集了所有国内和国际劳工工会的领导人以及所有州和城市政府的主要负责人前来商议。他对众人强调"工人们必须立刻参与到降低工伤和职业病发生率的活动中去"，并要求尽快建立一个新的安全健康联合委员会。不过威尔逊很快便对格林不再抱有幻想，因为这位劳工联合会掌门在回信中还同时清楚地表示："管理者应该主要负责发起和开展充分有效的健康与安全保障项目。"

也就在威尔逊为1944年上半年略有起色的安全情况而稍微缓一口气的时候，7月17日发生在色逊湾芝加哥港的特大爆炸事故就又绷紧了威尔逊及其同僚们的根根神经。当日晚间10时20分左右，两艘在港内装载太平洋战场作战物资的货船"布里安"号（SS Bryan）和"奎纳尔胜利"号（SS Quinault Victory）在港内突然发生爆炸并瞬间造成了港岸边军火弹药库和燃油储箱的连锁反应。该爆炸事故最后造成了320名船员和平民丧生，另有390余人不同程度地受伤。尽管很多资料在事发数十年后揭秘称其为美国政府暗中进行的一次原子弹试爆工作，但在当时却足以在民众中间掀起波澜，更何况死者中的多数船员均为黑人。

根据后来海军部事故调查组的研究发现，芝加哥港内的安全管理从上至下都存有严重漏洞。按照港内造船厂码头区总负责人内尔森·格斯（Nelson Goss）的要求，搬运工人要保证每小时

爆炸发生后的芝加哥港

每货舱至少搬运 9.1 吨的作战物资，这么做的后果就是很多搬运工为节省时间而选择将货箱直接扔入舱内而不是轻放，要知道他们搬运的物资都是枪弹和雷管之类的高危物品。更糟糕的是，为加快搬运速度，各搬运组的负责人之间还以搬运速度作为赌注的筹码，很多搬运组负责人为了不输掉筹码更是置安全于不顾。至于搬运工人方面的问题也是让调查组瞠目结舌，他们发觉这个港内的多数工人居然对安全规章条例毫无概念，查阅港内安全教育记录也只发现寥寥几次不算严格的安全培训讲座，而调查人员在偌大的码头区走了几个来回也就看到一处地方贴有安全规章告示。当调查组询问港内安全办公室主管亚历山大·霍尔曼（Alexander Holman）的时候还惊骇地发现，这位主管直至爆炸发生前都没开设过一次正式的安全培训，别说是底层的工人不了解如何正确搬运这些危险品，就连一些码头的工头对于基本的安全工作常识也是半点不晓。

黑人问题引起的潜在种族主义矛盾不仅让此次灾难变得更为棘手，也让罗斯福对于推行的两套生产安全方案能否最终成功产生了不小的怀疑，尽管他更多的只是出于为年底总统竞选所考虑。然而这种担忧在以后看来未免有些多余，因为他既赢得了当年的总统大选，又第一次让美国国内的工伤发生率出现了负增长：根据 1945 年 1 月的统计，美国国内在 1944 年全年的死亡和终生残疾事故降为17600 起，要知道这其实是美国二战期间工伤率最低的一年。不过发生了 1944 年下半年震动全美的两起爆炸事故之后，罗斯福清楚地明白，安全工作肯定还存在诸多死角尚未被发现。

但正如前文所提到的那样，由于当时的主流思想都认为工厂管理层应承担工伤的主要责任，故此罗斯福政府亦将提高工厂管理人员的安全意识作为随后的工作重心。很多历史学者认为，这一工作倾向多少受到了海因里奇权威研究结果的影响：按照这位安全管理专家的报告，所有工伤案例中有多达

95% 的事故都源于不安全的操作行为，而这其中有高达 88% 的事故都由人为因素引起。尽管包括产业工会联合会在内的大多数工会组织都赞成这种安全管理手段，但很多人对于由工厂管理层发起的安全活动始终持有怀疑态度；根据他们的实际经验，很多工厂雇来的所谓安全专家更多的只是把安全作为幌子，教授厂方如何欺上瞒下地增加工厂生产量或提高生产效率。无奈的是，劳工组织仍旧将安全工作的管理权下放至各个工厂管理层而不愿统筹管理或是转交工厂工会，原因是他们根本不愿承担数量飙升的工伤事故所带来的各种经济负担和舆论压力。这种做法其实在前文中格林给威尔逊的回信中便可窥见一斑，而国际采集机公司的首席劳资经理乔治·霍奇（George Hodge）在 1945 年的一次演讲中其实已将这种矛盾直接挑明："公司下属的114 个工会都不愿参与到复杂的安全问题中去，工会们更愿意将这一责任留给公司的各管理层。"

如果在训练过程中有所闪失，我的生命可能就会这样（美国陆军部，1944）

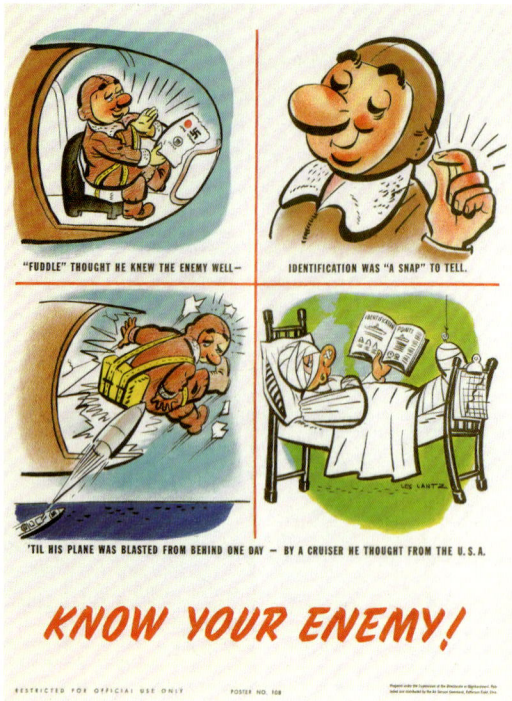

了解你的敌人！

起飞前请务必进行设备检查！

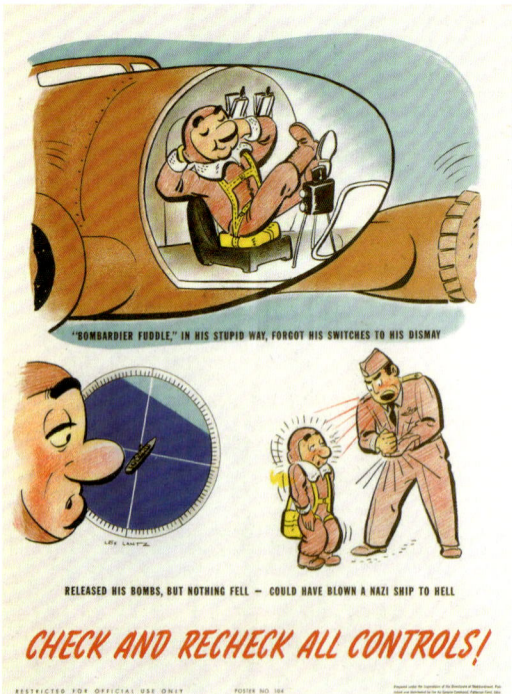

仔细检查一切操控设备！

确保炸弹架未处于闭锁状态！

从 1942 年底开始，漫画家莱斯·兰茨（Les Lantz）便应陆航训练司令部之邀，开始创作一系列有关训练安全的宣传作品。很快，兰茨笔下的"笨鸟古尼"（Gooney）成了美国军中众所周知的漫画形象。利用这名马虎大意、洋相百出的菜鸟新兵作为反面教材，兰茨成功地将一些基本的航空训练安全常识融入其中，使其真正起到教导而非简单宣传的目的 。

"NAVIGATOR GOONEY" THOUGHT HE KNEW HIS D. R.
WAS SURE THAT <u>HE</u> WOULD NEVER GO TOO FAR
BUT ALAS FOR GOONEY WHEN THE FUEL RAN OUT
THERE WAS NOTHING BUT OCEAN ROUNDABOUT.

RADIUS OF ACTION IS NAVIGATOR'S PROBLEM

飞行范围可是导航员的工作！

GOONEY CHECKED WIND THE FINGER WAY
CLEAR WEATHER AHEAD IS WHAT HE'D ALWAYS SAY

INFIRMARY

WHEN STORMS AND BUMPS WERE MET INSTEAD
GOONEY BLUSHED AS THE CREW SAW RED.

KNOW THE WEATHER <u>UP</u> THERE!

及时了解天气情况！

A QUICK GLANCE AT THE FIGURES AND TO WORK HE GOES

IT'S A MISTAKE IN FIGURING, BUT "FUDDLE" DOESN'T KNOW

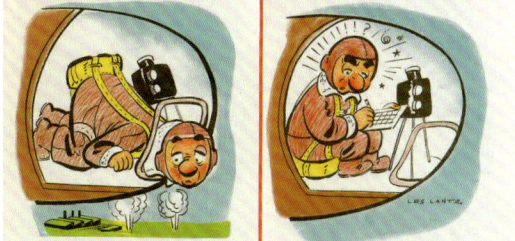

"QUICK-GLANCE FUDDLE" MISSED AGAIN!

YOU CAN'T USE 20, WHEN IT SHOULD BE 10

BE SURE IT'S RIGHT

POSTER NO. 103

确保设备正常工作！

PRE-FLIGHT CHECK WAS TO LAZY "FUDDLE"
JUST ANOTHER JOB TO MUDDLE

MALFUNCTION OCCURRED
WITH TARGET IN VIEW

562	Successful
563	Successful
564	Successful
565	Successful
566	UNSUCCESSFUL

AT BASE—FUDDLE HEARD FROM ALL OF THE CREW

FAILURE TO MAKE PRE-FLIGHT CHECK

POSTER NO. 102

事先作好飞行准备工作！

了解目标及其周围情况!

在飞机降落前，你的工作可没结束!

目标能否命中取决于投弹瞄准器的正常工作!

粗心大意常导致载弹掉落!

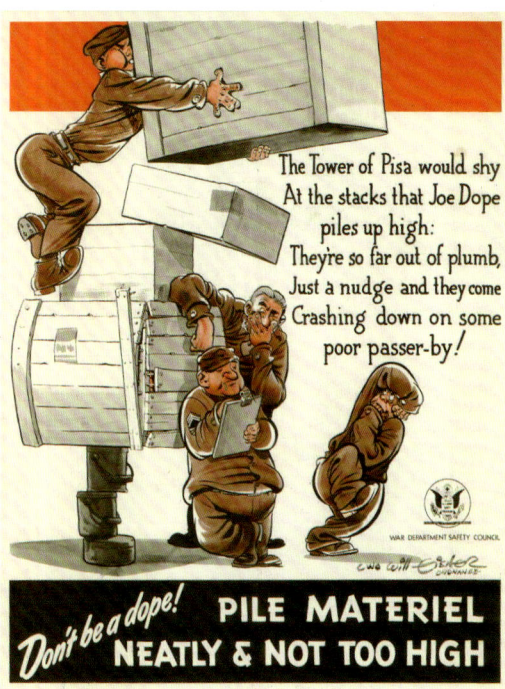

和兰茨一样，画家威尔·艾斯纳（Will Eisner）也曾创作了一个更为人所熟知的"憨兵乔"（Joe Dope）形象。这个在 1941 年首次亮相于美军训练刊物《预防维修月刊》（The Preventive Maintenance Monthly）上的漫画形象堪称是美军中的头号"冒失鬼"，在上百张以"憨兵乔"为主题的海报中，艾斯纳将其懒惰、粗心而又热情的性格特点展现无遗。相比"笨鸟古尼"，艾斯纳的画风更趋夸张，但其表达的主题思想却和兰茨如出一辙。另外值得一提的是，"憨兵乔"也可说是美军中"寿命"最长的漫画人物，至 1951 年艾斯纳表示不再创作该主题漫画之时，这位画家已经完成了多达 229 份的"憨兵乔"主题作品

Joe Dope says,"Should I get KP
When depth bombs that ain't used at sea
Get busted and bent
When dropped on cement
By home-coming flyers,not me?"

Don't salvo bombs on runway—let Ordnance unload 'em

HEADSPACE to Joe Dope was a riddle,
An adjustment with which he could fiddle.
He set it by guess— Gun & Joe are a mess,
For the cartridge blew up in the middle.

Don't be a dope! HANDLE EQUIPMENT RIGHT!

I'm tired of taking the rap
For missing a German or Jap—
That Dope dents the fins
And the blinking bomb spins
And swoops all over the map!

从某种意义上说，美国各大劳工组织对于频发的工伤事故也应该承担不小的责任。尽管珀金斯曾多次向罗斯福提起这种微妙关系所导致的潜在威胁，但不知出于何种原因，罗斯福直至病逝也未再签署过任何一项针对提高生产安全的条令，而美国人几乎将这种病态的机制拖到了 1945 年 5 月欧洲战事结束。在这之后，美国的很多小型加工厂开始逐渐取消夜班制，生产节奏也慢慢放缓，进而从根本上降低了工伤事故的发生率。不过坦白地说，美国的战时安全工作仅仅是敷衍地解决了一些表面问题，故此在二战结束后的很长一段时间内，美国的工伤比例仍旧保持在一个令人担忧的较高水平。

另外，在政府部门大力推进车间生产安全的同时，我们还有必要稍微谈及另一个被很多人忽视的高隐患人群，那就是入伍新兵。仅从战后的一份陆航分析报告中，我们就能感受到问题的严重性：从 1941 年 12 月至 1945 年 8 月的这 45 个月里，所有飞行训练基地上报的各类事故共计 52651 起，其中死亡事故有 6039 起，直接致死 14903 人，伤残 9.1 万人，损失飞机 13873 架，直接经济损失超过 3.7 亿美元。让人吃惊的是，在这些伤亡事故中，居然有超过八成是由新兵的操作不当和疏忽大意造成的。

由于训练工作大多在教官的辅导下完成，故此这类事故往往被误认为意外事件或战事紧迫等客观因

"要命机械师"系列海报也是当初在陆航训练中心里常见的一位反面形象

好士兵得配上好装备。注意检查你的装备！（美国陆军部，1943）

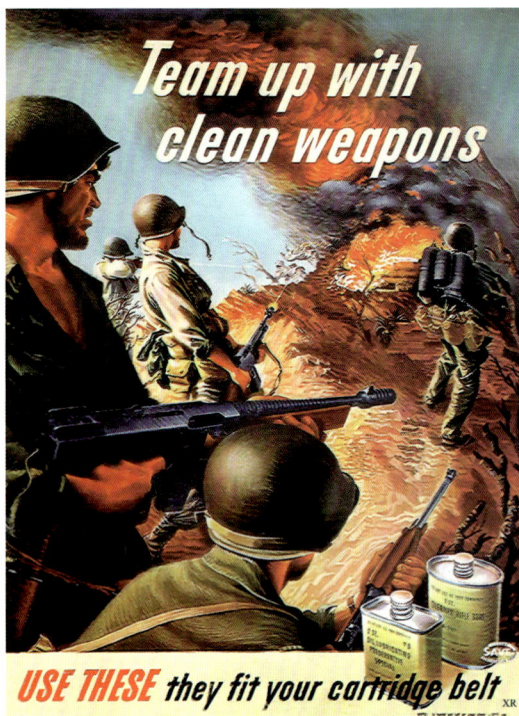

带着好装备去战斗！（彼得·霍雷，1944）

素造成。和工厂安全管理类似，美国军方随后开始加强教官的安全指导，希望通过他们的言传身教来减少伤亡事件的发生，但新兵们除在观看教育短片时根本不会将安全意识放在首位。另一个更易被人忽视的安全问题来自前线部队的"隐性意外"，比如第 357 战斗机大队在参战前使用 P–39 作为高级训练机，当 P–51 投入前线后，这批开惯了"飞蛇"的飞行员不得不学习驯服"野马"，而这个熟悉过程通常在实战中完成，因为留给他们的平均训练时间甚至不足 3 小时。遭遇同样问题的还有第 4 战斗机大队，按照大队指挥官唐纳德·布雷克斯利（Donald Blakeslee）的说法："你只有在和敌机进行空战时，才能得到熟悉这种战机的时间。"美国军方虽未统计造成这类伤亡的原因，但一些军史学家翻阅当年作战日志后推断：二战中因对作战武器不熟悉而导致的伤亡人数应不下 1.4 万人（主要是飞行员及军队后勤工作人员）。然而，迫于前线战事密集，这类情况在整个战争期间始终普遍存在。

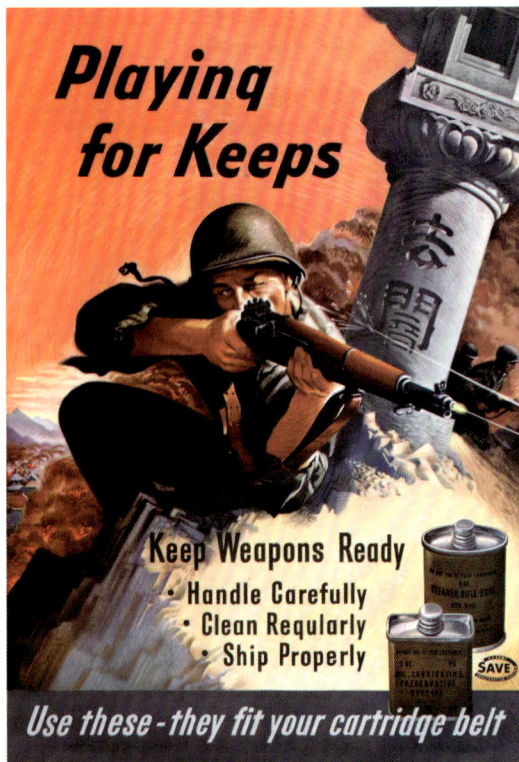

有备无患。保持武器工作良好！（美国陆军部，1945）

第七章 战争债券
War Bonds And Stamps

从未有过这么多的普通民众，为了这个国家的事业做出如此巨大的贡献。
——富兰克林·罗斯福（二战时期美国总统）

在美国本土的工业机器夜以继日地为前线美军及其盟友制造武器弹药的背后，经济起到了不可忽视的作用，但其重要性似乎已被后人忽视。很多历史学者都曾表示，没有强大的经济支柱作为倚靠，美国人或许根本无法在短短 4 年里接连击垮德国和日本。任何一场长时间、大规模的战争很大程度上都是交战双方经济实力的一种考验和比拼，一旦一个国家的国库烫银储量出现短缺，那么相比起提高税收开征点所可能导致的民众不满情绪，利用储蓄债券的形式从民间筹措军费便成了所有参战国家的不二选择——这便是"战争债券"从其诞生之日起的唯一初衷。

在整个二战期间，美国财政部前后共推出了 8 期国债专用于支出战争开销，有超过 8500 万人次参与购买，筹得资金约计 1857 亿美元。这笔来自民间的巨资如润滑剂般很快便被注入每个啮合处，让美国的整台战争机器在 1600 多天的战争岁月中

基本都处于良好的运转状态。不过在介绍美国历史上这次最著名的系列债券推行计划之前，我们有必要花费些笔墨来首先介绍一下美国前几次大规模债券的简明历史。这些债券尽管已不能为罗斯福政府赢得反法西斯战争的胜利而换取更多的美元，但却为二战期间债券的经营运作提供了极为重要的经验教训和参考标尺。

美国自建国以来首次发行战争债券可追溯到 1812 年战争期间，尽管当时只针对财阀与富商发行债券，并在随后数十年都将高收入阶层作为主要的潜在买方，但战争债券从那时起便已在美国初具雏形。萨姆特堡遭到南方邦联军队的炮击以后，联邦财政部部长萨蒙·蔡斯（Salmon Chase）便向林肯总统建议推出战争债券以改善联邦军的军需装备和物资补给。与之前数次债券的形式有所不同的是，蔡斯决定不再将购买阶层局限于金字塔的顶端；这位后来成为美国第 6 任首席大法

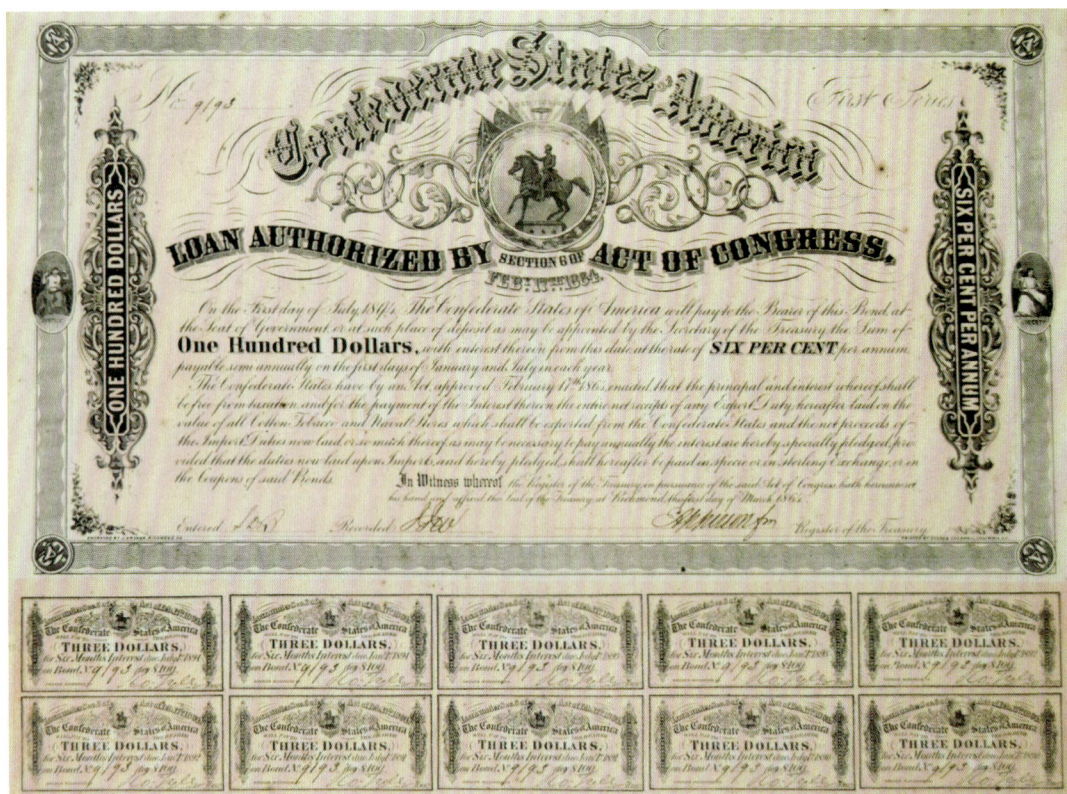

美国邦联债券样张

官的前俄亥俄州州长对外宣布，战争债券将面向美国联邦 23 个州的每位美国公民发行。为尽快售罄债券，蔡斯还从费城找来了家资巨富的银行金融家杰伊·库克（Jay Cooke）作为他的执行顾问和工作副手。

但对于大多数北方人来说，战争债券实在是一个陌生的经济名词，他们对于政府的这种运作模式与其说是茫然不解倒不如说是闭明塞聪，一方面他们生怕银子一旦出手就再也无法从政府手中讨回；另一方面大多数收入有限的美国人宁可把钱留下以备不时之需也不愿与政府进行一次看似稳赚不赔的赌博式交易。眼见财源枯竭的库克随后就从各地银行中抽调出约 2500 名知识丰富的游说人前往大街小巷对普通民众不遗余力地进行债券宣传工作，但天花乱坠的承诺依然让许多美国人紧攥着自己的钱袋子。迫不得已之下，蔡斯

与库克只能再次将销售重心转向富商阶层，并最终通过这群有钱人为北方军筹集了大部分资金，这当然也包括了库克自己的银行。

当然，邦联政府同样也采用了债券的方式来维持军费开支，最为著名的便是当时邦联财政部部长克里斯托弗·梅明格（Christopher Memminger）于 1863 年推出的"棉花联动债券"（Cotton Bond）。这种特殊的债券针对的并不是南方民众而是大洋彼岸的英国，其持有者可选择将债券兑换为棉花。但随着亚特兰大被联邦军攻破，这种债券也就逐渐淡出了人们的视野。当然在推出这种特别债券之前，梅明格也曾拟定过真正意义上的债券计划，只不过他的推行计划随着战事的诸多不利而日趋停滞直至停止：1861 年 8 月，在梅明格的直接授意下，美国南方地区开始销售第一期邦联债券，共筹得资金 1500 万美元；由于资金

数目远不能满足战争需求，梅明格又于次年推出了第二期邦联债券并将预计值设定为1亿美元。尽管梅明格和蔡斯都如出一辙地把大富商作为债券的主要购买方，但因为南方债券推进工作的不畅，梅明格后来默许普通南方人亦可购买债券。尽管多数南方人拮据的收入情况让梅明格的放松政策显得有些一厢情愿，但这种在被动条件下的本能举措却让债券持有者的身份发生了悄然改变。

第46任财政部部长威廉·麦卡杜（William McAdoo）在数十年后重新审视前辈的各种工作后曾一针见血地指出，蔡斯并未将债券和民众内心的爱国意识结合起来，而这恰恰是债券推行工作未能圆满成功的重要因素。麦卡杜在日后笔录回想中曾认为："蔡斯先生显然没把握住当时民众的一种情绪，这种情绪显然触手可及但却未曾被加以利用。"而麦卡杜的这种观点也就此为美国推行战争债券提供了一个崇高而神圣的等价转换：爱国行为。实际上，梅明格在推出南方地区的首期债券前也曾小规模地进行了所谓的"爱国"宣传，只不过他们宣扬的这种爱国更多的只是从维护农奴主和资本家的立场来考虑的。但在麦卡杜看来，

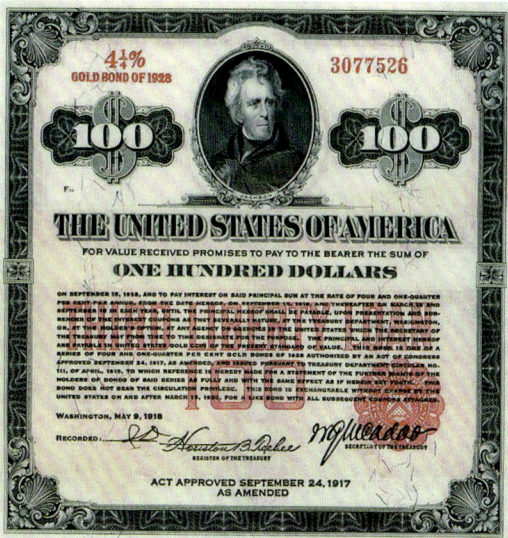

100 美元自由债券样张

无论是何种方法，一旦民众的爱国情绪被带动出来，那么只要再提供一个环境合适的温床，战争债券的销售量便会节节攀升，同时，这种运作也会因其冠以"爱国"的头衔而显得无可厚非。

美国于1917年宣布加入一战后，麦卡杜就按照这种思路重新构建了战争债券的推行模式：他将自由、独立、正义等褒义观点与爱国意识强行绑定起来，并从1917年4月24日起前后推出了4期战争债券，名为"自由债券"（Liberty Bond），另外在战后还单独推出了1期"胜利债券"（Victory Bond）。此外，麦卡杜还首次提出了"战争储蓄印花"（war savings stamp）的概念。通过和美国邮政部的合作，麦卡杜对外宣布，民众同样可以通过购买战争储蓄印花来表达爱国意愿。单张战争储蓄印花面值5美元，以年复利率4%计算，偿还期5年，换句话说，单张印花税票售价只有4.12美元。为防止几人合伙购买所产生的负面效果，这些印花税票被要求统一放在一个印有购买者名字的收集册中，购买者只有凭着这张被称为"储蓄凭证"的收集册以及印花税票才能在偿还到期后最终兑换成功。

不过根据第一期债券发售结束后美国财政部的统计显示，麦卡杜的这一尝试显然并未奏效，只有约550万名美国人购买了这期债券，筹到的资金也只有20多亿美元，远低于50亿美元的预设目标。为了刺激更多的人购买债券，麦卡杜决定将债券利率由原先的3.5%提至4%，后又宣布自1918年2月1日起将印花税票面值每月上调1美分，同时强调任何购买者都可无条件退还该种储蓄印花。不过麦卡杜公开的自愿准则并非表里如一：他开始针对一些大型企业和公司强行划定债券购买的最低数量，然而此举在无形中背离了麦卡杜之前提出的所谓"自由"原则，也为后来几期债券推行计划的最终失败早早地埋下了伏笔。

除了尝试这些经济措施以外，颇具洞察力的麦卡杜还通过公众信息委员会（Committee on

Public Information）的宣传力量向民众刻意灌输一种购买债券和爱国相等价的观念。这个于1917年4月由威尔逊总统亲自下令成立并委派自由派记者乔治·克里尔（George Creel）担任主席的宣传机构很快便和财政部达成了一致意见。为了确保债券销售工作的顺利展开，克里尔的手下开始通过报纸、杂志、海报等多种媒体形式向美国民众极力兜售这一思想，其整体设计思路和麦卡杜的逻辑简直是如出一辙。以随后开始的第二期和第三期债券为统计，这个委员会为债券印刷的海报数量不下1400万张，橱窗布告超过900万份，另有各类纽扣宣传徽章达850余万枚。如此血本的投入按照历史学家史蒂芬·沃恩（Stephen Vaughn）数十年后的说法，就是"几乎任何一张宣传战争债券的一战海报无外乎皆出自公众信息委员会之手"；或者更为严格地说来，当时除去一些军队征兵海报以外，公众信息委员会及其受雇画家与文字工作者几乎大包大揽地为这个国家创作了大部分海报。

另外，经威尔逊总统的允许，公众信息委员会分支又特别成立了一个由威廉·布莱尔（William Blair）任总负责人的"四分钟演说处"（Four Minute Men），派专人在电影院、剧场和商店内进行四分钟左右的演说。由于布莱尔本人也是债券计划的积极支持者，于是在他的授意下，很多演说的主旨除去煽动美国民众的反德情绪之外，更多的便是推销债券。按照克里尔的说法，这个演说处和整个公众信息委员会的工作人员似乎都在和民众的思想进行战斗。除去这个带有志愿性质的宣传机构以外，克里尔还邀请了众多文娱界头牌明星为政府的债券推行工作摇旗呐喊，甚至像喜剧大师卓别林都在1918年自掏腰包为公共信息委员会拍摄了一部11分钟的宣传片《债券》以向民众介绍自由债券的各种优点。

在这种强密度、高频率的宣传工作之下，第二期债券计划共筹集资金达38亿美元，计有940

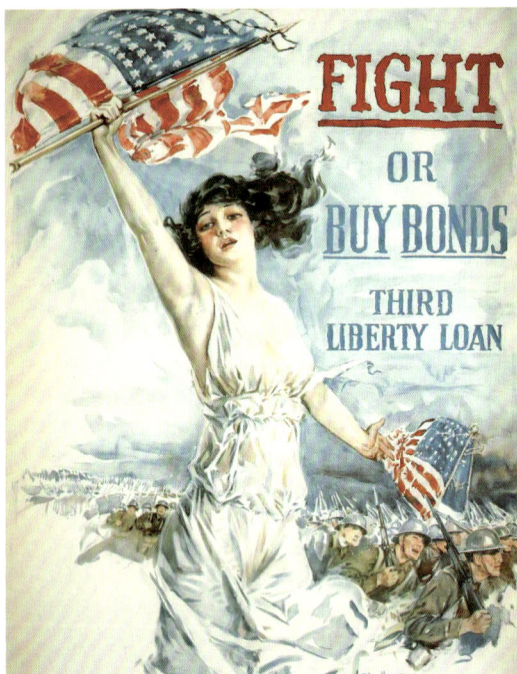

战斗还是购买债券？（霍华德·克里斯蒂，1918）

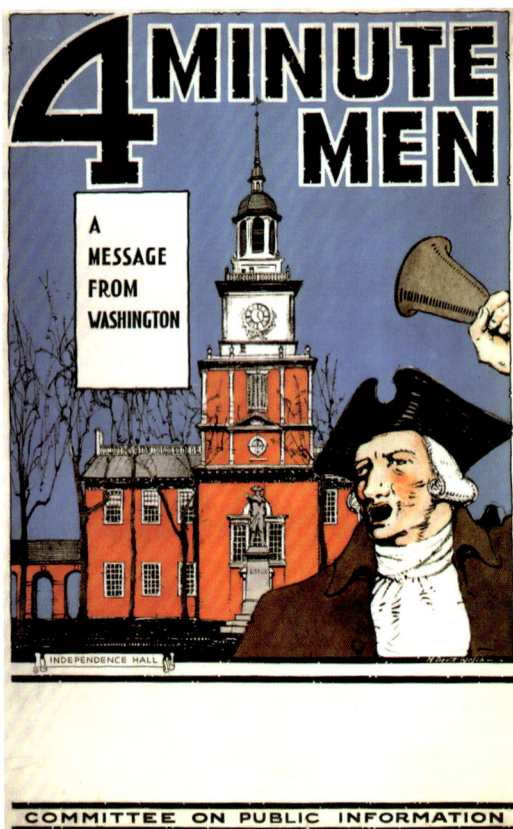

四分钟演说处——来自华盛顿的声音！（威尔什·德维特，1918）

万名美国人购买了此期债券。尽管比第一期筹集的资金多出将近一倍，欣喜过后的麦卡杜仍旧觉得民众的这种热情还可以被更大地激发出来。按照他的简单化预计，全美1.03亿公民即便只有一半购买一期10美元面额的债券，那么政府方面也将得到超过5亿美元的资金；如果按照前两期购买债券的人数增长量来经行换算，那么下一期债券的销售额甚至还有可能高于5亿美元。为了刺激民众的购买欲望，麦卡杜将债券利率继续提高至4.5%，同时要求公众信息委员会加大宣传力度以配合第三、第四期债券计划的顺利实施。同时，麦卡杜继续诱使民众购买储蓄印花，或许是已经意识到自己所推行的这套方法和自己之前许诺的原则渐行渐远，这位财政部部长又别出心裁地引入了另一种"存储印花"（thrift stamp）。与储蓄印花有所不同的是，存储印花更加倾向于前者的子属，这种平价印花税票售价为25美分，任何个人购满16张此种印花税票便可去邮局等财政部指定地点兑换一张储蓄印花。

尽管麦卡杜正确地预见了问题的根源，但他却忽略了解决问题根源所将带出的潜在问题。正如我们前面提到的，麦卡杜推出的债券计划已逐渐从最初的自发购买原则变质为强制购买，这让美国民众心中渐渐滋生了一种抵触情绪。推出储蓄印花实际上并不是麦卡杜的本意，这充其量只是他抛出的幌子，因为一张债券换来的资金远非几张小小印花税票所能够实现的。故此从第二期债券计划起，包括纽约州在内的很多证券交易委员会便着手调查所辖州内大部分债券销售业绩"未达标"的交易人员，并根据调查资料武断地判定此人是否具有爱国意识。另外，债券运动也开始蔓延至国内的各个校园，通过财政部派出的宣传人员或是下发的宣讲资料，政府要求学生本人或其父母一方必须承诺购买至少一次债券。那些家境困苦或正巧急需钱款而最终没有购买债券的家庭一经查实，当地的政府公务人员便会将每户家庭的大门或是仓库外墙涂上黄色油漆，有时还会在醒目处写上"UNPATRIOTIC"（不爱国）的字样表示警告和嘲弄，按照规定，这户人家在下次购买债券之前不得擅自更换或粉刷大门与外墙。为了避免邻里和朋友的奚落嘲讽，很多美国人只好从银行里取出部分存款象征性地完成债券购买以作敷衍。

十余年后，早已卸任的麦卡杜回忆当初，曾颇具感慨地表示："每每想到那些没有购买债券的民众仍能怀揣一颗爱国之心投入到工作中的时候，就会让我更加钦佩不已。"的确，将是否购买债券和爱国与否作为相互等价的逆否命题无论怎么看都是荒诞无理的，只可惜麦卡杜当时执迷其中，远不能从旁观者清晰的角度加以审视问题。

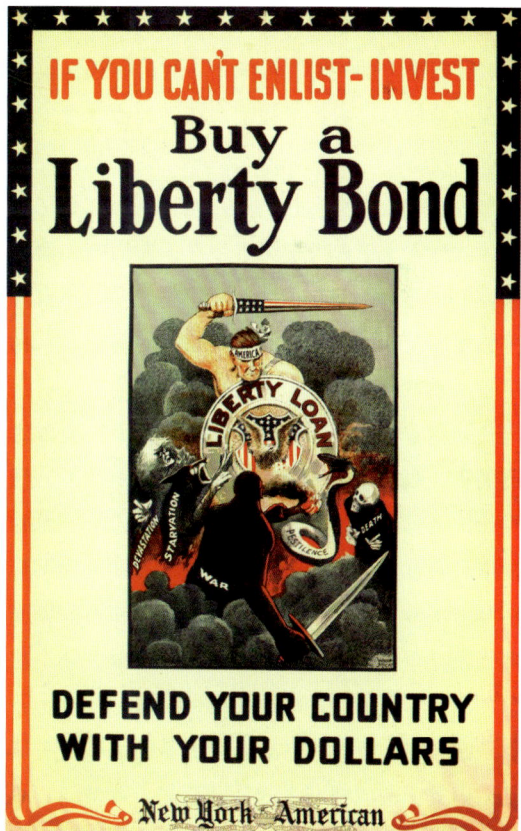

如果你不能投身战斗，那就购买自由债券。用你的美元保卫国家！
（温索·麦凯，1918）

作为公众信息委员会的受雇明星，美国著名演员道格拉斯·范朋克（Douglas Fairbanks）在财政部分部大厦门前做的一次公共演说，照片摄于1918年

亨利·摩根索

也就在1918年底最后一期债券计划完成的第二年4月下旬，他的接任者卡特·格拉斯（Carter Glass）继承麦卡杜的想法推出了最后一期战争性质的债券。尽管此次债券的利率高达4.75%，但被前几期债券计划搞得怨声载道的美国民众实在难以提起更多的兴趣，再加上一战的胜利结束让民众的神经早已放松下来，这期胜利债券最终只得草草收场。

美国政府最终通过债券筹集到了215.2余亿美元，共计有1亿人次购买了债券，人均购买债券额为170美元；此外，还有将近9.3亿美元来自出售储蓄印花所得。不过我们要指出的是，麦卡杜尽管从前辈身上吸取了些教训，但由他本人一手导演的债券计划从某种意义上来讲仍无法突破之前的资金收获渠道，因为由银行和财团购买的债券始终占据了这笔巨资中相当可观的份额；而且麦卡杜从蔡斯那里沿袭的债券可流通性也在无形中降低了政府的声誉。由于价格波动和通货膨胀等因素，很多美国人最后到手的美元似乎并不比他们在十年前所购买的金额多到哪去。

麦卡杜任期内的债券运动虽不能说是绝对成功，但其中的成败利害却为随后的大萧条和二战期间的债券推行政策提供了最为相似的参考依据。十多年后，席卷全球的经济大萧条让多数美

国家庭开始经历牛衣对泣般的生活，也让财政部不得不重新考虑通过发行债券来缓解资金紧缺的窘境。1934年元旦，当亨利·摩根索（Henry Morgenthau）取代因身体欠佳而宣布辞职的威廉·伍丁（William Woodin）就任美国第52任财政部部长时，这位与罗斯福夫妇私交甚好的康奈尔大学高材生并不受到美国媒体的肯定。与在美国工商两界摸爬滚打了30余载的伍丁相比，并非经济院系科班毕业的摩根索之前的全部政府任职工作均和农业相关，故此当时有些美国舆论并不太看好摩根索的仕途发展。

到1935年3月，开始逐项落实第二期新政政策的罗斯福签署了一揽子联邦救助计划，旨在依靠政府资金降低持续走高的失业率。不过政府本身显然也并不富裕，因此他们还是希望通过债券的形式从民间筹集资金来推动计划的实施。根据财政部的报告显示，救助计划需要让美国政府部门支出48亿美元，眼下如何得到这笔巨额资金也就成了摩根索急需解决的问题。而摩根索此刻所面对的美国经济，在遭受大萧条重创后呈现出一片破败景象。美国民众大都对消费行为抱有极端保守和怀疑的态度；银行倒闭，商店关张，税收调涨……当时的美国人根本就不愿意购买一个让他们在短时间内看不到存在任何经济回报的国有

债券。摩根索自然也认识到了这点，同时，他也清楚自己现在的处境和当年的麦卡杜截然不同，因为他既不能再搬出所谓的爱国观点来诱导民众购买债券，也无法依靠当年公众信息委员会的宣传力量为其拓宽渠道。

经过再三思忖之后，摩根索决定效仿英国和法国的债券推行手段，对美国本土债券的性质进行彻底改革：首先，他决定将债券降低为小额面值，但却将债券票面收益率增至 25%，并进一步增加个人购买和商业投资购买的总比重，按照摩根索自己的话来说，就是"只要有越多的美国人持有债券，那就会有更多的个人利益与政府相挂钩起来"；其次，他还决定将债券性质改为不可流通以杜绝之前国债发行造成购买者经济损失这种情况，并从根本上向民众暗示一种稳赚不赔的开诚态度。此外，摩根索还大胆提出，为了让最为保守的美国人也乐于购买政府债券，新型债券将成为一种可退还型债券，债券持有人可以在期限未满前随时退还债券。

1935 年 3 月 1 日，也就在罗斯福签署联邦救助计划的当天，财政部便开始同时发售新政以来的第一期债券，官方为其编号为 A 期储蓄债券（Savings Bonds，依现在解释即为面向个人发售的一种小额面值非流通国债），面值包括 25、50、100、500 和 1000 美元共五种，同时推出了官方宣传口号"美国的职责承担"（A Share In America）。由于经济萎靡，财政部并未大规模使用宣传攻势向民众推广此次债券，只是在各邮局以及联邦储蓄银行各分支网点的大门与柜台窗口边张贴了宣传告示。然而，摩根索的小本经营却换来了巨大成功：这种被美国人昵称为"小额债券"（baby bonds）的救济性质债券很快就在民众中间引起剧烈反响，加上随后推出的 1936 年的 B 期、1938 年的 C 期和 1941 年的 D 期债券，财政部在前后 6 年多的时间内共筹集资金超过 39 亿美元。

A 期债券的成功让摩根索信心暴涨，他于

刊登在 1935 年 9 月 30 日《时代》杂志上的债券宣传广告

1936 年 4 月签署了第 13 号部门令，宣布在财政部下属组建一个名为"储蓄债券部"（Division of Savings Bonds）的分支部门，专门负责协调债券的发售、宣传、咨询和调查等工作，工作人员约有 200 名；同时任命在一战期间担任过炮兵上尉的尤金·斯隆（Eugene Sloan），这位一战后在圣路易从事市场投资营销工作的普林斯顿大学 1915 届经济高材生担任该部门的首任负责人。斯隆在到任后的第二天便对自己的部下制定了 3 点工作目标：1. 教育民众更大程度地节省开支用于购买债券；2. 教育民众增强对政府有价证券的认识；3. 鼓励民众加强与政府的联系，积极履行"美国的职责承担"的口号要求。

除此之外，斯隆最为看中的同样还是宣传工作。这里值得一提的是，待到 1937 年经济状况稍有起色之后，斯隆最终说服摩根索挪出一笔专款给他。随后，斯隆开始积极联系国内几家广告策划公司为其进行文字和美工设计，并将精心制造的广告投放于美国国内的 19 家主流期刊杂志上，这也是美国历史上首次以政府部门形式向公共媒体发布债券类广告。然而这种行为很快就为财政部招惹了不必要的麻烦：尽管斯隆的运作资金不算惹人注目，但国会拨款委员会（Congressional Appropriation Committee）仍旧出面指责这一行为有悖于政府机构公款使用模式。最后，斯隆只得把用于广告投放的资金压低到区区 50 万美元，这也从根本上抑制了随后债券广告的数量。

或许看到宣传工作能为债券销量起到举足轻重的作用，斯隆从未放松过宣传攻势。除去近乎夭折的广告宣传以外，斯隆还在更早的时候推出了一项成本更为低廉的邮件宣传工作。按照斯隆的要求，工作人员会将印有债券信息的广告和介绍资料以每月 12.5 万封邮件的数量定期发往不同的美国家庭。由于邮件是随机发出的，绝大多数美国家庭并不会重复收到这类广告信件，故此斯隆所发明的这种概率式宣传模式丝毫没像一战末期那样让美国民众对政府机构的唠叨反复产生厌恶心理。截至 1941 年 5 月 1 日 D 期债券发售结束，斯隆的这种宣传工作共为财政部换来了 1750 多万美元的债券销量，但让斯隆和摩根索唯一感到不满的是，在这 1750 万美元销量中有 57% 是 100 元、500 元和 1000 元面值的债券；因为根据另一项后期调查显示，有多达 86% 的美国普通民众只选择购买了 25 元和 50 元这两种小面额债券，这就说明财政部所推出的这四期债券销量中仍有很多份额来自富有财团或投资机构。

无论如何，多数历史学家对摩根索在萧条时期的债券经营工作都持褒扬态度，能从经济衰退时期的美国人手中得到近 40 亿美元的资金本身就足以说明问题。但是让这些历史学者更为看中的则是摩根索为美国政府重新博得民众信任于无形中做出的贡献；一旦摩根索重蹈麦卡杜当年的覆辙，那么随后开始的二战将让美国政府陷入更加被动的局面，也正是有了民众与政府之间重新构起的信任基础，才让日后的战争债券推广工作做到了一呼百应。

小额债券发售期间，远在大洋彼岸的欧洲大陆政治格局早已暗潮涌动、危机四伏。挟之前数次中立法案为倚靠，即便是最为强硬的主战派，也深感尚方宝剑高悬，而更多的以一种旁观者的身份审视着法西斯分子亲手策划的一幕幕丑剧：从墨索里尼下令入侵阿比西尼亚，再到弗朗哥下令挑起的西班牙内战，最终待到德国与苏联联手吞并波兰，美国政府才开始逐渐认识到事态的严重性。德国利用闪电战迅速攻破丹麦、挪威、比利时、荷兰和法国后，罗斯福政府才开始着手讨论战时经济调控政策以应对欧战局势波及美国经济市场后所可能造成的种种后果。

白宫方面在 1940 年 6 月完成的经济应对政策很快就成了两派观点势力的角力对象。以联邦储蓄委员会主席马里纳·埃克尔斯（Marriner Eccles）为核心的一派要求罗斯福重新下令制定战时税收政策，通过政府的强制措施来保证资金的按时到位。作为凯恩斯最为忠实的布道人，埃克尔斯对这位英国经济学大师所提倡的政府角色深信不疑，他极力鼓吹政府相关职能部门应按照凯恩斯所设想的那样积极扮演经济舵手的角色。根据凯恩斯所撰写的《战争的代价》（How to Pay For The War）为依据，埃克尔斯认为美国有必要按照凯恩斯所设想的那样提高税率并开始执行强制储蓄制度。为该观点摇旗呐喊的不止埃克尔斯一人，罗斯福的预算主管哈罗德·史密斯（Harold Smith）也对强制手段持支持态度并在私底下和罗斯福进行了几次尝试性的推荐。

作为埃克尔斯的反对方代表，以财政部部长摩根索为首的一批政府要员则极力反对埃克尔斯推荐的强制型经济政策。在接受财政部的例行公开新闻采访中，摩根索信誓旦旦地表示：“我个人反对这个国家内部的一切强制手段，我想这不该是我们需要的东西。"作为对抗筹码，他决定继续推行他在新政时期的自愿制债券计划，通过各类合理手段促使美国民众购买政府债券。在他看来，推行债券可以至少获得和强制性干预政策同等的资金收入，但根本不同之处便在于，普通民众不会因为债券而对国会再度产生反感情绪。支持摩根索的当然也不乏大人物，当时即将卸任的战争部部长哈里·伍德林（Harry Woodring）就倾向于摩根索的做法。不过作为一位坚定的战争孤立主义者，伍德林充其量也只是做了两者择其优的无奈选择。倒是他的继任者，那位在9年前日本侵华事件中宣布"不承认主义"的史汀生成了摩根索继续推行债券计划的卫道士，尽管也正是这位史汀生在日后让处置战后德国的"摩根索计划"最终胎死腹中。

这两方在长达一个月的争论中互不相让并不断放大对方的弱点。埃克尔斯认为债券计划的前

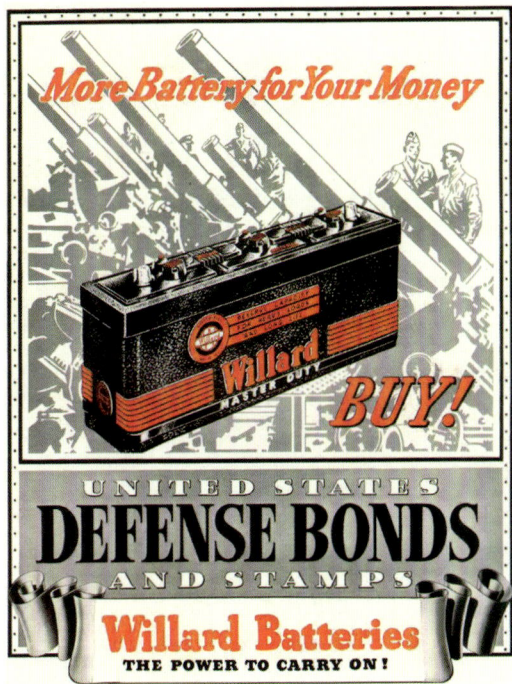

维拉德电池公司于1941年在杂志上所刊登的债券主题广告。这种在商业广告中混入债券宣传的形式其实就是斯隆所首创出的

期筹备成本过为巨大，况且债券发行数量的大幅增加宛如饮鸩止渴，因为这极有可能导致后期难以抑制的通货膨胀危机，进而影响民众的高档消费欲望。摩根索很快就对这一观点进行了反驳，他搬出刚结束不久的小额债券计划所取得的不完全统计数据，证明发行债券的各种准备工作包括宣传造势所花费的开销只有债券销售总额的9%左右。随后他还抨击了强制政策有违美国历来倡导的自由和民主作风，这种舍本逐末的做法势必将在政府和民众之间形成难以填平的隔阂。

摩根索所公布的统计数据是如此完美以至让他的反对者在头几个月里竟无言以对，或许连摩根索自己都未料想到，小额债券计划竟然能在未投入大笔宣传经费的前提下取得如此令人瞩目的成绩。这也许是美国债券历史上最为特殊的一例，它在这场政策拉锯战的紧要时刻为摩根索的最后胜出起到了关键作用。但这位财政部部长并未摒弃前任的经验另辟蹊径，相反的，摩根索始终认为宣传工作可以起到不可估量的作用。在白宫内部的数次讨论会上，摩根索就一再强调，法国人失败的主要原因便是"在纳粹的宣传机器面前丧失了一个国家的意志力"。

与此同时，政府宣传工作的匮乏却通过另外一种方式得以不断放大，那就是之前提到的"美国第一"委员会。当有人向罗斯福提议效仿威尔逊总统的做法重开一个政府宣传机构的时候，罗斯福或许早就意识到这种做法可能招致的后果：正如前文所说，由于当年公众信息委员会所推行的一套强制性做法让很多美国民众至今仍心有余悸，故此罗斯福很是担心，一旦这个政府宣传机构暴露出一丁点纰漏，就会立刻成为"美国第一"委员会等一批孤立主义者拿来维护自己观点的佐证。于是，罗斯福在最后决定采纳摩根索的债券计划，并通过一次带有宣传工作的债券计划来试探民众的反应。要知道，在这期债券最终推出之前，罗斯福始终将其看作美国国防工作计划的一部分。

1940 年 9 月，摩根索开始为新一期债券工作制定详细计划，对他来说，这是用来证明自愿购买债券政策远远优于强制税收政策的一个难逢良机。和数年前一样，摩根索仍旧原封不动地将小额债券的一些基本性质沿袭了下来，但唯一有所不同的是，不管是摩根索还是罗斯福都认为此次债券发售过程中的宣传工作或许就是扭转美国民众孤立心态的关键，或者按照摩根索自己的话来说，这将是"唤起美国民众为战争筹集资金的唯一方法"。

当然摩根索的此次债券工作还要面临来自外部的一些限制。首当其冲的便是债务上限问题，根据美国国会先前批准的 45 亿美元债务上限，摩根索要想为战争筹得更多的资金看来得先摘下这道紧箍咒。紧随而来的还有对于债券性质的拘束问题，根据《联邦证券法案》的要求，由财政部发行的有价证券的偿还期将不得超过 5 年时间，而这也无形中迫使摩根索将其改为短期性质债券。最为重要的一个因素还涉及总统竞选问题，一旦美国民众误认为债券计划的最终目的是罗斯福政府为筹备开战而进行的资金准备，那么所有的一切将会随着竞选的失败而不复存在。

1941 年 1 月 29 日，摩根索依议程安排向众议院财政立法委员会（House Committee On Ways And Means）正式提交了提高债务上限的提议，不过真正使提议得以通过的却是罗斯福。在成功连任之后，罗斯福随即说服国会于 1941 年 2 月中旬将美国债务上限额度调至 65 亿美元，这从根本上解决了摩根索最为担心的资金筹集限额问题。趁热打铁的摩根索后于 2 月 12 日向参议院财政委员会（Senate Finance Committee）再次提出了自己的债券方案，根据他的阐述，新一期债券将以"国防债券"的形式对外推广，且保证不采取任何强制性的促销方法或宣传手段。"有价证券的性质便是推动民众的储蓄意识，我想不出其他更好的办法，"摩根索向一位众议院议员表态道，"它

能让民众以政府人员的身份面对眼前的危机，这就是财政部为国防工作计划筹集资金的初衷，也是增强国家士气的良方。"

不过摩根索如此不遗余力地推出这期债券还有另外一层原因，那就是日趋恶化的英国经济。早在 1940 年 12 月上旬，德国空军的连番轰炸行动就已让丘吉尔政府的 45 亿美元储备室如县罄，而黄金储备量也是捉襟见肘。作为英国军需物资的主要来源，罗斯福在半年前便已在国内反战舆论的一致批评声中向英国提供了一批作战物资。而在赢得大选之后，罗斯福总算有了片刻的喘息之机，于是他向摩根索示意将援助英国的因素考虑在此次债券计划中。12 月 17 日，罗斯福对外宣布，英美两国的关系眼下好比"邻居失火"，故此美国政府将以租赁的形式继续向英国政府提供急需的作战物资。经过长达两个月的激烈辩论后，由摩根索起草的《租借法案》也于 1941 年 2 月 11 日正式通过。摩根索清楚地知道，此项法案的通过一方面意味着美国将在一段时间内免费向自己盟友提供物资援助，另一方面也对美国自身的经济和生产能力提出了十分严峻的挑战。

就算在制定《租借法案》的同时，摩根索也没忘记债券计划的准备工作，那便是债券计划的宣传推广。实际上，摩根索在很长一段时间里都苦恼于如何为自己的债券宣传进行巧妙的包装，他既不想照搬麦卡杜的做法以招惹民众的反感，又深知宣传工作的匮乏所可能导致的失败；直到拜读了安默斯特学院政治学专家彼得·奥德加（Peter Odegard）于 1938 年出版的《美国政治动力的研讨》（American Politics; A Study In Political Dynamics）一书后，摩根索才发觉自己已从这本 900 页的专著中找到了宣传推进工作的折肱良方。奥德加，这位日后的美国政治学会主席在书中的"说服工程"一章中重点阐述了宣传艺术对政府目的可能造成的影响以及宣传成功的诸多必备元素，包括出版印刷业、宣传符号、心理暗示和数

据展示等。按照奥德加的观点，任何一位经验丰富的宣传者一旦拥有这些条件，便会制造出一种巨大的效果——这些条件恰恰就构成了摩根索日后全部债券宣传工作的基本框架。

尽管奥德加在书中态度尖锐地批评了罗斯福政府在 1936 年总统竞选活动中的种种弊端，但这位年近不惑的政治学权威仍旧凭借其洞若观火的政治视角博得了摩根索的极度青睐。摩根索很快就亲自致信奥德加，态度谦卑地表示自己极为欣赏《美国政治动力的研讨》一书中关于宣传工作的观点并希望奥德加可以成为财政部的学术顾问；同时摩根索还诚恳地要求这位政治研究专家以推广储蓄债券机制为核心制定一套尽可能详细的宣传工作计划。

奥德加最终还是接受了这份看似轻松的差事，随后他花了 10 天时间认真研读拉伯特·克莱尔（Labert Clair）的一战债券研究专著《自由贷款的推广》（Libery Loan Drives）。此外，摩根索还特地将财政部 1917 至 1920 年期间所有的部长汇报文档与数据交由奥德加审阅以便其更好地了解一战期间债券工作的每处细节。不过奥德加阅读之后认为这些资料并不足以让他对债券工作有一个面面俱到的认识，随后他又托摩根索要来了一战前后美国各联邦储备区的年度财政报告并在自己的办公室里花了足足一周时间加以总结和梳理。奥德加经常工作到凌晨 2 点左右才合灯就寝，而这仅仅是这位政治学家在日后很长一段时间内平均睡眠时间不足 6 小时的一个开端。

奥德加对财政部笼统记录人员工作与雇用情况的态度感到十分不满，在他看来，这些重要资料原本能帮助他探究财政部工作的种种利弊。不过他在随后开始撰写的工作计划中仍肯定了摩根索在小额债券中所做出的一些改进举措，比如摩根索推崇的债券非流通性。奥德加在报告中指出，一战中的自由债券在当年的证券市场行市中波动过于剧烈，最高峰值达 112%，最低谷值仅 82%，这就直接损害了小额投资购买者的利益并在客观上为富商和财团进行投机倒把提供了合法掩护。根据奥德加的设计，国防债券应仍以小额债券为基础，但官方应考虑发行 E、F、G 三型债券。该提议后于 1941 年 2 月在由财政部副部长丹尼尔·贝尔（Daniel Bell）召开的财政部例行会议中得到批准。在随后制定的细节规定中，E 型债券将只针对个人购买，包括有 25、50、100、500 和 1000 美元五种面值，偿还期 10 年，最多可由两人合资购买并按照费用支付比例计算分成，但同时又规定在 365 天内累计购买债券的面值之和不得超过 50000 美元；F 型和 G 型债券均设 100、500、1000、5000 和 10000 美元五种面值，主要针对除商业银行之外的大型投资集团和富商阶层，设定年购买上限同样为 50000 美元，偿还期 12 年。另根据奥德加的建议，E 和 F 两型债券均将继续采用增值性利息计算方法，年利息率分别为 2.92% 和 2.54%，而 G 型则换用平价债券形式发售，但每年支付 2.5% 的票面利息，以根本杜绝投资炒作和恶意借贷的滋生。最后财政部还修正了债券退还的起始节点，将 E 型债券允许退还的起始点改为两个月，而 F 和 G 型债券自购买之日起半年后方可退还，至于兑现工作的具体实施机构则由财政部下属的财政局公共债务部独立担任，负责债券的退还兑现工作，但该部门将不再承担债券的发售工作。

根据奥德加的建议，财政部还决定恢复一战

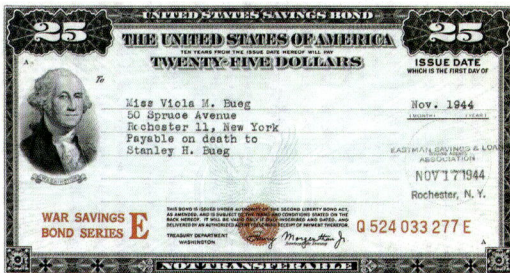

25 美元样张

时期的印花制度，不过尽管奥德加沿袭了储蓄印花制的名称，但却摒弃了其运作过程，因为他更倾向于麦卡杜当年后续提出的存储印花制。和摩根索协商沟通后，邮政部同意在推出国防债券的同时开售此种印花税票。印花税票分为 10 美分、25 美分、50 美分、1 美元及 5 美元五种面值，其具体操作方法和当年的存储印花十分相似，无论购买何种面值的印花税票，一旦集满 25 美元，购买者就可换得一张等价面值的债券。此外，需要说明的是，此次发行印花税票还依照奥德加的坚决要求取消了原先的记名制方法，这个观点得到了摩根索的支持，按照他的话来说，就是"我们的储蓄（印花）工作能否最终成功，很大程度上取决于我们拿什么让美国民众相信他们自己"。

摩根索发行的小额债券的确让美国民众对政府债券的看法略有改观，但一战期间政府债券的运作方式仍让大多数人心存芥蒂。尽管摩根索根本不愿意品尝前任所种下的恶果，但他心里自然也清楚，要彻底扭转民众对债券的看法还有很长的一段路要走。在接受记者的联合采访中，摩根索颇带暗示意味地向公众表示自己的债券计划一旦实施，便将"尝试着从上次战争所推广的自由债券和储蓄印花中吸取教训并择其精华所在"；同时，他还表示，此次推广的债券计划将会"坚决放弃强制高压的售卖方式以及任何以爱国为借口散播的沙文主义"。

作为债券计划最高纲领的制定者，奥德加很快便同意在计划方案中增加了以下三项指示：一、债券筹集资金将全部用于战争所需；二、销售数量和税收调控旨在削减民众经费开销并抑制通货膨胀；三、债券计划将改变民众对战争的看法并切实起到动员效果。最后一个目标显然是最让摩根索挠头的，因为此时的美国国内对欧洲战事的关注度仅限于标题报道和文字简介，甚至连奥德加自己都不敢保证，能否通过债券计划唤起美国人对这场战争的关注。但可以肯定的是，罗斯福对宣传工作的举棋不定实际上已经给财政部的后续工作带来了些许麻烦。在 1941 年整个上半年，罗斯福始终对是否该成立一个政府宣传机构而犹豫不决；相反的，罗斯福似乎越来越将摩根索的债券计划当作推动美国民众关注战事发展的唯一手段。按照历史学家大卫·布林克利（David Brinkley）的话说，罗斯福"只是通过债券让民众更好地认识到战争的存在，但如何让美国人知道这种危险就在身边似乎还有些困难"。

在 1942 年 6 月罗斯福正式成立政府宣传机构之前，摩根索只能将宣传工作寄希望于自己身上。奥德加随后提议，可以为宣传工作制定一个积极乐观的主调，利用广播、杂志、出版刊物以及一切宣传手段将一些反复出现的高频单词和短语所蕴藏的能量释放出来。最后经过筛选，"美利坚"（America）、"战舰"（Battleship）、"工作"（Work）、"保卫"（Protect）、"家园"（Home）和"自由"（Freedom）等单词被认为最符合宣传口号。奥德加在自己的日志里还写道："千万不能忘记《权利法案》，我们维护的事物，就是我们最为基本的生活、住房和家庭。"故此，他总结道，财政部的宣传工作"应该面面俱到而又专注于每一点，只可惜目前我们所聚焦的成像还只是一片模糊"。

根据这一观点，奥德加提出了"债券标志"的概念以便在民众心里树立起一个典型美国人的形象。他曾考虑过将国会大厦、自由女神像、华盛顿纪念碑和拉什莫尔总统等一批美国标志性史迹作为债券的标志，但后来均被其一一否决。在和洛克菲勒基金会宣传推广顾问哈罗德·拉斯维尔（Harold Lasswell）的一次工作午宴上，奥德加就自己工作上遇到的问题向这位宣传老手求助。拉斯维尔并未立即表态，但在一周后，拉斯维尔主动找到奥德加，向他具体描述了自己设计的标志样式。拉斯维尔所设计的标志以 4 支箭矢为主体，并在箭矢下方的显著之处标上数字 4，寓意罗斯福不久前提出的"四大自由"这一主旨思想。

拉斯维尔表示，离弦之箭象征着动力、力量、攻击、速度和目标，足以给民众以视觉上的冲击。

尽管奥德加对好友一箭双雕的宣传能力折服不已，但他对拉斯维尔的设计多少有些迟疑不决，原因很简单，因为他根本不相信靠这么一个标志就能起到十分显著的成效。奥德加将这一设计告诉摩根索之后，这位财政部部长对他的做法深表支持，当然摩根索更多的只是出于政治方面的考虑，毕竟这次宣传的目的只是为了筹集战争所需的资金。

奥德加最后决定采用由美国著名雕塑家丹尼尔·弗兰奇（Daniel French）于1874年完成的"一分钟人"雕像作为债券推广的标志。这座树立在康科德镇内的雕像虽然在知名度上无法和弗兰奇更为著名的林肯像相提并论，但奥德加却认为它是最为贴合的债券宣传标志。根据长期在储蓄债券部工作的劳伦斯·奥尔尼（Laurence Olney）出版的历史论著《战争债券传》中的回忆，当初这个想法是在格雷夫斯邀请他和奥德加去"宇宙"俱乐部的外出就餐途中被正式提及的。奥德加兴奋地表示，作为美国独立战争时期的一种象征，一分钟人的形象在美国可谓家喻户晓，并且这个形象充分地诠释了其兼具士兵与平民的特质，而这种军民互补的思想也正是债券工作所急需的。

奥德加后来把这个想法告诉了拉斯维尔，希望听听他的意见。拉斯维尔并未提出更多的异议，只是表示这个雕像缺乏某种视觉上的冲击力。这个提示给了奥德加些许启发，于是他决定将这个标志从视觉上进行略微的修改。最后当设计样稿呈现在摩根索办公桌上的时候，这位财政部部长看到的似乎是另一个一分钟人的形象：奥德加从雕像右手边取景，刻意突出了民兵手持的那把滑膛枪，而左手一侧的耕犁则被适当隐藏。根据奥德加的解释，这样做的目的正是在暗示民众，战争其实距离他们并不是很远。这个标志后来出现在所有政府发行的印花税票、海报、广告和宣传书册上

奥德加的"一分钟人"最初设计稿，不过到了最后，环绕于人像周围的13颗象征着最初美国13个独立州的星星也被移除，原因是可能会对其余各州产生消极影响

并在民众中间很快就流传开来。奥德加随后在自己的日志里写道："印有一分钟人标志的海报看起来确实达到了目的，现在这些海报似乎都有些供不应求了。"奥德加后来将这段工作期比喻成一场战役，并一针见血地指出这场战役的实质——"既是对美国民主化生活的一种肯定，也是对美国传统价值和世俗观念的一种探索与褒扬"。

就在奥德加对债券工作进行精雕细琢的时候，摩根索决定效仿几年前组建储蓄债券部那样，为了国防债券工作的顺利展开而筹建一个新的部门。1941年3月19日，他正式签署了第39号部门令，正式组建"国防储蓄工作小组"（Defense Savings Staff）这个新部门，同时调任已在储蓄债券部工作了6年之久的尤金·斯隆全权负责这个小组的工作。不过考虑到之前已有外界批评储蓄债券部就是摩根索的"私立衙门"，为避免再次招惹非议，摩根索决定让这个似乎不受外界重视的"工作小组"向哈罗德·格雷夫斯，这位财政部部长最为器重和信任的部长助理进行定期汇报。除了小组首脑，摩根索还指派盖尔·约翰逊（Gale

Johnson）和哈弗德·鲍威尔（Harford Powell）两人作为斯隆的左膀右臂。这位和斯隆熟识多年的盖尔·约翰逊是斯隆极力推荐的人选，他毕业于1924年，先后担任过《情报人》杂志社主编和大都会人寿保险公司圣路易地区经理。凭着丰富的销售经验和交际人脉，约翰逊被委托主要负责管理债券的现场销售和宣传工作。另一位哈弗德·鲍威尔也是来头不小，这位在一战期间就有过空军服役经历的哈佛大学毕业生在一战后曾在《时尚》（Vogue）、《时尚芭莎》（Harper's Bazaar）与《克里尔杂志》（Collier's）等6家杂志社担任过部门高管。考虑到鲍威尔到任前曾是美国公共关系学会副会长，斯隆决定让其主要负责媒体舆论的信息收集与走向分析。

摩根索还接纳了奥德加的建议，在这个国防储蓄工作小组（部）下增设了一个电影推广和特殊活动处，并随后邀请卡尔顿·达弗斯（Carlton Duffus），这位绰号"问题终结者"的米高梅电影公司前任公关代表出任分支部门主管，主要负责债券推广的国内巡游、组织策划以及与影视媒体的联系合作。在4月下旬债券正式推出前夕，这个部门的雇员人数已超过45名，除了一些刚毕业的高校经济专业人才以外，更多的人之前从事过律师、医生、教师、工程师和广告策划等各种工作，社会基层经验可谓丰富。后来依照斯隆的意思，工作小组内部又在4月16日新增两个分支：首先是由文森特·卡拉罕（Vincent Callahan）出任主管的广播宣传处，通过国内广告公司设计的文字撰稿，以每天10～15次、每次15～30分钟的高频播送向民众宣传债券工作；另一分支则是由米尔本·麦卡蒂（Milburn McCarty）主管的出版工作处，即联系国内各家广告公司或非雇用私人画家负责海报、画册和传单等平面媒体的宣传推广，也正是由于这个部门的存在才让财政部在日后推出了一大批数量可观的官方海报。

此外，奥德加和格雷夫斯还提议摩根索注意一点，那就是现场宣传工作中的潜在弊病。奥德加在国防储蓄工作小组组建之初就认为摩根索不应该建立一个所谓的"现场工作处"，原因是鞭长莫及通常会导致管理的松散以及指令下达的不彻底性。尽管这位财政部部长听取了奥德加的建议，但这并不意味着问题的解决，如何雇佣一批经验丰富又通晓政府法规条例的现场工作者一度让格雷夫斯和分管此项工作的副手盖尔·约翰逊很是头疼。民防署曾向财政部高层自荐他们的工作人员可以完成这项任务，但格雷夫斯最后却并未答应，原因是民防署很多人员的专业知识并不完备，况且身兼两职的民防人员会混淆民众对债券发行目的的看法。在多方讨论之后，格雷夫斯认为唯一能够胜任此职的只有隶属财政部的美国国税局和美国海关总署这两个机构的工作人员。按照格雷夫斯的想法，由这两个部门的州属税务收缴员担任该州的现场工作总负责人，并可挑选1或2名工作人员担任其工作助手。此外，各州州长也可被财政部部长委派为荣誉工作负责人辅助完成工作并负责随时向格雷夫斯或者摩根索本人汇报该州的工作进展。

至于由何人来监督考评这些州地区总负责人，格雷夫斯心里也早有主意：他随后委派国税局副局长乔治·舒内曼（George Schoeneman）担任现场工作的总协调师。区别于盖尔·约翰逊，舒内曼的工作重心倾向于现场组织协调以及约束下属行为这类的工作，而约翰逊除去职位等级略高舒内曼一层以外，更多的是从宏观角度来全局策划现场工作的部署和目标。另外，格雷夫斯还找来了海关署署长威廉·约翰逊（William Johnson）说明工作内容，在得到了约翰逊的首肯后，首批9名州地区负责人很快就于1941年4月9日陆续上岗就任。后又通过格雷夫斯的国防交涉，美国银行业协会（American Bankers Association）同意抽调数千名银行职员以志愿者的身份协同负责现场债券的发售和咨询工作，实际上这批人正是现场工作的主力军。

在完成了国防储蓄工作小组的组织框架以后，奥德加很快便将注意力集中到了储蓄债券部这一机构上。尽管该机构此时仍继续推广小额债券，但摩根索或许已意识到，在发售期末尾指望到手大笔资金显然已不大现实。奥德加认为这个机构可以继续保留，但他建议将这个部门划归公共债务部而不再成为独立工作的特别机构。和华盛顿很多邮局机构所遭遇的窘境一样，储蓄债券部在小额债券发行结束后也开始面临工作区域限制的问题，这个问题随着美国加入战争而便变得更为突出。由于要妥善保管 1000 多万张各类债券票根，储蓄债券部在 1942 年开春被迫迁往芝加哥，在那里他们专门租下了芝加哥商品大楼、家具大楼和纳什工作大楼这三栋建筑用以存放他们的债券票根及其他各类证券凭证。要说明的是，这三幢大楼累计 100 万平方米的空间到二战结束时初去小额债券之外，还放满了 10 亿张 E 型债券、300 万张 F 型债券和 800 万张 G 型债券。此外，这个部门每个工作日还要处理约 500 万张兑换而来的印花税票和约 800 万张退还和损坏的各类债券票根。

摩根索计划将债券发行日期定于 1941 年 5 月 1 日周四当天上午，而此时债券和印花税票的印刷工作也已紧锣密鼓地展开。4 月 19 日，也就是列克星敦战役打响第一枪的 166 周年纪念日当天，第一批 7000 万张印有一分钟人雕像以及"美利坚保持警惕"（America On Guard）口号的各面值印花税票以及小面值债券便开始陆续运往各地的联邦储蓄银行和邮政单位。踌躇满志的摩根索此刻和自己的下属个个摩拳擦掌，在他们看来，这场演出终于要拉开帷幕了。

美国东部时间 4 月 30 日晚上 9 点 20 分，摩根索靠坐在罗斯福旁边，一旁的哥伦比亚广播公司工作人员还在忙着调试话筒、扩音器以及广播信号输出器。9 点 30 分整，美国民众听到了一个不同于以往的声音，这个声音来自摩根索。"针对众多美国民众关心的国防计划何时开始的问题，美国政府将于明天上午给出正式的答案。"摩根索随后设问道，"很多人可能会问：'我们能做些什么？'我的回答是，美国国防债券和印花税票将在美国的每个州、每个县、每个城市、每个小镇上对外发售……任何一位公民都有权购买以为美国的国防工作尽自己绵薄之力"。停顿片刻后，摩根索接着补充说，"还有人会问：'那政府需要我们的储蓄做什么？'这是个好问题，因为你的政府希望为你们中的每一位创造一个持有美国民主份额的机会，一个捍卫民主和扪心自问'我是否甘愿付出'的机会"。

发言结束之后，摩根索拿出一张准备好的面值 500 美元的债券向民众表示，自己手中拿着的债券将于明天上午与其他债券一起公开出售。随后广播切换至千里之外的堪萨斯城，由该市邮政局局长弗兰克·沃克（Frank Walker）宣布国防债券和印花储的蓄购买已正式开始，他提到摩根索手中的这张债券正是由他亲自转交给对方的，而这第一张债券的购买者就是美国总统罗斯福。此时广播切换回白宫，罗斯福开始正式谈话，他希望各位爱国的美国公民"都能在民众和政府之间搭建起一座沟通的桥梁，通过购买债券和印花税

摩根索将第一张国防债券转交给罗斯福总统。尽管这仅是一个趋于形式的过场，但却从侧面说明了罗斯福对债券工作的重视程度

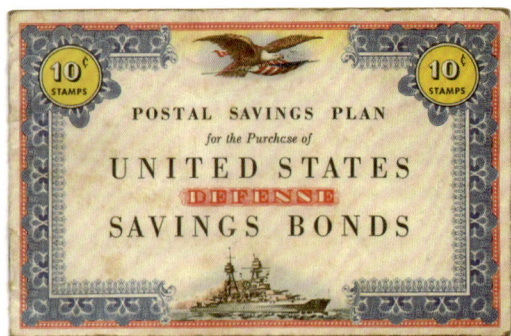

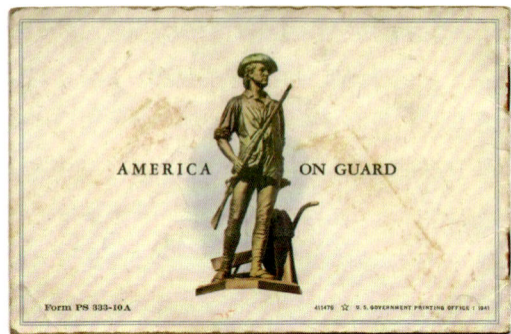

国防债券样张

票来保卫家园并捍卫美国政府历来提倡的自由"。

这次"炉边谈话"等于正式宣布美国政府开始实施债券推广计划。就在这次谈话的前一天,《纽约邮报》的首席经济专栏记者西尔维娅·波特(Sylvia Porter)在分析了摩根索的债券推行方案之后随即撰文对即将进行首秀的美国国防债券进行了点评,而这篇神作中的诸多预测在后来均被一一验证:

"明天早上的华盛顿,罗斯福总统将会购买第一张国防债券,这标志着美国乃至全世界最大规模的一次债券计划将正式开始……有超过 1.6 万家邮局和上千家银行将在明天同时开售债券,这将是一战时期自由债券的翻版,尽管我认为这两者之间至少有一点不同,那就是当年的那些高压宣传和强迫兜售伎俩将不复存在;然而对作为 8000 万亲身经历过那段时期的美国人来说,他们似乎看不出这两者之间的更多差别……财政部希望通过一年半的债券推广从中筹集 30 ~ 40 亿美元的资金,只是当年伴随债券不请自来的征税工作让很多经济观察家们对这一目标持谨慎态度……"

次日上午 9 点左右,美国国家广播公司头牌播音员洛威尔·托马斯(Lowell Thomas)在纽约演播室开始对债券的首日发售情况进行实况转播;作为互动,华盛顿方面演播室则由资历颇深的播音员汉斯·卡尔滕伯恩(Hans Kaltenborn)督阵,配合两地的广播工作。节目进行期间,农业部部长维卡德还号召全国的农场主和务农人员积极参与到购买债券的行列中去。根据场外记者的报道,共有 3900 名银行职员在纽约、华盛顿、芝加哥、洛杉矶等大城市的销售点协助发售工作的顺利进行。在盖尔·约翰逊的一再叮嘱之下,这批发售人员个个面带微笑,用一种不带任何强迫抑或乞求的平和语气向过往路人宣传债券并在最后建议倾听者不妨一试。很多民众后来回忆说,当天推广债券的政府工作人员让他们仿佛忘却了一战期间的种种不快。

很难说清楚到底是摩根索与罗斯福的演讲激励了美国人,还是现场工作人员和煦春风的服务态度感染了美国人,5 月 1 日当天的债券发售量奇迹般地超过了 1.03 亿美元,这个数字甚至让摩根索都始料不及。利好消息在次日接连传来,掌控着美国生产命脉的劳工联合会和产业工会联合会于当天告知摩根索,其属下的各家生产机构将会全力配合并鼓励员工参与债券购买。稍晚时候,铁路劳工负责协会(Railway Labor Executive Association)也发表声明表示愿意配合债券的推广工作;一周以后美国退伍军人协会(American Legion)发明公告也表示支持摩根索的债券计划……至 6 月下旬,美国国内已经有超过 50 个协会组织发表了支持声明。有观察家发现,尽管林德伯格于 6 月 20 日在洛杉矶发表反战讲演继续反对美国卷入战争,但以他为代表的"美国第一"委员会早就被民众亢奋的债券购买欲望所吞没。

另一个标志性的事件便是推广宣传曲的出现。受摩根索之托,或者更为准确地说是在奥德加的提议下,当时美国最为著名的词曲作家欧文·柏

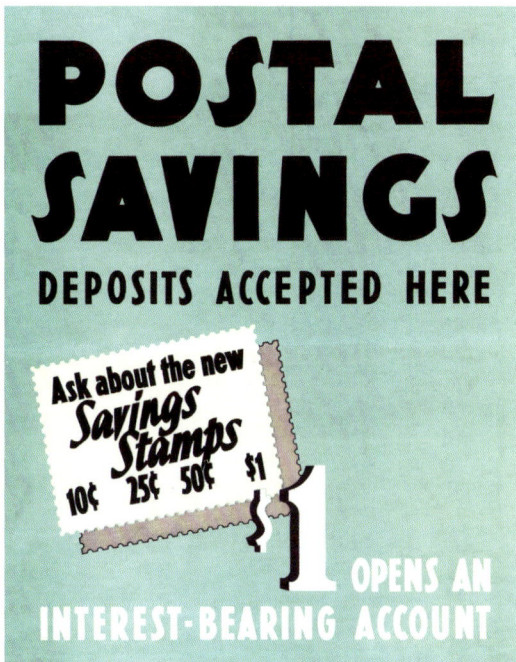

POSTAL SAVINGS
DEPOSITS ACCEPTED HERE

Ask about the new
Savings Stamps
10¢ 25¢ 50¢ $1

$1 OPENS AN
INTEREST-BEARING ACCOUNT

何不考虑邮政储蓄新推出的储蓄印花税？（美国财政部／美国邮政局，1941）

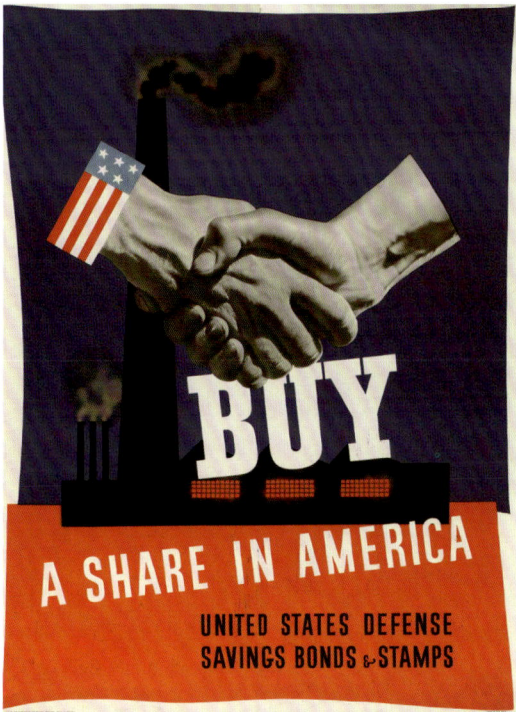

BUY
A SHARE IN AMERICA
UNITED STATES DEFENSE
SAVINGS BONDS & STAMPS

购买一份对美国的职责。（国防储蓄工作小组，1941）
"share" 一词其实也是一语多关，除可理解为"股份"之外，该词同时也兼有"职责承担"和"共同享有"的含义

林（Irving Berlin）受邀完成此项工作。经过两周左右的创作，柏林依照 1938 年为歌舞电影《乐天派》（Carefree）创作的电影插曲《今天你吃番芋了吗》（Any Yams Today）为基础，创作了一首词曲形式类似的《今天你购买债券了吗》（Any Bonds Today）的歌曲。这份初稿于 5 月 22 日呈交给摩根索过目并很快获得了通过。6 月 10 日，美国著名歌手巴里·伍德（Barry Wood）受邀在华盛顿陆军军事学院完成了此曲的第一次公开演出。后来，经过"安德鲁斯三姐妹"（Andrews Sisters）乐队的翻唱，加上 1941 年 7 月起开播的《财政时间》节目将此曲作为开场音乐，这首让人感觉甜而不腻的歌曲一时间在美国变得家喻户晓，而那句"今天你购买债券了吗"也因此成了美国在二战期间最为流行的一句宣传口号并屡屡出现在各类宣传作品中。

到了 6 月下旬，身处华盛顿的国防储蓄工作小组编制已经超过 250 人，但仍旧有很多人每天工作时间超过 9 小时。频繁的结构扩充让这个工作小组在 1941 年 7 月就拥有了超过 300 名在编成员，另外还有数以万计的志愿者为这个组织负责债券的推广工作。当格雷夫斯意识到上百名员工拥挤在财政部大楼对面的华盛顿大楼将会对日后的工作造成诸多不利之后，他很快就向摩根索提议将国防储蓄工作小组搬出这幢大楼。经过多方谈判，办公新址最终选在位于西北第 12 大街 709 号的斯隆大厦（这个结果与尤金·斯隆本人没有任何关系）。

就在国防储蓄工作小组整体搬迁之际，各个地方的债券工作办事处也已初具雏形。尽管奥德加之前曾表态不支持这种工作模式，但他最终还是做了妥协和让步。1941 年 7 月 1 日，华盛顿特区债券工作办事处在宾夕法尼亚大道第 14 大街的一幢独栋单层内正式开始工作。很快，纽约州和马萨诸塞州于 9 月初相继在洛克菲勒中心和波士顿公园开设了州办事处。珍珠港事件爆发时，除去肯塔基和特拉华两个州以外，其余各州（包括夏威夷岛和阿拉斯加地区）均已拥有了自己的债券工作办事处，加利福尼亚州甚至在洛杉矶和旧金山开设了两家办事处。此外，根据现场工作地区负责人厄尔·罗斯（Earl Ross）的提议，财政部专门在美国中西部以及洛基山脉地区开设了一家办事处。这 50 家办事处很快就如同信息枢纽将美国各地的债券信息有机地汇总了起来。

当德国人于 1941 年 6 月 22 日背离《苏德互不侵犯条约》开始大兵压进苏联时，美国的债券工作也正达到一个高潮。街道、商店、学校……随处可见印有一分钟人的宣传布告，25 万份宣传册早被抢购一空。根据纽约一家广告公司于 7 月初公布的半年度市场调研报告显示，债券工作此刻"正以一种没有推销感、商业味、政治化和戈培尔式宣传的形式迅速而又广阔地传播着信息"。另一个令人振奋的消息是，根据财政部 7 月底的初步统计，债券工作已筹得 10 多亿美元，而眼见债券计划逐步取得成效的摩根索随后便授意格雷夫斯开始落实他的后续计划。

摩根索最先落实的是"10% 计划"，该计划的主旨是希望每位在职员工在发薪之日拿出自己工资的 10% 用于购买债券。这一想法其实并非首创，因为早在 1936 年，摩根索就曾利用斯隆的关系在美国电话电报公司身上进行了试验，当时约有 3 万名雇员签署协议表示愿意拿出自己工资的一部分购买小额债券。尽管这是一个大胆的尝试，但摩根索愿意冒这个风险让债券发售量再提高一个台阶。摩根索的博弈在随后获得了很大成功，由于得到了美国两大工会等组织的大力支持，方案很快就在工厂、公司以及一部分私营企业实施开来。尽管这个举措到后来被很多单位略打折扣，但一直持续到二战结束，"10% 计划"仍旧为财政部带来了至少 15 亿美元的固定年收入。

继公司雇员之后，摩根索很快便想到了工作性质截然相反的美国农业工作者。这批自给自足

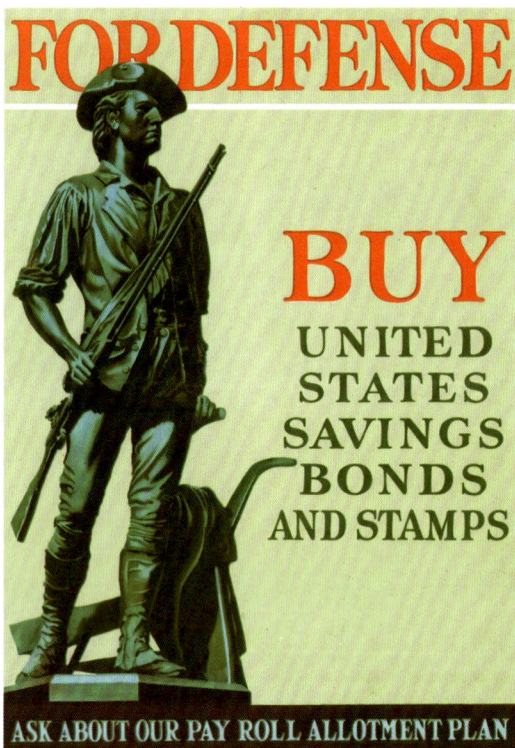

为了国防事业，请购买美国储蓄债券和印花！（国防储蓄工作小组，1941）

单曲《今天你购买债券了吗》的发行封面

今年圣诞就购买一份对美国的职责。购买国防债券和印花！
（诺曼·威尔金森，1941）

购买一份对美国的职责！（国家过程控制公司，1941）

的农场主和务农人员显然不会拿出自己每月的部分收入用来购买债券。在农业部和农场管理局联合会的积极配合下，由农业部资深技术顾问劳埃德·帕坦（Lloyd Partain）出面，促成美国国内的农场主联盟（Farmers Union）和国家农庄会（National Grange）等数家农业组织进行宣传工作。此外，政府还针对这一阶层推出了两项优惠政策：一、筹建经济赔偿基金以应对因干旱、洪涝、虫灾和禽畜疾病传染等导致的经济损失；二、筹建债券资金交换机制，任何从事农业工作的人员均可凭借自己购买的债券在开耕或收获等务农高峰时期更换拖拉机、收割机等各类务农工具。

摩根索的另一个举措同样沿袭了麦卡杜时代的做法，那就是后来被称为"战时校园"（Schools At War）的债券推广工作，该项工作由圣路易教育委员会督导霍默·安德森（Homer Anderson）负责整体协调。顾名思义，该计划旨在发动各学龄阶段的青少年参与到此项活动中去。与一战时期相比，推广计划同样明确规定现场工作人员严禁使用强迫或命令式的语气来诱导学生完成购买，并希望让更具亲和力的学校老师或校长代为宣传。另外，由财政部制作的一套名为"我们的美利坚"（Our America）的四色宣传布告经印刷后已被陆续派发到国内的各个学校。考虑到学生的经济能力有限，摩根索很快便决定不再向学生推广债券，而将其换成了售价更为低廉的储蓄印花。

这个面向学生的举措必然导致另一个推广计划的诞生，那便是"报童计划"。此项计划最早由《费城晚报》（Philadelphia Evening Bulletin）于该年9月中旬提出并很快演变成国内900余家报社齐齐响应的一次大型推广活动。11月10日，美国商业报刊协会（Associated Business Papers）所属的国防委员会代表其手下的132家出版商在纽约发表联合声明，表示"帮助财政部推广债券和印花税票销售工作是一种义不容辞的爱国责任"。至11月28日，全美556份日报的主编达成一致决定，同意让报童完成销售储蓄印花的工作，而推广活动也正式转变为一项固定工作。据战后的不完全统计，当时美国国内有超过 15 万名报童负责流动出售储蓄印花。

当然储蓄印花的销售工作不仅仅由这些流行性极强的报童负责完成。根据密歇根州的实际运营经验，国防储蓄工作小组随后还成立了一个名为"零售推广处"的新部门，专门负责协调全国的印花税票零售业工作，其总负责人由当时的西屋公司执行主管西德尼·马汉（Sydney Mahan）担任。在很短的一段时间内，全美各大零售业代表纷纷向这个部门献计献策，他们还自发成立了一位名为"零售顾问委员会"的组织以配合政府部门的工作。这个委员会在 1941 年 9 月 15 日开始推出一项为期 7 天的"印花零售周"活动，大约有 500 多家零售业单位参与了此次活动。

让我们翻回头再看看这个工作小组的宣传工作开展情况。老实来说，工作小组的多数宣传工作都离不开全美广告委员会（National Advertising Council）以及影视业战事促进会（War Activities Committee Of The Motion Picture Industry）下属新闻编辑部和好莱坞联络部的大力配合。广告委员会的全部作品均是在得到财政部，或者更为准确地说是工作小组下属的广播宣传处事先允许的前提下进行创作的。随后，工作小组利用与美国广告代理协会（American Association Of Advertising Agencies）的合作关系将海报、广告、标语以及广告台词通过报纸、杂志、广播等形式对外宣传。由于和官方的合作关系，相当数量的海报和宣传广告均以财政部官方的名义公布，故此在很多时候，真正的设计创作者根本没在画中留下自己的姓名，更多的只是签上自己姓名的开头缩写或者干脆只留下所属广告代理公司的名字。

相比起平面媒体宣传工作的多面性，影视业战事促进会属下的新闻编辑部可就轻松得多，而隶属工作小组的电影推广和特殊活动处就负责和

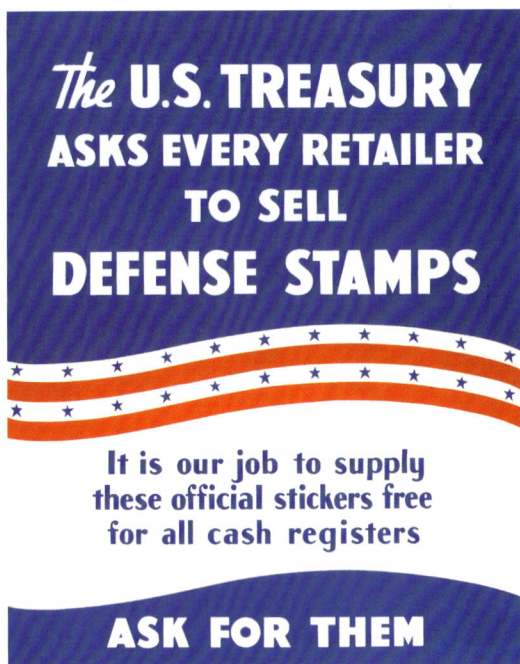

美国财政部希望每个零售业主都能参与债券的销售活动（美国财政部，1941）

这个部门打交道。仅在 1941 年，这两个部门就联手推出了一批数目可观的新闻宣传短片，其内容包括摩根索将第一张债券递给罗斯福，著名歌手宾·克洛斯比（Bing Crosby）与他 4 个孩子一起购买债券，好莱坞女星卡罗尔·隆巴德（Carol Lombard）在印第安纳波利斯志愿销售债券以及著名音乐人凯·凯瑟（Kay Kayser）驾着自己的"债券马车"在芝加哥巡游等等。而好莱坞联络部的工作任务则更为清晰，他们利用自己独一无二的人脉关系请来了多萝西·拉莫尔（Dorothy Lamour）、约翰·佩恩（John Payne）和内尔森·艾迪（Nelson Eddy）等一批好莱坞明星为其进行宣传推广。此外，该联络部还于 1941 年 8 月拍摄了一部名为"美国的首选"（American Preferred）的 4 分钟宣传短片并在全美 10047 家影院同步上映。11 月 14 日，这个部门再度推出另一部名为"为了胜利的一分钟人"（Minute Man For Victory）的系列片，拍摄者选取了全美各地 870 名普通民众，

我们准备好了，你呢？请加入"战时校园"计划！（艾尔文·努里克，1942）

让战争储蓄帮助救助伤员！（美国财政部，1944）
"战时校园"计划积极鼓励各在校学生购买印花和债券，而军方则将这些筹集而来的资金购买各类军用吉普车，比如海报中的这种单辆造价1950美元的前线救护用吉普。作为某种鼓舞，军方允许将出资购买的学校名印在吉普车的驾驶操作盘上方。到1943年年底，美国陆军有超过20500辆军用吉普是由"战时校园"计划所筹得的资金加以采购的

战时校园的吉普购买计划。（美国财政部，1943）
与吉普车相类似，L-4"蚱蜢"型轻型飞机也可通过在校学生的债券资金加以购买。这种造价3000美元的多用途飞机不仅可以充当炮兵侦察校射使用，同时还兼备敌方侦察和通讯联络的作用

包括职员、工人、农场主和家庭主妇等，通过每个人的不同视角向民众宣传国防债券的积极意义。

这些宣传工作为债券销售推波助澜的同时，摩根索的宣传机器也开始越来越受到媒体舆论的质疑和指责。一些报纸专栏作家开始撰文怀疑工作小组的宣传经费是否是私自动用了政府的公共资产，还有些人则怀疑宣传资金和债券销售收入的性价比是否合理。在《芝加哥论坛报》专栏作家约翰·费什尔（John Fisher）的要求下，格雷夫斯在11月27日决定公开工作小组的宣传资金明细，为此该报当天特意辟出一块专栏刊登了财政部的一篇官方声明。除去向民众举例展示大额费用的来源和去处以外，文章中还特别指出："从

5月1日至10月31日，国防储蓄工作小组的宣传成本开销总计162.6564万美元，而债券的销售收入为177512.4万美元，其用量不足销售额的千分之一……"随着这篇声明的公开，许多质疑之声很快就消失不见，不再吱声。不过我们要说明的是，尽管财政部与新闻媒体在关于债券工作的首次交锋中赢得了胜利，但他们在日后的很长一段日子里却屡有失手。

在解决了来自舆论的压力后，摩根索和格雷夫斯得以全身心地将注意力放在债券工作上。他们很快就发现，在经过了4个月左右的兴奋期之后，债券销售量的走线自1941年9月起便开始呈现平缓趋势，而如何让民众继续保有购买债券的

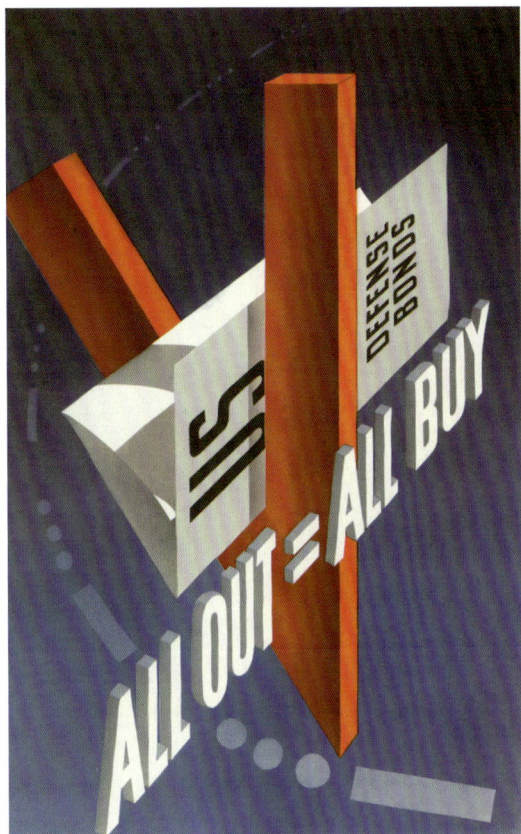

全力以赴，全民购买国防债券！（国家过程控制公司，1942）

欲望也就成了管理层在这段时间内的工作重点。后来，纽约州北部地区现场工作总负责人爱德华·莱奇沃斯（Edward Letchworth）的一个创新举动多少也算适时阻止了销售量的下滑趋势。根据这位莱奇沃斯的建议，纽约州于 11 月 24 日至 12 月 5 日在布法罗市推出了一项名为"印花换飞机"的活动。按照活动目标，组织方将通过出售印花税票所得的 17.5 万美元购买两架战斗机。这项活动很快就通过报纸以及 25000 份海报的宣传攻势发挥了化学作用：这种新奇的销售形式到底还是勾起了民众的好奇心，最终的 24.9 万美元的销售额几乎能让主办方购买第 3 架飞机；作为连带效应，为期两周的活动还同时带来了约 80.7 万的债券销量。

然而这种做法显然不能取得屡试不爽的效果。

摩根索和他的团队清楚地意识到，债券销售工作此时已进入了某种寻求突破和转机的时刻，纽约州这种类似促销的活动充其量只是一种刺激民众购买欲望的强心剂，一旦药效过去也就难以再觅作为了。盖洛普民意调查的数据结果也很能反映摩根索的这种担忧：调查显示，有超过 97% 的美国人知道国防债券一事，但让人沮丧的是，只有 12% 的受访民众表示已购买债券，另有 12% 的人表示会考虑购买债券，而其余的受访对象基本持中立或不打算购买的态度。这是一个极其耐人寻味的统计结果，要知道根据财政部的初步统计，国防债券已取得了超过 20 亿美元的收入，这笔金额显然不可能是那 12% 的美国人所能完成的；换句话说，这笔收入的更大部分极有可能仍旧由财团和银行等团体机构购得——这显然与摩根索的初衷背道而驰。当美国印刷总署仍以每天 200 万张设定供量来保证债券的供求之时，摩根索却似乎油然生出一种山穷水尽的感觉；然而，在他尚未示意债券计划的下一步工作之前，债券的销量却随着珍珠港事件的爆发而突然变得柳暗花明起来。

当日本人偷袭珍珠港的消息传遍全美各处角落之后，国防债券的销量就以一种难以估算的几何倍数陡然上升。当罗斯福宣布对日、德两国宣战以后，这种趋势就显得更为明显：在圣路易，债券销量在一周内上涨了 121%，全市有超过 358 家工厂决定接受财政部的"10% 计划"；在纽约，债券销量在一周内翻了 8 倍之多；在芝加哥，债券销量从最初的 70% 增量一下子扩大到 500%；而在洛杉矶，由于有大量日籍侨民居住在加州，该市的债券销量一下子扩大了 14 倍，咨询电话几乎被打爆；更为夸张的是夏威夷，根据 12 月 10 日夏威夷地区储备银行的报告，岛上的全部债券和印花税票已在 3 天内被抢购一空……事实上，仅在珍珠港事件爆发后的一周内，全美就有 123 座城市的债券销量出现了至少一倍的增长。根据联邦住房贷款银行委员会（Federal Home Loan

为芝加哥中南区在校学生进行致谢演讲的伊利诺伊州地区债券销售负责人查尔斯·图宾（Charles Turpin），照片摄于1943年6月4日。根据其右侧的支票数额显示，该地区学生共筹集资金263148.83美元，足够购买125辆吉普和2架飞机

在印第安纳州议会大厦大厅内，志愿从事销售工作的女星隆巴德，照片摄于1942年1月15日。仅在这一天时间内，隆巴德就为该州贡献了210万美元的债券销售额

Bank Board）在 12 月 19 日的销售报告，从 12 月 8 日至 12 月 13 日的 6 天里，全美债券销量的平均增长率是 276%。截止到 1941 年 12 月 31 日，根据不完全统计结果显示，1941 年的国防债券总销量超过 25.37 亿美元。也有人推测，考虑到珍珠港事件后债券销量的猛增，这 8 个月的实际销量至少超过了 31 亿美元。

与其说珍珠港事件让国防债券的某种暗示一语成谶，倒不如说摩根索的这次计划借着日本人策划的偷袭事件出现了至关重要的转机，因为当客观事实摆在每一个美国人面前的时候，即便是最为强硬的孤立主义者都已经开始转变先前的想法了。不过随着美国正式介入战事，摩根索的债券计划到底会不会重蹈一战期间的覆辙，也就成了大多数美国人更为关心的一个问题，而这位财政部部长的麻烦也随之接踵而来。

在制定 1942 年的债券工作计划以前，摩根索已于 1941 年底对工作小组的人员安排进行了些许改动。两位工作小组的二把手盖尔·约翰逊和哈弗德·鲍威尔分别离开了之前的岗位。有所不同的是，约翰逊卸任的原因在于现场工作在大半年的组织和筹建下初具规模，并不需经过约翰逊来发号施令，而鲍威尔离去的原因则更多是与摩根索之间意见不合。摩根索后来又在工作小组内增设了一个名为"总管理处"的部门，并下令由查理·亚当斯（Charlie Adams）以及他的副手华尼塔·琼斯（Juanita Jones）负责整个工作小组的人员调拨、预算分配以及经费处理。

摩根索和格雷夫斯很希望扩大债券工作的宣传力度和范围，但是代表着整个财政部的摩根索其言论必须时刻保持谨慎，而格雷夫斯和斯隆又不是那种擅于在媒体面前侃侃而谈的说客，奥德加尽管口才出众，但言语中却充斥着一大堆晦涩枯燥的学术用语……故此，格雷夫斯很快就为工作小组找来了两位在日后债券工作中起到关键作用的核心人物。

第一位是当时在新英格兰地区担任酒税局局长的罗伯特·考恩（Robert Coyne），他的另一个身份是波士顿的一名代理律师。格雷夫斯很快就将这位演说家召入工作小组并专门负责债券推广工作的公众演说部分。第二位名叫西奥多·甘博（Theodore Gamble），他在进入华盛顿的工作小组之前就已是俄勒冈州的债券销售现场总负责人。格雷夫斯和奥德加最初了解此人是在 1941 年 10 月的地区工作汇报中，当时年仅 35 岁的甘博通过自己出色的管理手段，在他的老家波特兰市将债券销售工作安排得井井有条，而销售业绩也在全美各大城市中位列前茅。格雷夫斯后来更多地了解了此人，很多曾与甘博共事的人都表示，此人性格爽朗、行事周全，且拥有相当丰富的各领域知识。这位因外表看似年轻而得到"俄勒冈男孩"绰号的甘博早在 16 岁时就已在西雅图的一家剧院担任助理经理，并在之后的 10 年内相继做过剧院经理、电影经纪人以及环球电影公司连锁院线执行经理；25 岁那年他成为福克斯电影公司连锁院线的西海岸地区经理并在 1940 年开设了自己的影

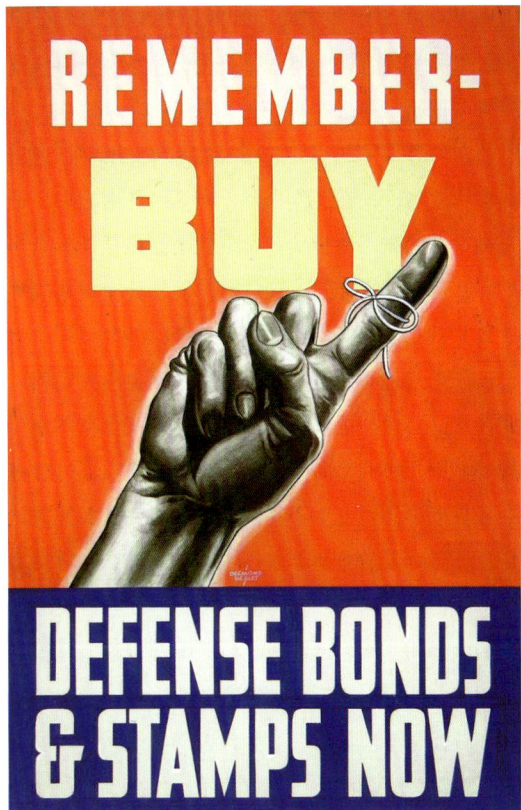

请牢记——购买国防债券和印花！（国防储蓄工作小组，1942）

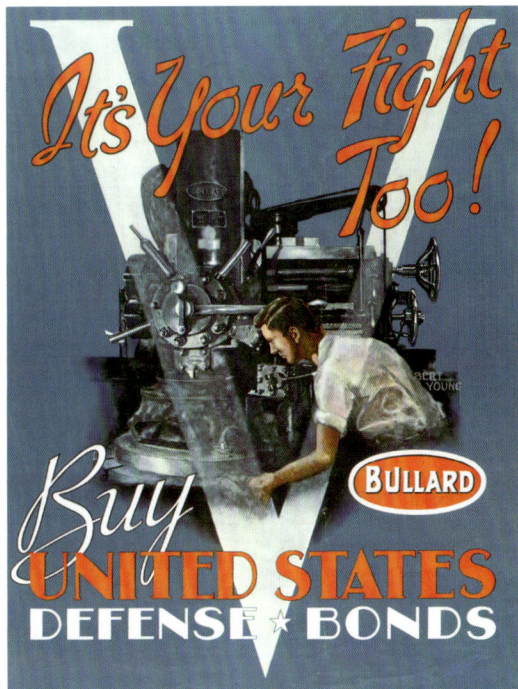

这同样也是你的战斗！请购买国防债券和印花！（波特·扬，1942）

视戏剧公司。除此之外，甘博还是一位卫理公会教徒和共济会成员，并在许多民间组织中担任过各种要职，人脉关系可谓遍布全美。

1941 年 11 月，格雷夫斯决定亲自出马，邀请这位奇才加入债券工作小组。在见到甘博之后，格雷夫斯开门见山地指出，希望他能够担任债券工作的总宣传负责人，但让这位财政部部长助理有些尴尬的是，甘博一口回绝了这个请求，他的解释是自己的公司组建时间不长，他需要花更多的时间用以完善自己公司的运营状况。格雷夫斯只得悻悻地返回华盛顿并将情况向摩根索进行了汇报。不过事情在珍珠港事件后发生了些许改变；在召集各地区销售工作负责人的协商会议过后，摩根索亲自将甘博留下并再次提出邀请，可能是不好再驳回财政部部长的面子，甘博表示愿意上马，但希望给他几周时间回老家处理一些工作和家庭上的琐事。1942 年 1 月 4 日，甘博正式走马上任，头衔是债券推广工作总负责人兼财政部部长高级顾问。

从事后的结果来看，摩根索的这步棋为债券工作的最终成功无疑起到了最关键的作用，尽管在甘博上任的最初几周里，这一举动遭到了工作小组内部的极力抵制。工作小组的大多数员工都比甘博年纪大且工龄长，而且甘博之前也没有任何政府部门的工作经历，故此他们对这位娃娃脸能否取得成功深表怀疑。不过甘博的个人魅力很快就消除了这些质疑，很多员工发觉这位身先士卒的领头上司经常奔波于各个地区指导和宣传债券工作，他的工作时间比大多数员工都要长，但却和所有非在编员工与志愿者一样拿着区区 1 美元的象征性年薪。

摩根索从 1942 年年初开始的一系列重大举措无不围绕着宣传工作展开。1942 年 1 月 2 日，RCA 唱片公司执行总裁兼国家广播公司委员会主席大卫·萨诺弗（David Sarnoff）等 30 位国内知名人物被正式聘为财政部债券工作的"一分钟宣传员"；三周之后，全美已有 1015 名"一分钟宣

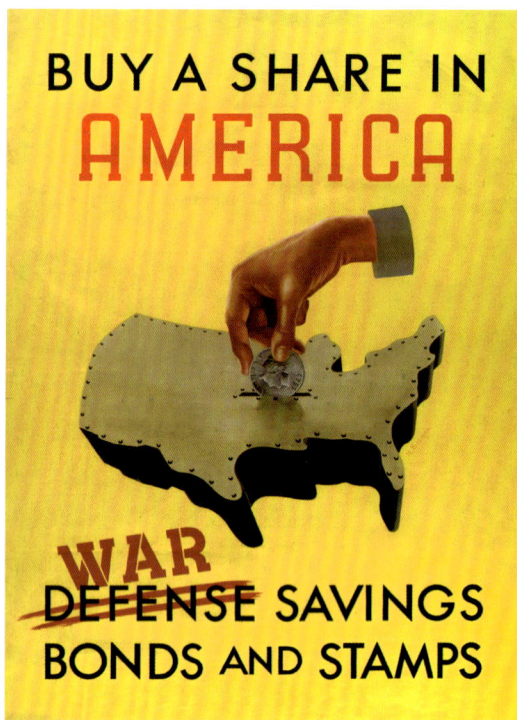

购买一份对美国的职责！国防战争债券和印花正在发售中（亨利·比林斯，1941）

购买战争储蓄债券，满足指标！（美国现金出纳公司，1942）

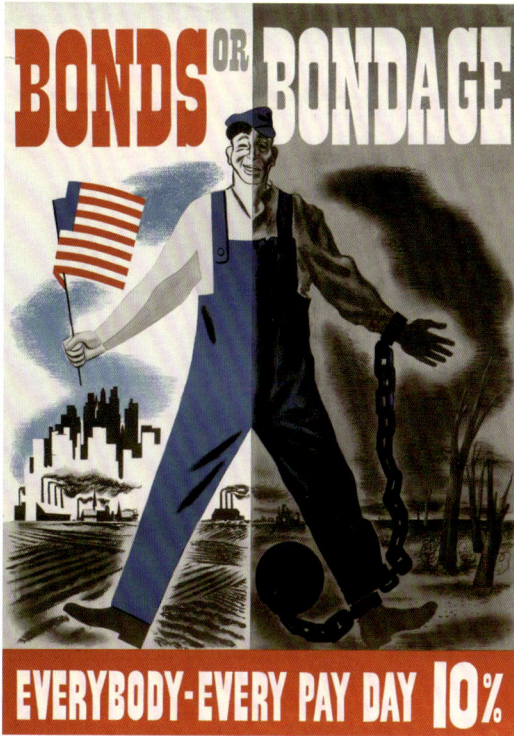

购买债券还是等着被奴役？每位员工从当月工资中拿出 10% 支援债券！（美国现金出纳公司，1942）

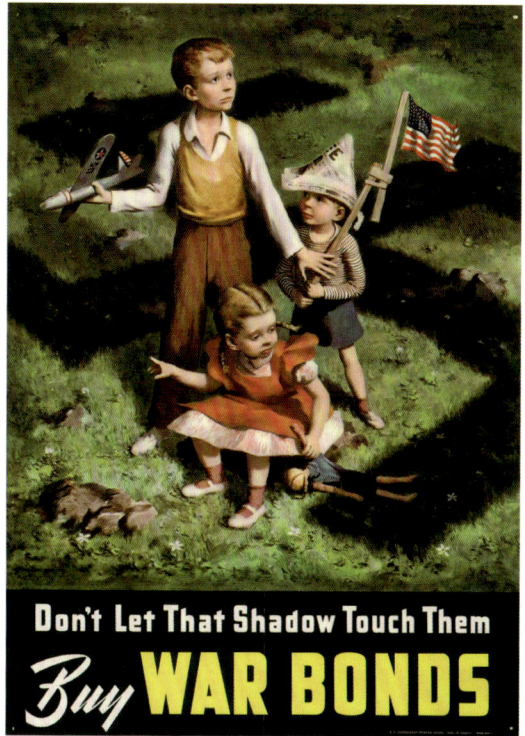

别让这些阴影笼罩在他们头上。购买战争债券！（劳伦斯·史密斯，1942）

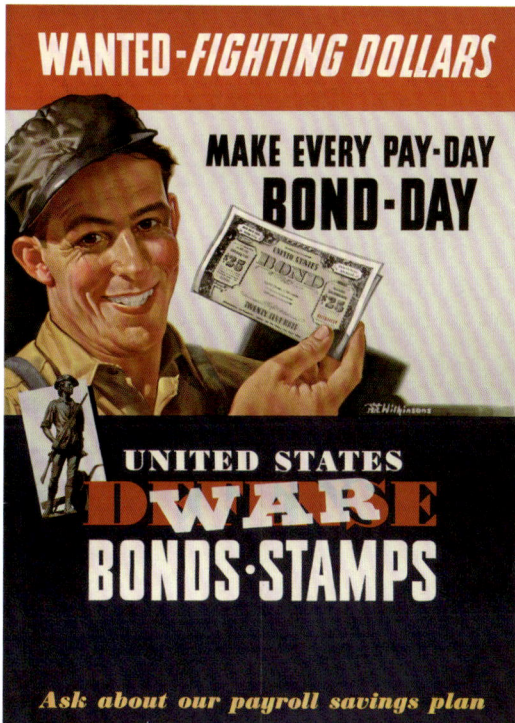

急需军需资金！让每个发薪日都成为你的债券购买日！（诺曼·威尔金森，1942）

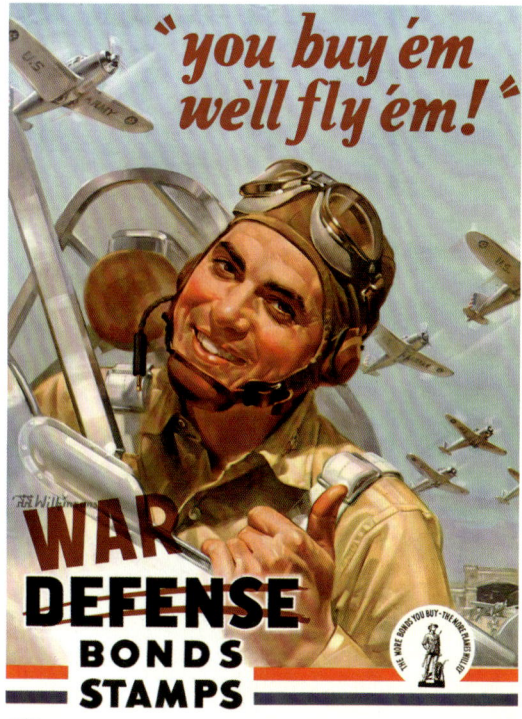

你来买，我来飞！购买战争国防债券和印花！（诺曼·威尔金森，1942）

★★★ 249 ★★★

传员"通过广播向民众进行宣传工作,除英语之外,外籍美国志愿者还用法、德、俄、西班牙等11种语言针对美国境内的不同族裔团体进行宣传工作。除去广播宣传以外,为了让民众购买债券的热情不至于过早地褪去,一本名为《我们的美利坚》(Our America)的宣传手册很快就以财政部官方的名义对外派送,共计达2000万本。不过摩根索的这一尝试在数周后宣告失败,因为根据民调结果显示,只有17%的受访民众表示知道这本宣传册,而这其中居然有近三分之二的人没有完整阅读过。这次极为失败的宣传工作也让摩根索意识到,在经历了1941年的初期成功之后,债券工作可能在1942年出现某种他不希望看到的转折。

摩根索的预言在1942年3月就逐渐开始变为现实,因为债券的销量自1942年1月过后便开始

矗立在亚利桑那州普雷斯科特市州立银行一侧的两张巨幅宣传板,左侧是债券销售宣传,右侧则是电影《马革裹尸还》(They Died with Their Boots On)。照片摄于1942年4月底

罗斯福总统说:"我们可以,我们定会,我们必须完成!"现在就购买美国战争储蓄债券和印花!(美国财政部,1942)

每况愈下;根据1942年2月底的统计,当月的债券销量相比上月减少了三分之一之多,而到了3月份,这一销量水平又不足2月的80%。摩根索不久后就明白了这种下降趋势的根本原因:由于战争的爆发导致美国不得不在国内推行定额配给政策,随着商品供应流的逐渐关闭,在正常供应尚未切断以前,很多民众自然而然地便会倾向于将钱用于购买大量生活必需品上。另一个让摩根索更感头疼的便是战时税收政策的制定。战争的确刺激了民众在短时间内购买债券的热情,但其负面影响往往在其他方面引发一连串的连锁反应。要知道,美国的战争资金从战前的640亿美元一下子蹿升到1942年4月的1540亿美元;而这一时期的美军单日经费开销就已达到了1亿美元,按照罗斯福的话来说,"(军费拨款)这笔资金是迄今世界上任何一个国家都不能媲及的";另一个摆在摩根索面前的诱惑性数据是,美国民众的工资总收入已从1940年的770亿美元提高到了1942年的1150亿美元,而如何在不引起民众反感情绪的前提下适当调升税收率便成了这位财政部部长当时亟待解决的问题。经过详细预算,美国在1942年的全年预算支出将超730亿美元,而其中的670亿都用以维持前线军队。即便是摩根索将计划税收收入从最初的165亿美元提高到了250亿美元,美国人仍将面临至少420亿美元的巨大资金缺口。在这种环环相扣的利害关系下,摩根索最不愿意听到的一种论点开始甚嚣尘上,那就是既然债券销量已经出现衰退迹象,还不如索性将其改变成强制性购买。

摩根索自然不会答应这种转变,因为这种改变不仅意味着自己苦心经营了数年的自愿性债券工作将会一夜间化为乌有,更会导致民众对政府的反感和不信任。于是他决定从1942年3月1日起在全国推行一项宣誓活动,希望每个美国公民将工资中的10%用于购买债券,另外他还要求债券工作小组通过广播、媒体和海报的方式加大

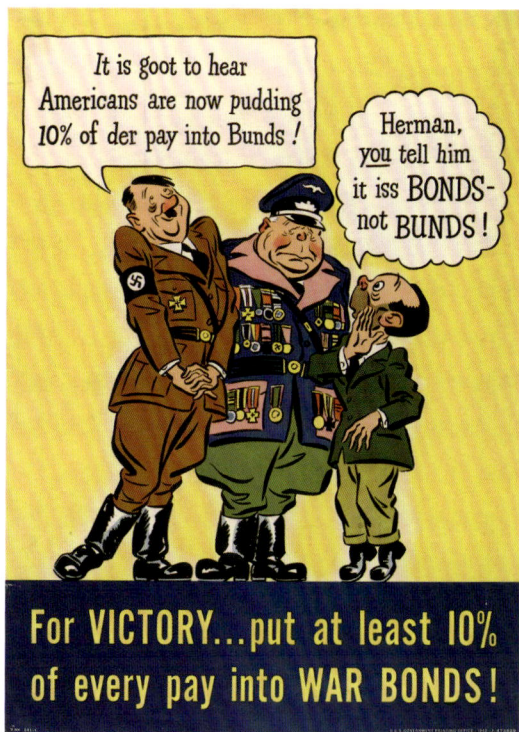

为了胜利，请将每月工资的至少 10% 用于购买战争债券！（战争储蓄工作小组，1942）

"小小印花亦能发挥大用处。"购买美国战争印花和债券！（阿尔弗雷德·帕克，1942）

"10% 工资计划"的宣传力度。摩根索为此还特地制定了一句活动口号，"让每个发薪日都成为你的债券购买日（Let's Make Every Pay Day Bond Day）"。1000 多万名来自银行、邮局和税务部门的志愿者佩戴着统一的活动胸牌开始在所在地区附近挨家挨户地进行宣讲和教育工作，仅在俄勒冈州，志愿者们在活动最初的 3 天时间内就已经完成了全州 85% 受雇公民的宣传工作。尽管宣传工作的效果显而易见，但期间罗斯福对摩根索的一番告诫或多或少地预示了工作的困难："我可不希望每个人都敷衍地说'我买过债券了'，而是希望他们说'我每个月都坚持购买债券'。"

就在宣誓活动进行期间，摩根索还于 4 月 15 日批准了第 45 号部门令，从即日起将原先的国防储蓄工作小组正式更名为"战争储蓄工作小组"（War Savings Staff），当然原来的国防债券也统一更名为"战争债券"。为了不让民众对于战争

债券的称呼引起歧义，在此期间的所有海报和广告都进行了适当的说明。遗憾的是，宣誓活动在进行了短短两个月后便宣告中止，因为截至 4 月底的统计，当月债券销量仅有 5.3 亿美元，甚至比 3 月份还少将近 5%。

收效甚微的宣誓活动让财政部第一次切身感受到外界舆论对债券工作的批评，另外，要求采纳强制性储蓄政策的呼声也愈加强烈。依照历史学家亨利·穆雷（Henry Murray）的说法，"财政赤字正在迅速扩大，通货膨胀的副作用也愈发明显，财政部在这种压力下必须要对推行的战争债券拿出一些必要的挽救措施"。因此，摩根索和格雷斯在 4 月中旬就开始协商采用定额计划取代宣誓活动，即根据经济情况和人口数目为每州制定债券销量的底线。4 月 23 日，摩根索与农业部长维卡德在做客电台的一档访谈节目中首次提到了这一计划的可行性。按照摩根索的预想，财政部

将从 5 月起尝试进行 3 个月的试验，起始月的定额目标为至少 6 亿美元，按照每月 2 亿美元的增量，要求至 7 月底的销量应至少在 10 亿美元以上。两天后，财政部公布了全美 3070 个县的定额指标，并借着当日的报纸上宣扬开来。很多观察家纷纷注意到，在要求强制性储蓄政策的压力下，摩根索的这一举动似乎暗含着某种不情愿的妥协与退让，尽管他最忠实的副手格雷夫斯以及奥德加第一次强烈反对了财政部部长的这一做法。

5 月 1 日，定额指标工作在全美境内正式展开。作为债券计划核心人物中的唯一支持者，甘博对完成定额指标工作显得信心十足，而这种乐观的情绪在佛罗里达州的印第安河县于 5 月下旬就首先完成任务指标后显得更为明显。不过甘博的这种自信仅仅维持了半个月时间便荡然无存：根据统计结果显示，全美在整个 5 月份的债券销量只比设定的 6 亿美元多出了 3435.7 万美元，甚至不足设定值的 5.7%。当甘博得知全美 48 个州仅有俄勒冈、佛罗里达和康涅狄格三个州超过定额要求之后，这位摩根索唯一的支持者也开始对这一工作产生了怀疑。一个月后，统计数据的结果更是惨不忍睹，区区 6.34 亿左右的美元不仅不足设定目标值的八成，甚至比 5 月份的销售额还略有下降。

到了定额计划实施开展的最后一个月，摩根索在 7 月 1 日决定孤注一掷，他对外宣布提高 F 型和 G 型债券的购买限额，将之前的 5 万美元上限上浮至 10 万美元，同时宣布取消 E 型债券的周期购买限定。许多经济观察人士在财政部修改政策出台之后便撰文指出，摩根索的绝望情绪此时已经表露无遗，而且他们中的多数也并不看好这一做法。8 月初公开的统计数据表明，尽管财团和银行购买的大额债券让财政部获得了多达 9 亿美元的收入，但仍距离 10 亿美元的定额指标相去甚远。继无功而返的宣誓活动之后，摩根索的第二项政策也宣告半途夭折。

在舆论和媒体的质疑声中，摩根索于 8 月底推出第三项针对债券的"星动美国"（Stars Over America）宣传活动。考虑到众多好莱坞明星和主流艺人均志愿参加了债券推广工作，财政部于 8 月 31 日和影视业战事促进会决定将这些明星分为 7 组，然后分别前往亨廷顿、纽约、旧金山、费城等地进行债券主题的巡回演出；作为呼应，全美多家电台均对演出进行了实况转播。9 月 30 日，这 7 组明星齐聚纽约麦迪逊广场，作为这一活动的谢幕演出，这场为时 3 个小时的演出活动现场就卖出了大约 40 万美元的债券。不过类似的活动之后便鲜有出现，不仅仅是因为舆论对财政部成本开销的再度质疑，更主要的原因在于债券销量并未随着明星的频频露面而呈现出令人信服的增长。

相比短短两个月时间的"星动美国"，平面媒体的宣传工作的持续时间更长，影响力也更大，同时也能看作摩根索在 1942 年上半年所推出的四大举措中唯一还称得上成功的一个。早在 1942 年

"这也是我的战斗！"请将每月工资的至少 10% 用于购买战争债券！（战争储蓄工作小组，1942）

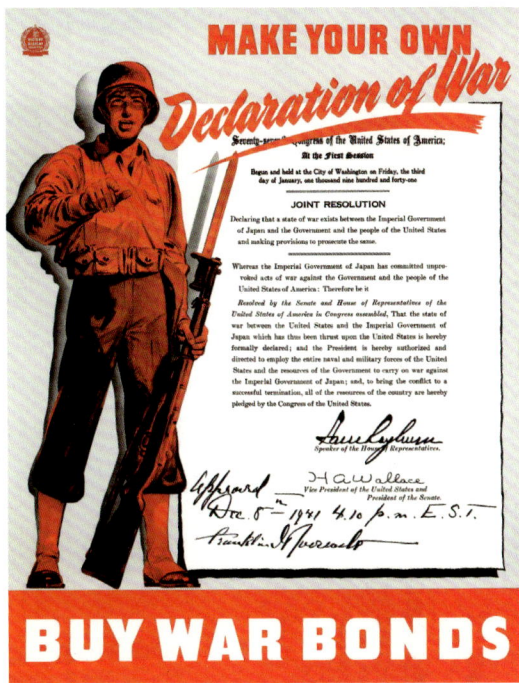

实现你自己的《开战宣言》。购买战争债券！（战争储蓄工作小组，1942）

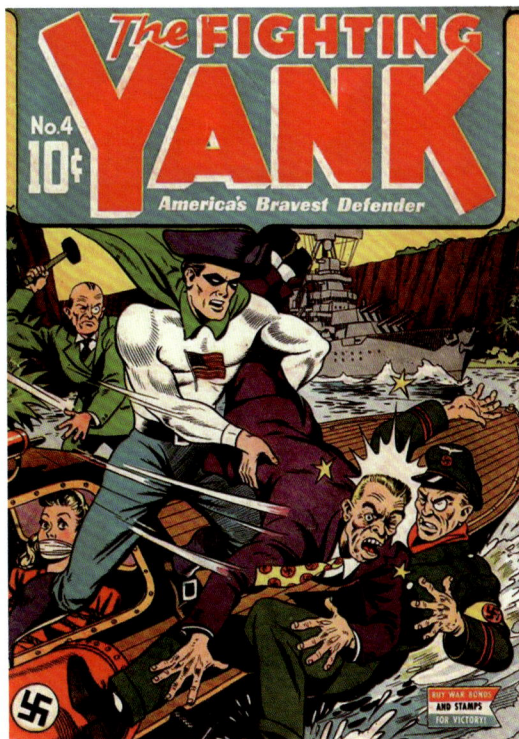

1943 年 6 月刊的《美国战士》（Fighting Yank）封面。美国战士当时也是美国漫画界中的一个经典英雄形象，注意右下角的宣传语：为了胜利而购买债券和印花

1 月底，全美漫画发行公司执行代表达格玛·诺格德（Dagmar Norgord）女士就和格雷夫斯达成合作意向，诺格德表示将会联合全美 40 余家漫画杂志以债券为核心创作一系列漫画作品。于是阿布讷（Li'l Abner）、白朗黛（Blondie）、呆瓜乔（Joe Palooka）、青蜂侠和超人等一批经典漫画形象借着债券主题的东风，延续出了一大段故事情节。5 月 31 日，著名漫画家阿尔·卡普（Al Capp）为债券计划专门设计的新作《小人物》（Small Fry）开始在全美的 85 家主流报刊陆续刊登，之后的 25000 本连环画册更是一度成为抢手货。随后在《家庭漫画》（Family Comics）杂志的主办下，《胜利战时漫画》（Victory War Comics）于 1942 年 7 月正式创刊，任何漫画作者均可向其投稿，但唯一的要求便是，漫画主题必须围绕债券工作和鼓舞民众士气这两方面展开。按照财政部公关部部门经理托马斯·雷恩（Thomas Lane）的说法，这批漫画"无疑是整个债券活动中最为闪光的一处了。它们由美国最优秀的漫画家共同完成，取材合理且老少咸宜"。

不过漫画工作的推出并不能改变财政部深陷困境的现状。奥德加最先得出结论，并在和盖洛普调查公司分析师哈德利·坎特利尔（Hadley Cantril）的交流中指出，导致目前这一窘境的根本因素在于，除了一分钟人标志以外，整个债券工作都缺乏让民众可以自发凝聚起来的动力，财政部不可能指望着再出现一次珍珠港事件来激化民众的情绪。到了 1942 年 6 月，债券销量跌至开售以来最低的 6.339 亿美元，而此时财政部的单日资金支出为 1.02 亿美元。要知道，就在 1942 年年初的记者招待会上，摩根索还曾充满信心地表示，他的财政部将确保每月 10 亿美元的债券销量。而当外界舆论铺天盖地地开始质疑债券工作进展不利并纷纷猜测这个国家将重新开始推行强制性储蓄政策的时候，就连最为支持摩根索工作的罗斯福都有些沉不住气了，他在 7 月中旬的一次白宫会议上公开批评了摩根索的近期工作："摩根索先生曾向我们保证每个月将会有 10 个亿的债券收入，但他现在却是满盘皆输……"

实际上，就连摩根索本人都对自己的计划产生了动摇，为完成这些经济指标，似乎除了强制性政策就再无他法了。就在摩根索对债券计划彻底绝望的时候，格雷夫斯和奥德加向摩根索提出了他们认为可以扭转败局的建议，也就是先前奥德加提出的缺乏民众凝聚点的看法。奥德加根据盖洛普民意调查的数据向摩根索指出，尽管美国开战已有大半年时间，但只有三分之一的美国人知道开战的真正动机。另一篇刊登在《读者文摘》上的文章则指出："民众对于赢下这场战争的态度大致相同，但是让他们具体阐述一下如何赢得这场战争显然还需要时日。"奥德加借此向摩根索表示，如果债券计划能够让美国民众提高对战

争的认识，那么债券销售计划便仍有翻盘的机会。

8 月 6 日，当时的国家预算局负责人韦恩·柯伊（Wayne Coy）告诉罗斯福："目前国会内部和外界舆论的呼声正在逐步增加，推行强制性储蓄政策看来已是不可避免的了。"罗斯福随后在私底下询问了摩根索："亨利，既然你的债券工作不尽如人意，那你准备下一步该如何处理？"摩根索并没有给出一个正面的回答，但他恳请他的这位挚友再给他一次机会，他已经找到扭转乾坤的良策。根据后来格雷夫斯的回忆，摩根索曾向他透露，无论如何也不希望自己苦心经营的债券计划被强制性政策所取代。

债券工作在 1942 年 9 月让人看到了些许转机。在太平洋战场上，中途岛战役的胜利不仅让日军首遭败绩，更是极大地扭转了之前对美军不利的

让我们并肩战斗。购买战争债券！（美国财政部，1942）

The Present With A Future

WAR BONDS

战争债券——憧憬未来的礼物！（战争储蓄工作小组，1942）

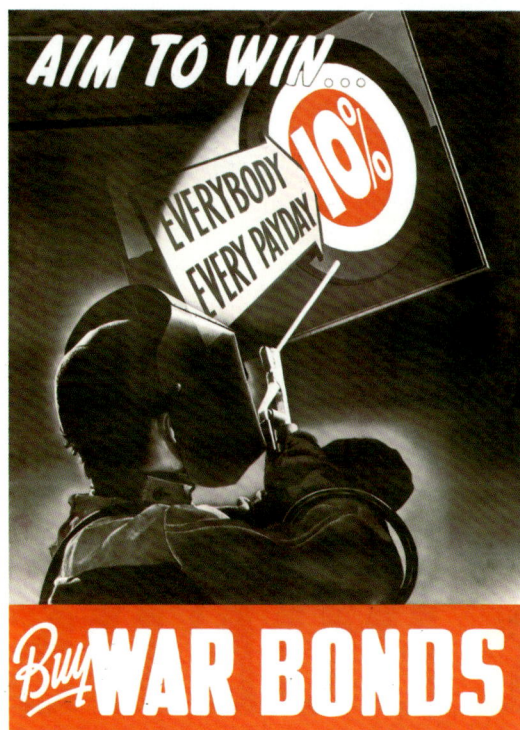

AIM TO WIN...
EVERYBODY EVERY PAYDAY 10%

Buy WAR BONDS

目标是胜利。请将每月工资的 10% 用于购买战争债券！（美国财政部，1942）

局面；在北非战场中，盟军开始尝试反击并迫使隆美尔的非洲军团实施战略后撤；在东线，苏联红军在顶住了德军的轮番攻击后开始在斯大林格勒地区集结反击兵力。但最让摩根索和奥德加等人看中的是，由罗斯福亲自下令组建的战时新闻处开始向民众有针对性地宣传战事的发展。奥德加认为这对债券工作的开展十分重要，一旦民众悉知前线战事的一举一动，那么他们也就更会心甘情愿地掏钱购买债券。不过摩根索和奥德加随后却产生了很大的分歧，原因是摩根索决定效仿一战时期麦卡杜的做法，将债券工作改成短周期性销售模式，奥德加极不赞同这一做法，认为此种模式等同于间接的强制性售卖，并可能会让民众产生厌烦心理。

在摩根索和奥德加仍在为定性债券工作而各持己见的时候，美国国会在疲软的债券销售业绩以及强烈要求推行强制性政策的呼声中通过了所谓的"胜利税收"（Victory Tax）法案，并规定该法案自 1943 年 1 月 1 日起正式生效。摩根索对这一决定感到挫败不已，他觉得如果自己的债券工作早些完成修改制订的话，便不会产生现在的结果；奥德加对于这一变化也吃惊不小，最后在摩根索的一再保证之下，奥德加勉强同意了他的周期性销售模式。

然而谁都没料到，摩根索后来却犯了一个极为愚蠢的错误。在接受媒体采访时，摩根索曾表示说，胜利税收根本无法挽救财政部的债券工作，因为"说白了，这和我们说的强制性政策没什么两样"。此番言论在经过各大媒体的报道后迅速发酵，很多人将摩根索的这段话理解为：既然胜利税收不能挽救债券工作，那就说明摩根索间接承认了债券工作已经宣告失败。一时间财政部和债券工作小组的咨询电话常处于占线状态，很多工作人员甚至表示，如果摩根索的个人意思确实如此，那么他们便会选择辞职，还有一些各地的债券现场销售人员表示："如果财政部官方都这么表态了，那索性就把这项工作取消吧。"

购买战争债券！（战争储蓄工作小组，1942）

摩根索万万没想到，自己一时宣泄的抱怨竟会招惹如此大的麻烦。9月11日他在电台节目里郑重地向外界表态："……外界似乎都认为我承认债券工作已经失败了，但我想说的是，这不仅是对我之前言论的断章取义和借题发挥，更是对所有那些夜以继日地投入在债券销售工作中的志愿者的一种不尊重行为……对于那些成千上万无私忘我的债券工作志愿者而言，这个国家的命运从未像现在这样牢牢地掌握在一群人的手里……"与此同时，罗斯福也在公开场合继续支持债券计划，因为他相信这位好友的这"最后一次机会"将会带来成功。当然罗斯福的这种态度也有另外一番隐情：早在战时新闻处成立后不久，反对派便公开指责过这是罗斯福效仿当年威尔逊的做法为自己进行宣传包装的面子部门。在国会内部的强大压力面前，罗斯福甚至觉得这个部门离解散的日子已是屈指可数了。如果缺少了战时新闻处这个唯一向民众进行宣传的官方渠道，那么摩根索和奥德加之前的一切设想和安排将会化为乌有；此外，战时新闻处也是海报、布告和宣传册的一个主要输出口，缺少了他们的帮忙，宣传力度或许会受到极大的影响。故此，罗斯福仍希望这个部门继续运行下去，不动声色地让那些反对者的观点不攻自破。

在度过了难熬的1942年9月之后，摩根索于10月初决定正式实施他的下一步债券推行计划——而成败也就在此一举。为了让工作万无一失，摩根索于10月中旬在新泽西州的瓦恩兰地区先进行了一次预演工作。结果为期三周的销售工作取得了令人瞩目的成功，这一做法甚至连奥德加都不得不表示赞同。在外界舆论的极大压力下，摩根索于11月初对外宣布，财政部将于11月底开始一次"胜利筹款活动"（Victory Fund Drive），此次活动将一直持续到当年年底。后根据奥德加的提议，摩根索和格雷夫斯决定为以后的每一次周期债券发售都制定一个宣传口号；自

此以后，各个宣传部门与广告公司的创作重点也就无一例外地都围绕着每期主题而展开。

此外，摩根索还对债券的销售工作进行了更为细致的拆分。早在1942年5月，摩根索便在与12个联邦储备银行区行长的会议中决定，从基层银行和律法机构挑选出一部分人员，辅以一些债券小组的工作人员，组成了一个名为"胜利筹款委员会"（Victory Fund Committee）的新组织。根据摩根索的想法，这个组织将履行和债券工作小组相类似的工作，但主要负责F和G型债券的推广工作，而将E型债券交由债券工作小组继续负责。当财政部所有人员都将注意力集中在随后举行的周期债券上的时候，似乎并没有人想到这一举动却在日后造成了不小的麻烦。

1942年11月30日，第一期战争债券开始正式在全美境内发售，此期债券的宣传主题是"任由其飞翔"（Keep 'Em Flying）。由于摩根索对此次债券工作能否最终成功仍旧持怀疑态度，故此他为此次债券的设定目标仅为90亿美元；当然他也听取奥德加的意见，为了避免让民众将其与之前的定额计划相联系进而产生某种负面情绪，摩根索故此并不要求民众必须要完成这一目标。

12月1日，配合债券销售工作的宣传册也开始在各地进行免费派发。这本宣传工作册其实就是通过各种统计数据的展示，正面地向民众宣传在过去的一年里债券工作所取得的种种成果，其中最显著的一条统计结果是：截至1942年11月24日，购买债券的人数累计已达5000万人，占全国人口的35%。尽管这份宣传册并没罗列出1942年惨不忍睹的单月销售业绩，但却足以让民众对债券的看法发生微妙的变化。另一个让民众思想加以改变的原因还在于1942年末的盟军攻势：由于日军在瓜岛地区日趋呈现颓势，苏联红军在斯大林格勒开始转入反攻，英美联军又在卡萨布兰卡成功实施登陆……一切的一切都让美国人觉得，战争似乎正在向着有利于他们的方向积极发展。

为赢得战争而尽自己绵薄之力！购买更多的战争储蓄印花！（战争储蓄工作小组，1942）

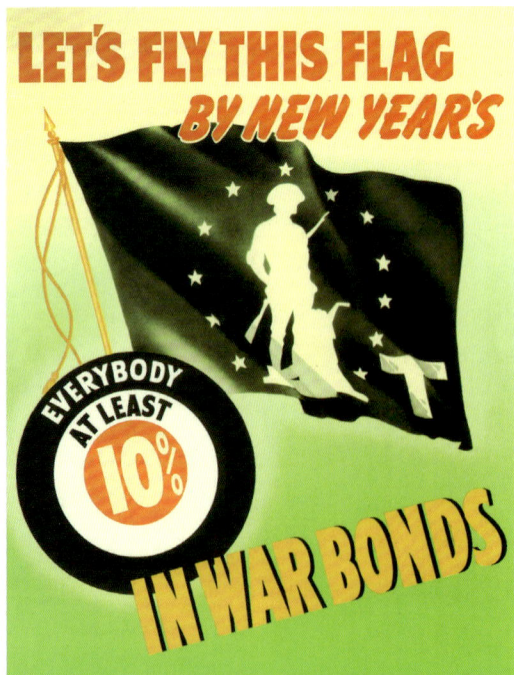

让这面旗帜在新的一年里永远飘扬。请将每月工资的至少10%用于购买战争债券！（战争储蓄工作小组，1942）

是的！将你的零钱花在购买战争印花上！（战争储蓄工作小组，1942）

进攻，进攻，进攻！购买战争债券！（费迪南德·瓦伦，1942）

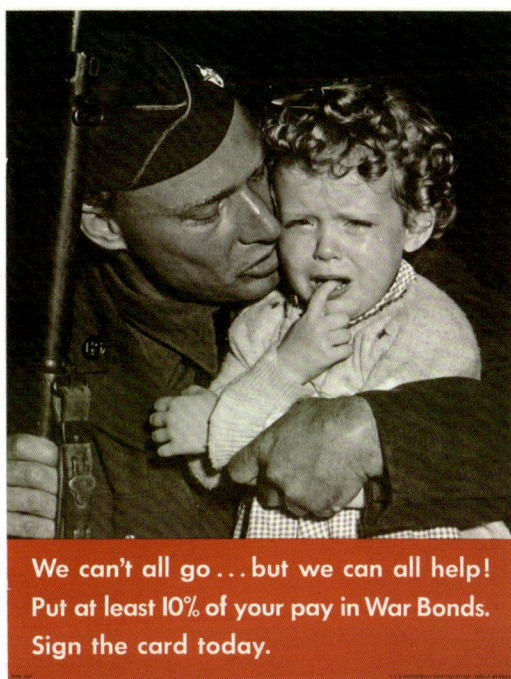

We can't all go ... but we can all help!
Put at least 10% of your pay in War Bonds.
Sign the card today.

我们无法奔赴前线……但我们可以解囊相助。现在就签订意向卡，将每月工资的至少10%用于购买战争债券！（美国财政部，1942）

购买战争债券，直至我们凯旋！（约瑟夫·希尔什，1942）

战胜暴政！购买战争债券！（美国财政部，1942）

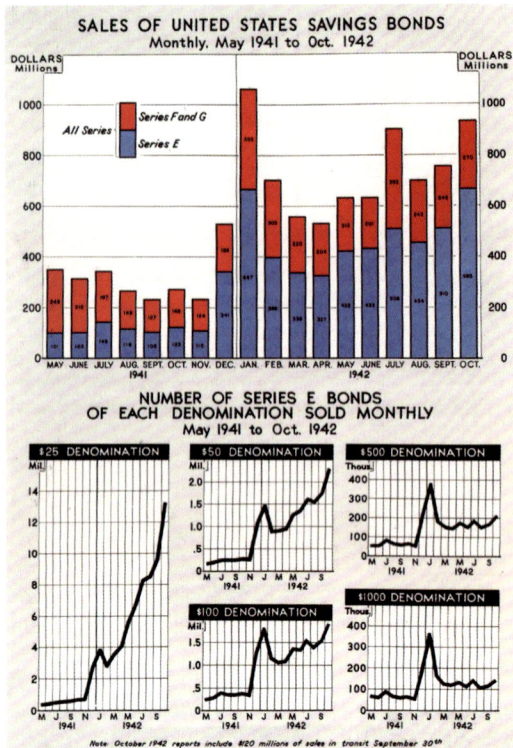

SALES OF UNITED STATES SAVINGS BONDS
Monthly, May 1941 to Oct. 1942

NUMBER OF SERIES E BONDS
OF EACH DENOMINATION SOLD MONTHLY
May 1941 to Oct. 1942

Note: October 1942 reports include $120 millions of sales in transit September 30th

上图是 1941 年 5 月至 1942 年 10 月期间美国国内债券月销量的统计情况，在下图中，财政部具体罗列了 E 型债券的销量线图，这其中 25 美元面值的债券陡动斜率最为明显

不过真正激发民众将购买欲望化为行动的却仍是有关珍珠港的话题，当然摩根索也自然不会错过这个屡试不爽的机会。就在 12 月 7 日珍珠港事件一周年纪念日这一天，财政部特别推出了一日宣传口号，名为"让我们在珍珠港纪念日这天给日本一点颜色看看"（Let's Give The Japanese Something To Remember On Pearl Harbor Day）。作为第一期债券销量最大的一天，仅在 12 月 7 日当天财政部就售出了超过 60 万张债券，销售额超 5000 万美元。而在这种宣传浪潮的带动下，整个 1942 年 12 月的债券销量重新突破 10 亿大关，达到了 10.14 亿美元。

截止到 12 月 23 日第一期战争债券停止发售时，此次活动共为财政部赢得了 129.47 亿美元的收入，远远超出了摩根索最初的设定目标，而这一成绩也让之前的种种质疑变得苍白无力。在财政部于 12 月底所召开的媒体见面会上，摩根索在

媒体面前特别感谢了格雷夫斯、奥德加和甘博，他将此次销售工作的成功归因于这三人的鼎力支持和全心帮助。然而，在为自己所取得的业绩略感轻松的时候，摩根索也并未忽视另一个细节，那就是销量来源。让这位财政部部长沮丧的是，E型债券以及各类印花税票的购买量合计仅有 23.19 亿美元，甚至不足总销量的 10%；这就意味着，第一期战争债券的全部资金有超过九成实际上仍是来自于一些大型财团和银行。

与此同时，美国的财政压力也随着战事的深入不断加大：到 1943 年初，美军的单日军需开支已经提高到 2 亿美元，而公共债务也已经超过了 1020 亿美元。为了平衡这一巨大的资金亏空，摩根索只能将希望继续寄托在债券工作上。在 1943 年 1 月对全美银行协会的一次演讲中，摩根索曾如此表示道："我们希望在 1943 年 6 月 30 日前的一个财年内，通过债券和印花税票的发售工作将资金至少筹集到 120 亿美元。"一个月后，摩根索正式对外宣布，第二期战争债券将于该年 4 月中旬发售，发售周期共为三周，他希望能够为财政部筹集到 130 亿美元。

摩根索十分看重此次债券销售工作，不仅是因为很多人质疑在短短三周时间内无法满足多达 130 亿的资金要求，更在于这位财政部部长深恐此次销售工作重蹈 8 个月前国防债券失利的覆辙，因为他根本无从知道普通民众的心态在第一次购买战争债券之后会发生哪些变化。于是奥德加建议将此次计划的宣传口号尽可能地与第一期债券的宣传内容对应起来，避免出现任何容易引起民众歧义的信息。

4 月 12 日上午 9 时，第二期战争债券在全美各地开始正式发售。在认真地研究了目前的前线战事之后，财政部为该期债券所设计的口号"他们舍生忘死，你们出钱相助"（They Give Their Lives, You Lend Your Money）也通过各大宣传媒体加以大力推广。实际情况是，这一天的销售结果

Buy More War Bonds and Stamps

WINNER R. HOE & CO., INC. AWARD – NATIONAL WAR POSTER COMPETITION
HELD UNDER AUSPICES OF ARTISTS FOR VICTORY, INC. – COUNCIL FOR DEMOCRACY – MUSEUM OF MODERN ART

REPRODUCED THROUGH COURTESY OF R. HOE & CO., INC., NEW YORK, N.Y.   © R. HOE & CO. INC.   LITHOGRAPHED IN U.S.A. ON HOE SUPER-OFFSET PRESS BY GRINNELL LITHOGRAPHIC CO., NEW YORK, N.Y.

购买更多的战争债券和印花！（罗伯特·霍广告设计公司，1942）
该海报最终获得国家战时海报设计大赛"战争债券"类主题的优胜奖

为时未晚！购买战争债券和印花！（克罗格食品杂货公司，1942）

让他远离我们的街道！购买战争债券和印花！（克罗格食品杂货公司，1942）

足以让摩根索振奋不已，因为根据不完全统计，该日的债券销售量至少有 11.3 亿美元，而按照财政部的收入经验公式判断，此次销售计划的总收入将不低于 160 亿美元。另外为配合销售工作的顺利推广，战时新闻处随后也开始刻意加大前线战事的报道力度，通过这些针对性的新闻报道让美国民众认识到，战事的进展虽对美方趋于有利，但所付出的代价依旧巨大。而 5 月 1 日发售截止时，此次债券销售工作共筹得资金达 185.55 亿美元，再一次完成了预计目标。

作为销售计划的主策划者，摩根索没有理由不感到高兴，毕竟一年前的惨痛失利曾让这位财政部部长几近崩溃和绝望。5 月 25 日，摩根索在媒体新闻会上兴奋地将此次销售计划称为"美国历史上最伟大的一次债券销售"。然而在欣喜的背后，摩根索唯一顾虑的问题却并未在此次计划中有何显著改观，那就是销量来源的不均衡性。虽然摩根索后来通过宣传力量加大了普通民众购买债券的力度，但根据后来的统计报告显示，私人购买的债券总额只有 32.9 亿美元，这其中 E 型债券的销量只有 14.73 亿美元。尽管摩根索的工作让私人购买比例相比第一次有了些许提升，但仅占到全部销量 17.7% 的成绩仍与摩根索的预期目标相去甚远；更让这位财政部部长难堪的是，国内一些支持强制税收政策的媒体开始委婉地质疑债券计划的目的，认为大型财团和商业银行的资金与普通民众没有任何干系，而且也并不足以证明摩根索所谓自愿的原则。

摩根索很快就认识到，战争储蓄工作小组与胜利筹款委员会之间的分歧和竞争就是导致前两次债券资金来源呈现一边倒的根本原因。事实上早在推出第一期债券计划的时候，这两个部门之间的隔阂便已日渐浮现：战争储蓄工作小组由财政部管理，目标是国内普通民众，而胜利筹款委员会则直接听命于银行业协会和联邦储备银行，销售面也只针对大型财团和银行机构。如此一来，整个债券销售工

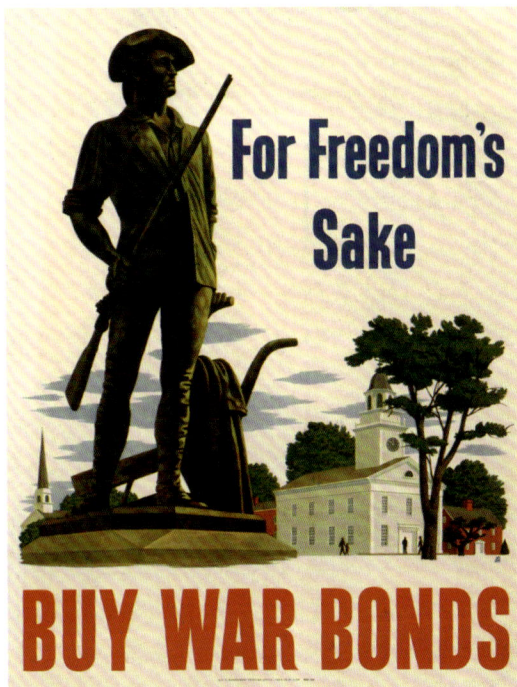

为了自由，购买战争债券！（约翰·阿瑟顿，1943）

作等于出现了两个口径不同的管理机构，而这就让美国民众产生了某种质疑：既然胜利筹款委员会有能力从财团那里吸引如此庞大的资金，那战争储蓄工作小组为何还需要号召民众从并不富裕的工资中拿出一部分来购买债券呢？

这种矛盾到 1943 年已经变得愈发明显，摩根索最终意识到，自己当年的这个决定竟会对后来的债券工作带来如此巨大的负面影响。3 月 2 日，摩根索决定在财政部内部成立一个"战时经济委员会"（War Finance Committee）的临时部门，并由储蓄工作小组与胜利筹款委员会的成员共同管理；到 4 月 12 日，也就是第二次债券计划发售的当天，摩根索又邀请了两名胜利筹款委员会的执行代表直接参与到储蓄工作小组的管理会议中，其目的在于试探两个部门之间是否存在合作的可能性。然而这一设想随后也被摩根索否决了，因为这两家之间根本没有丝毫退让的迹象，他们的明争暗斗依旧持续，而 E 型债券的销售工作也始终处于劣势。

第二次债券计划完成以后，摩根索在6月初最终决定取消胜利筹款委员会，其人员全部并入战争储蓄工作小组，而F和G型债券也重新转由该小组负责销售；这个人员壮大的战争储蓄工作小组后来被更名为"战时经济处"（War Finance Division）。然而债券销售的人员情况也在这段时期内经历了最为剧烈的一次变动：最早离开小组的是元老级人物斯隆，他于3月25日向摩根索请辞，经过一番挽留后，斯隆前往芝加哥成了该市债券工作分部的负责人；随后，摩根索最为倚重的格雷夫斯也以年满退休为由，向摩根索递交了辞呈并就此卸任（后被税务总署重新聘用）；而另一位重要人物奥德加，这位承受着巨大工作压力的债券工作顾问也以身体不适为由退出小组（后返回安默斯特学院继续执教）。一时间，摩根索最为倚仗的"铁三角"就只剩下甘博一人。尽管甘博毫无悬念地成了战时经济处的首任处长，但他在1943年的整个夏天都在忙于应付主力人员流失所造成的各种不利影响。

在债券工作小组内部陷入轻微动荡的同时，美国的公务债券也在1943年6月30日迅速攀升至1353.8亿美元，由此相对的是，财政部预计1943年的美军军费开支将至少达到1000亿美元。尽管财政部在1943年最初的4个月时间里得到了300多亿的税收，又通过债券发售获得了超过185亿美元的资金，但在剩余的半年时间内，仍有至少500亿美元的缺口需要财政部加以弥补，扣除年底预计得到的税收资金外，财政部至少还需筹集约180亿美元；而这笔资金当然也只能通过新一轮的债券计划加以完成。

作为上任之后独立完成的第一期债券工作，甘博在事先可谓做足了准备工作：他首先让战时经济委员会为其起草了一份债券计划备忘录，要求根据前两次销售计划中的各种优劣加以逐一阐明，而在这份28页的备忘录中，委员会的总结报告已足以让甘博去勾勒下一次债券计划的初步框架，"为了满足全年收支平衡的需要，平均每人需要在新一轮的债券计划中至少购买100美元以上的债券，而我们也决不能忽视这一人群，因为全美范围内的5350万名雇员，其中有将近九成的收入不超过5000美元，所以如何让他们拿出月收入的20%～30%来购买债券就成了我们的工作重点……华盛顿地区的广告宣传部曾经搞过一次规模巨大的宣传攻势，而我们似乎也可以复制他们的做法；通过大量的宣传工作营造出一种紧迫的危机感，让民众自发地履行这种爱国行为……而战时经济处在债券发售期间的主要工作就是要尽可能地让民众保持住这种心态，我们必须要将个

安纳堡储蓄银行内部一瞥，照片摄于1943年3月。二战期间，每个银行都会开设有专门购买债券和印花的窗口

出于对空袭因素的考虑，很多二战早期债券购买点均类似于一所小型的庇护掩体建筑

人需求与实际销量之间的差距降到最低"。

1943 年 6 月至 8 月初期间，整个战时经济处似乎都将工作重心放在了宣传工作上。在战时广告业委员会的积极配合下，债券宣传作品在这段时期内达到了一个高峰，各类海报、广告和宣传手册以一种难以想象的曝光率在民众中间加以展示；与此同时，为了让宣传效果达到最大化，财政部还在这段时间内组织了两项全国性的巡回活动，一项是我们之前提到的"四大自由"主题海报的巡回宣传，另一项则是日军两艘俘获潜艇的全国展出。通过这一正一反的宣传工作，摩根索相信，新一轮债券计划的造势工作已达到了预期目的。

对于甘博来说，他从 1943 年 6 月开始就在耐心地等待着一个最佳的时机，当美英盟军在西西里岛成功完成登陆行动之后，甘博认为这个时机已经成熟。9 月 3 日，随着摩根索将一张 100 美元面值的 E 型债券售给正在美国进行访问的英国首相丘吉尔，新一轮的债券计划随即拉开了帷幕；摩根索在随后召开的记者招待会上对外宣布，第三期战争债券计划将在一周后正式开始，活动至 10 月 2 日结束，而销售预期目标也将提高到 150 亿美元。摩根索最初考虑将销售目标定为 200 亿美元，但甘博却表示坚决反对，原因是过大地抬高目标下限会让民众产生某种先入为主的消极心理，而一旦他们认为该目标无法完成的话，就会对整个销售计划产生极大的影响；摩根索最后采纳了这个提议，并在随后的每期债券计划中保持了向上浮动不超过 15% 的标准。

9 月 9 日上午，债券销售活动在全美各地正式开始，为凸出前线步步反攻的战事，宣传口号被定为"让战争债券驰援反攻"（Back The Attack With War Bonds）。摩根索对于能否达到预期销售目标已不再担心，让他惴惴不安的只是 E 型债券所能取得的销售成绩，若此次销售工作仍无法让个人销售量取得显著进展，摩根索认为自己无非只是一个失败的胜利者。

当我们讨论何为奉献时，请购买战争债券！（罗杰·科伊拉德，1943）

第三期战争债券开售。购买战争债券！（维克多·开普勒，1943）

让战争债券驰援反攻！就近购买战争债券！（战争储蓄工作小组，1943）

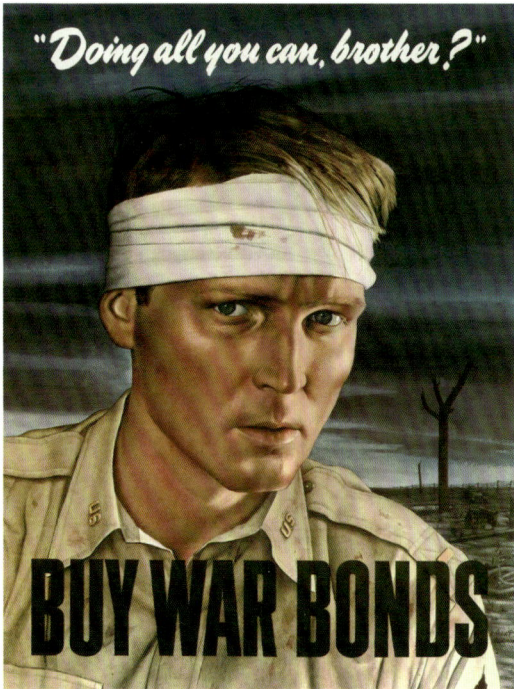

"尽你所能了吗，兄弟？"购买战争债券！（罗伯特·斯隆，1943）

为了他们的将来——购买战争债券！（阿尔伯特·蒙塞尔，1943）

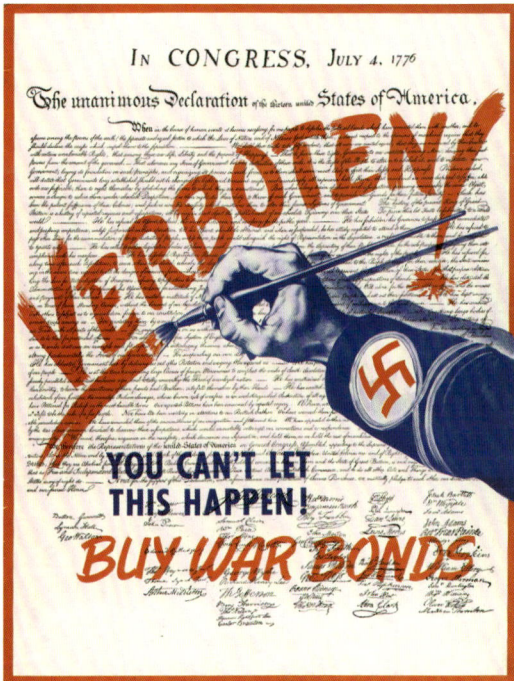

你不能让这一幕发生！请购买战争债券！（美国财政部，1943）
该海报的作者假想了这么一个场景，即一名纳粹统治者在美国的《独立宣言》上重重地写上了一个德文单词"VERBOTEN"（禁止），其宣传用意已不言而喻

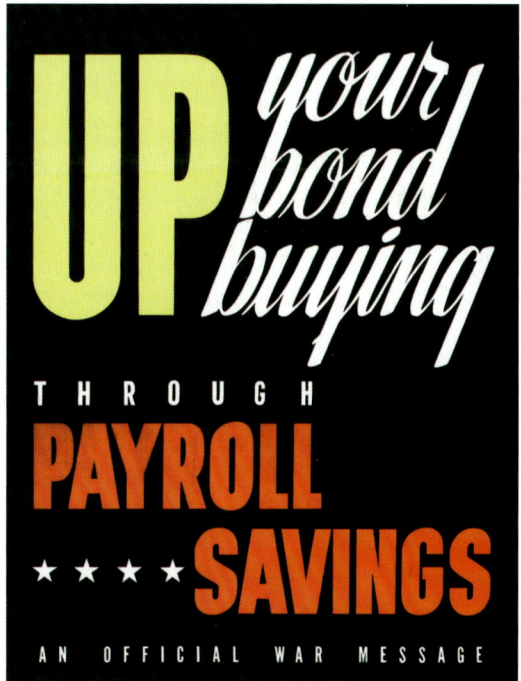

通过你的总工资储蓄来完成你的债券购买（美国财政部，1943）

到了 10 月中旬，根据债券销售的统计报告显示，第三期债券销售计划累计获得资金 189.44 亿美元，其中 53.77 亿美元是以个人名义购买的，占到全部销售量的 28.38%。尽管这些债券中有近 19% 是通过购买 100 美元及以上面值加以完成的，但整体而言已十分接近摩根索希望的 E 型债券销售量超过 30% 的比例。

与此同时，财政部在销售工作后的市场调研也随即展开，而这些总结出的经验在摩根索和甘博看来无疑是大有裨益的，调查指出："有超过 90% 的美国人知道此次销售计划，而且购买债券的人数也比第二期增加了一倍之多……购买债券的民众人数已经基本饱和，未购买债券的美国人多数并非不愿购买债券而是无力购买债券的最底层阶级，而且日后的宣传工作重心应该放在城市地区，因为村镇地区的债券购买量远超市区……相比起德国，普通民众似乎更反感和厌恶日本，故此在日后的宣传作品中可考虑增加日本人形象的比例……"

通过这次成功的销售工作，美国国内的各种质疑和反对已基本销声匿迹，而摩根索也履行了自己的诺言，完成了之前向罗斯福保证的每月 10 亿美元的收入。

根据 1943 年年末的做出的工作展望，摩根索计划在 1944 年的每一季度完成一期债券计划，预计筹集资金将达到 650 亿美元。然而这一计划最终不得不减少一期。财政副部长贝尔向摩根索表示，过量的债券工作尽管可以筹集到更多的资金，但同样也会让财政部欠下更多的商业银行贷款；另外，来年的总统选举工作也会对债券计划造成一定的冲击，况且也不大可能得到共和党人的支持和响应。

就在财政部内部还在为 1944 年债券计划到底该推出几期而反复思量时，摩根索已示意甘博为新一轮债券计划的启动做好准备了。在第三期债券计划的工作总结中，摩根索得知了一个情况，那就是只有 38% 的受雇员工购买了债券，而他

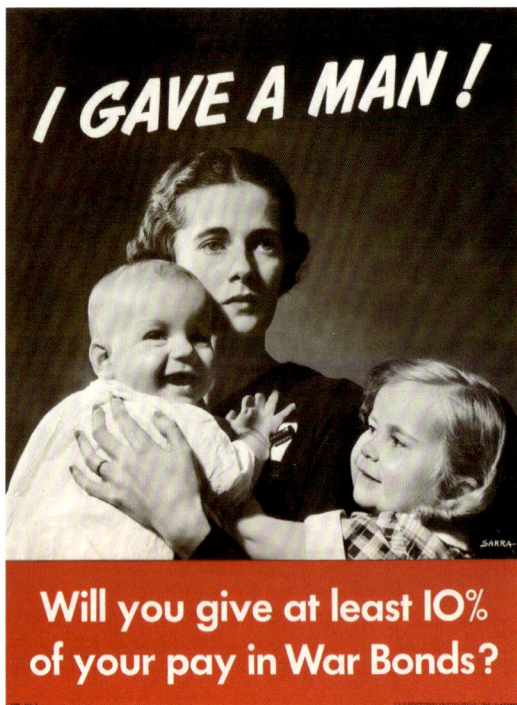

我有了个儿子！你不打算拿出工资的 10% 用来购买债券吗？（萨拉·瓦伦蒂诺，1943）

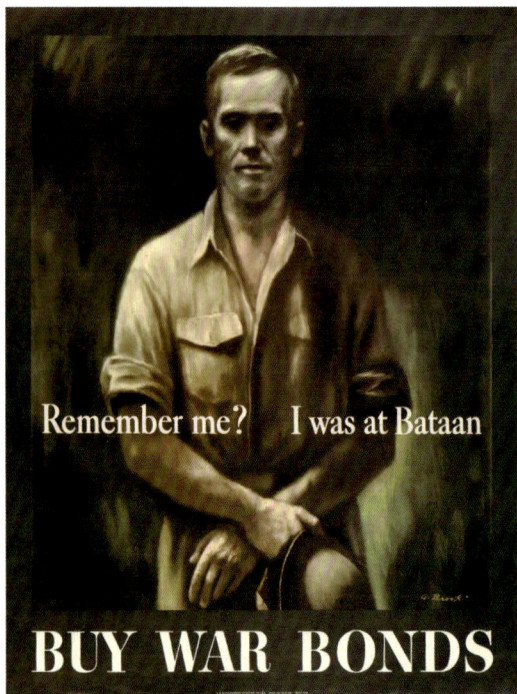

还记得我吗？我还在巴坦。购买战争债券！（亚历山大·布鲁克，1943）

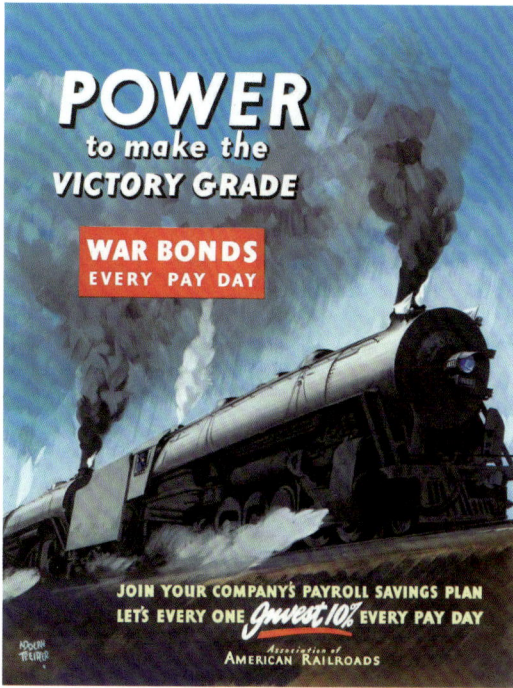

直达胜利！在每个发薪日购买债券！（阿道弗·特莱德勒，1943）

把我们带出魔爪。购买战争债券！（哈里·纳多，1943）

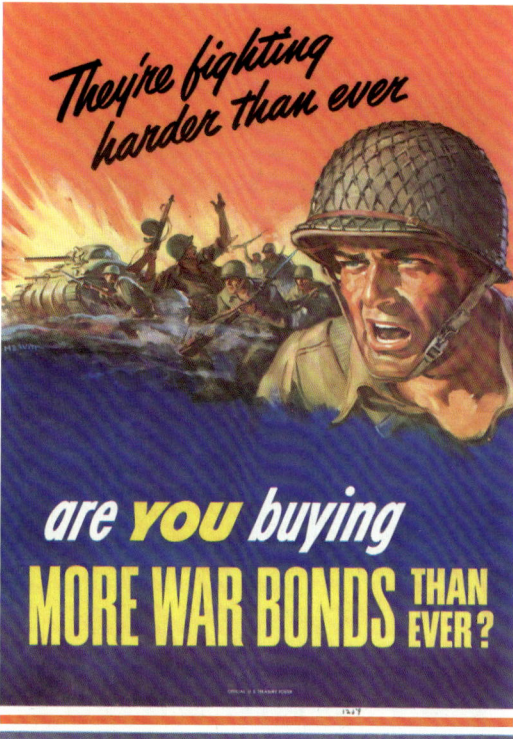

他们正陷入艰苦鏖战！你比以往更积极地购买债券了吗？（美国财政部，1943）

在这个世界上自由和奴役永不并存。购买战争债券！（布里安·瑞格，1943）

们中的多数人将这笔资金存入银行用来购买各类严格限制的生活必需品。根据证券交易管理委员会（Securities And Exchange Commission）后来在1944年3月完成的评估报告显示，美国各大银行内的储蓄资金已至少有145亿美元。摩根索于是决定在1月中旬就推出新一轮债券计划，设定销售目标为140亿美元，但首次提出了55亿美元的个人购买量指标。

此次债券计划的前期宣传工作尽管不如前一次那么声势浩大，但却极具针对性。根据此次债券计划的特点，宣传人员新创了一个宣传词语——超额债券（extra bond），其用意显然是为了鼓励民众拿出储蓄资金继续购买债券。另外，在财政部于1944年1月初推出的新版债券推广宣传手册中，每一位读者都会发现这么一段话："将原本用于购买债券的工资花在奇货可居的生活用品上，只会导致商品价格的持续走高，这不仅将使你的工资发生贬值，同时也会破坏一个国家的经济架构……不购买债券就等于选择放弃拥有世界上最安全的、收益率极高的投资机会，也等于错失了为你的家庭、子女和国家提供未来经济保证的大好时机……"

1944年1月17日，摩根索通过国家广播公司正式对外宣布，第四期债券将于次日上午正式开售。此次债券的售卖时间是29天，到2月15日截止，宣传口号为"让我们支持反攻"（Let's All Back The Attack）。

为了增加宣传效果，财政部还特地邀请了远在太平洋战区的尼米兹将军和身处英格兰的艾森豪威尔将军，为此次债券推广进行了简短的讲话。尼米兹向美国民众表示，美军在吉尔伯特群岛的战役已取得了决定性的胜利，但同样付出了惨重代价，而艾森豪威尔更是毫不避讳地表示，美国第五集团军在意大利正与德军陷入鏖战。他们希望所有美国人通过购买更多的债券来保证前线军队的作战需求。

为了一个明确的未来，购买战争债券！（阿莫斯·塞维尔，1943）

让他一直飞翔！购买战争债券！（乔治·施莱伯，1943）

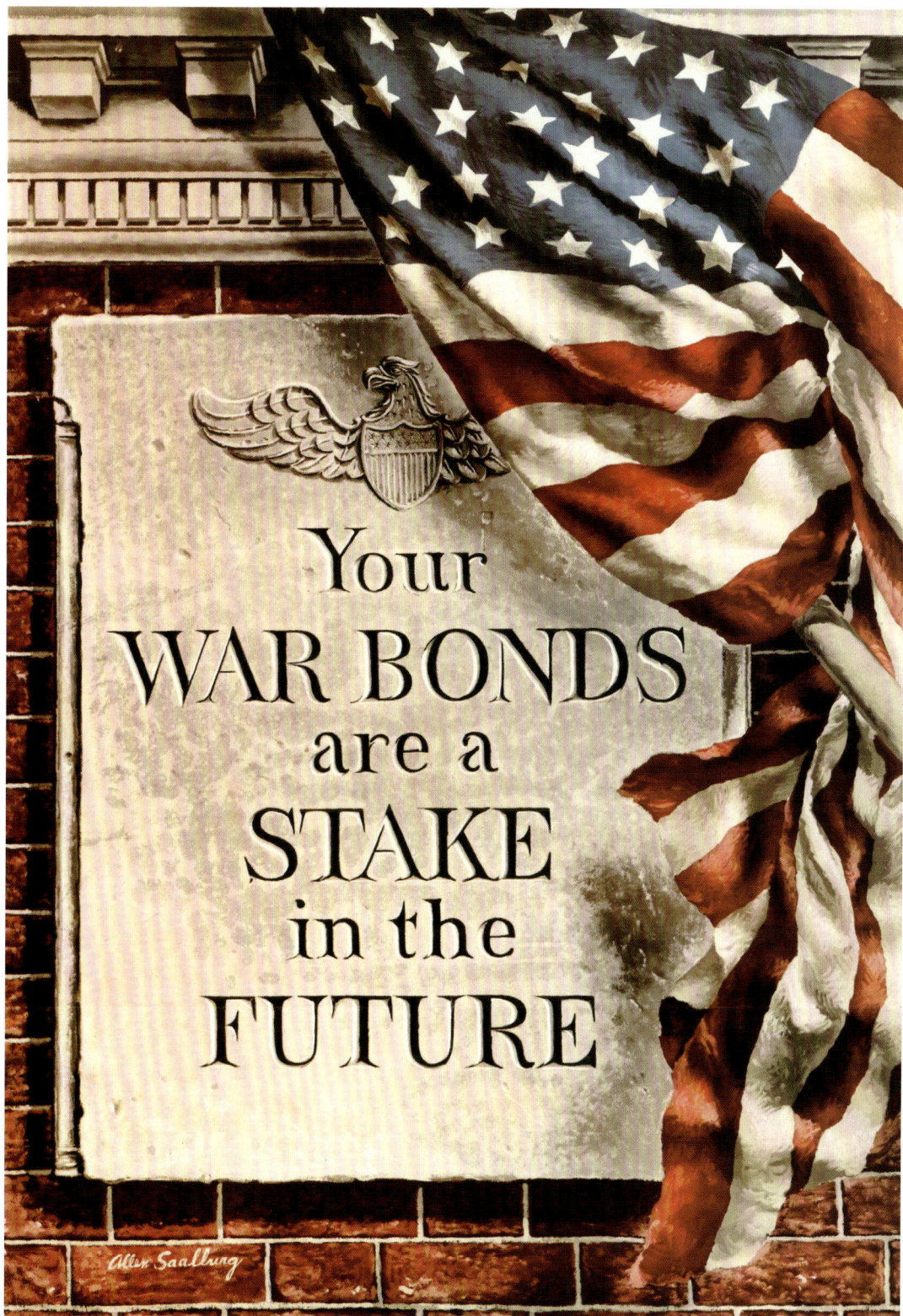

你的债券是投资未来的一桩股份！（阿伦·萨尔伯格，1943）

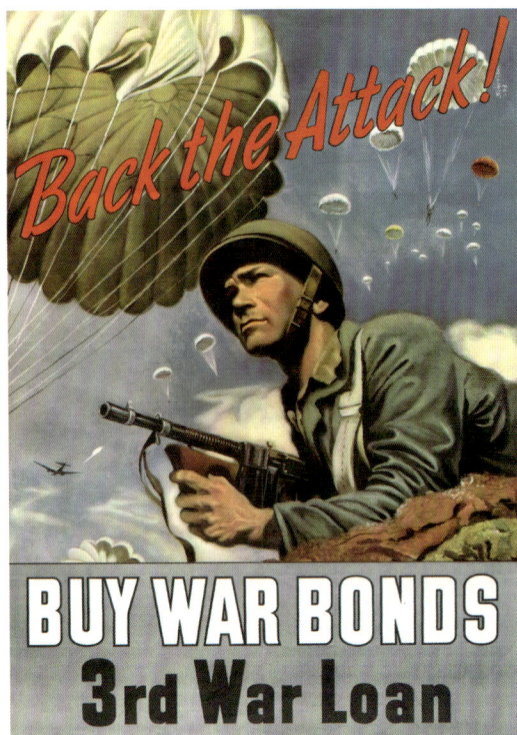

让战争债券驰援反攻！购买第三期战争债券！（乔治·施莱伯，1943）

让我们的校园延续传统！购买更多的债券！（战争储蓄工作小组，1943）

反攻！对于百万大军来说，艰巨的战斗还在后面！（战时经济委员会，1943）

带给他们能够夺取胜利的物资。让战争印花和债券助你完成工作！（战争储蓄工作小组，1943）

我们需要军需资金来赢得胜利！现在就加入我公司的10%工资债券俱乐部（美国现金出纳公司，1943）

购买美国战争债券！（迪姆肯滚柱轴承制造公司，1943）

让战争债券成为憧憬未来的礼物！（唐·斯尼德，1943）

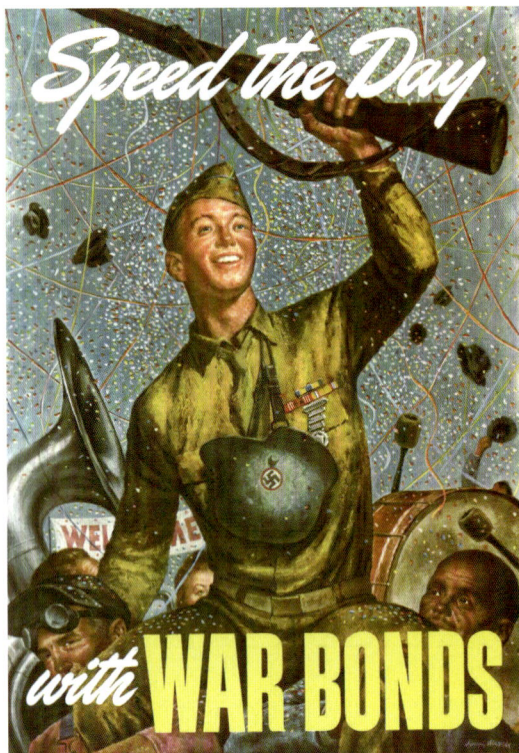

让战争债券加速战事发展！（约瑟夫·希尔什，1943）

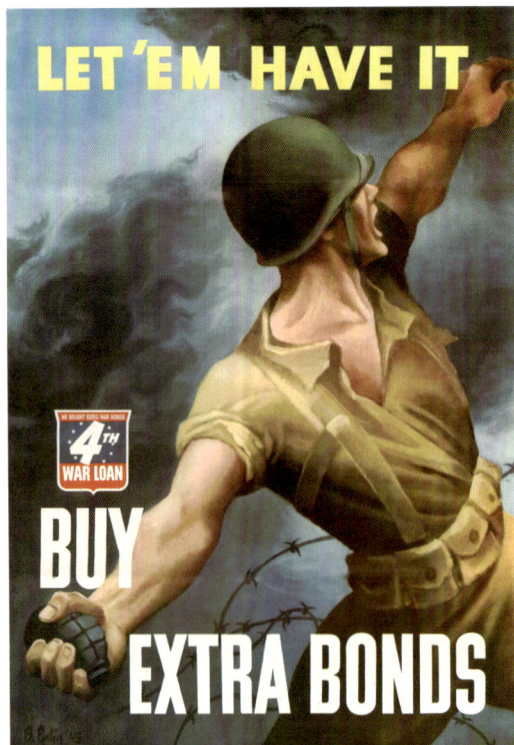

让他们知道知道厉害。购买超额债券！（伯纳德·佩林，1943）

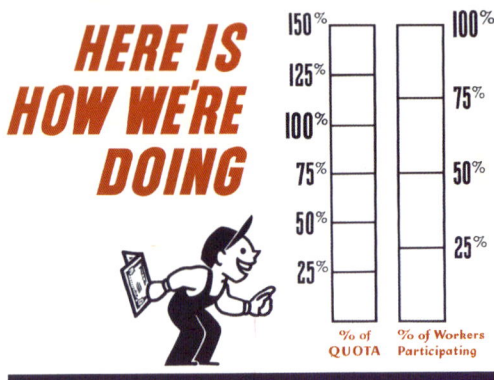

这是我们第四期债券销售计划的指标，而这时我们如何安排的？
（战争储蓄工作小组，1943）

次日上午，每一位购买者拿到债券的时候都会发现一个显著的区别，那就是债券票根的尺寸相比前 3 次缩小了将近一倍，此举也是财政部为积极响应战时生产委员会要求节省资源而做出的回应。另外，在借鉴了英国人的债券宣传工作后，甘博决定借用在英国国内已是家喻户晓的宣传形象"浪费虫"（Squander Bug）为美国债券工作服务。在经过了著名漫画家苏斯博士（Dr. Seuss）的重新设计后，美版浪费虫开始通过海报和广告向美国民众集中展示；与英国人借此形象呼吁民众减少浪费和不必要的消费行为有所区别的是，美国人偏向于向国内传递这样一个信息，那就是将手头的零钱更多地用在债券购买上。

此次债券正式发售的同时，甘博还推出了另一项新颖的宣传活动。在和战时航运管理局与哥伦比亚特区战时经济委员会进行了沟通之后，甘博决定将一艘建造不久的"美国水手"号（SS American Mariner）自由轮经波托马克河运抵华盛顿的大都会渔人码头。为配合债券购买工作，财政部随后就在码头一侧搭建了两处债券临时购买点，并以购买到的债券作为免费参观的凭证。1 月 18 日，该船的参观活动与债券发售工作同步开始，仅第一天就吸引了超过 5500 余人前来参观，通过债券购买共筹到资金约 35 万美元。甘博在一周后决定拆除债券购买点，而选择将 50 余名流动债券志愿者分派在"美国水手"号的各个角落，以此来提高债券的销量。当该船于 1 月 31 日驶离码头时，累计登船参观已超过了 9 万人次，债券销售量达 650 余万美元。

根据财政部在 3 月初完成的分析报告显示，第四期债券计划共筹集了 167.3 亿美元，尽管这一结果相比前一次有所下降，但仍旧完成了最初的预计目标，而且让摩根索更为兴奋的是，此次计划中的个人债券购买量累计达到了 53.09 亿美元，虽然这一成绩与第三期基本持平，但所占 31.73%

运输弹药！现在就购买一张印花。一张 25 美分的印花可以购买 12 颗子弹！（战争储蓄工作小组，1943）

债券能购买炸弹。购买债券！（德士古石油公司，1943）

的比例已比前期又有了进步，也首次实现了摩根索所希望的比例份额。这里还要说明的一点是，美国国内的战时宣传工作多少为这次债券计划的最终完成做出了贡献，因为多数美国人都是通过媒体报道得知了美军在安齐奥地区已顺利完成登陆行动。然而当美国民众通过新闻介绍而乐观地认为罗马城已是唾手可得的时候，此时的盟军却早已和前来增援的德军再度陷入苦战。

不过总体来说，战争的局势已经越来越倾向于盟军一边，这也让很多在战争初期还抱有怀疑态度的美国人开始放弃这一想法；而财政部正是抓住了民众的这种心态开始了有针对性的后续宣传工作。甘博在对现场债券志愿者的工作指示中就曾表示："重返欧洲并非空穴来风，到现在还有谁不能感受到这点呢……财政部对于你们在过去为债券推广所做出的贡献表示衷心感谢，正是

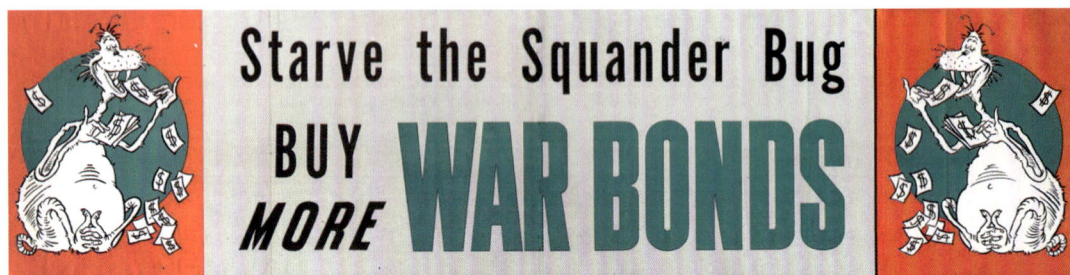

饿死浪费虫，购买战争债券！

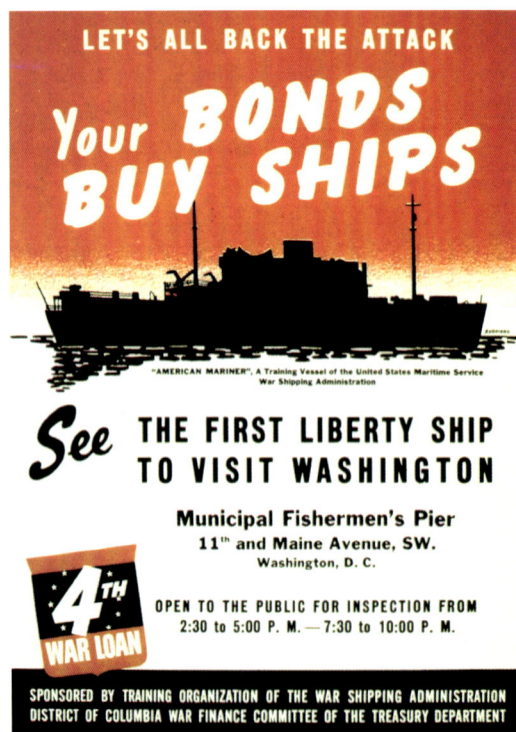

你的债券可以购买自由轮！参观第一艘驶抵华盛顿的自由轮（战争储蓄工作小组／战时船运局，1944）

不能错失战机，也不能失去战友！在每个发薪日购买债券！（玛莎·索耶斯，1944）

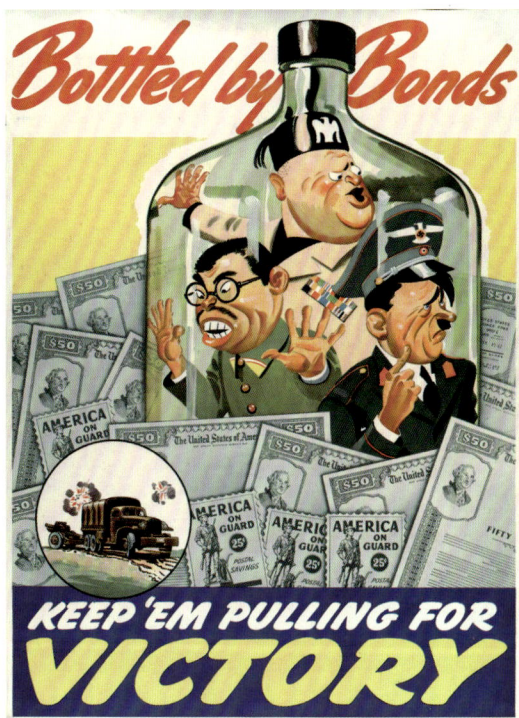

让债券困死他们！（通用汽车公司，1943）

由于你们的努力才让美国民众比以前的任何时候都能更清楚地认识到债券的重要。"摩根索在 5 月中旬的工作指导中也表达了类似的见解，同时也在言语中透露了第五期债券计划的初步设想："对于前线的百万大军来说，这一刻已经等待了许久，对于债券工作者来说，这一刻也同样期盼了很长时间。为了能让我们的军队能够完成一场可能是人类历史上最为伟大的反攻行动，我们有必要配合他们进行一场人类历史上最大规模的债券计划……在即将到来的 6 月，我们将把债券计划的目标设为最高的 160 亿美元，其中的 60 亿美元要通过普通民众的购买来完成……民主并不是建立在对各种权利的感知和认同上，它同样包括履践和责任，而与前线部队一样保持必胜的信念，为前线部队提供充足的支援，牺牲自我安逸为前线部队提供所需，这同样也是我们的责任。"

随着盟军于 6 月 6 日发起了人类历史上规模最大的一场登陆作战之后，摩根索认为推出新一轮债券计划的时机已经成熟；而当美国民众开始逐渐意识到盟军在诺曼底已经巩固了滩头阵地之后，摩根索也随即于 6 月 11 日对外宣布，第五期债券计划将于次日正式开始，截至 7 月 8 日，宣传口号为"支持反攻，多多益善"（Back The Attack, Buy More Than Before）。此次计划的目标筹集资金为 160 亿美元，个人销售量为 60 亿美元，与前两次有些区别的是，摩根索还第一次提出了 30 亿美元的 E 型债券销售目标。

随着盟军在诺曼底地区先后攻克瑟堡和科汤坦半岛，即便是此前最为慎重的甘博也开始认为，这次债券计划必将超出预期目标。在盟军总部于 7 月 1 日宣布"海王"作战行动以胜利而结束的同时，财政部的半年度债券销售量报告也正式出炉，根据初步统计，全美仅 6 月的 E 型债券个人销量就达 18.42 亿美元之多，而报告预计这一数字在 7 月可能将超过 20 亿美元。财政部在债券计划结束后的统计结果显示，第五期债券计划共筹集资金达 206.39 亿美元，其中个人债券购买量为 63.51 亿美元，占到全部销量的 30.77%，而在这三成左右的份额中，有将近 30.36 亿美元是由美国民众通过购买 E 型债券所完成的。

不过这次债券计划完成之后，财政部紧绷的神经并未随着国内再次浮现的盲目乐观情绪而松弛下来。按照惯例来说，第六期债券计划将会在 5 个月后推出，那正如我们之前提到的，1944 年的总统选举将在 1944 年 11 月举行，而一旦罗斯福未能在选举中胜出，那没人知道这位现任总统所支持的债券计划将何去何从。而很多美国民众也在这段时间内开始幻想，既然盟军已解放了毗邻德国的法国全境，那么这场战争就很有可能在 1944 年底前结束。老实来说，除了依靠战时新闻处的宣传工作之外，摩根索对于如何抑制这种想法的滋生根本没有相应的对策；实际上，一直到盟军的"市场花园"行动惨淡收场之后，战时新闻处的宣传内容也没有实质性的素材可供展示。

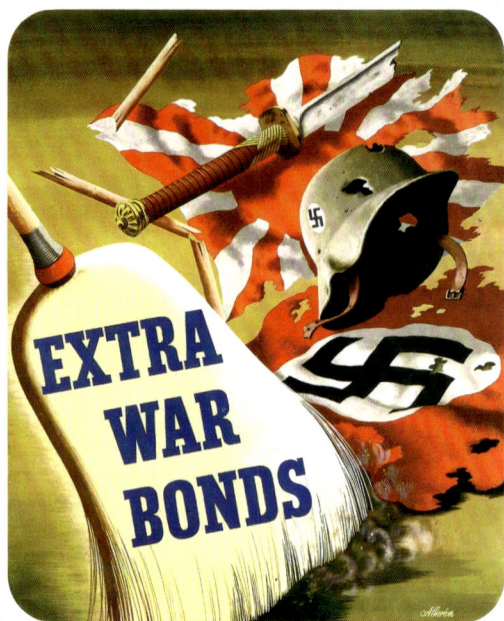

第五期超额债券（约翰·阿瑟顿，1944）

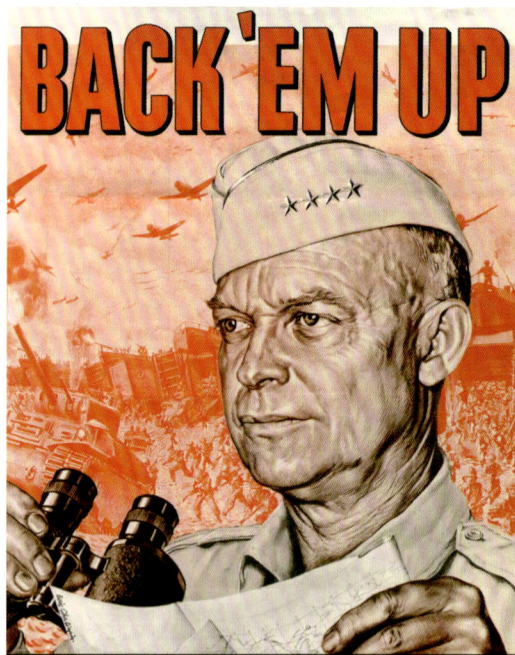

支援他们，购买超额债券！（鲍里斯·查拉宾，1944）

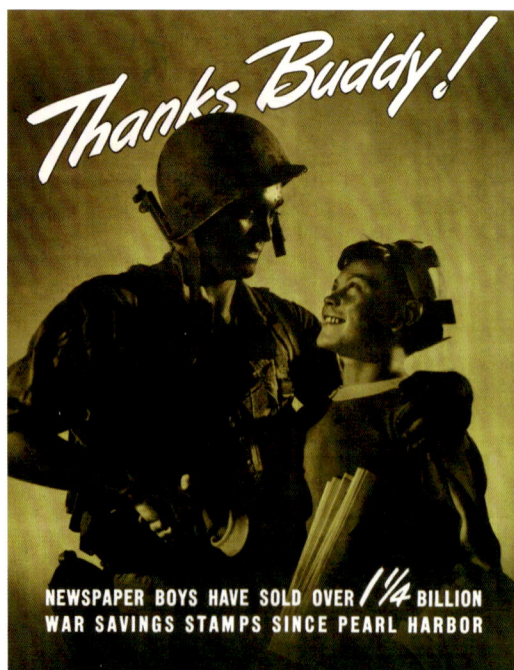

谢谢，伙计！自珍珠港事件后，美国报童已经售出了超过 12.5 亿张印花（美国财政部，1944）

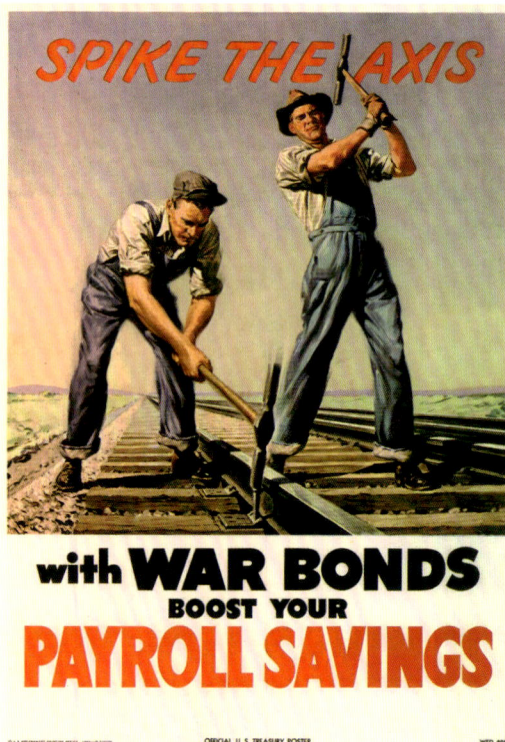

用战争债券向轴心国内部凿去！（战争储蓄工作小组，1944）

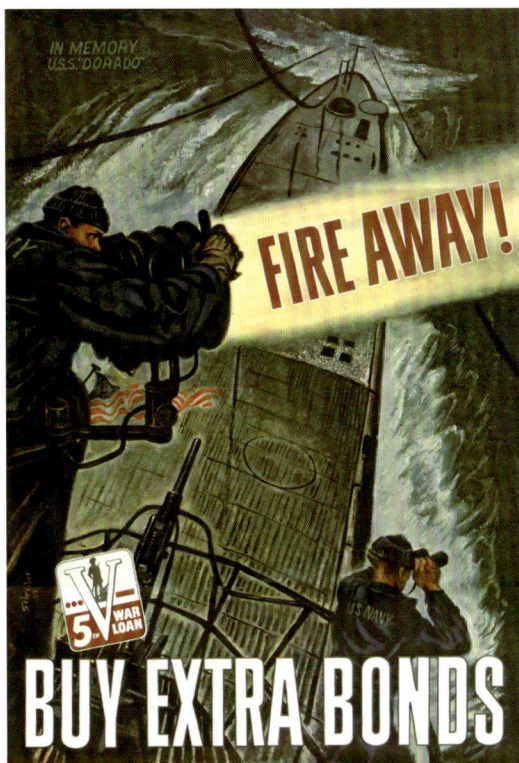

保持火力! 购买额外债券! (乔治·施莱伯,1944)
这是为了纪念 1943 年 10 月 12 日在关塔那摩湾附近海域失踪的美军"麒鳅"号潜艇(SS-248"Dorado")而做的一张海报。一种较为可信的说法认为该艇是被美军第 210 巡逻飞行中队的 PBM"水手"式水上飞机误伤击沉的,尽管调查小组认为水上飞机的目标不是"麒鳅"而是德军的 U-518 和 U-214;另一种则说"麒鳅"号潜艇是被德军的 U 艇击沉的

第五期战争债券的指标(美国财政部,1944)

　　财政部随后为新一轮债券计划所做的宣传手册中曾特别告诫民众:"我们虽然已离胜利不远,但我想很多人心里开始频生这样一个问题,那就是'我们为何还需要筹集更多的资金,这场战争难道还没结束么?'不,当然还没结束!成篇累牍的进攻德国的新闻报道可能会让我们产生这样的误解,但请不要忘记太平洋战区的日本人,我们为战争的胜利仍旧付出着高昂的代价……"在摩根索对债券工作人员的工作指示中,这位财政部部长也一再强调:"通往东京的路还相当漫长;我们虽无法估计为此还要付出多少,但这个代价肯定会十分高昂。"

购买更多的债券,驰援反攻! (乔治·恩格勒特,1944)

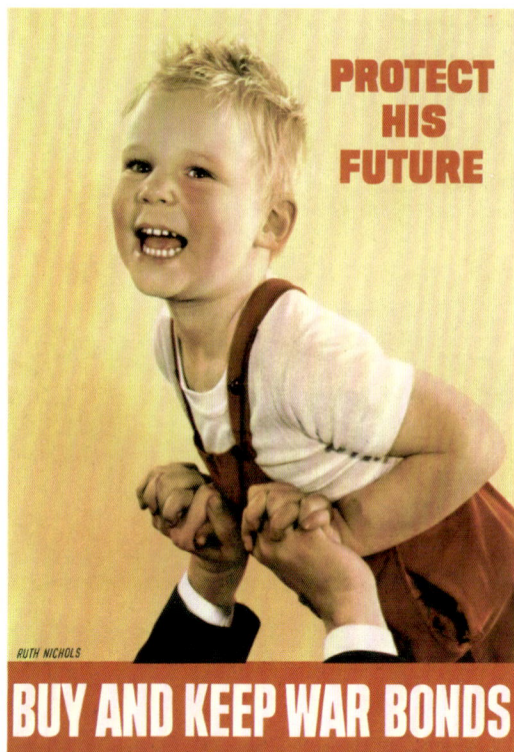

PROTECT HIS FUTURE

RUTH NICHOLS

BUY AND KEEP WAR BONDS

憧憬他的未来。购买并持有战争债券！（卢斯·尼科尔斯，1944）

He CAN'T forget Pearl Harbor—Can you?

BUY BONDS

他不会忘记珍珠港，你呢？购买债券！（亚历山大·雷蒙德，1944）

R. MOORE

BUY THAT INVASION BOND!

购买"登陆"债券！（罗文·摩尔，1944）

你想要哪种结局，旷日持久还是速战速决？让战争债券做出选择！（勒哈伦·希勒，1944）

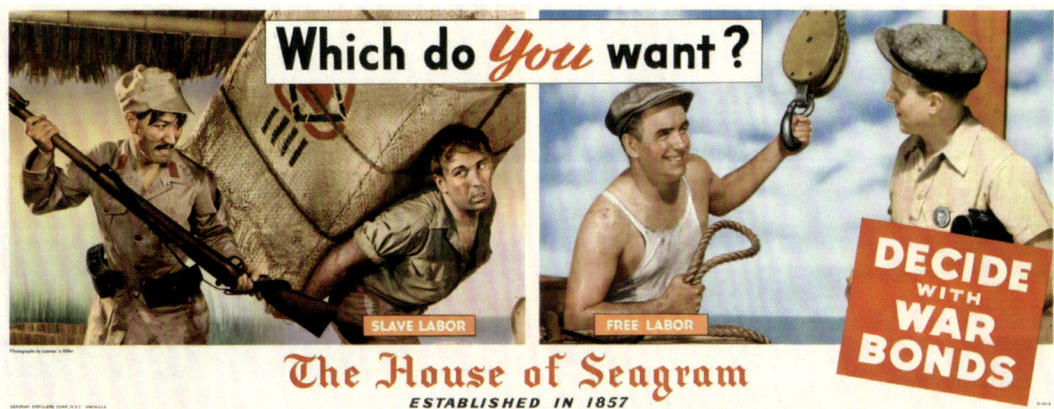

你想要哪种结局，奴役压迫还是自由劳动？让战争债券做出选择！（勒哈伦·希勒，1944）

财政部的这番表态实际上并未刻意压制民众的乐观想法，摩根索只是希望让他们意识到，美国的对手不只有德国，还有一个更为难缠的日本。为了巩固这一思想，甘博后来决定借鉴当年奥德加的想法，放弃已沿用了5次的宣传口号的做法，在随后每期债券计划的宣传海报和广告中改用主题标志作为其宣传手段；而第六期债券计划的主题标志经过协商之后也在10月中旬被确定下来，是一枚投向日本国旗中心的重磅炸弹。尽管财政部出于总统竞选需求的考虑而未在此次计划发售前设计大量的海报作品，但是数量众多的广告和宣传单很好地弥补了这一缺陷。

美军于1944年10月20日向莱特岛发起登陆

行动之后，摩根索认为推出新一期债券计划的时机已经到来，但是罗斯福在总统选举中以微弱优势得以成功连任之前，甘博始终建议这位财政部部长保持耐心的观望态度。11月8日，摩根索正式宣布，第六期债券计划将于11月20日正式发售，截至12月16日止，销售目标140亿美元，其中的50亿美元需通过个人购加以完成。此外，第六次债券计划的发售还有另一层用意，那就是控制美国国内日益显著的通货膨胀现象。根据财政部的初步统计，全美各阶层的年均总收入在1944年底总计达1530亿美元，剔除各类地方、州立及联邦税收之后，净收入仍有近1330亿美元，然而由于定额配给和限制供应等措施的影响，美国

下一个！日本！（詹姆斯·宾汉姆，1944）

多多益善！始终购买债券！（柯特尼·阿伦，1944）

为反攻而投资！购买战争债券！（雅培公司，1944）

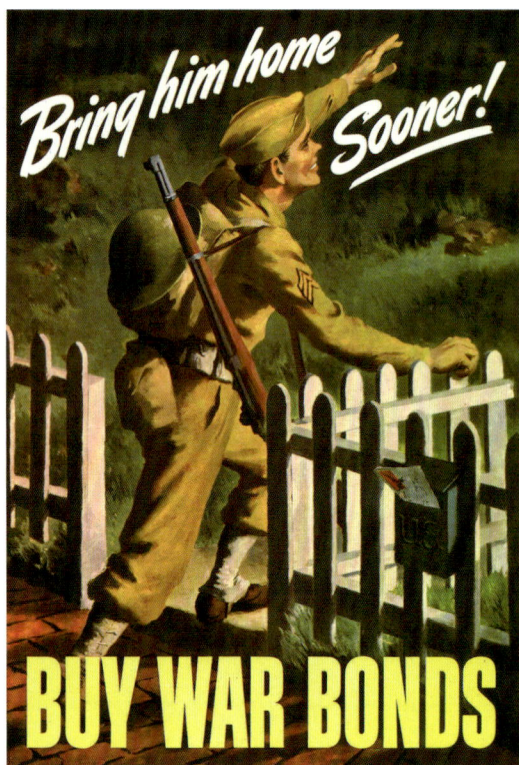

让他尽快回家！购买战争债券！（雅培公司，1944）

今天计划，明日建造！（阿迪斯·休斯，1944）

购买债券的人同样为战争做出贡献！（菲尔·威福德，1945）

1944 年的民用产品生产总值仅有 960 亿美元，这就意味着多达 370 亿美元的差额很有可能酿出经济市场的大量泡沫，在摩根索看来，通过债券工作减少这些掌握在私人手中的闲钱可以很好地防止这一问题的继续扩大。

后来财政部赶在 1944 年圣诞节之前完成了第六期债券的销售报告：据初步统计，此次销售工作共筹集资金达 216.21 亿美元，首次超出预计目标 50% 以上；而个人购买债券总额也达到 58.82 亿美元，其中有 28.68 亿美元是通过购买 E 型债

券完成的。在这份报告中，财政部还公布了一些值得注意的细节，比如截至 1944 年 12 月，美国公民持有 E、F、G 型债券的总额已达 367.22 亿美元，而要求退还债券本金的累计金额只有 3.59 亿美元，甚至还不足总数的 0.98%；另一个细节则是印花税票工作，美国在 1944 年的印花税票销售达到 4.09 亿美元，尽管这一数据相比 1943 年的 5.91 亿美元回落了三成，但印花税票的债券兑换率却仍保持在 90% 以上。

从这些细微的变化中，摩根索越来越感受到债券计划此时已经牢牢地扎根于每个美国民众的心中，从 1942 年的几近崩溃到 1943 年的逆境转折，再到如今的发展壮大，这位财政部部长在 1945 年 1 月初写给甘博的一封私人信函中发出了如下的一番感慨："对于你和与你一起工作的同事能够取得如此非凡的成绩，我感到由衷的高兴……你的同事，特别是那些默默无闻的志愿者们不仅应该得到感谢，同时他们的工作效率也应受到褒扬。我向他们中的每一位致敬，并希望你和你的团队能够继续取得更大的成功。"一周后，摩根索在他的新年施政报告中就透露了 1945 年的财政工作，其中就包括推出至少两期债券销售的初步设想计划。第七期计划将于 5 月 14 日开始，至 6 月 30 日结束，而另一期则于秋季推出，其具体时间不日将敲定；另外根据战事的发展，财政部将会考虑是否额外增加一期债券计划。

尽管摩根索为这次债券计划所设定的目标仍为 140 亿美元（其中的 70 亿美元为个人购买目标），但很多观察者都注意到一点，那就是此番债券销售计划的持续时间是战争债券自发售以来最长的一次，很多人就此推测，此次计划将极有可能成为美国历史上筹集资金量最大的一次；这种猜测其实就是摩根索和甘博所设想的，而他们的宣传人员也很快就为此次计划推出了另一个相对应的名字："聚力的第七期"（The Mighty Seventh）。

第七期战争债券已经发售。大家齐心协力！（塞西尔·比尔，1945）

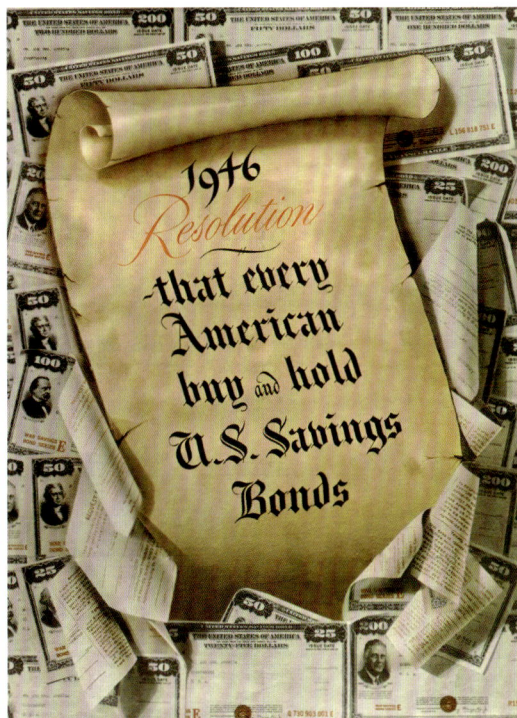

到 1946 年，所有的美国人都已购买并持有美国储蓄债券！（美国财政部，1945）

医护成本高昂。购买并持有战争债券！（阿道弗·特莱德勒，1945）

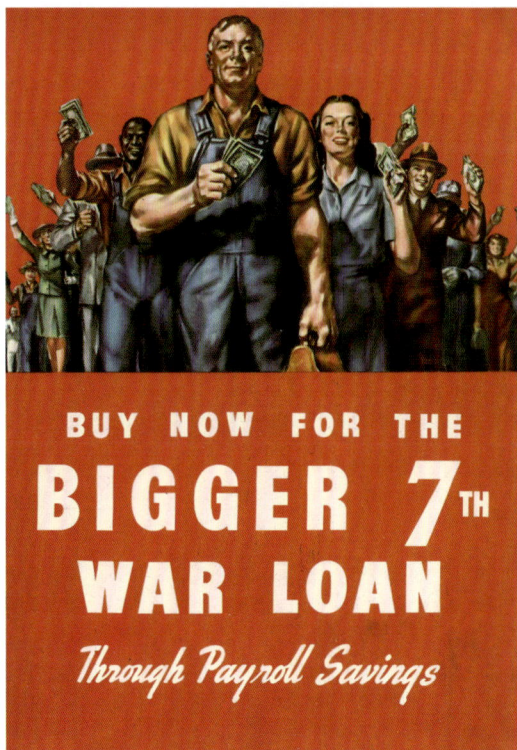

通过你的总工资储蓄购买规模更大的第七期债券！（战时经济委员会，1945）

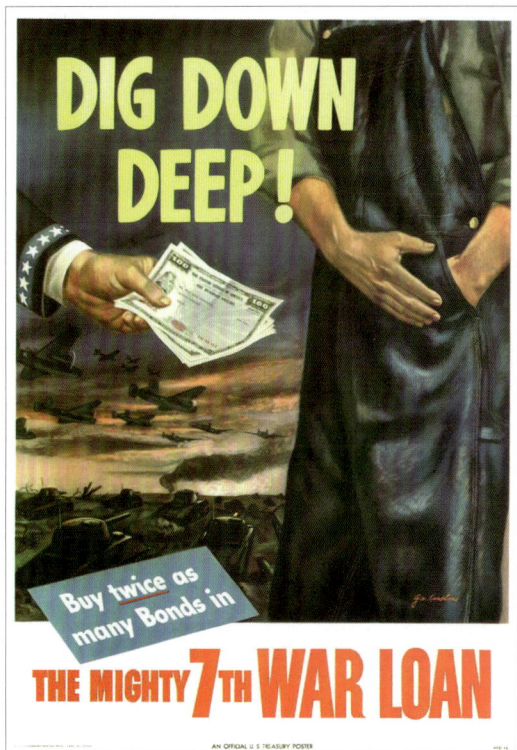

加大力度！在第七期债券计划中购买两倍于前期的债券！（乔治·卡内洛斯，1945）

唯一让甘博感到有些担心的是，他的宣传人员在长达一个月的时间里居然无法设计出一个令其满意的宣传标志，直到美联社随军记者乔·罗森塔尔（Joe Rosenthal）在折钵山上拍摄下那张著名的照片并公开发表之后，甘博才决定将这张照片中那6名升旗士兵的轮廓作为此次债券计划的标志。这一想法也得到了罗斯福的支持，他认为这张照片是为第七期债券进行宣传的绝佳素材，遂决定将照片中的士兵找出来并带他们回国。由于照片中的3名士兵在后来的战斗中阵亡，故此另3名士兵埃拉·海耶斯（Ira Hayes）、约翰·布拉德利（John Bradley）和雷恩·加农（Rene Gagnon）于4月初被送回国内并参与了财政部的债券推广工作。

　　为了让此次销售工作获得更大的成功，罗斯福也受邀为财政部新一期的债券宣传手册进行推广，他在文中说道："我想不用我多言你们也都明白，前线的战事仍旧处于僵持阶段，而应对战争也仍旧是我们目前的头等大事……在过去的三年里我们已经筹集了850亿美元，从未有如此多的人为这个国家贡献出这么多的力量。节省资金用以购买债券，这是我们这些非战斗人员参与战争的具体体现，也是我们为前线将士所能尽的一切努力。"实际上，这是罗斯福于4月12日病逝前为债券工作所作的最后一次指示，也成了促使美国民众购买债券的一个精神动力。

　　促使美国人购买债券的根本原因就在于欧洲战事于5月初宣告结束，加之美军成功收复马尼

在宣传海报前驻足留念的约翰·布拉德利

日本，你就是下一个！购买额外债券！（詹姆斯·弗拉格，1945）

拉并已开始对日本本土防御圈内的冲绳岛实施进攻行动，这让美国人愈加坚信，整场战争很快就将结束。按照甘博后来的回忆，美国民众当时是在一种极度亢奋的情况下前来购买第七期债券的，而这种亢奋甚至让他觉得债券销售似乎已经没有必要再去进行多余的宣传工作。财政部于7月初公布的债券销售报告显示，此次销售收入达到了惊人的263.13亿美元，几乎达到了预期目标的两倍——而这也是整个二战期间单期债券销量的最高纪录；另外，70亿美元的个人购买目标也被轻松打破，达到了86.81亿美元（通过E型债券所得资金为39.76亿）。

然而就在销售工作取得巨大成功的时候，摩根索却在7月5日以身体欠佳为由向杜鲁门总统提交了辞呈。作为他的继任者，曾经担任过经济稳定处主任的弗里德里克·维森（Frederick Vinson）随即走马上任。7月24日，在和甘博进行了一番深入讨论之后，维森决定继续沿袭摩根索的债券工作，而甘博也将继续担任全美债券销售工作的总负责人。8月15日，也就在日本最终宣布投降的当日，维森在华盛顿的斯塔特勒饭店对外宣布，美国将推出第八期债券计划，同时也是最后一期战争债券，从10月29日开始至12月8日结束，设定目标为110亿美元，个人购买量为40亿美元。为配合销售工作，甘博决定为此次销售增加一句宣传口号"他们完成使命，我们不甘落后"（They Finished Their Job. Let's Finish Ours），同时，此次计划的宣传标志随即也被确定下来，是一把侧镶着花环的自由女神火炬，而此次计划的别称"胜利贷款"（Victory Loan）也同时呈现于此标志上。

在债券尚未发售的这一个多月的间隙中，甘博决定不再采取媒体宣传的方式作为推广债券的第一选择，而是采用了更为直观的"胜利贷款战利品专列"（Victory Loan Special Trains）来向民众传递这一信息。这些专列经过特殊改装，内部陈列了各种从前线战场所缴获的战利品和文档资料，这其中甚至不乏戈林使用过的元帅指挥杖和日本陆军大将山下奉文所佩带的武士刀等等。甘博自信地认为，这些战利品对于民众心理上的影响会远超过相对平淡的媒体宣传。

这种宣传工作到最后还是取得了很大的效果，不过有些历史学家认为，甘博即便不安排这些专列在40个州的500余座城市进行巡回展出，也不大可能影响到第八期债券的整体销售成绩，原因是全美民众的这股亢奋情绪实际上一直持续到1946年年初才逐渐褪去。此次计划最后筹得资金211.44亿美元，个人购买量为67.76亿美元，均远远超出了设定目标。这里值得一提的是，此次债券发售的当日，很多美国人都会发现一个变化，那就是财政部在E型债券中新增了一种200美元面值的"罗斯福总统纪念债券"，根据后来的统计显示，该种债券占到了E型债券销售总量的近五分之一；

"In the strength of great hope we must shoulder our common load."

BUY VICTORY BOND

"借着冀望之力，我们必须肩负起共同的责任。"购买胜利债券！（塞西尔·比尔，1945）
海报中的宣传语选自罗斯福于1932年9月23日在旧金山联邦俱乐部发表的演讲

VICTO
LOA

85 MILLION AMERICANS *HOLD* WAR BONDS

8500 万美国公民持有战争债券！（美国财政部，1945）

罗斯福总统纪念债券

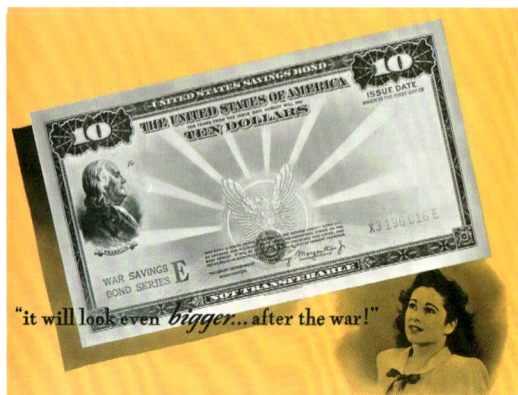

"it will look even *bigger*... after the war!"

战后，这将比现在的价值更大！（美国财政部，1945）

VICTORY –
*now you can
invest in it!*

VICTORY LOAN

现在就可以为胜利而投资！购买胜利债券！（迪恩·考威尔，1945）

另外财政部还推出了一种 10 元面值的特殊战争债券，该型债券的销量也达到了预期的目标。

美国财政部在 1946 年初为战争债券完成最终的统计之后，他们得出的结论是，战争债券为这场战争共筹得 1568.93 亿美元，超过预期值总额的 48%，如果将 1941 年 5 月开始的国防债券销售也一并算上的话，那么这个数字更将扩大到 1857.2 亿美元——这一数字远超任何一个同样推行债券销售工作的参战国家。在这笔巨资中，有超过 427.3 亿美元来自个人购买，将近总额的四分之一；另外值得一提的是，在将近 55 个月的销售时间中，印花税票的累积销量也达到了 16.52 亿美元，这其中 92% 的税票得以最终兑换，所兑换的这些税票里有 83.6% 最后变成了 25 元面值的 E 型债券，仅有

16.4% 的税票出于各类原因而选择返现或是滞持。

缺少了资金的支持，战争的机器就会戛然停止；而不稳定的资金提供则如同机器缺少了润滑机油，不能发挥其最大价值；只有拥有了雄厚的资金储蓄，才可以游刃有余地按照战局的变化及时地为机器注油、润滑。从这个角度上来说，筹集资金无疑是有决定作用的。

作为此次债券销售计划的主要策划人，自始至终都坚持自愿原则的摩根索也成了体现美国民主制度的一面旗帜。很多后人都将其看成是美国历史上唯一一位"能够促使普通平民积极参与到战争中去"的政治人物；无论是后来的朝鲜战争、越南战争还是海湾战争等，都没有哪位财政部长能够在债券销售工作上达到如此高的高度。

第八章 定额配给

Rationing And Recycling

任何废品积累到一定数量后皆可迸发出惊人的力量！
——唐纳德·内尔森（战时生产委员会主席）

美国人的定额供给制度，其雏形最早可以追溯到一战时期，当时为了解决前线部队的口粮问题，时任美国粮食总署署长的赫伯特·胡佛通过自愿参与的原则向美国民众推出了"无肉星期一"（Meatless Mondays）和"无麦星期三"（Wheatless Wednesdays）等活动，并首次提出征收超额利润税以作为迫使物价降低的一项措施。尽管从严格意义上说，胡佛所采取的一系列举措并不等同于定额供给制度，起码美国人在一战期间自始至终都未对粮食实行过限制供应，但即便如此，胡佛还是帮助这个国家成功地削减了国内 15% 的食品消耗量。

但和一战时期截然不同的是，自英国人在 1940 年 5 月第一次向美国提出一揽子援助请求之后，罗斯福政府便已经感受到来自物资供给的巨大压力。为了有效协调自给量和输出量之间的分配比，罗斯福在 1941 年 4 月 11 日正式签署了第 8734 号总统令，要求以之前的消费者保护部（Consumer Protection Division）和物价稳定部（Division of Price Stabilization）为组织基础，在生产管理部下属成立新部门——物价管理局（Office of Price Administration），用以专门协调国内各类物资的物价指数以及供量控制。而先前曾担任罗斯福政府高级经济顾问的证券交易委员会主席莱昂·亨德森（Leon Henderson）则被任命为物价管理局的首任负责人。

就在英国政府不断向白宫方面提出物资援助请求的同时，亨德森在上任后的第二个月就为罗斯福提供了一份思虑缜密的分析报告。在这份报告中，亨德森向美国总统重点指出，一旦一些民用物资转为军事物资，那么美国国内的石油、钢铁、原铝和电力供应随时都会出现甚为严重的短缺现象；而粮食储量虽就目前形势来看可以满足国内供给，但假使美国保持并继续提高对欧洲国家的物资援助量，那也极有可能出现供不应求的现象。

莱昂·亨德森

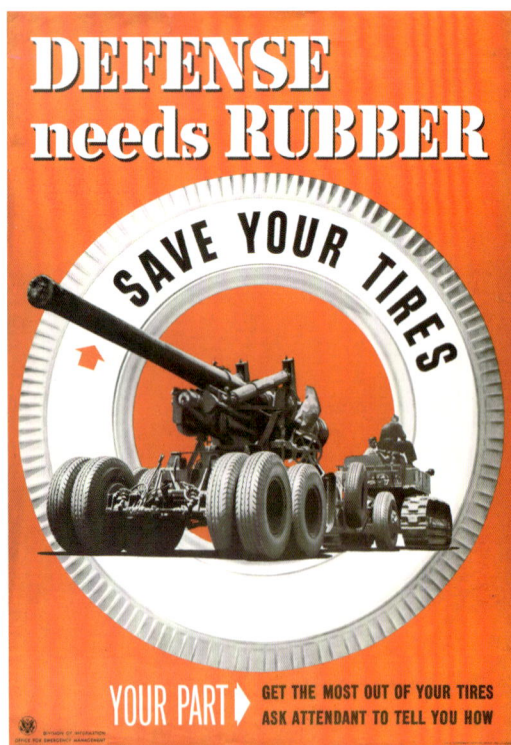

国防需要橡胶！节省你的轮胎！（信息情报处，1941）

亨德森最后建议罗斯福，可以适当借鉴当年胡佛的做法，谨慎地采取定额供给制度来缓解这场危机。罗斯福对这一建议不置可否，他不想让自己刚在债券工作上所展现出来的自愿精神在顷刻之间就不攻自破，但在报告中不可辩驳的数据分析面前也明白，再去重演一战时期的志愿活动显然已无法弥补这些物资缺口。

罗斯福的犹豫不决或多或少影响了美国之后的国内形势，直到珍珠港事件发生，他才最终决定，允许物价管理局推行定额供给。到了 1942 年 1 月 30 日，该管理局又根据最新颁布的《物价控制紧急法案》（Emergency Price Control Act）变成了一个自由运作的独立部门。由于英国政府实际上在不列颠空战开始后就推行了这一做法，故此亨德森的管理部门在很大程度上效仿英国人的操作办法，并对首批 20 多类物品实施严格的限量供应。为防止突然的供给中断而可能造成的社会影响和负面效应，物价管理局对每种物品都设置了一个限制日期起始点。而从美国民众的角度出发，这一消息对他们的冲击可谓巨大。对于民众来说，他们必须赶在实施限制令前备足尽可能多的囤货，这也就是摩根索的财政部发觉在 1941 年 12 月下旬至次年 3 月期间，债券销售量为何会出现大幅度降低的根本原因。

就在德国和意大利对美国宣战的同一天，物价管理局开始着手第一项物品，也就是轮胎的限制供给工作。这并非亨德森等人的随性安排，而是经过深思熟虑的结果。作为橡胶的主要民用衍生产品，控制轮胎的供应可以极大地降低橡胶的供应量，同时轮胎也不同于食物和生活必需品，不可能立刻在民众中间造成较大的负面影响。与此同时，物价管理局在国内紧急组建了 7500 个负责轮胎供给督查的三人小组，至 1942 年 1 月 4 日，这些小组已经基本到岗。按照物价管理局的规定，他们会根据这些小组所负责管辖地区的车辆数量来分配轮胎数量，而各个小组则根据当地轮胎申请者的实际情况来决定到底将轮胎卖给哪些人群。为了尽可能地控制轮胎的需求量，物价管理局在1942年1月1日决定，除物资运输、医疗急救、民防治安和殡仪服务等特殊行当之外，暂停国内一切民用机动车辆的交易。当然，这种做法也同样适用于自5月1日起暂停买卖的自行车销售行业。

不过真正让轮胎定额配给工作出现实效的是1942年5月初开始推行的汽油限制举措。根据当时物价管理局的规定，绝大多数的普通私人汽车挡风玻璃前都按照其排量挂上一张印有字母A的纸牌，而这就意味着一辆车一个星期只能使用5加仑汽油（后来又降低到3加仑）；而挂有B牌的车辆通常是用于战争目的的特殊车辆，比如工厂物资车和人员运输车等，这些车辆的单周汽油使用量就可达到8加仑；C牌车辆则是诸如邮递、铁路等专用车辆，他们的油量供应一般按照实际情况加以分配；另外比较少见的还有T牌车和X牌车，前者主要是一些军事物资运输车辆，而后者则一般是国会和政府人员的办公车辆。除此之外，物价管理局还在一个月后推出了"胜利时速"（Victory Speed）行动，要求人们把车速限制在每小时50英里以下，随后又将这一标准调整到每小时35英里。

另一方面，石油协调处、国防运输处和美国铁路协会等机构也开始加大各类宣传力度，鼓励民众从战争大局考虑，减少不必要的出行，以降低燃油、燃煤和轮胎等战争资源的无谓浪费；而各地区的铁路运营公司也开始通过减少出票量和抬高票价的方式来限制普通民众的日常出行。尽管这些措施在推出伊始曾遭到了不少质疑，但从战争利益的角度上来说，这些做法的确让美国在1942年下半年的出行人次就骤减了60%之多。针对这些限制，美国民众开始另谋出路，而汽车俱乐部就是其中一个极为成功的例子：人们通常会支付车主一定量的现金，然后成群结队地搭乘同一辆车。当然不管认识与否，搭顺风车也是一种不错的方法，而该风气至今在美国还可以看到。

突破瓶颈！胜利需要运输行业支持！（俄亥俄州立公路局，1942）

搭车同行帮助赢得战争！（李·莫豪斯，1943）

既然他们可以做到，我们当然也行。搭车同行可以赢得战争！（利宝互助保险公司交通安全理赔部，1942）

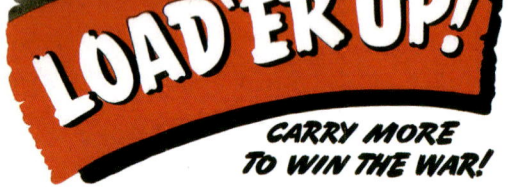

请满载！搭车同行可以赢得战争！（利宝互助保险公司交通安全理赔部，1942）

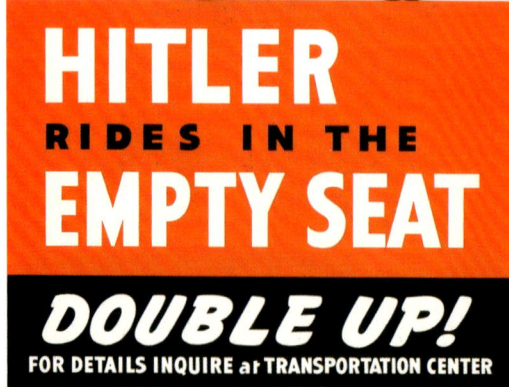

空座等于留给希特勒。选择搭车！（国防运输处，1942）

当你车上只有自己一人时，你的旁边等于坐着希特勒！现在就加入汽车俱乐部！（维莫·普鲁塞尔，1943）

你是否言行一致？（迪恩·考威尔，1943）

好莱坞影星丽塔·海沃斯作为宣传大使，号召民众安全驾驶

我也能自己拿！卡车和轮胎必须留至战争胜利！（萨拉·瓦伦蒂诺，1943）

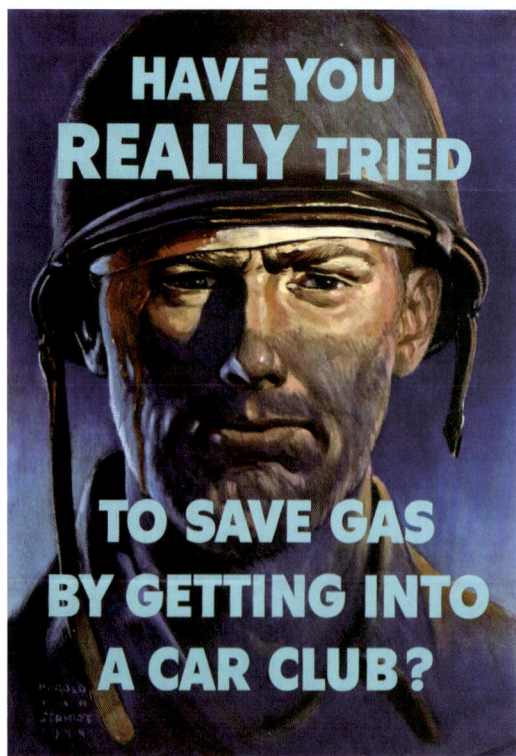

你有没有真正尝试通过加入汽车俱乐部来节省汽油？（哈罗德·冯·施密特，1944）

你的出行有必要吗？不必要的出行阻碍战事发展！（国防运输处，1943）

百万大军正待调遣。你的出行有必要吗？（蒙哥马利·墨尔伯恩，1943）

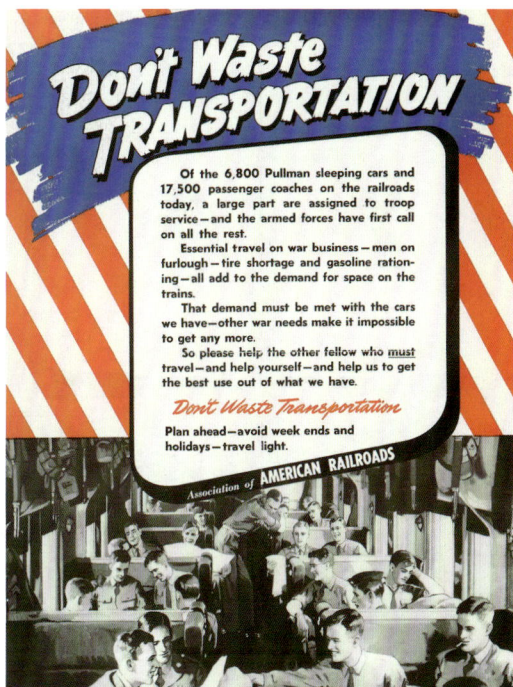

不要浪费运输资源！（美国铁路协会，1944）

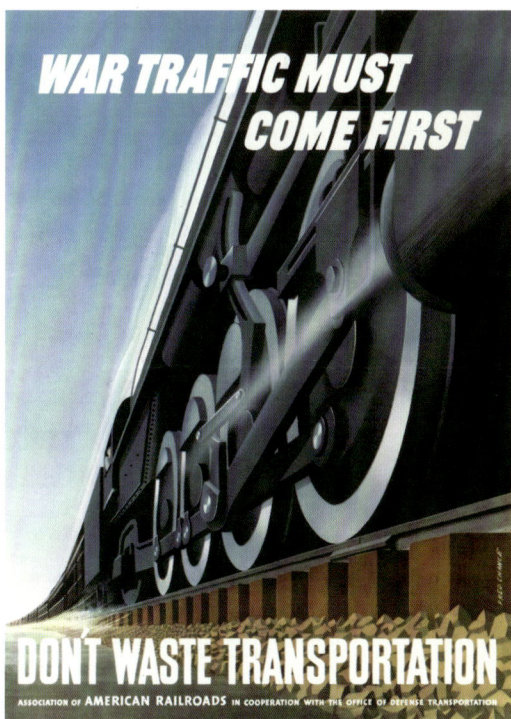

战争运输必须放在首位。不要浪费运输资源！（弗里德里克·钱斯，1943）

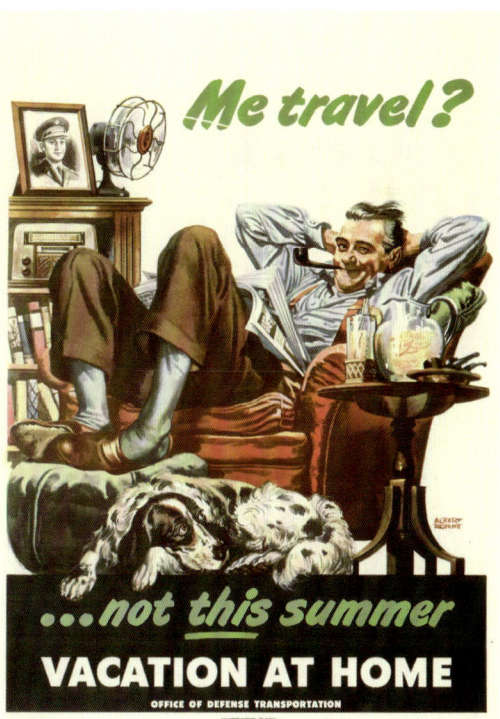

我的度假？起码不是这个夏天，还是待在家里吧！（阿尔伯特·道恩，1945）

这会是你吗？不要无谓出行，除非你的出行有益于战事进展！
（国防运输处，1945）

锡铁赢得战争！（民用生产管理局，1942））

从 1942 年 3 月 1 日起，物价管理局开始正式展开对各类金属物品的控制工作，第一个遭到限制的是锡制罐头产品。按照当时的规定，自 3 月 1 日起，美国市场上的一切宠物食粮将不得再用锡制罐头包装，而只能使用简易的塑封袋装。随后这一限制开始逐渐扩大其辐射范围，到了 1942 年 10 月底，凡是使用金属含量超过 25% 的一切日常用品均被列入了限制范围。此外，诸如丝袜、丝绒等一些石油衍生出的日常用品也成了物价管理局严格限制的对象。

然而即便如此，各种物资的供应依旧处于十分紧张的状态。为了尽可能地满足这些需求，战时生产委员会在 1942 年下半年便开始组织一系列的宣传活动，要求民众注意生活中的点点滴滴，减少不必要的用水、用电以及外出旅行，杜绝日常饮食和餐饮行业的各类浪费现象。当然在这段时期内，美国国内还出现了一股声势浩大的"废旧物品回收"运动（National Scrap Harvest Program），而其发起者同样是战时生产委员会。根据其在 1942 年 10 月所提出的要求，每位公民都可将平时用剩的玻璃瓶、尼龙真丝（主要用于降落伞及帆布）、各种零碎金属以及做菜时剩下的食物油脂（油脂是制造火药及人造橡胶的重要原料）小心地盛瓶保存起来，以便政府回收；就连平时不穿的衣物和破旧布料也是重点回收物品，因为除用于援助战区军民之外，这些破旧衣物还能极大地缓解美国军备服装的需求。

USE IT UP – WEAR IT OUT – **MAKE IT DO!**

OUR LABOR AND OUR GOODS ARE FIGHTING

浆洗缝补、黜衣缩食、物尽其用！我们的劳动力和物资也在战斗！（战时新闻处，1943）

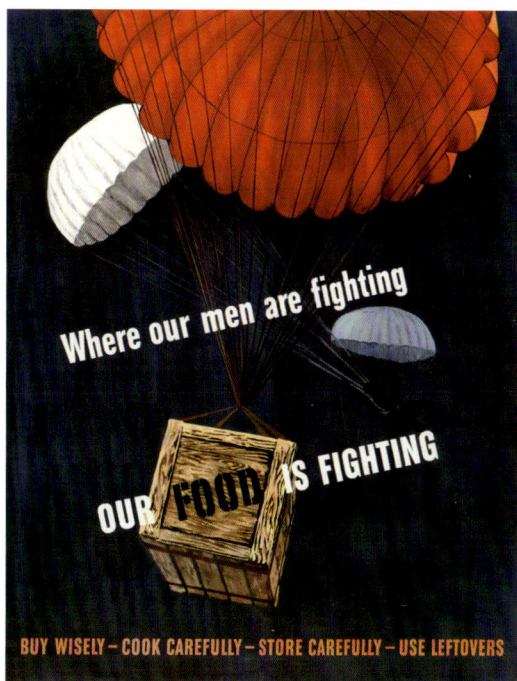

Where our men are fighting OUR FOOD IS FIGHTING

BUY WISELY – COOK CAREFULLY – STORE CAREFULLY – USE LEFTOVERS

我们的战士战斗之处，就是我们的食物需要去往之处！（战时新闻处，1943）

NO WATER DON'T WASTE IT!! NO GUNS

PENNA ART WPA

PHILADELPHIA COUNCIL OF DEFENSE ★

没有水也就没有枪炮！不要浪费水资源！（威廉·塔斯克，1942）

WANTED For VICTORY

Waste Paper
Old Rags
Scrap Metals
Old Rubber

GET IN THE SCRAP

SELL TO A COLLECTOR OR GIVE TO A CHARITY

为胜利而收集！废纸、旧毯、金属制品、橡胶都属于回收范围！
（生产管理部，1942）

FOOD IS A WEAPON

DON'T WASTE IT!

BUY WISELY - COOK CAREFULLY - EAT IT ALL

FOLLOW THE NATIONAL WARTIME NUTRITION PROGRAM

食物也是一种武器！精细预算，小心烹饪，莫留残羹，不要浪费！
（战时新闻处，1943）

A 2000-lb. Aerial Bomb uses 600 pounds of scrap metals

A Medium Tank uses 15 tons of scrap metals

A 35,000-ton Battleship uses 20,000 tons of scrap metals

A 3-inch Anti-aircraft Gun uses 3 tons of scrap metals

GET IN THE SCRAP

回收金属废品！（战时生产委员会，1942）
海报重点列举了一些重要作战物资的金属需求：一颗 2000 磅的航空
炸弹需要 600 磅金属，一辆中型坦克需要 15 吨金属，一艘 3.5 万
吨排水量的战舰需要 2 万吨金属，一门 3 英寸防空炮需要 3 吨金属

Save waste fats and greases

Strain into clean can

Keep in cool dark place

Sell it to your meat dealer

SAVE WASTE FATS

节约过余油脂！（战时生产委员会，1942）

节省过余油脂用来制造炸药！将其交给你的肉类供货商！（亨利·科尔纳，1943）

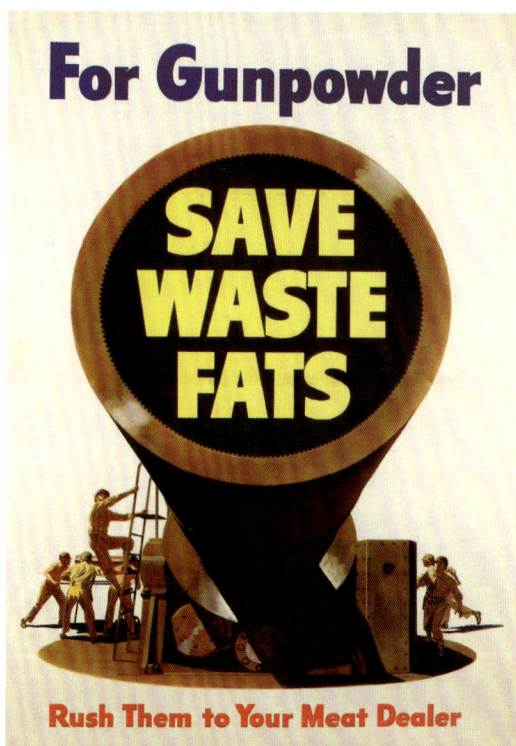

节省过余油脂用来制造火药！（战时生产委员会，1943）

家庭主妇们，节省过余油脂用来制造炸药！将其交给你的肉类供货商！（沃夫尔·理查兹，1943）

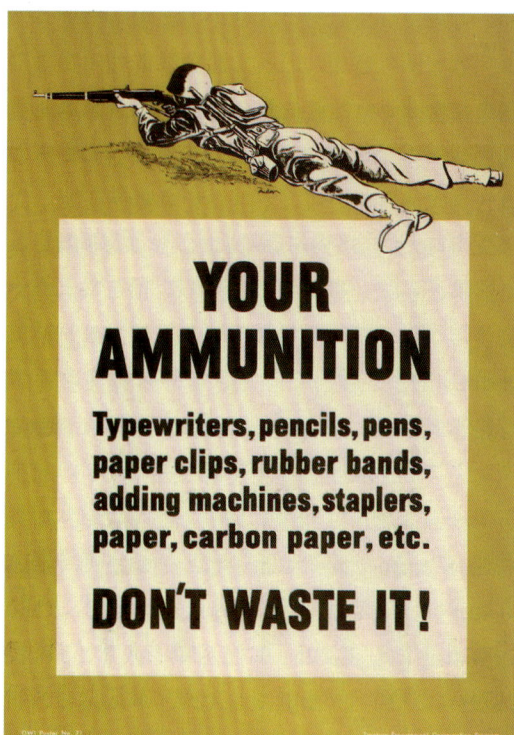

打字机、铅笔、钢笔、纸夹、橡胶圈、计算器、订书机、纸张、复写纸……这些都是你的弹药，不要浪费！（战时新闻处，1942）

当然，回收运动的首要回收物品仍旧是以轮胎为主的各类橡胶制品以及金属废品。举例来说，一只废旧轮胎可制作 20 双空降兵用的靴底或者 12 个防毒面具；而 1000 双旧胶鞋就能满足一架中型轰炸机上的全部橡胶所需。之所以将橡胶放在如此重要的地位，不仅由于橡胶供应量的急剧减少，还在于当时国内轮胎业规模最大的凡士通轮胎橡胶公司（Firestone Tire & Rubber Company）在 1941 年 10 月的一场大火中损失殆尽，这让美国的轮胎生产业蒙受了极大的损失。金属的作用更是不言而喻，每生产一辆 M4 坦克，美国工厂就必须使用 25 吨各类金属；建造一艘战列舰所用的各类金属总重量更是达到了惊人的 900 吨；而空军战机上普遍使用的铝制金属同样在民用产品中被广泛运用。根据当时的保守估计，美国国内至少有 150 万吨各类废旧金属物品和 2000 万吨废旧纸张没有得到充分的利用，而这些废品一旦加以合理利用，便会对生产工作产生举足轻重的作用。为了将更多的金属用于战争，美国政府甚至改变了货币的发行制度，采用小面额纸币取代硬币以减少硬币的发行量。由于金属在战争中的重要性显而易见，导致人们在一段时间内过多地把精力放在了金属收集上而忽视了其他废品的回收。战时生产委员会主席内尔森发现了这一"头重脚轻"的现象，要求人们重新重视其他废品的收集工作。之后，回收工作逐渐步入正轨，各项回收业绩也开始遍地开花。

有效节约电力、通讯、水源和运输，以便为前线战士服务（战时生产委员会，1943）

二战美国国内主要金属回收量

	铝	铜	锌	锡	镁
1941	107	726	284	37.5	1.8
1942	196	928	331	33.9	6.2
1943	314	1086	368	33.8	11.4
1944	326	961	344	29.1	14.2
1945	298	1007	360	31.4	9.2

单位：千短吨

废品的力量！（罗伊·沙特，1942）

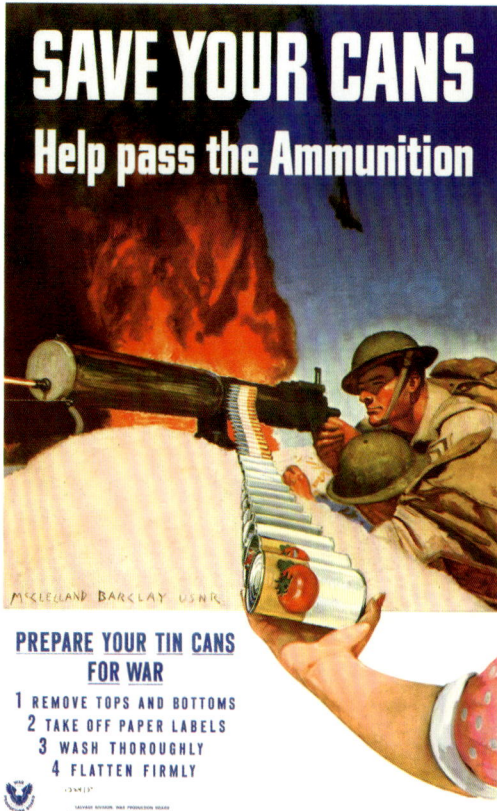

留下锡制罐头以制造弹药！（麦克利兰·巴克莱，1941）
海报中讲解了罐头的详细处理方法：1. 去除罐头两端；2. 掀去包装纸；3. 彻底洗净；4. 挤压至扁平

回收废品，击败日本！（纽约州战时生产委员分会，1942）

他需要的不只是勇气！他还需要从你的回收废品中获得作战武器。现在就着手回收！（温德尔·科林，1943）

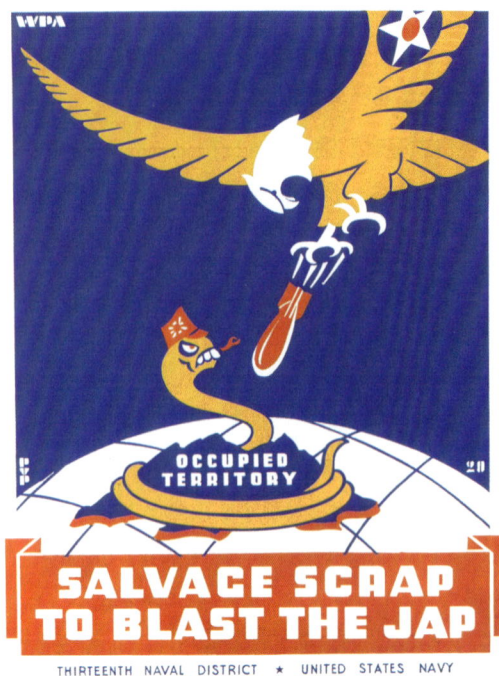

WPA

SALVAGE SCRAP
TO BLAST THE JAP

OCCUPIED
TERRITORY

THIRTEENTH NAVAL DISTRICT ★ UNITED STATES NAVY

回收金属废料，击败日本！（美国海军部，1942）

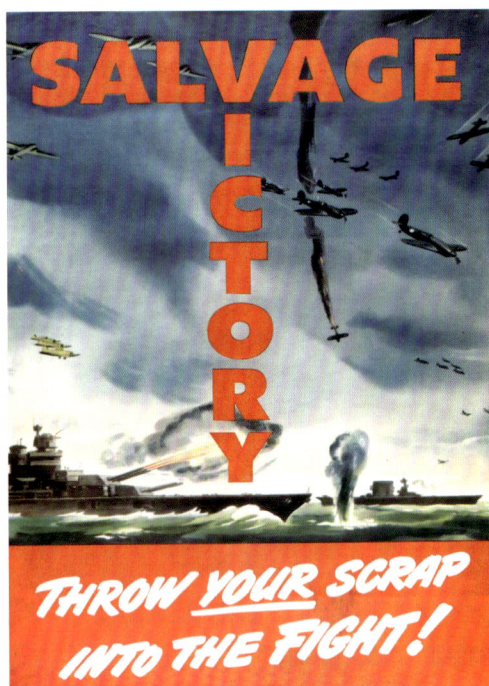

SALVAGE
VICTORY

THROW YOUR SCRAP
INTO THE FIGHT!

为胜利而回收废品！将你回收的废品投入战斗！（战时生产
委员会，1943）

YOUR SCRAP
...brought it down

KEEP
SCRAPPING
Rubber · Metal · Rags

GIVE TO A COLLECTOR,
SALVAGE DEPOT OR SELL TO A DEALER

你的废品能将它击落！继续回收橡胶、金属和布料（战时生产委
员会，1943）

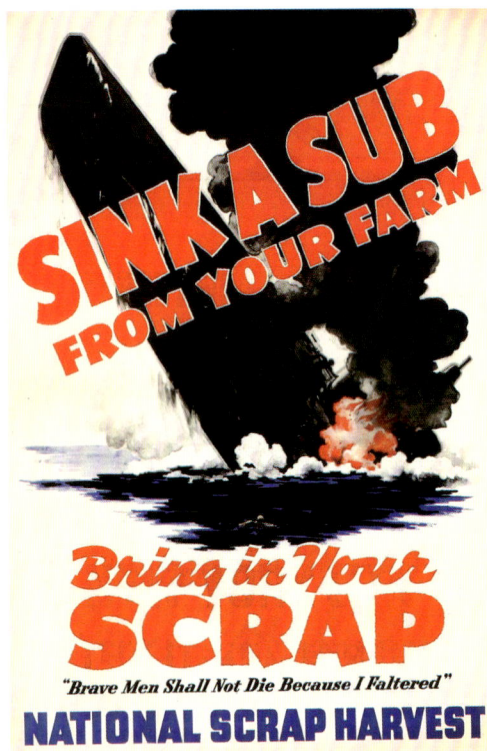

SINK A SUB
FROM YOUR FARM

Bring in Your
SCRAP

"Brave Men Shall Not Die Because I Faltered"

NATIONAL SCRAP HARVEST

在你的农场击沉一艘潜艇。所回收的废品将会帮助赢得胜利！
（战时生产委员会，1943）

除了普通民众的积极参与，美国民防署、退伍军人协会、童子军组织和一些社会团体后来还专门成立了一支废品回收队；此外，很多在校学生也被鼓励在假期中积极参与回收工作。而这些"专职"人员平均每月的废纸回收量就多达 5 万吨，另外还能收集到 6.5 万吨左右的各类金属废品以及 3.8 万余个废旧轮胎。尽管这些数据似乎并不庞大，但不可否认的是，二战中美军所用的全部军需物品有超过 10% 就是来自这些废品收集活动，而美军在整个二战期间所配发的 6400 万件绒衫、1.65 亿件大衣以及 2.29 亿条长裤中就有将近 30% 是依靠回收活动得来的。有些历史学家认为，这场持续近 4 年的回收废物运动在提升士气方面起到了很大作用，它所激发的爱国热情绝对不逊于为军队提供物资时民众所表现出的那种高昂情绪和坚定信心。

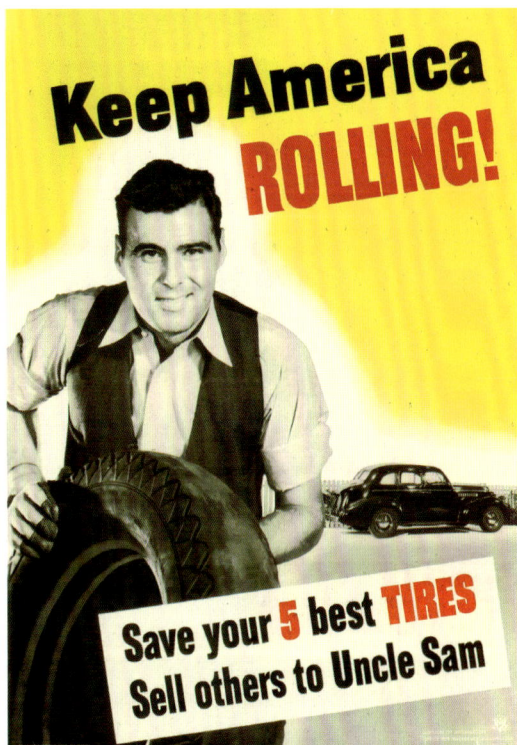

让美国滚动下去！留下最好的 5 个轮胎，把其余的都卖给山姆大叔！（战时生产委员会，1942）

美国需要你的橡胶回收品！（战时生产委员会，1942）
海报重点列举了一些重要作战物资的橡胶需求：一个防毒面具需要 1.11 磅橡胶，一只救生筏需要 17~100 磅橡胶，一辆侦察巡逻车需要 306 磅橡胶，一架重型轰炸机需要 1825 磅橡胶

回收废纸直到战争结束。收集包装纸、纸包和废纸！（战时生产委员会，1942）

Fuel Fights!
SAVE YOUR SHARE

1 Keep temperature at 65° F. during day - lower at night.
2 Don't heat unused rooms.
3 Keep windows closed.
4 Draw window shades at night.
5 Shut off heat when weather permits.
6 Keep heating plant in top condition.
7 Use less hot water.

Saving fuel also saves manpower, material, equipment
CONSERVE COAL, OIL, GAS... FOR WAR

燃料也在战斗！节省你的资源。不仅节省燃料，还要节省人力资源、各种材料和设备。为了战争节约煤炭、汽油和天然气。（战时新闻处，1943）
海报同时还告诉美国民众该如何节省各类燃料：1. 白天保持华氏65度的室温，夜间则更低；2. 不要在多余的房间供暖；3. 保持门窗关闭；4. 在夜间请拉上百叶窗帘；5. 温度合适后请关闭供暖管道；6. 确保供暖装置运转良好；7. 尽量少用热水

FROM THE SALVAGE DIVISION OF THE WAR PRODUCTION BOARD

AN URGENT PLEA: SAVE WASTE PAPER

There is a Critical Shortage of Waste Paper – More Critical than at any time *since the War began!* Waste Paper is a vital "Weapon of War". Bomb Bands, Shell Containers, Aircraft Signals, Ammunition Chests, Parachute Flares, Overseas Containers and other Military needs are made in part from converted Waste Paper. Don't destroy it! Don't throw it down the incinerator. Save it!

URGENTLY NEEDED FOR WAR PRODUCTION:

STORE BAGS | FLATTENED OUT BOXES | WRAPPING PAPER
CORRUGATED PAPER | NEWSPAPERS, MAGAZINES | WASTE BASKET PAPER
FLATTENED TIN CANS | RAGS | AND DON'T FORGET FATS AND GREASES

APPROVED BY WAR PRODUCTION BOARD. PAID FOR BY INDUSTRY.

迫在眉睫：收集各类废纸！（战时生产委员会，1943）

Be a **PAPER TROOPER**
FOR THE WAR PRODUCTION BOARD

HELP WIN THE WAR!
Collect *Waste Paper*

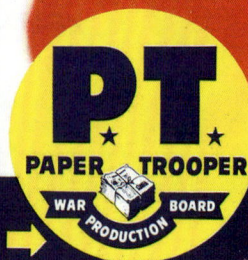

PT
PAPER TROOPER
WAR PRODUCTION BOARD

ASK YOUR TEACHER HOW YOU CAN JOIN AND GET THIS EMBLEM ➡

帮助战时生产委员会，成为一名回收废纸的童子军成员！（战时生产委员会，1943）

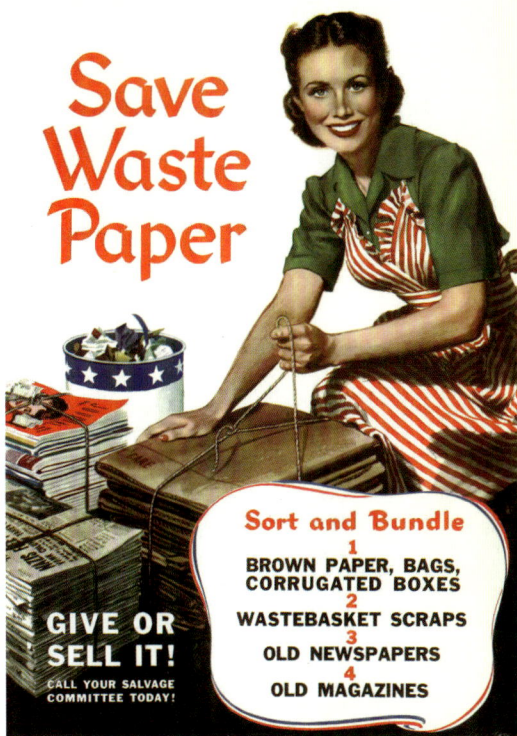

回收各类废纸。转交处理或整理变卖！（亚历山大·罗斯，1944）海报要求民众将废旧纸张分为四类加以处理：1. 牛皮纸、纸包、瓦楞盒；2. 纸篓废物；3. 旧报纸；4. 旧杂志

他们去的地方比起你要去的地方重要多了！节省橡胶，现在就检查你的轮胎！（瓦尔特·理查兹，1942）

在对工业用需逐步实施限制的同时，经历半年左右的过渡适应期后，物价管理局于 1942 年 4 月 27 日决定开始对各类食品实施限制供应，而首当其冲的便是糖类买卖。一周之后，物价管理局正式出台限制法令并分发给每位居民一本兑换券合订册。普通居民只能凭着兑换券，每周领取 1.5 磅的食用糖，至于一些商业用户，他们的单周领取量也不到平日的 70%。从 1942 年 5 月起，美国人开始再次回归到大萧条时期的那种煎熬岁月：自此之后，物价管理局几乎每月都会出台新的限制物品清单，至 1943 年 3 月，除去一些再普通不过的蔬菜豆类，包括咖啡、食盐、水果、烟草、干酪、牛奶、肉类和黄油等大多数美国人日常饮食中必不可少的食品，几乎都成了普通民众遥不可及的奢侈品。

不过，物价管理局所推出的兑换券也受到了一些批评，有人认为兑换券的形式太过单一，根本无法满足每户家庭的实际生活需求。于是，物价管理局在 1943 年 4 月将兑换券形式改为点数形式，同时对每种限制物品都标注兑换所需点数。只要总点数不超过 48，每位公民都可以换购任一商品，一旦用完兑换点数，那么他们只能到下个月才能重新购得所需物品。到了 1944 年，这种兑换形式又发生了改变，物价管理局将所有限制物品分为两类，并通过红、蓝两种兑换币加以兑换，与点数形式相类似，一旦兑换币全部用完，那人们只能到下个月才能重新兑换物品。

在这种兑换机制下，美国国内很快就出现了集中运作的黑市交易：一些手眼通天的不法分子利用获得供需物品的便利条件与一些加工厂内部人员达成协议，以略高于政府采购价购得一定数量的商品，然后再以至少翻倍的高价卖出来牟取差额暴

排队等候换取食用糖的美国民众，照片摄于 1942 年

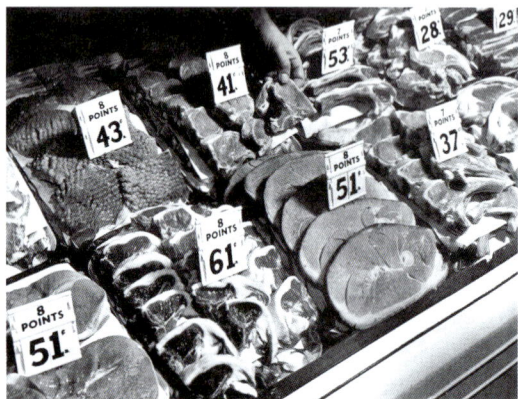

根据物价管理局的规定，所有商品除了标注出所需价格之外，还要额外写明所需的兑换点数

RATIONING MEANS A FAIR SHARE FOR ALL OF US

WITHOUT RATIONING

WITH RATIONING

Rationing means a fair share for all of us

WITHOUT RATIONING

WITH RATIONING

定额供给对于我们所有人来说都是一次平等交易（赫伯特·罗伊斯，1943）

利。为确保物价和市场的稳定，物价管理局随后针对以家庭主妇为主的人群发起了一场宣誓活动，要求民众在购买物品时交易价格不要超过官方设定的最高价，以避免出现恶性通货膨胀。另一方面，在联邦调查局于 1942 年 7 月捣毁国内第一个大型黑市交易链之后，罗斯福政府就对那些违法人员发出严正警告，不过尽管政府申明将对那些投机倒把分子施以重罚，但仍然无法遏制猖獗的黑市交易。从 1943 年下半年起，由于前线物资的需求量实在过于巨大，无法得到大量交易物品的不法分子又转而通过印制非法兑换券并高价售出的方式来赚取资金。虽然物价管理局在其颁布的《定量配给手册》中明确指出："任何违背这一措施的人一经查实，

都将处以 10000 美元的罚款并面临最高达 10 年的监禁"；但由于商品实在难以购买，很多美国人在战争期间都曾购买过黑市上的东西，这无疑也为黑

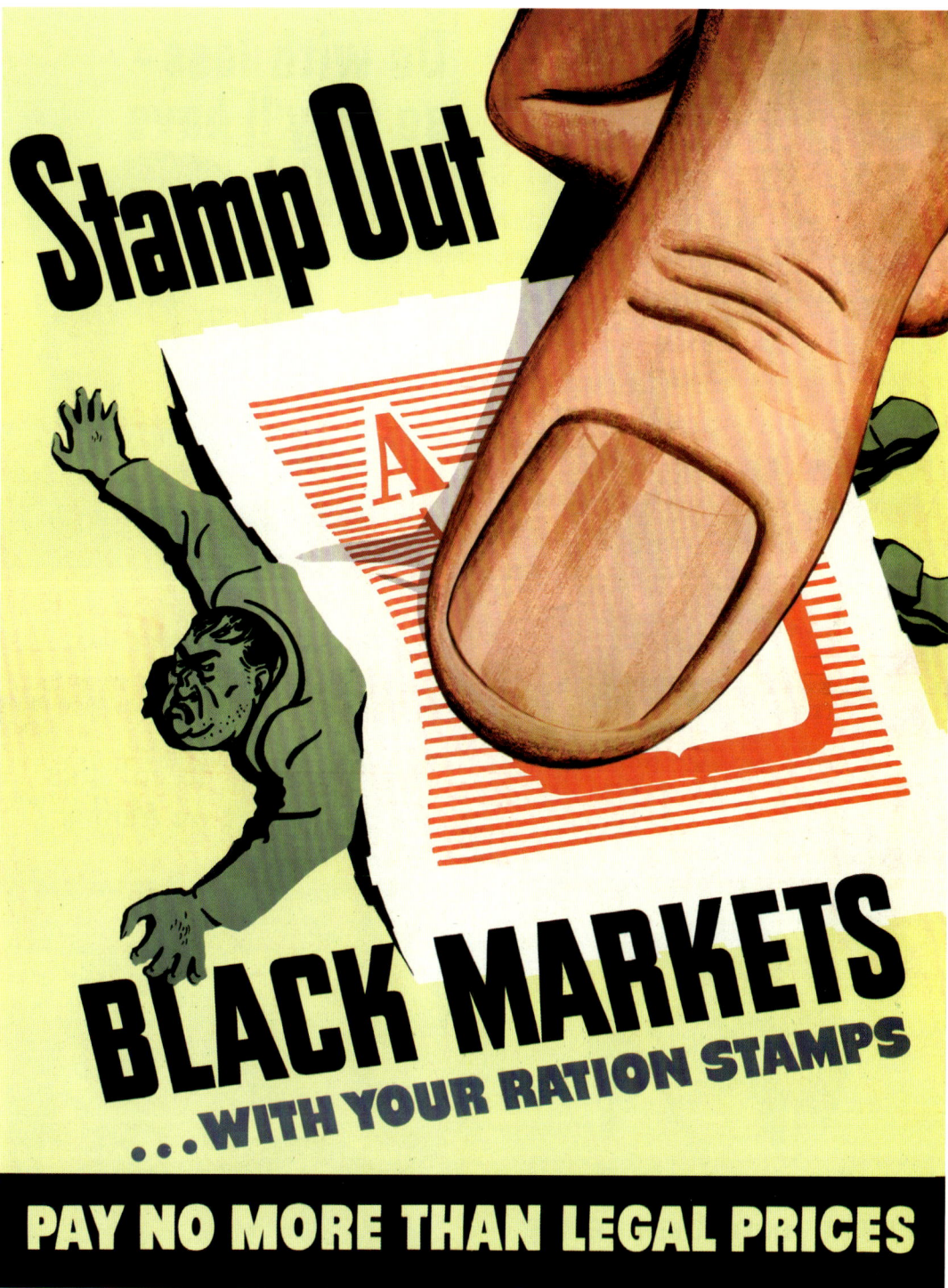

用你的定额兑换券打击黑市交易！（战时生产委员会，1944）

市的猖獗推波助澜并提供了发展的温床。事实上，直到战争结束，黑市交易现象都没有得到妥善解决。

黑市交易屡禁不止的根本原因就在于美国的农业供给完全无法满足民众的需要。根据农业部的初步估计，美国国内自开战以来仍有 1000 万吨的粮食缺口，而造成这一缺口的主要原因除了前文提到的罗斯福总统有欠考虑之外，更为重要的一点便在于当时美国开始实施的"日裔居民驱逐"计划（后文有相关介绍）。仅以加州为例，在该州从事农业生产的日裔美国人负责该州 40% 左右的粮食产量，而他们所能带来的经济效益则高达 4000 万 / 年；但随着这些日裔居民被强制迁往临时定居点，整个加州地区就有超过 20 万亩农地遭到荒废。尽管美国政府随后从南部大平原地区迁徙了将近 10 万人至此负责农业工作，但水土不服的他们显然不如这片土地的原主人那般高效，实际产量也只有之前的 70% 左右。

自我节省，确保他们供给充足！（战时新闻处，1943）

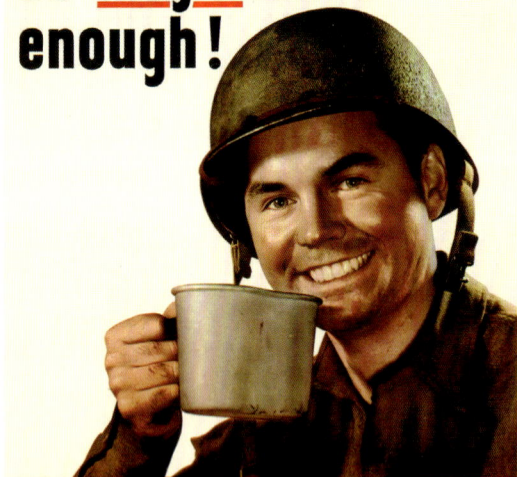

履行宣誓承诺！不购买高于物价上限的物品，妥善使用定额点数（物价管理局，1944）

"妈妈，这个冬天够我们吃了，不是吗？"自己种植，自己罐存！（阿尔弗雷德·帕克，1943）

YOU CAN LICK RUNAWAY PRICES

YOU HOLD THE 7 KEYS TO HOLD DOWN PRICES

V 1. Buy and hold War Bonds.
I 2. Pay willingly our share of taxes.
C 3. Provide adequate life insurance and savings for our future.
T 4. Reduce our debts as much as possible.
O 5. Buy only what we need and make what we have last longer.
R 6. Follow ration rules and price ceilings.
Y 7. Cooperate with our Government's wage stabilization program.

Distributed by O.W.I. for the Office of Economic Stabilization

你可以控制持续走高的物价

FOR VICTORY — AND MY PERSONAL POST WAR WORLD

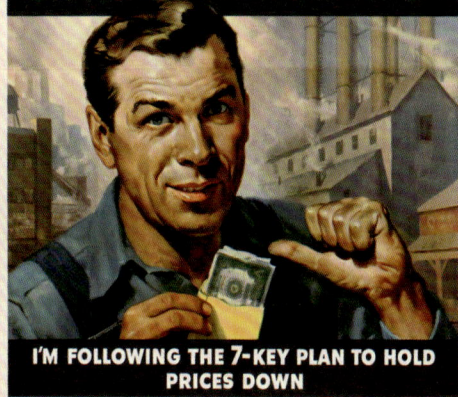

I'M FOLLOWING THE 7-KEY PLAN TO HOLD PRICES DOWN

V 1. Buy and hold War Bonds.
I 2. Pay willingly our share of taxes.
C 3. Provide adequate life insurance and savings for our future.
T 4. Reduce our debts as much as possible.
O 5. Buy only what we need and make what we have last longer.
R 6. Follow ration rules and price ceilings.
Y 7. Cooperate with our Government's wage stabilization program.

Distributed by O.W.I. for the Office of Economic Stabilization

为了胜利和我的战后生活

WE'LL TAKE CARE OF THE RISING SUN

YOU TAKE CARE OF RISING PRICES

V 1. Buy and hold War Bonds.
I 2. Pay willingly our share of taxes.
C 3. Provide adequate life insurance and savings for our future.
T 4. Reduce our debts as much as possible.
O 5. Buy only what we need and make what we have last longer.
R 6. Follow ration rules and price ceilings.
Y 7. Cooperate with our Government's wage stabilization program.

Distributed by O.W.I. for the Office of Economic Stabilization

我们注意日本人的反攻，你们注意物价的反弹

I'M OUT TO LICK RUNAWAY PRICES

LET'S ALL FOLLOW THE 7-KEY PLAN TO HOLD PRICES DOWN

V 1. Buy and hold War Bonds.
I 2. Pay willingly our share of taxes.
C 3. Provide adequate life insurance and savings for our future.
T 4. Reduce our debts as much as possible.
O 5. Buy only what we need and make what we have last longer.
R 6. Follow ration rules and price ceilings.
Y 7. Cooperate with our Government's wage stabilization program.

Distributed by O.W.I. for the Office of Economic Stabilization

我会努力抑制失去控制的物价

"控制物价"系列海报。这是弗拉格于 1943 年受经济稳定处之邀而创作的一套主题海报，旨在通过海报宣传告诫民众，持续走高的物价将会对整个国家的经济基础产生毁灭性的影响。在海报中，弗拉格向美国民众提出了 7 点建议：1. 购买并持有债券；2. 自愿上缴税收；3. 增加个人保险和储蓄金额；4. 减少债务；5. 理性消费商品并适当使用；6. 遵守定额供给和物价上限的条令；7. 配合联邦政府出台的工资收入稳定调整计划

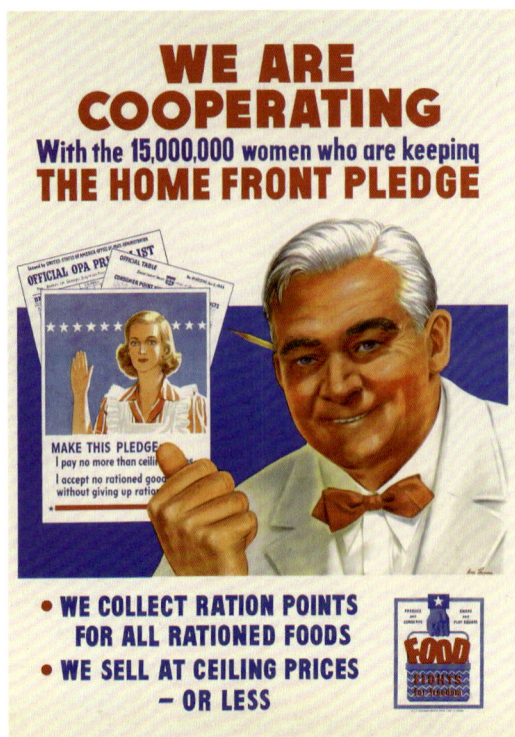

WE ARE COOPERATING
With the 15,000,000 women who are keeping THE HOME FRONT PLEDGE

MAKE THIS PLEDGE
I pay no more than ceiling...
I accept no rationed good...
without giving up ration...

- WE COLLECT RATION POINTS FOR ALL RATIONED FOODS
- WE SELL AT CEILING PRICES – OR LESS

我们正与全国1500万名完成宣誓的妇女通力合作（莱姆·托马斯，1944）

"OF COURSE I CAN!

I'm patriotic as can be —
And ration points won't worry me!"

我当然可以！我会尽可能地体现爱国精神，定额点数对我没有影响！（迪克·威廉姆斯，1944）

　　为了满足国内食物供量的巨大需求，有不少人向农业部提出，效仿当一战时期美国实业家查尔斯·派克（Charles Pack）的战时菜园计划，在民众中推广类似的种植计划，鼓励每户家庭自给自足，通过建立自己的菜园来满足日常的食物需求。不过由于一战时期的这些民间菜园因疏于统一管理，导致其总产量并未达到预期效果，故此作为农业部部长的维卡德在一开始就对恢复该计划持保留意见。然而这一提议却得到了埃莉诺·罗斯福的积极响应，维卡德不得不向这位第一夫人谨慎地坦露了自己的见解：他认为将一片菜园直接种在白宫的后花园里的这种做法很可能会遭到国内一些农业单位的反感和质疑，另外也不知会不会在国际媒体面前产生一些负面影响。但实际的结果却证明了维卡德的想法显然过于谨慎，因为埃莉诺的做法不仅树立了一个良好的宣传形象，同时也在无形中向盟友展现了美国人积极储备粮食的友好行动。

　　就在美国官方对于这一计划仍旧犹豫不决之时，美国民间却已开始积极行动起来。1942年10月，位于华盛顿的老字号博比农种公司（Burpee Seeds）率先推出了"胜利菜园种子包"（Victory Garden Seed Packets）计划——根据菜园的不同规模为购买者合理搭配一些适合简单种植的农作物种子；而洛克菲勒中心也开始利用原来的一片观赏用花园种植土豆和生菜等农作物。久而久之，这种方法就成了很多美国家庭解决一日三餐食材问题的有效方案。

　　在这种影响下，维卡德的农业部最终决定，以"为胜利而挥土，为和平而种植"为口号，正式推出"胜利菜园"（Victory Garden）计划；农业部在1942年底的宣传推广手册中指出："美国民

GET YOUR FARM IN THE FIGHT!

USE CONSERVATION METHODS FOR BIGGER YIELDS now!

让你的农场也投入战斗！使用保护耕种法以此获得更大的作物产量！（自由食物公司，1942）

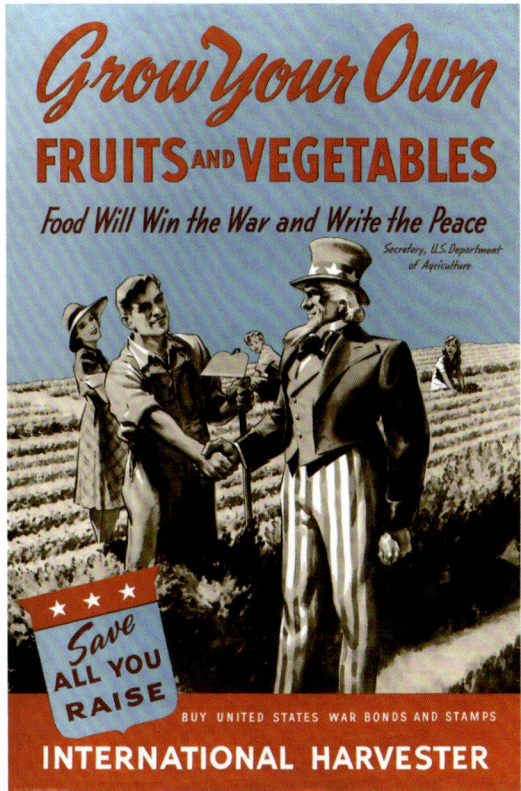

Grow Your Own FRUITS AND VEGETABLES

Food Will Win the War and Write the Peace
Secretary, U.S. Department of Agriculture

Save ALL YOU RAISE

BUY UNITED STATES WAR BONDS AND STAMPS

INTERNATIONAL HARVESTER

自己种植水果和蔬菜！食物将赢得战争并书写和平！（纳威司达公司，1942）

众可以自主完成种植和囤储行动来有效缓解美国农业和运输的巨大压力，并在来年真正做到物尽其用。"为保证产量，农业部还精心挑选了一份推荐清单，罗列了一批种植过程较为简单且存活率较高的农作物，此外农业部还会定期派出专员指导普通居民的种植工作。而各州的主要种植产品也是经过美国农业和地理专家协商一致的结果，比如新英格兰地区主要种植各类绿叶蔬菜，加州地区负责水果和坚果作物，美国中西部负责各类蜀黍谷物，缅因州负责土豆，密歇根州负责洋葱，北达科他州负责小麦，南达科他州负责棉花等等。更多的是出于满足自身家庭摄食需求的考虑，很多美国家庭都在自己的后院里辟出田地，专门用以种植日常所需的食物，有些邻里之间还会相互交换一些自家多余的种植物。

在"胜利菜园"计划顺利推广的同时，战时粮食总署也很快为民众制定出了膳食配搭计划，并将各类食物按照营养成分划分为 7 组，要求民众尽可能地采纳这份食谱上的推荐搭配。战时粮

在胜利菜园里进行采摘的美国民众

尽可能多地罐存食物，这也是战争中的一项工作！（战时新闻处，1943）

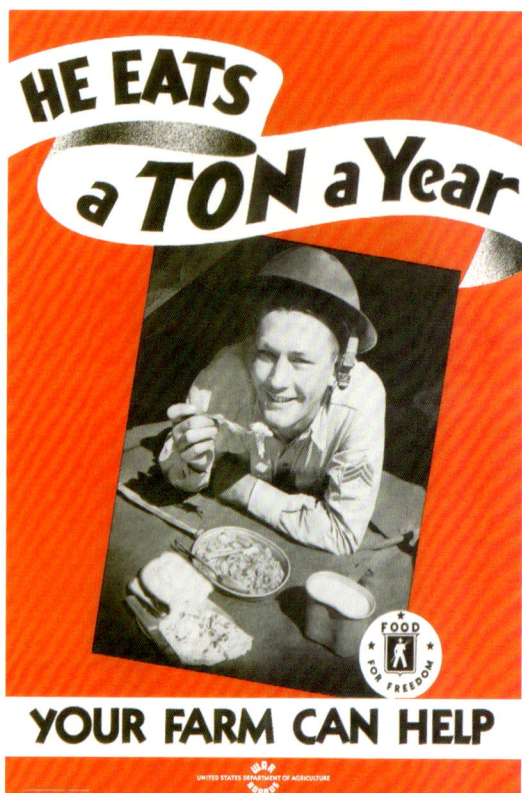

他每年消耗一吨食物，而你的农场可以提供供给！（美国农业部，1942）

食总署的这种做法在当时受到了一些质疑，因为很多人在看了这份菜单后纷纷表示，这7组食物中起码有一半以上已经成了他们的奢望，其他一些食物也无法得到正常的供量。然而在约翰·琼斯（John Jones）于1943年1月15日写给罗斯福的汇报信中，这位战时粮食主管还是充满信心地预测到，胜利菜园可以让1943年的蔬菜产量达到前一年蔬菜总产量的75%。果然，这一活动在该年年底就取得了立竿见影的极佳效果：在这一年里，胜利菜园共收获了超过820万吨的各类新鲜蔬菜和约70万吨的各类水果，其蔬菜产量几乎占到了当年全美产量的近40%，而食物短缺的问题也基本得以解决。除了将近1500万户家庭拥有了自己的胜利菜园之外，华盛顿、纽约、波士顿和旧金山等一些大城市，还专门辟出一大亩地用来种植各类蔬菜和果树的公共区域，而大部分不居住在城市的美国家庭也都有一个规模不一的菜园。

自1944年起，农业部将宣传口号变为"更多地种植"，而胜利菜园的总数量也已经持续增长到2200万个。在这一年中，胜利菜园的总产量相比1943年又小幅增加了5%，甚至产量的一小部分还被送往了前线；实际上，到战争结束之时，整个美国共有约2000万人参与了这一活动，所种植的各种蔬菜总量达到了这个国家蔬菜总产量的41%。只是唯一有些遗憾的，就是当年战时粮食总署推出的膳食配搭计划中所囊括的食物，至二战结束也只有其中一部分基本满足了供量需求，因为对于当时很多美国人来说，他们能在半个月内喝上一杯牛奶或是嚼上一块牛排，就已经算是一种莫大的享受了。

PLANT A VICTORY GARDEN

OUR FOOD IS FIGHTING

A GARDEN WILL MAKE YOUR RATIONS GO FURTHER

在胜利菜园内开始种植！（战时新闻处，1943）

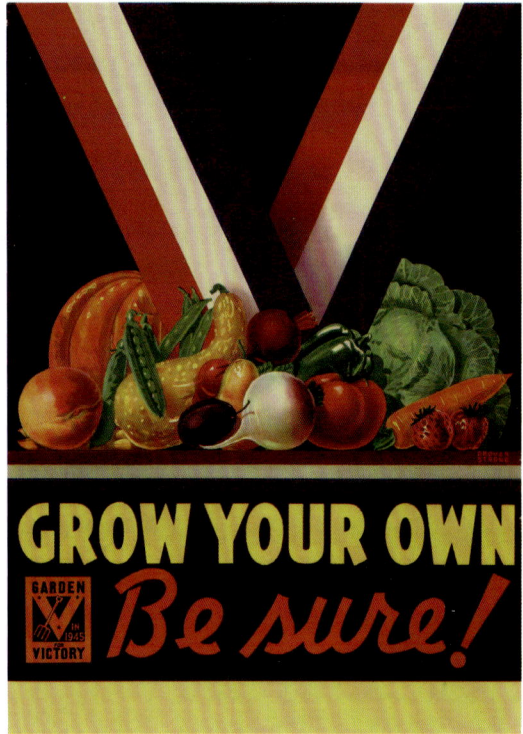

GROW YOUR OWN Be sure!

GARDEN VICTORY

一定要自己种植！（格罗夫·斯特朗，1945）

SHOOT TO KILL!

PROTECT YOUR VICTORY GARDEN

及时清除虫患！保护你的胜利菜园！（休伯特·莫雷，1943）

YOUR VICTORY GARDEN
counts more than ever!

你的胜利菜园比以往肩负了更多的重担！（休伯特·莫雷，1945）

每天摄取 7 种类型的膳食！一顿饱饭，精力充足！（战时粮食总局，1943）

为工作，为运动，一日三餐不可少。每天摄取 7 种类型的膳食！
（泰德·荣，1943）

别没精打采的。一顿饱饭，精力充足！（战时粮食总局，1943）

第九章 后方支持
Civil Supports

任何一场战争都会演变成两场战争：一场是前线将士的浴血奋战，另一场则是后方民众的鼎力协助。
——杰拉德·林德曼（美国历史学家）

除了之前我们提到的诸多与战事进展密切相关的工作之外，美国国内的安全防范工作也需要罗斯福政府的妥善处理：一旦德、日两国的武装力量对美国本土发动袭击，势必会在民众中间制造不小的恐慌，更会对大后方的各项生产工作带来极为负面的影响。由于受到好友斯特拉·雷丁（Stella Reading）女士在英国成立妇女民防志愿队的影响，埃莉诺·罗斯福向自己的丈夫建议，同样也在美国成立一个类似的全国性组织，用以全面预防美国境内可能出现的敌方空袭和武装入侵并争取应急处理时间。

经过反复衡量之后，罗斯福于 1941 年 5 月 20 日正式签署了第 8757 号总统令，下令在应急计划处（Office of Emergency Planning）属下组建美国民防署（Office of Civilian Defense）并全面整合美国国内的一切民兵组织，而前纽约市市长菲奥雷洛·拉瓜狄亚（Fiorello La Guardia）则受邀担任该组织的首任主席。另外，由查尔斯·柯伊纳（Charles Coiner）于 1939 年设计的民防 CD 字样标志则仍被保留，并作为民防署的组织标志沿用至二战结束。

美国民防署在全美地区共设有 9 处地区指挥中心，并自始至终都和美国陆军部保持着合作关系。同时，为了扩大组织规模，民防署随后还成立了志愿者办公室和民兵预防队（Civil Defense Corps），专门接收和吸纳普通民众。此外，在珍珠港事件爆发前，该组织还被赋予了向民众宣传战事发展势态的工作，只是这项工作根本就没有发挥任何实质性的作用，美国卷入二战之后也就不了了之了。至 1942 年 7 月，民防署已经招募了 6 万名左右的志愿者，除了完成各类火灾抢险、生化灾害处理和医疗救助之外，民兵预防队还积极收集废物、照看孩童，并参与胜利家庭等活动。民防署的作用仅通过以下几个例子就可窥其一斑：

同盟国的一个重大工作：与你当地的民防委员会通力合作（美国民防署，1942）

华盛顿特区民防署医疗救治队的查尔斯·德鲁（Charles Drew）医生正与自己的护士同事进行空袭伤员救治演练，照片摄于 1942 年

军事画家约翰·科米塔（John Comita）描绘的日军空袭美国西海岸行动

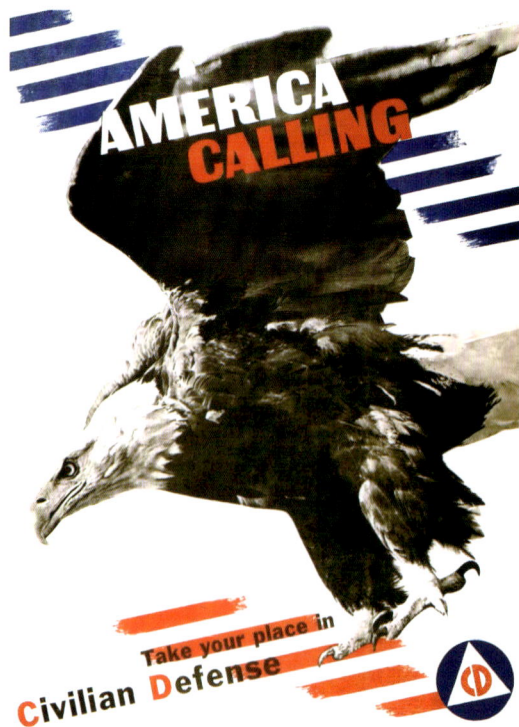

美利坚的召唤。在民防署找到你的职务！（赫伯特·马特，1941）

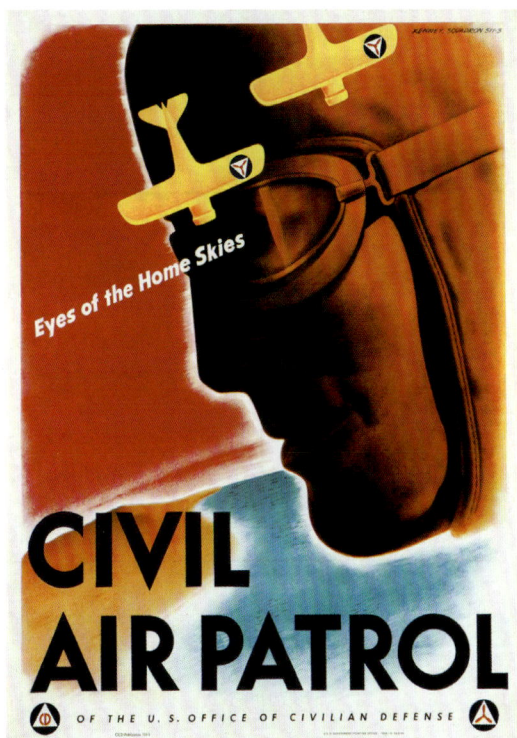

国民航空巡逻队——时刻注视着国土领空（美国民防署，1943）

金钱无法换来的是你的参战奖章（公共关系事务署，1943）

仅在 1943 年夏天，民防署志愿者就为国家收集了大约 4 万吨铝；而在 1944 年底，全美 40% 的蔬菜都是由民防署志愿者种植的。

另外，拉瓜狄亚还于 1941 年 12 月 1 日正式成立了一个名为"国民航空巡逻队"（Civil Air Patrol）的组织，并任命前陆军航空兵少将约翰·库里（John Curry）担任该组织的主负责人；其目的就是调动国内民用航空资源来负责海岸警戒和巡逻工作，当然这些小型民用飞机也经改装后配备了基本的救生和补给装备。在罗斯福于 1943 年 4 月 29 日要求国民航空巡逻队正式转入战争部下属部门之前，该组织总共吸引了约 2 万名飞行志愿者加入，另外还有近 3 万人成为配合国民航空巡逻队进行监视工作的海岸反潜艇观察员。在巡逻队的有效工作下，整个二战期间一共有 93 艘各型遇难舰船被巡逻队及时发现，并和国民警卫队一起成功营救了 603 名船员。

当然，美国人的防御举措也并非固若金汤：1942 年 6 月 21 日，即开战后的第 7 个月，日军伊–25 号潜艇就对俄勒冈州的斯蒂文斯堡发动了一次短暂的火炮攻击；到了 9 月 9 日，日军飞行员藤田信雄又驾驶一架零战水上飞机再次从伊–25 号上起飞，向俄勒冈州的布鲁金斯林区投放了两颗 30 公斤燃烧弹并引发了一场山火；9 月 29 日，藤田信雄故伎重施，在奥福德港附近地区投放了两颗燃烧弹。这些攻击行动尽管未造成巨大的人员伤亡和物资损失，但却足以引发民众内部的恐慌情绪，基于此，国民航空巡逻队决定增加巡逻次数和监视范围，同时在机腹两侧增加挂弹架，在必要时可对发现目标实施空中打击。到战争结束之时，国民航空巡逻队的累计飞行时间超过 50 万小时，巡航里程达 2400 万英里；共发现 173 艘敌军潜艇，并对其中 57 个目标发动了驱逐性攻击，击伤 10 艘，击沉 2 艘。

除去有所行动的日本人之外，德国人也将空袭北美作为战略计划的一个重要组成部分。1942年5月12日，戈林正式批准所谓的"北美轰炸机方案"（Amerikabomber Projekt）并指派梅塞施密特、容克斯、福克－伍尔夫和亨克尔等4家公司启动远程作战飞机的研发。与此同时，德军也开始了作战计划的可行性研究，根据档案记录，德军将以亚速岛作为中转基地，对北美的21个军事目标实施重点打击，这其中有19处在美国境内；另外，包括纽约、华盛顿、费城和底特律在内的33座城市都将是德国空军的重点轰炸对象。

该方案推出后的第4个月，白宫方面就通过盟军特工的秘密情报了解了其内容概要。作为纳粹空袭的第一目标，纽约市市长拉瓜狄亚曾表示："为预防敌方可能发起的空袭，纽约市的每个男人、女人和小孩都必须了解如何应对、何时应对。我们必须为此做出牺牲，但这么做只是为了能赢得战争。"其实美国宣战之后，民防署就针对国土安全制订了3套卓有成效的空袭预防应急程序，即灯火管制程序、防空预警程序和防止袭击后火灾程序。其中，防空预警程序将突发事件分为"黄—蓝—红"三个级别：当敌机距离美国本土100英里时，黄色信号立即响起，此时相关人员要在15分钟内准备好消防管、救护车和应急庇护所，民众必须立刻熄灯；当敌方空军距离美国本土60英里时则亮起蓝色信号，此时相关地区即刻开始灯火管制；若在25英里之内发现任何敌军空袭的情况，红色信号将随时响起，这时相关地区的交通一律封锁，同时拉响防空警报，照亮所有防空探照灯。

在美国人张弓搭箭严防空袭的同时，德国人的研制工作也取得了超出预计的进展：梅塞施密特公司率先于1942年12月开始了Me-264的试飞工作，而容克斯公司也于1943年10月开始对Ju-390经行首次试飞。另根据部分资料记载，1架隶属于第5远程侦察机大队的Ju-390侦察机曾于1944年1月飞行32小时并最终抵达纽约北部

地区，而国民航空巡逻队居然没有发现这种足有2架B-29体积的德军侦察机。尽管该事例得到了当时一些德军战俘的证实，但却遭到很多史学家的质疑，他们认为Ju-390可以从欧洲去往北美，但却无法保证其顺利地返回基地。

尽管德军的此次飞行始终存有疑义，但英美情报部门早在1944年1月就从德军战俘的口中了解到德国人已具备了往返于法兰克福和东京的航空能力。不过这种担心似乎并无意义，因为美国人的防空网络已愈发完备，加之前线战事推进顺利，让德军再无暇顾及轰炸美国本土的行动。实际上，直到1944年6月30日9个地区性指挥处开始统一协调相互地区的民防工作前，民防署制定的这套周密的预防程序一直都保证了美国大后方的民众安全。近一年之后的1945年6月4日，政府宣布民防署就此退出历史舞台，但是其各项防御机制和工作内容在后来的冷战期间依旧为预防可能出现的核打击发挥了巨大的借鉴作用。

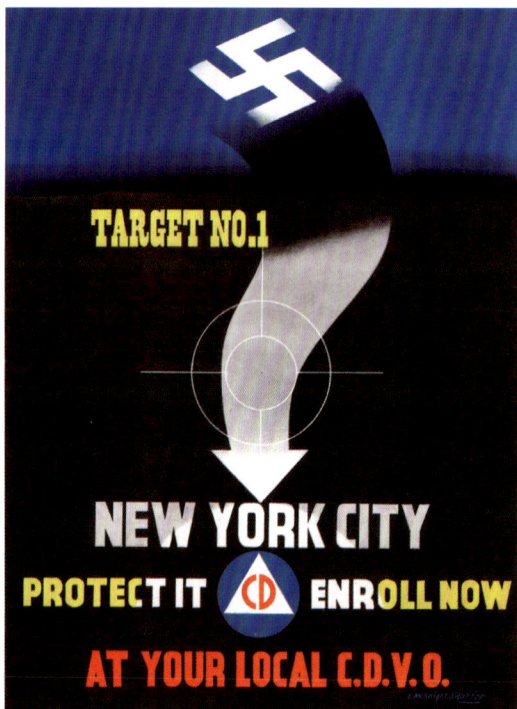

纳粹的头号目标是纽约！保卫纽约，现在就到当地的征召处加入民防署！（麦克奈特·考弗尔，1942）

1942 年 8 月的芝加哥民防署民防宣传手册，其内容主要包括有防空避难等知识

实际上，早在詹姆斯·兰迪斯（James Landis）继拉瓜狄亚之后成为民防署新任署长的 1942 年，美国国内各大工厂因各种疏忽而导致的大小火灾和电力故障就不下 1.6 万起，造成的直接经济损失超过 5.1 亿美元。于是民防署加大宣传力度，要求国内的工厂、机关、公司等公共单位做好用电、用火和登高作业等的安全预防工作。到了 1944 年 1 月下旬，在局长威廉·多诺万（William Donovan）的示意下，战略情报局（Office of Strategic Services）又推出了旨在预防敌方特工实施破坏行动的工作手册；尽管手册中的主要内容多为训练情报人员和机关雇员考虑，但其中的很多内容却被民防署拿来借鉴使用。不过由于密集的战事导致生产工作日趋繁忙，其宣传的实际效果并不显著。

Neither must fail!

一个都不能疏忽！（惠特尼·索恩宁，1943）

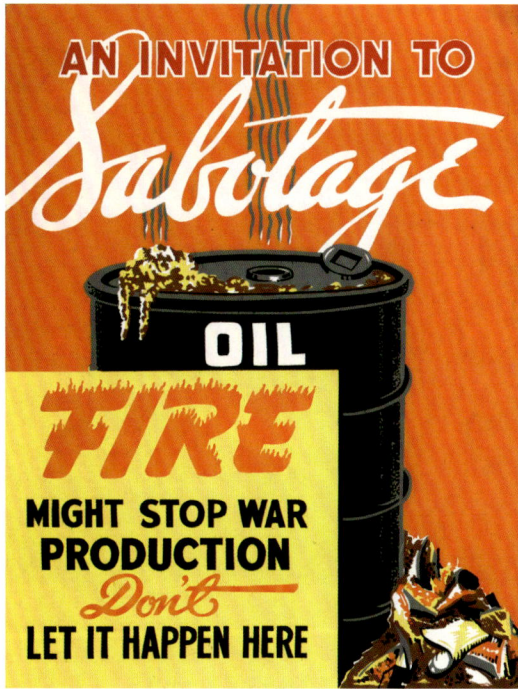

造成损失的原因——火灾，它会阻碍战时生产！杜绝其发生！（战时生产委员会，1943）

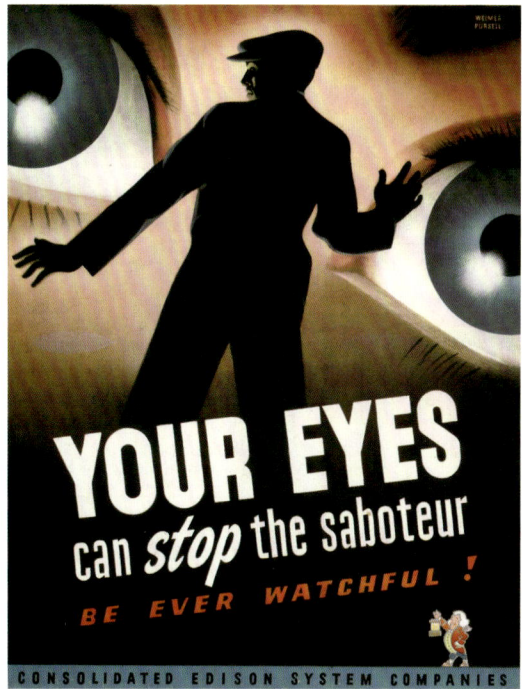

你的双眼会阻止破坏行为！保持时刻警惕！（维莫·普鲁塞尔，1942）

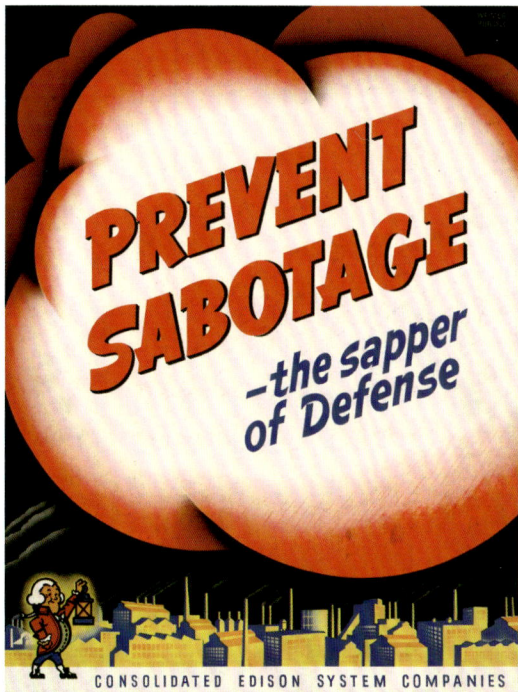

国防事业的工兵："预防破坏！"（维莫·普鲁塞尔，1942）

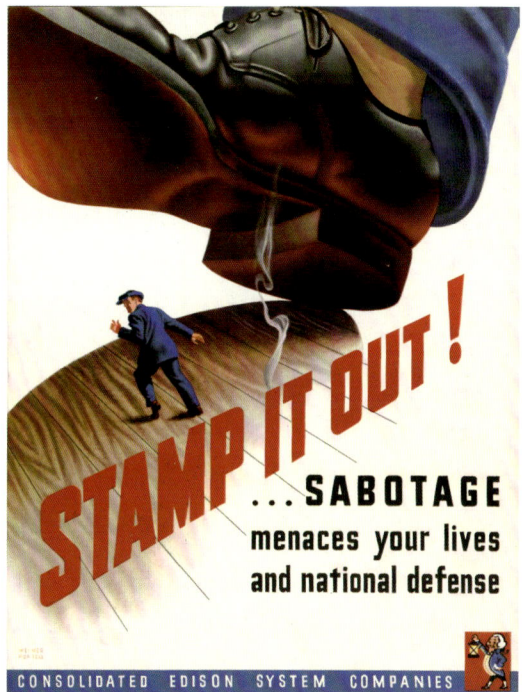

踩灭火苗！它危害你的生命和国防工作！（维莫·普鲁塞尔，1943）

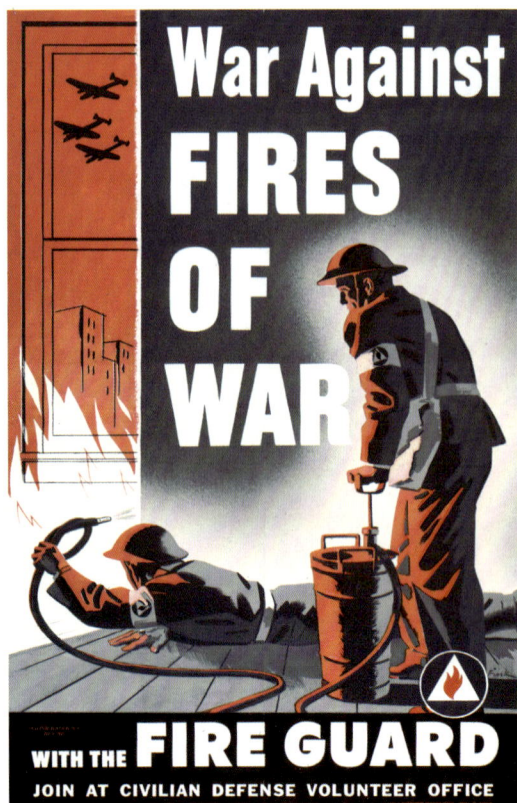

与消防员一起阻止空袭导致的大火灾。前往民防署志愿者办公室报名！（登曼·芬克，1943）

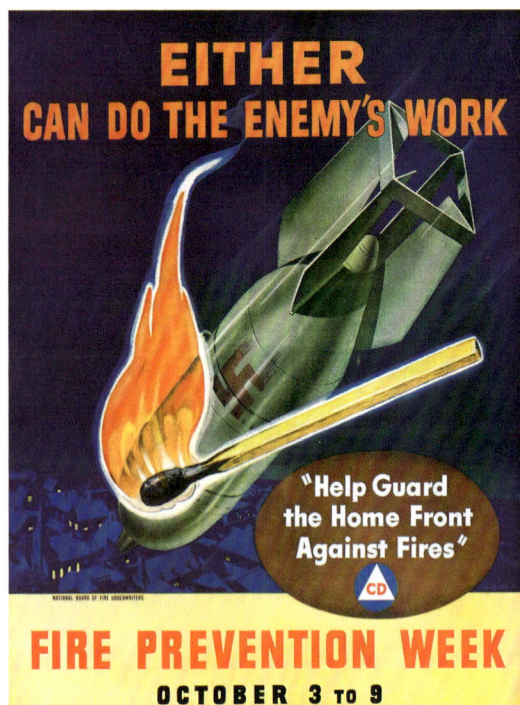

它们都可以助纣为虐！帮助民防署工作人员预防火灾！（美国民防署，1943）

　　当然，我们在这里还要略微提及一下民防署所涉及的另一项工作，那就是协助美国林业局和农业部完成消防工作。实际上，林业局早在1942年2月就制定了《林火综合预防计划》（Cooperative Forest Fire Prevention Program），以此来要求每位民众积极参与到预防火灾的行动中去。相类似的，农业部几乎也在同一时间下达相关条令，要求农业工作者在工作的同时务必注意时刻警惕农区内可能出现的野火。但老实来说，这些举措的效果其实并不显著，因为对于普通的美国民众来说，除了偶尔的野外郊游以外，他们根本就不会涉足林区境地。

　　森林火灾的问题在1944年下半年随着日本人开始大量使用气球炸弹而变得更为突出。也就在

这一年8月9日，林业局正式推出了他们的宣传活动，口号是"只有你能阻止野火"（Only You Can Prevent Wildfires）。另外，海报画家阿尔伯特·斯泰尔（Albert Staehle）以20年代美国著名的消防英雄乔·马丁（Joe Martin）为灵感，设计出了一个名为"防火熊"（Smokey Bear）的经典形象，并通过众多的宣传媒体向民众传递火灾的危害性。老实来说，这一宣传活动其实并不怎么及时，因为美国人仍旧在1944年蒙受了巨大的损失：各类火灾、虫灾就让美国人损失了将近42亿板英寸的木材，占到当年木材总产量的8.45%。到了战争的最后一年，尽管这项损失相比1944年减少了将近三成，但实际上已对战事的发展没有多少实质意义了。

让防火熊来告诉你，加强防火意识将会减少九成的火灾发生！（阿尔伯特·斯泰尔，1943）

森林大火是另一个需要战胜的敌人。加强防火意识将会减少九成的火灾发生！（美国林业局，1943）

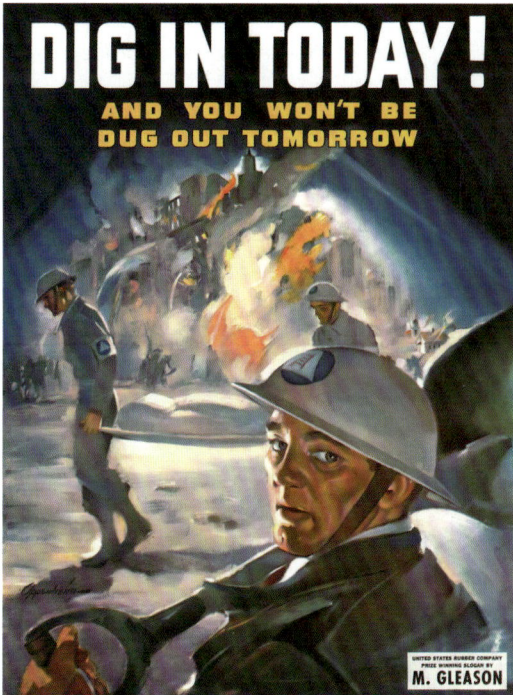

全力以赴，你就不会为明天而黯然神伤！（美国橡胶总公司，1942）

我们的粗心大意就是他们的秘密武器。预防森林大火！（美国林业局，1943）

FOREST FIRES AID THE ENEMY
VOLUNTEER TO FIGHT THEM

JOIN THE FOREST FIRE FIGHTERS SERVICE
CALL ON YOUR LOCAL DEFENSE COUNCIL OR SEE YOUR NEAREST FOREST OFFICER

森林大火等于帮助敌人，让志愿者预防火灾。志愿加入林业火灾预防处！（美国民防署，1944）

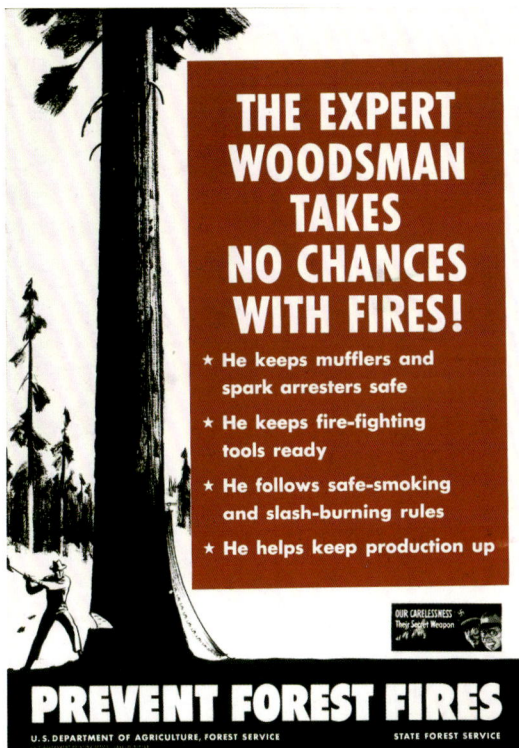

有经验的伐木工会避免一切火灾诱因。预防森林大火！（美国林业局，1943）

请别粗心大意，先生。预防森林大火，其危害远比以往更大！（美国林业局，1943）

保卫他的美国！只有你能阻止森林大火！（美国林业局，1945）

野草滋生野火。预防野火，其危害比以往更大！（美国林业局，1944）

预防森林大火！一定要彻底熄灭你的火柴！（美国林业局，1944）

充分翻犁，杜绝火灾隐患！（美国林业局，1944）

除了民防署之外，美国红十字会当时也是美国国内一支规模庞大的民间团体。只是与民防署略有不同的是，美国红十字会只是日内瓦国际红十字总会的一个国家性分支机构，它并不一定直接听命于罗斯福政府的管理和协调。早在德国入侵波兰之后，美国红十字会就开始为欧洲沦陷区的灾民提供必要的人道主义援助，后来在不列颠之战期间又率先提出"血浆援助英国"（Plasma For Britain）的活动；到了1941年2月，美国红十字会又组建了一个名为"志愿献血处"（Donor Blood Service）的部门，专门为欧洲战区的普通民众提供血浆援助。战争结束时，美国红十字会共为盟军士兵和各国平民提供了超过615万升的血浆，相当于二战期间纽约市每人每年都至少献过一次血。该组织所招募的护士团体在战争结束之后已经拥有了10.5万人的巨大规模，但与军事护士性质有所不同的是，隶属美国红十字会的护士更多的只是一种志愿性质的人道主义援助团体，她们的服务群体也并非限定于美军人员。

除了在前线负责救助战区的平民与作战伤员之外，美国红十字会同时也在后方承担着为普通平民提供医护帮助的义务。另外，她们也会定期开展各类活动以积极响应政府的各项号召，比如废品收集、购买债券等等，不过这些非医疗性质的工作很多都由隶属于美国红十字会的红十字青年会（Junior Red Cross）完成。在美国红十字会的巅峰时期，其会员人数超过750万人，其中仅有约3.9万名为专职工作人员。尽管民众共向美国红十字会捐赠了7.84亿美元，但这笔资金的绝大多数都用于救济物资的采购，而多数组织成员在整个二战期间的经济报酬甚至都不足60美元。这种博爱无边的奉献精神深深地打动了当时的美军欧洲战区总司令艾森豪威尔，他在1945年6月18日的国会演讲中曾如此褒扬过美国红十字会在战争中的贡献："红十字会，包括其各个分支机构为前线提供的食物和为救助伤员所做的一切准备工作，就像一双无法被海洋所阻隔的双手，友善地帮助着正在大洋彼岸顽强战斗的人们……"

另一个在美国兴起的志愿者组织来自教育部门。1942年9月25日，当时的教育部主管约翰·斯图德贝克（John Studebaker）决定由各学校自行组织一支配合农业生产的未成年"胜利农作队"（Victory Corps），除去在校学生之外，男女童子军成员也被允许加入进来。一个月之后，马里兰州的艾里克特市立高中、舍伍德高中和布莱尔初级中学等三所学校就率先完成了农作队的组建工作，学生在接受了简短的专业知识培训后便开始前往就近的农区负责开垦、种植和采摘工作。截至1942年底，全美本土地区已成立了大约700余支这样的队伍。

但是随着美国农业队和妇女劳动军人数的日趋壮大，胜利农作队的工作也开始变得不再重要；另一个重要因素还在于，很多农场主对于这些孩童始终存有微词，他们觉得让这群基本没有任何农作经验的孩子完成分配给他们的任务只会让工作效率变得更低。于是到了1944年6月，当美国的粮食供应问题得到了根本解决之后，斯图德贝克便宣布停止该计划的继续推行，而更多的青少年后来则是被鼓励加入美国农业队，但他们也并非就此成为其属下的一名农业工作者，而是更多地利用寒暑假期充当志愿者的角色，其工作内容也多以辅助配合为主。

A pint of Your Blood
MAY SAVE A SOLDIERS LIFE!

DONATE YOUR BLOOD
and American boys
will get the blood
plasma they need!

CALL
Murray Hill 5-6400
for an appointment

RED CROSS BLOOD DONOR CENTER
2 E. 37th STREET   NEW YORK CITY

你所捐献的一品脱血液将会挽救一个士兵的生命。通过鲜血，让美国士兵得到他们需要的血浆！（纽约州红十字会献血站，1943）

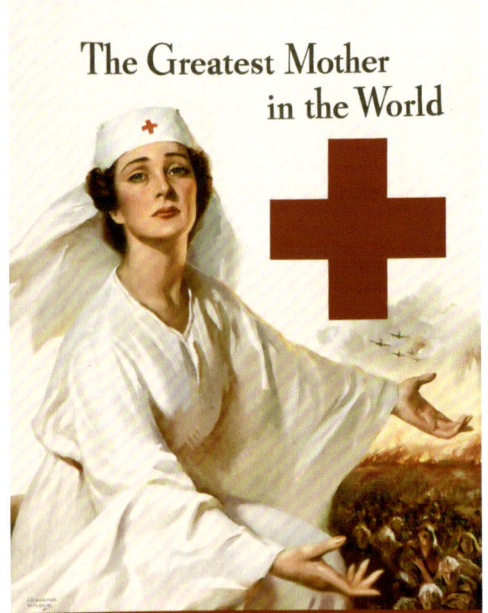

The Greatest Mother in the World

WAR FUND 1943

世界上最伟大的母性！（劳伦斯·维尔布尔，1943）

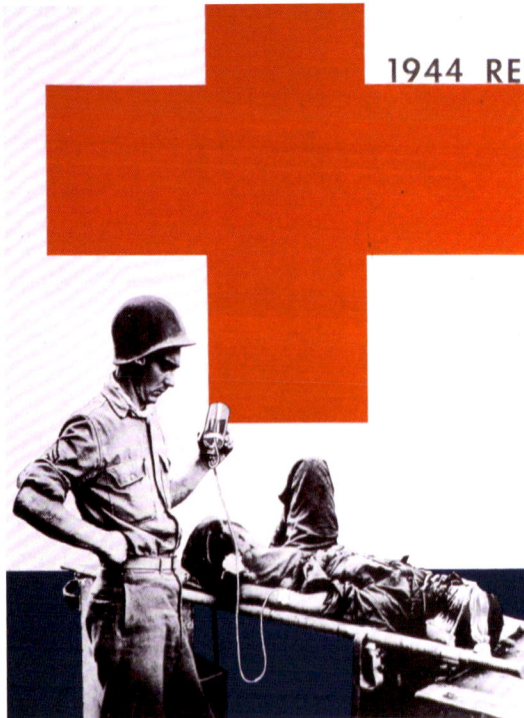

1944 RED CROSS APPEAL – MARCH 1

the more
YOU GIVE
the more
WILL LIVE

GREATER NEW YORK MUST
GIVE $22,386,000

YOUR RED CROSS
IS AT HIS SIDE

提供得越多，被挽救的生命也就越多！（美国红十字会，1944）

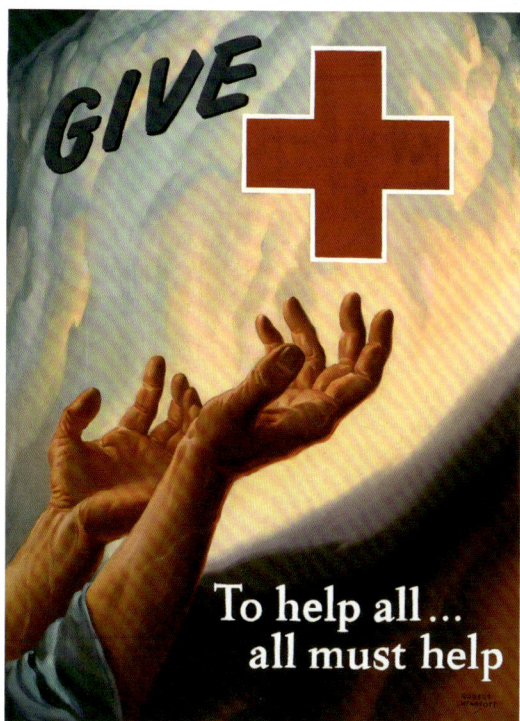

帮助那些需要帮助的人！（罗伯特·凯尔福特，1944）

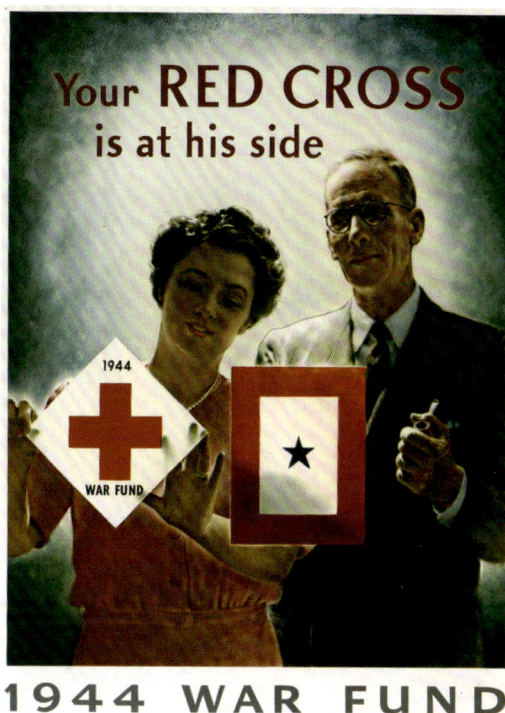

你的红十字会时刻都在他的身边！（斯宾塞·克罗克威尔，1944）

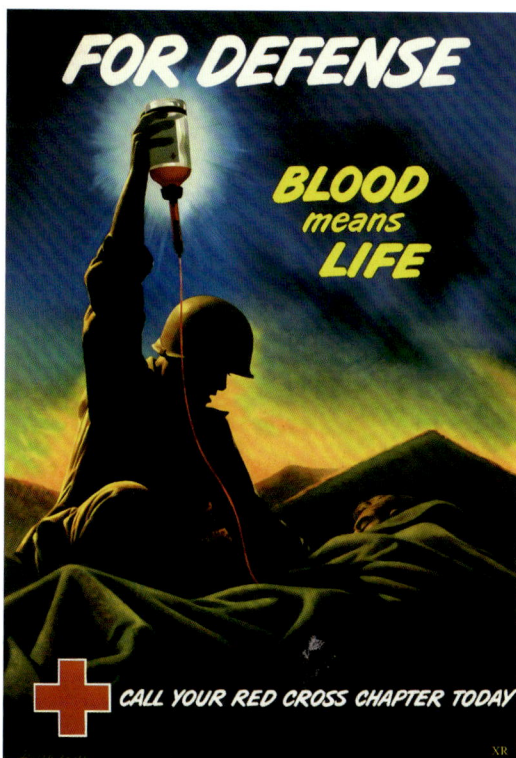

为了国防，血液等于生命！（詹姆斯·宾汉姆，1944）

你的红十字会时刻都在他的身边！（延斯·施莱凯尔，1943）

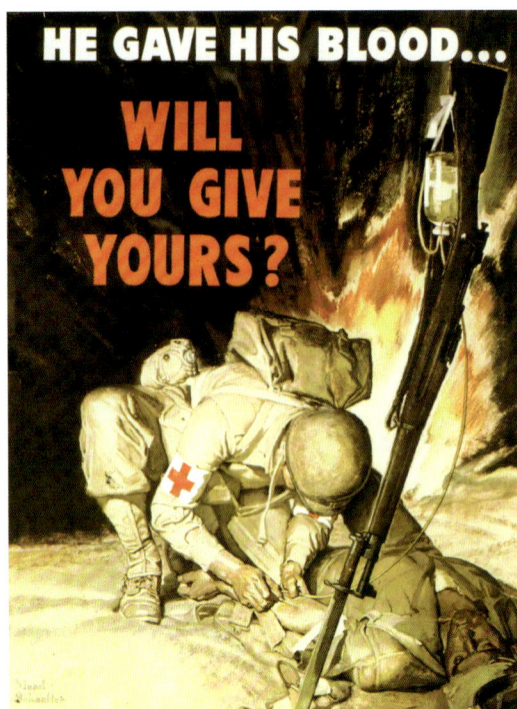

他献出了他的热血……你也愿意献出你的鲜血吗?（梅德·沙夫特，1944）

这一年，我将再接再厉！（温德尔·科林，1945）

让你的红十字会时刻在他的身边！（沃尔特·维特曼，1945）

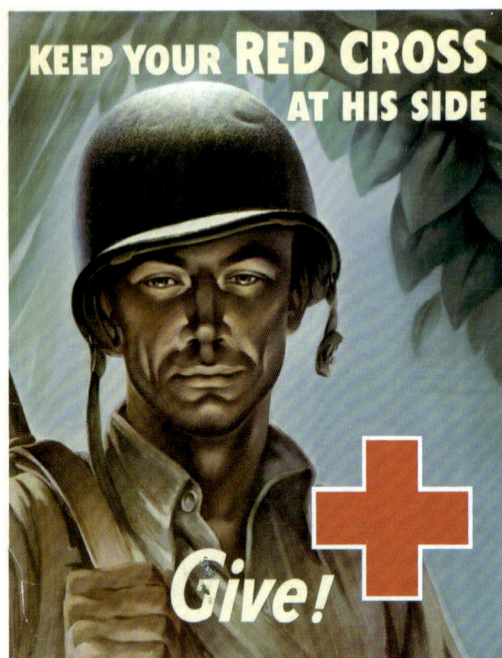

让你的红十字会时刻在他的身边！（沃尔特·维特曼，1945）

With your boy...
When he needs
her most

RED CROSS WEEK

Nation's Motion Picture Theatres

APRIL 1st thru 7th

SPONSORED BY WAR ACTIVITIES COMMITTEE, MOTION PICTURE INDUSTRY

YOUR BLOOD
CAN SAVE HIM

当他最需要你的时候，请和他在一起！（汤姆·韦伯，1944）　你的血液可以挽救他！（沃尔特·维特曼，1945）

正在检查水源的移动俱乐部红十字会人员

移动俱乐部内部一瞥

在美军登陆诺曼底后，美国红十字会还成立了一个名为"移动俱乐部"（Clubmobile）的服务性组织。"移动俱乐部"这一概念最早其实由英国人提出，但他们设想的初衷只是为前线士兵提供简单的娱乐活动。当美国驻英红十字会的总负责人哈维·吉布森（Harvey Gibson）得知这一措施后，他便决定在美军内部也增设这样的服务机构，但和英国人不同的是，美国人的"移动俱乐部"将专门负责为前线士兵提供日常食物、饮用水（咖啡）以及临时就寝场所，而且所提供的所有食品都是免费的。一座"移动俱乐部"其实就是一辆经过改装的通用军车，内置一间厨房和一台甜饼圈加工机，车厢后部则提供长椅和简易床铺供士兵休息

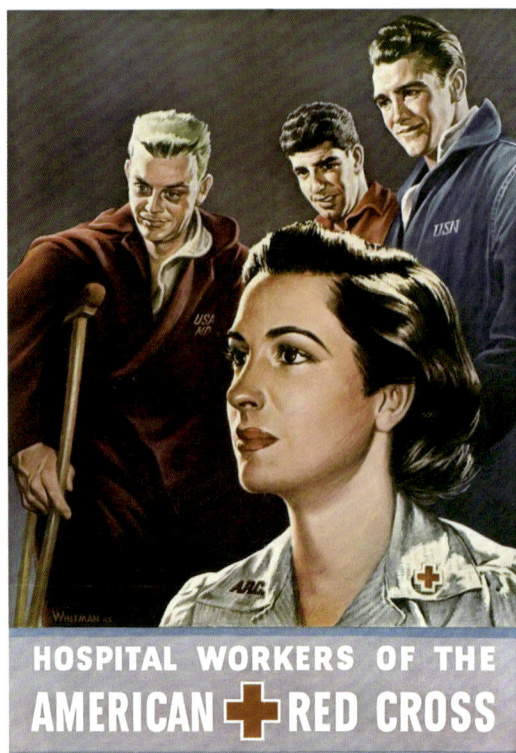

HOSPITAL WORKERS OF THE AMERICAN + RED CROSS

美国医院里的红十字会护工（沃尔特·维特曼，1945）

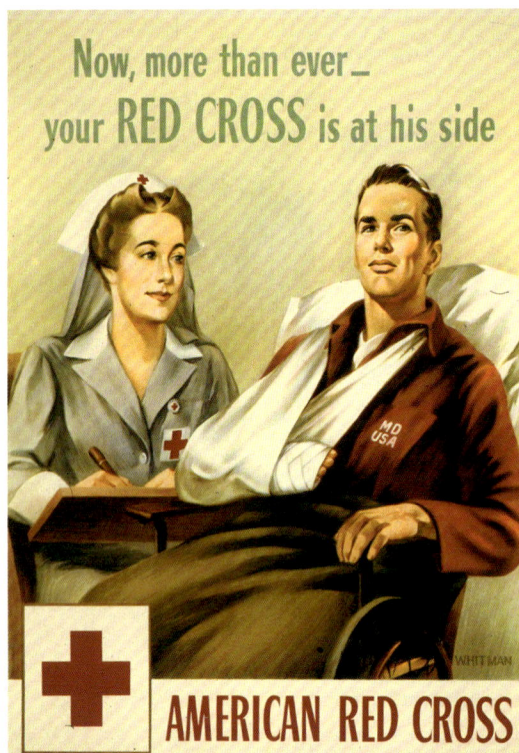

Now, more than ever_
your RED CROSS is at his side

AMERICAN RED CROSS

就是现在，你的红十字会时刻在他的身边！（国家卫生研究院，1945）

VOLUNTEER FOR VICTORY

Offer *your* services to *your* RED CROSS

为胜利而志愿加入红十字会！（托尼·弗里塞尔，1943）

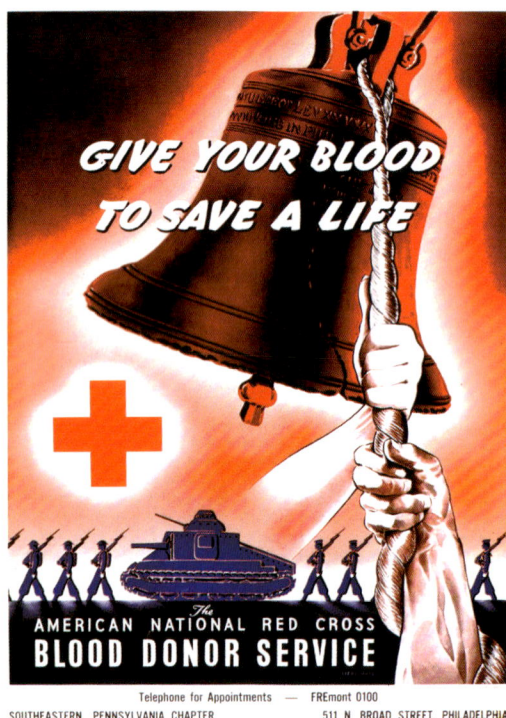

GIVE YOUR BLOOD TO SAVE A LIFE

AMERICAN NATIONAL RED CROSS
BLOOD DONOR SERVICE

Telephone for Appointments — FREmont 0100
SOUTHEASTERN PENNSYLVANIA CHAPTER   511 N. BROAD STREET, PHILADELPHIA

将你血液用来挽救一名战士的生命！（宾夕法尼亚东南区红十字分会，1943）

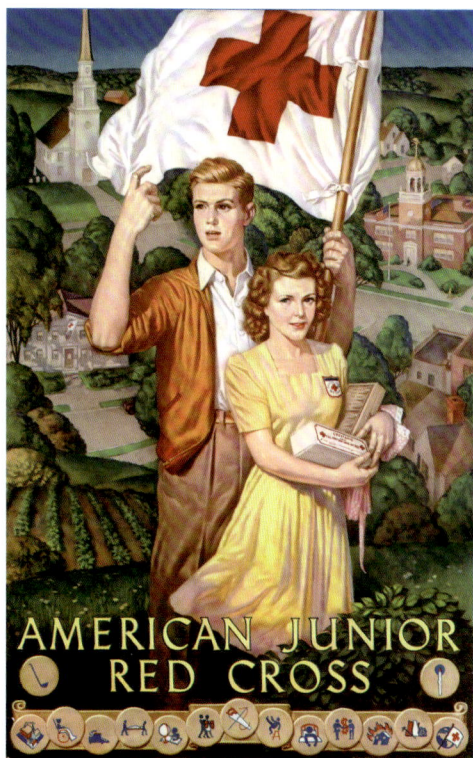

红十字青年会（沃尔特·汉弗莱，1943）

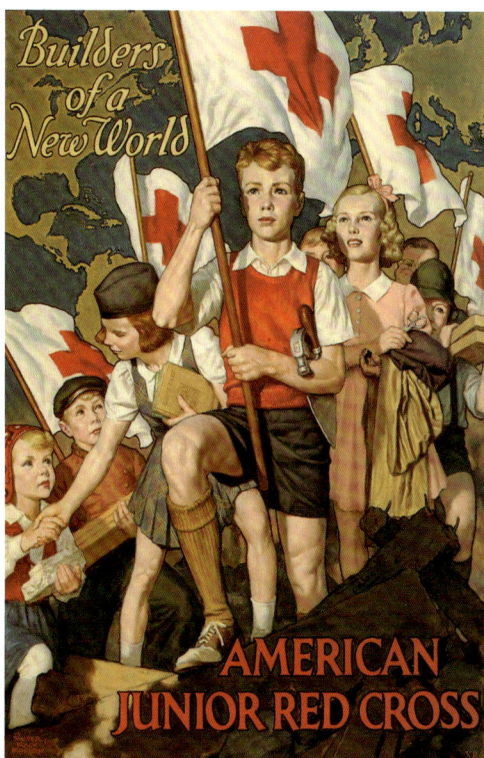

红十字青年会，新世界的缔造者！（沃尔特·汉弗莱，1943）

加入美国农业队，成为一名农场志愿者！（美国农业部，1943）

用我们自己的方式？成为一名胜利农场志愿者！（安东·布鲁尔，1945）

为了胜利而诞生的战时菜园。在你的厨房门外种植蔬果！（斯泰谢－特朗设计印刷公司，1943）

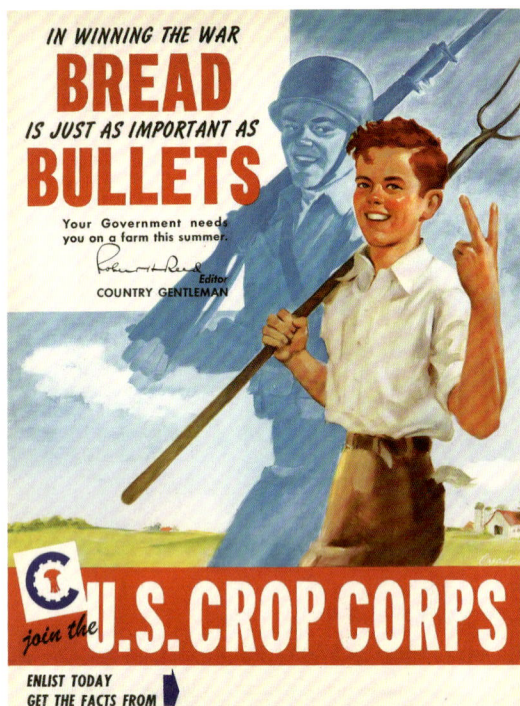

为了赢得战争，面包和子弹一样重要！加入美国农业队！（丹尼斯·奥本海默，1944）

农业队就是突击队。加入美国农业队！（约翰·维克瑞，1943）

让我们加入农作前线！成为一名农场志愿者！（美国农业部，1943）

第十章 巾帼英雄

Wartime Heroines

我坚信女性可以像男人们那样撑起半边天，有时甚至更好……
——阿梅莉亚·埃尔哈特（美国女飞行家和女权运动者）

战争期间的妇女群体从来就是一个不得不被提及的重要话题，因为直到珍珠港事件爆发的前一周，美国国内仍有将近一半的女性成员没有固定工作，也就是说，她们仅仅只是一些再普通不过的家庭主妇。然而随着美国宣布加入二战，成千上万的青壮年穿上军装奔赴前线之后，大后方的很多生产任务似乎就只能交由这些妇女来完成。同时，为了填补军队中大量空缺的一些特殊职位，二战中有超过40万名女性加入了军队，占到整个军队人数的11%左右。当然在大后方，人们也几乎可以在各个角落看见这些为战争默默奉献的女性群体：护士、电报员、勤务员、打字员、装配工人等等。虽然她们的职业或许显得有些微不足道，但是她们对于胜利所做出的贡献是无法被抹杀的。

我们在前文中已提到过，战争的爆发不仅让美国国内的失业率大幅下降，同时也伴随着女性用工数量的陡然攀升。在美国几个主要的工业地区，底特律的女性工人数量从1940年的4.7万人一下子提高到了1942年的7.5万人；而在巴尔的摩，女性用工人数截至1942年已达到7.9万人，足足是1940年的3倍之多。仅从1942年1月至7月间，各大工厂雇主所能提供的适合女性从事劳动的岗位数量从战前的29%一下子蹿升到85%，而这些岗位最后有超过三分之二均被女性所占据；这些工种包括气割、焊接、铆接、车铣、装配、放样、质检……除去一些重体力工种之外，当时在美国国内的任何一家工厂内几乎都可以看到女工的身影。

很快，美国民众开始将这些劳动妇女的形象加以浓缩和塑造，并最终虚构出一个叫作"铆工露丝"（Rosie The Riveter）的女性——她勤劳能干又肯吃苦，兼具一个好工人和好母亲的所有美好品质。很多人都认为，美国人为女性塑造形象的动机多少受到了当时邻国的影响：根据女工维罗尼卡·福斯特（Veronica Foster）的真实情况，加拿大宣传机构曾在1941年就以她为原型，创作出了一位"布伦枪女工罗尼"（Ronnie, The Bren Gun Girl）的宣传形象。而美国人的这位"铆工露丝"其原型虽然已无法准确考证，但比较确信的一种说法是，该形象取材自康维尔飞机公司（Convair Corporation）位于圣迭戈分厂的一位名叫罗西娜·博娜薇塔（Rosina Bonavita）的铆钉女工，而"露丝"正是车间工友对这位女工的昵称。不管如何，这一形象很快就深入人心并成了当时褒扬女工的一个惯语，后来又随着雷德·埃文斯（Redd Evans）和约翰·劳埃布（John Loeb）创作的同名歌曲迅速成了美国国内的一个流行词汇。

美国媒体同时也开始加大女工的宣传力度，以至于在后来，一个类似于"铆工露丝"的新形象——"焊工温蒂"（Wendy The Welder）也逐渐流传开来，其原型是加州里士满自由轮船厂（Richmond Liberty Shipyards）的一名女焊工珍妮特·多伊尔（Janet Doyle），不过"铆工露丝"的形象显然更受美国民众的欢迎和肯定。战时广告业委员会不久后就发起了名为"战争中的

帕斯卡古拉船厂女工的合影

我们可以做到！（霍华德·米勒，1943）

杰拉丹·多伊尔

女性"的宣传活动，鼓励画家多多创作女性题材的海报作品。不过，在这一批海报问世之前，美国民众就已经认识了来自肯塔基州的一位名叫罗丝·门罗（Rose Monroe）的女工，当时她在位于密歇根州的威洛鲁恩飞机制造厂（Willow Run Factory）负责 B-24 轰炸机的组装工作。凭借着出色的工作成绩，罗丝很快被拍摄成了宣传电影并让当时的很多人都误认为她就是"铆工露丝"的原型。

但是，更加完美地诠释了"铆工露丝"形象的却是当时受雇于西屋电气公司的画家霍华德·米勒（Howard Miller）。根据当时公司负责宣传工作的协调委员会的要求，米勒完成了一幅为后世带来巨大影响力的海报《我们同样能做到》。今天我们已经无须再为这幅海报进行更多的介绍，坚毅的神情、有力的手臂以及鲜明的口号，这所有的一切不仅让这幅海报成了战时美国女性工人的象征，更是为日后的女权运动赋予了某种精神。

不过在这里我们倒是可以介绍一下米勒创作海报中的这位女性形象的原型——杰拉丹·多伊尔（Geraldine Doyle）。这位外表秀美的安纳堡姑娘在高中毕业后就进入了当地"美国铰钻设备公司"（American Broach & Machine Co.）属下的一家工厂，成了金属冲压工。在一位美联社国际部记者（姓名已无法考证）的车间拍摄工作中，他无意中抓拍下一张杰拉丹踮着脚尖查看设备运转情况的照片。这张照片后来引起了米勒的注意，通过另外几张杰拉丹的照片，米勒决定以她为与原型，塑造一个积极工作的女性形象，以此来鼓励西屋公司内部的女性员工。不过直到 1982 年被重新翻找出来之前，这幅海报的影响力都十分有限，由于属于公司内部作品，这幅海报的印量在当时不足 1800 张。

倒是另外一幅出自洛克维尔的海报作品成了二战期间刻画"铆工露丝"的绝佳代表。在 1943 年阵亡将士纪念日的前一天，洛克维尔通过《星期六晚邮报》刊登了一幅反映女工形象的海报，主题是一名正在享用简单工作午餐的女性铆工。从海报中女工神情轻松的面容中，我们似乎重新看到了洛克维尔战前海报作品中那种幽默轻松的主题表现元素，只是没有人会将这位女工的表情误解为她对工作的马虎敷衍，相反却认为是女工对于踩在脚下的那本《我的奋斗》的一种蔑视。当然，洛克维尔的这幅海报仍然经过了精巧的加工，尽管画家的原型模特是他位于阿灵顿小镇上的一位名叫玛丽·多伊尔（Mary Doyle）的 19 岁电话接线员，但洛克维尔显然"过分"塑造了这位娇小女性的身材，两只粗壮结实的手臂也无不暗示着战时女性的力量和态度。这一形象一经杂志发售就很快变得家喻户晓起来，财政部也二度采纳洛克维尔的作品并将其作为债券宣传海报进行了重印。有趣的是，当玛丽看到自己成为这幅知名海报中的主角时竟无丝毫愉悦之色，为此洛克维尔还对这位姑娘进行一番道歉，并解释缘何将其刻画得如此"丑陋"。

但是海报中的轻松表情实际上并不能代表女工们的真实想法，因为现实世界的种种问题让这群最美丽的人常常蹙眉紧皱，更别提绽放她们的笑容了。由于性别歧视现象的存在，工资问题成了这些妇女面临的第一个问题。尽管美国政府早有规定，要求任何企业或是雇主聘请的女性员工都必须享有和男性工人一样的工资待遇，但妇女的平均工资依旧远远低于男性工人。在美国的 10 个主要工业地区中，妇女的平均单周工资仅有 35 美元，即便是地区平均收入最高的底特律，每位妇女每周的 40.35 美元工资也远低于男性工人每周 54.65 美元的工资水平。即便这样，也并不意味着她们的劳动时间就能等比减少：平均每位妇女的单周工作时间达到了 55 个小时，远远超出了劳工部规定的女工 48 小时 / 周的标准工作时间。在大多数节假日无休的情况下，她们通常只有在周日才能得到一整天的喘息。

洛克维尔笔下的"铆工露丝"形象

战争中的女性。没有她们我们将无法取得胜利！（战时人力委员会，1942）

就靠我们了！我们不会让你们失望的！（布莱斯勒广告漫画公司，1942）

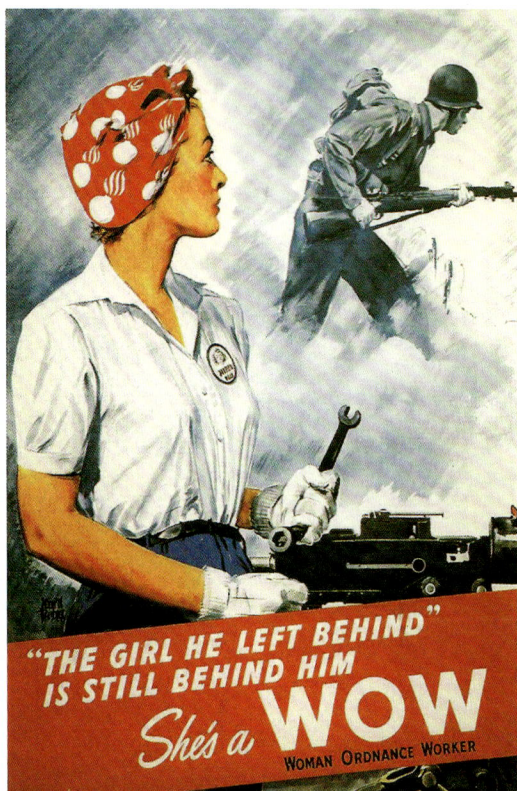

他留在后方的姑娘其实始终就在他身后。她是一名军需生产女工！（阿道弗·特莱德勒，1942）

她是一名军需生产女工！（阿道弗·特莱德勒，1942）

我的女友是一名军需生产女工！（阿道弗·特莱德勒，1943）

只要更多的女性加入工作，我们就会更快地赢下战争！（战时新闻处，1943）

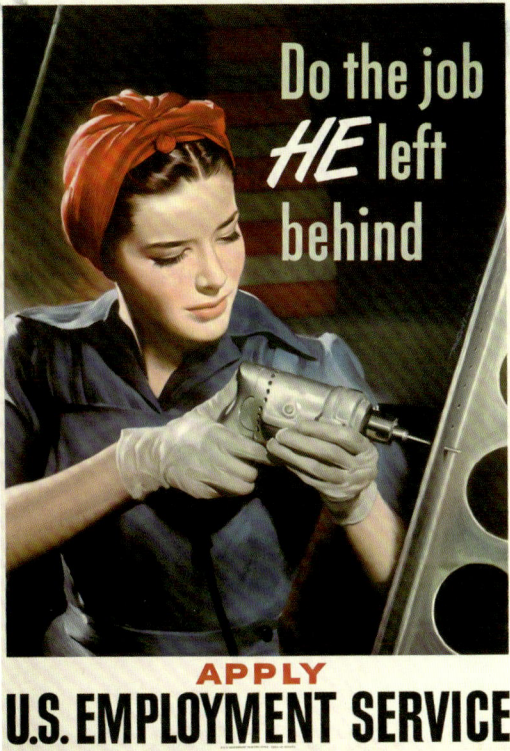

完成他留下的工作（菲尔·哈里斯，1943）

我感到自豪……我的丈夫希望我尽到职责（约翰·霍维特，1943）

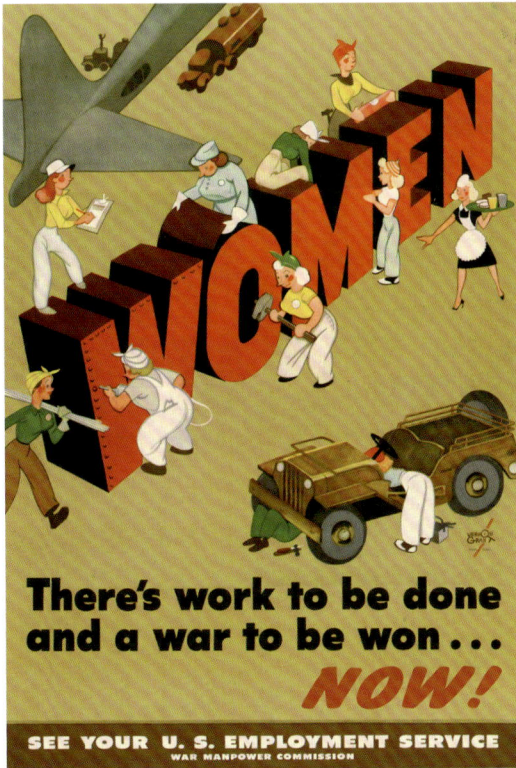

妇女们，工作还没完成，战争尚未取胜！（贝隆·格兰特，1944）

没有枪的士兵！（阿道弗·特莱德勒，1943）

做得好，妹妹！我们没想到你可以完成男人才能完成的工作！美国妇女们已面临考验！（布莱斯勒广告漫画公司，1944）

相比工资，兼顾家庭和工作所带来的双重压力却是这些女性最为头痛的事。很多妇女在迫不得已的情况下往往选择加夜班以完成工厂的任务。多里斯·维瑟福（Doris Weatherford）在他的《二战与美国妇女》一书中就用阿尔玛这样一位普通女工作为例子向我们道出了她们的艰辛："晚班之后，阿尔玛必须急匆匆地赶回家将她的孩子送到学校，简单地吃些早餐后她就开始整理家务；在孩子回家吃午饭之前，她最多只能小憩一个半小时。然后就是和上午如出一辙的模式：送走孩子，休息至下午三点。孩子回家后，她必须马上起来打扫卫生，清洗衣物并开始准备晚饭。等到一家人晚餐用罢，阿尔玛还得整理厨房。片刻的休息以后，她又要面对慢慢长夜开始夜班……如此周而复始。"至1943年底，美国国内有三分之一的女工已育有子女。尽管麦克努特针对这一现象极力呼吁"如果女工们觉得没有时间来照看孩子，那么我们应该制定一个相应的对策"，但是

我已经找到了最适合我的工作。在工业、农业或商业领域找到你的战时工作！（乔治·罗埃普，1943）

由于这个问题并不十分突出，导致战时美国只有可怜的3000余所孩童看护所，只能负责照看大约13000名儿童，而与之对应的女工数量却远大于这个数字。

当然，美国女性绝对有资格谈论自己为二战胜利所做出的贡献。当年在参观了道格拉斯飞机公司设在长滩的飞机机鼻装配厂之后，战时新闻处的著名摄影师阿尔弗雷德·帕尔默（Alfred Palmer）曾不无调侃地说："柏林和东京上空的繁星或许很快就会被机鼻上映照出的灯光所取代，因为妇女们日夜都在为这些A-20进行装配。"帕尔默看到的景象无非是大背景下的一个缩影，要知道仅在1944年，年龄在20至34岁之间的未婚男性工人约有170万人，而女性工人却多达410万人。到了1945年6月，美国工厂内共有2000多万名女性工人，这一数字是战前女工人数的一倍还多。战争结束之后，很多男性从前线返回，回到工厂车间继续工作；至此，妇女们终于可以放下了手中的工作，回到家中照看孩子、打理家务。经历这场战争以后，美国国内对于妇女的态度逐渐发生了改变：相比战前受到的歧视与奚落，由于战时经济的恒定发展，美国女性获得了比之前更多的自由与权利。

除工厂之外，妇女们同样也在田埂与农场中挥洒着汗水。美国民间早在一战期间就成立了一个名为"妇女劳动军"（Women's Land Army）的组织，专门从事与农业相关的一切工作。该组织在1921年后便开始逐步解散，但随着越来越多的男性公民被应召入伍，妇女劳动力不得不受到更多的重视与依赖。记者马贝尔·米勒（Mabel Miller）在战前的一份书信中直接写道："我注意到很多农场，尤其是那些小农场的工作间里空空荡荡，似乎只有妇女们在里面干活……我很自豪地看到女性为了后方生活的正常维系而继续从事着男人们留下的活。"根据农业经济署在1942年7月的汇报显示，征兵工作已导致了至少200

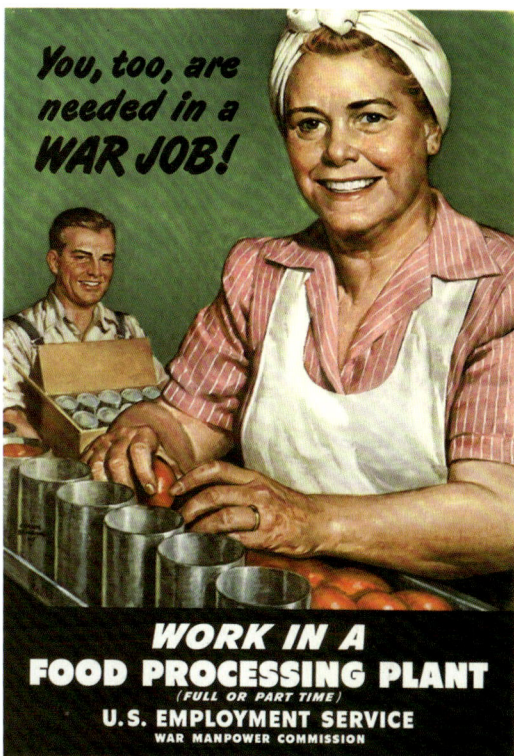

同样需要你来完成一份战时工作！加入食品加工厂的工作！（战时人力委员会，1945）

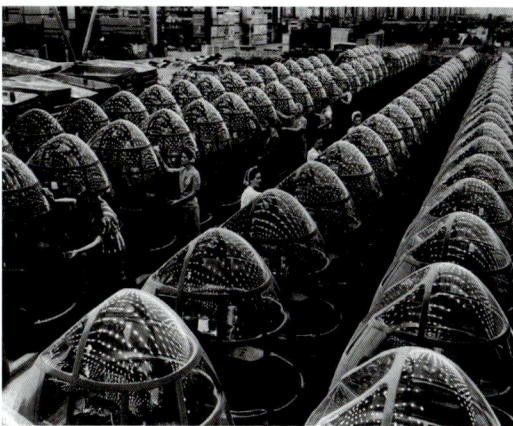

位于长滩的道格拉斯飞机公司机鼻装配分厂内一景

万农业劳动力的流失。与此同时，美国各地陆续产生了针对妇女的农业团体：先是马里兰大学为该州妇女开设了专门介绍种植、栽培等农作知识的课程，随后缅因州的女经济学家凯瑟琳·波特（Katherine Potter）又在当地组织了名为"应急妇女农场处"（Women's Emergency Farm Service）的组织；另外，老罗斯福总统的外甥女科琳娜·阿尔索普（Corinne Alsop）在康涅狄格州组织了康涅狄格州妇女劳动军（Connecticut Land Army），而纽约州各大院校的数百名女学生则前往哈德逊河谷两岸的农场义务参加农场工作……这些民间活动让美国的《农业》杂志在 1942 年 4 月就不得不坦言："妇女和儿童实际上已直接参与了美国农场的日常工作。"

仅在 1942 年，从事农业工作的美国妇女人数就比 1940 年增加了 70% 之多，但这仍无法满足农业工作的劳动力需求。于是 1943 年 1 月 12 日，罗斯福在农场动员日上向全国民众发出呼吁："食物永远是那些前线战士的生命保证。我们所有的民众可以为了胜利的尽早到来而加入农场工作。"这一言论也标志着政府部门默许了女性农业劳动力的存在。3 个月后的 4 月 29 日，根据美国第一夫人埃莉诺·罗斯福的提议，美国国会重新通过《农场劳动力应急方案》（Emergency Farm Labor Program），允许以 1940 年 5 月成立的国家妇女庄园农场组织（Woman's National Farm and Garden Association）为基础，重新组建妇女劳动军并直接隶属美国农业队，而这个女性组织的总负责人是女经济学家佛罗伦斯·霍尔（Florence Hall）。

根据战时人力委员会的初步统计，到了 1943 年，女性劳动力的比例已经占到整个农业从事者的三成，人数超过 300 万。全美共有 43 个州设立了妇女劳动军的联络点和分管人员，9 个州开设了农业劳动基础辅导班，17 个州为劳动妇女提供临时生活营区。参加妇女劳动军的人员年龄大都在 18 至 50 岁之间，成分也各种各样，除去本来就从事农场工作的女性人员之外，还包括家庭主妇、在校学生、教师、各行业职员以及速记员等。除去基本的农作劳动者以外，一些妇女还负责驾驶收割机和耕犁车等农作机车进行劳动，尽管她们中的大多数之前毫无这方面的经验。

我们也在战斗！（美国农业部，1942）

加入妇女劳动军！（休伯特·莫雷，1943）

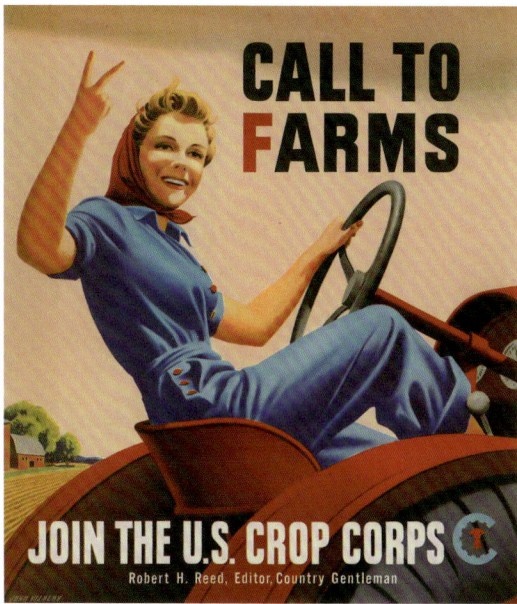

响应农场号召。加入美国农业队！（约翰·维克瑞，1943）

和工厂女工一样，农场女工面临的最大困扰同样是工资问题。尽管妇女劳动军在建立时就带有几分志愿性质，但很多州的劳动军联络人员在1943年底就开始不断汇报：由于劳动报酬较低，以至于很多原先在城市中有正当职业的妇女不再乐意从事农场工作，而已经加入劳动军的一些妇女也纷纷选择退出。在美国中西部的很多州，由于机械农作设备的高度使用，很多农场人员却认为这些妇女根本就没必要参与他们的工作，换言之，她们连目前得到的报酬都不该得到。这种尖锐的冲突让美国农业部和妇女劳动军的管理层头疼不已，因为根据农业部在1944年初的估计，美国当时仍有80万左右的妇女劳动力缺口。于是经过半年的商议之后，霍尔在1944年5月通过劳动军的宣传海报和手册对外表示：任何一名加入妇女劳动军的女性都可以获得25至50美元不等的月收入，另外那些从事季节性或潜危性农作生产的妇女还能享受到最高每小时50美分的补偿性津贴；除此之外，每位妇女只需要每月支付1.5美元就可以享受到美国政府提供的意外人身保险。当

然霍尔深知，即便额外增加了很多城镇工作人员也不曾享受到的伤害保险服务，但一个无法回避的事实却是：多数农场女工的工资收入在提高了近30%之后仍然无法与那些城镇职工的薪水相提并论。霍尔唯一所能做的就是在宣传媒体中刻意地增加爱国主题的宣传，希望通过这种精神留住更多的妇女。

这种改革最终还是取得比较理想的结果，因为在1944年妇女劳动军的人数足足增加了77.4万人。但我们要指出的是，霍尔的希望是得到尽可能多的人力资源，而他们的举措更多的只是平抚了现有妇女农业劳动者的情绪。从表面来看，77.4万人已基本填补了劳动力缺口，但这些人中有超过七成都是之前没有从事过农业工作的女性，而美国当时的培训机构在一年的时间里仅增加了60余家。另外，霍尔还忽视了辅助设施的建设工作：很多临时生活营房的床铺数量早已满荷，一些离家较远的妇女只能和人同挤一张板床入睡，此外营房内部的洗浴和盥洗设备严重不足，对妇女的日常生活也影响颇大。

在这些补充进来的人手无法马上派上用处时，人手短缺仍旧成了困扰美国1944年农业生产的一大问题：史密斯学院的175名学生整个暑假都作为救火队员在当地的农场充当义工；斯威特布莱尔学院的200名学生则负责为弗吉尼亚州的苹果园帮忙采摘和集装；而在俄勒冈州，500名家庭主妇还利用空闲时间为当地的一个豌豆种植园进行收摘。很多妇女都发觉，她们依旧要重复着和一年前类似的作息规律，那就是上午8点半开工，下午3点半收工，中午只有半个小时的午餐休息时间。之后很多妇女还必须要赶上最后一辆末班车，乘上将近半小时的车程回到家中，开始为放学归来的孩子准备晚饭。还有一些在特殊时段进行工作的妇女更为辛苦，她们要么在凌晨4点就开始为耕地松土，要么为了采摘果实或是包装货箱而忙活到半夜。

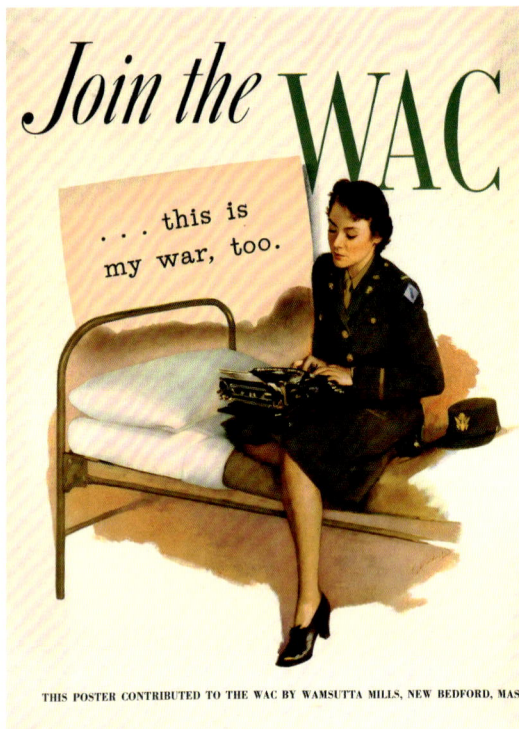

全力投入，一起帮忙！加入妇女劳动军！（休伯特·莫雷，1944）　　　加入陆军妇女服务队！（瓦姆苏塔公司，1943）

这种情况直到战争即将结束也没能得到根本扭转，但因战事趋于尾声，妇女劳动军的工作强度也开始逐渐下降。妇女劳动军的人数并没有固定说法，但在二战的最后一年仍有约 150 万名非农业工作者的妇女志愿加入了妇女劳动军。她们的工作相比起工厂女工也毫不逊色，仅仅俄勒冈州治下两个县的 2.8 万名妇女在整个战争中就完成了多达 110 万公斤水果与蔬菜的种植和采收。遗憾的是，美国的宣传机构几乎很少将宣传重心放在这些在农场里默默奉献的劳动妇女身上。作为一个为战争胜利付出努力的后方团体，妇女劳动军的 350 余名妇女在二战期间因为各种意外事故而丧生，有超过 1 万名妇女不同程度地受伤。霍尔在妇女劳动军的最后一期内部宣传期刊上曾无不动容地表示："无论农活多么繁重，后背多么酸痛，牛马多么难以驾驭，我们都甘愿默默为战事进展而贡献出自己的力量。"作为妇女劳动军

中普通一员的玛丽·罗丝（Mary Ross），这位北卡罗来纳州农场主的女儿每次回想起当年父亲对她所说的那番话时，就会觉得自豪无比——"男人为了国家而浴血战斗，女人为了国家同样挥汗耕耘；正是妇女才让我们的文化得以继续延承"。

与在后方进行紧张生产的女性工人相比，军队中的女性也为战争的胜利发挥了不可忽视的作用。和普通的征兵工作相类似，陆军、海军、海军陆战队和国民警卫队都为女性应召者提供了服役岗位。但与男性征兵工作截然不同的是，美国军方对于女性直接参与前线战事的态度显得十分保守，而且他们也极不支持由女性来完成前线部队的指挥与监督工作，换言之，他们倾向于由女性来领导组织自己的女性部队。然而在二战之前，女性在军队中能够从事的主要职位就只有医护工作，因此为了能够吸引更多的女性加入军队服役，大量的征兵海报、手册和广告开始出现在美国的

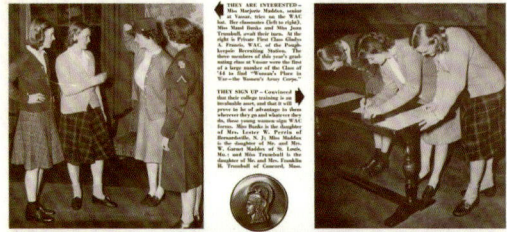

妇女们，你们现在就可以加入陆军航空队！（美国陆军部，1944）　　陆军妇女服务队中的在校女生（陆军妇女服务队，1944）

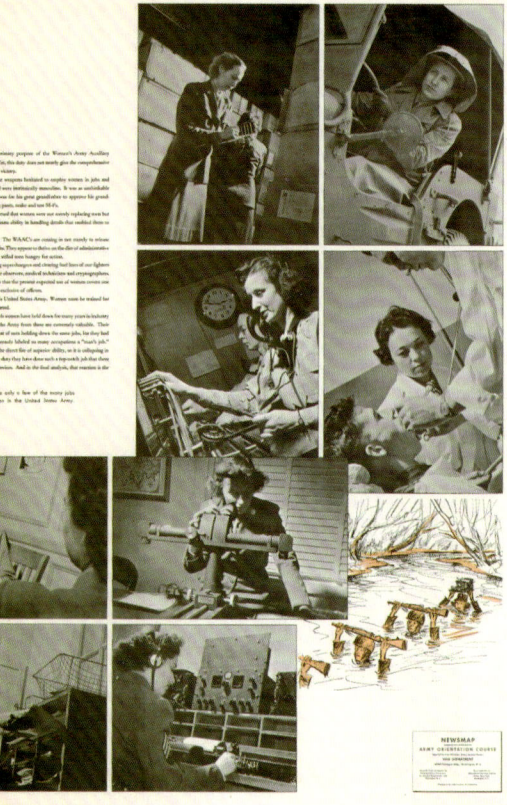

他可以投入战斗的原因（美国陆军部，1943）

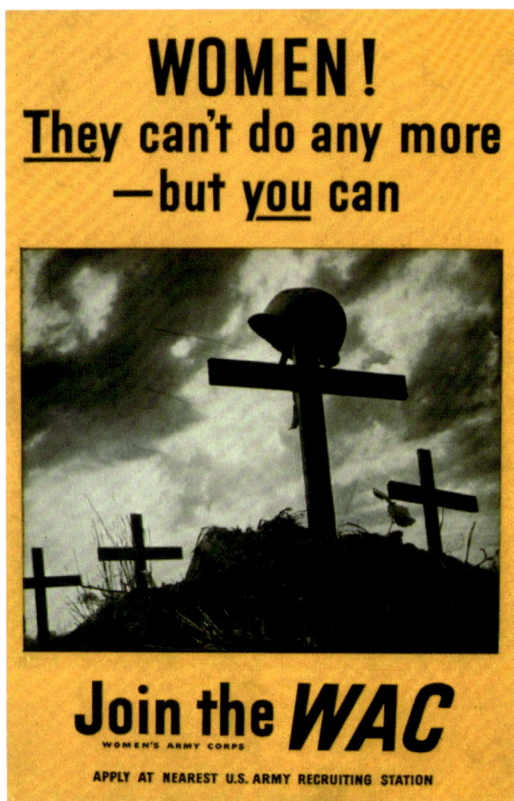

WOMEN!
They can't do any more
—but you can

Join the WAC
WOMEN'S ARMY CORPS
APPLY AT NEAREST U.S. ARMY RECRUITING STATION

妇女们，你们虽不能投身战斗，但你们可以加入陆军妇女服务队！
（美国陆军部，1944）

Women...
our wounded
need
your care!

YOU can serve as
medical technicians,
surgical technicians,
and in other Army
hospital assignments

Join a
hospital
company

OTHER ASSIGNMENTS AVAILABLE AT ARMY AIR FORCES,
GROUND FORCES, AND SERVICE FORCES INSTALLATIONS

WOMEN'S ARMY CORPS
For information apply to any U.S. Army Recruiting Station or your local Postmaster

妇女们，我们的伤员需要你的护理！（美国陆军部，1945）

各个角落，目标是那些年龄在 20 至 50 岁之间且接受过一定教育的美国女性公民。

早在 1941 年，马萨诸塞州的共和党女众议员艾迪斯·罗杰斯（Edith Rogers）就曾提议为陆军部队增设一个由女性成员提供辅助工作的组织，不过这个提议在当时并未得到首肯。一直到 1942 年 5 月 14 日，在罗杰斯的再次提议下，美国国会最终通过 77–544 号公共法案并允许组建陆军妇女辅助队（Women's Army Auxiliary Corps），要求先招募 2.5 万名女性公民入伍，但其最规模不得超过 15 万人。第二天，之前在战争部下属妇女权益处担任主管的前《休斯敦邮报》副主编奥薇塔·霍比（Oveta Hobby）走马上任，成为陆军妇女辅助队的首任指挥官，同时也是二战期间这个组织的唯一一任指挥官。

1942 年 8 月，第一批应召入伍的 800 名女性前往位于得梅因的陆军临时军官训练学校接受训练工作，随后就在 12 月初被派往北非，并在艾森豪威尔的盟军司令部内担任电话接线员、打字员和勤务员等 239 项不同的工作。不过直到 1943 年 2 月 14 日陆军妇女辅助队被整体划归美国陆军部管理前，这批女兵显然得不到和其他男性士兵同等的待遇。到了 7 月 3 日，根据国会通过的 78–110 号公共法案，陆军妇女辅助队被正式更名为"陆军妇女服务队"（Women's Army Corps）并从 1943 年 9 月 1 日起作为美国陆军部的下属组织，其指挥官奥薇塔·霍比也同时被授予陆军上校之衔，而她的女兵们也均会享受到和部队其他士兵一样的待遇、伙食和军衔职位。当然，随后入伍的女性也必须开始接受强度略轻但训练科目和男

同一军营，不分性别。报名海军妇女预备队！（约翰·法尔特，1943）

分享胜利的事业。加入海军妇女预备队！（约翰·法尔特，1943）

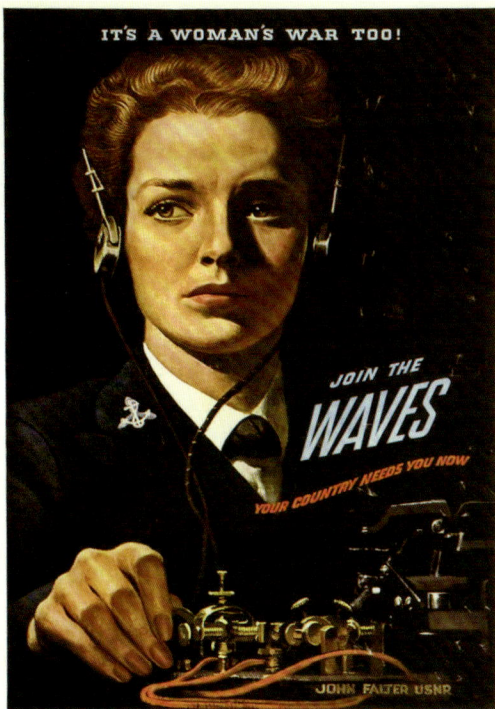

这也是妇女的战争！加入海军妇女预备队！（约翰·法尔特，1943）

我一定会感到自豪。加入海军妇女预备队！（约翰·法尔特，1943）

性士兵基本类似的身体训练。

美国计划在1943年6月结束前完成2.5万名女性公民的招募工作，不过这一目标早在1942年11月便已突破近4万人，这其中还包括42名黑人女性；为此霍比不得不要求将15万人的征召指标截止日期提前到1943年7月。然而到了后来，陆军妇女服务队的人数却只有6万，甚至还不足目标人数的一半。尽管其他兵种随后也同样开始招募女性公民入伍，由此吸收了部分应征者，但更为突出的一个影响因素却是很多女性已经思乡心切并逐渐厌倦军队中的枯燥生活；而另一影响因素却是一些女兵在兵营中的风流艳事随着各种流言蜚语变得众人皆知，导致其风评受损。这种负面影响尽管在1943年底有了根本好转，但15万人的最终目标却从未实现；即便是处在巅峰的1945年6月，其总人数也不过9.6万。

尽管如此，这些女兵仍旧分担了陆军中接近三分之一的工作。麦克阿瑟将军将这些女兵称之为他手下"最好的士兵"，强调她们的工作更为辛苦，怨言反而却更少，军纪相比男兵也更为严明。而艾森豪威尔更是直言不讳地坦言："妇女们无论在效率、精神、能力以及决心上，其做出的贡献都是无法估量的。"另外，陆军妇女服务队在战争期间共招募了6520名黑人女性，尽管只占到总数的6.8%，但这仍旧是美国各大兵种在二战期间的最高黑人雇用比率。

与陆军略有不同的是，海军直到中途岛海战之后才因持续吃紧的人员缺口而决定招募女性。1942年3月18日，众议院第6807号提案希望修改在1938年制定的《海军预备役法案》，允许美国女性公民加入海军。1942年7月30日，美国国会通过法案，允许组建美国海军妇女紧急志愿服务队（Women Accepted For Volunteer Emergency Service），其正式名称为"海军妇女预备队"（Naval Women's Reserve），不过更多的人仍习惯使用前者的缩写称呼她们为"波浪"（WAVES）。8月

3日，曾任维斯理学院的院长米尔德里德·麦卡菲（Mildred McAfee）被任命为预备队的首任指挥官。

由于"波浪"从成立之初就隶属于海军部，故此所有加入海军部队的女性从一开始就必须接受正规的军事训练。应召女兵可以根据自己的报名方向完成普通兵员的训练工作或是面向军官职位的预备军官训练计划。这些女兵在完成训练后大部分均被安排到海军基地或隶属部队中担任勤务工作，直到战争后期，才有小部分女兵被派往夏威夷的军舰上服役。而在人数方面，"波浪"显然要少于陆军妇女服务队，直至1943年7月，加入海军的女性共计2.7万人，不足后者的45%；到了1944年初，这一人数已经超过了7.23万人。这里值得一提的是，"波浪"直到1944年10月下旬才开始招募黑人女性入伍，而哈莉特·皮肯斯（Harriet Pickens）与弗朗希斯·威尔斯（Frances Wills）则是首批被任命为军官的黑人女性。

航空部门、地面部门、勤务部门……妇女们，请选择适合你的美国陆军部职位！（美国陆军部，1943）

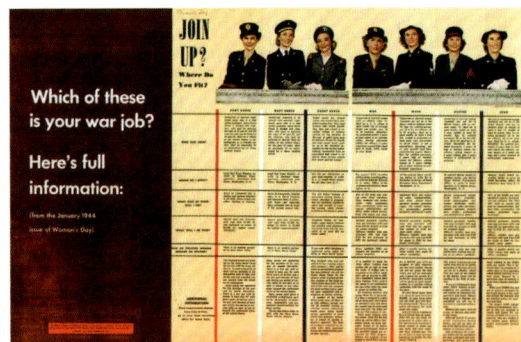

哪一个是你的战时职务？这里给你提供详细信息

20 至 36 周岁的女性将会获得海军军衔。加入海军妇女预备队！（美国海军部，1943）

加入海军妇女预备队！解放男性兵源，投入海上战斗！（美国海军部，1944）

让他尽早回家……加入海军妇女预备队！（约翰·法尔特，1944）

不要错过绝佳时机。海军需要你加入海军妇女预备队！（约翰·法尔特，1944）

今天为了你的国家，明天为了你的前途！（斯塔尔·萨瓦奇，1944）

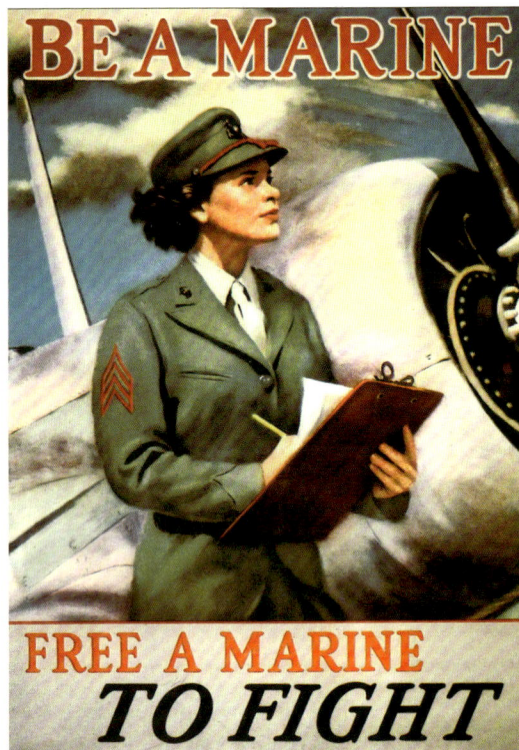

加入海军陆战队！解放男性兵源，投入战斗！（海军陆战队妇女预备队，1942）

与"波浪"相类似，隶属于海军部的海军陆战队于 1943 年 2 月 12 日也开始正式组建海军陆战队妇女预备队（Marine Corps Women's Reserve），并由前新泽西州莫里斯舰福利委员会的主席鲁斯·史翠特（Ruth Streeter）担任首任指挥官。与其他诸多妇女组织一样，海军陆战队妇女预备队也有一个简单的缩写"BAM"（美国之花，Beautiful American Marines），但是男性陆战队员更喜欢歧视性地将这一缩写认为是"大屁股"（Broad Ass Marines）。

海军陆战队妇女预备队的训练形式和海军妇女预备队基本一致。1943 年 3 月 13 日，首批应召女性在曼荷莲学院（Mount Holyoke College）率先接受军官培训。到了 7 月，第一批 722 名女兵开始在北卡罗来纳州的纽里弗训练学校接受军训，而该训练学校也是海军陆战队女兵在战争期间的唯一训练基地。训练结束后，这些女兵就会被派往各个部队，

加入海军陆战队！解放男性兵源，投入战斗！（海军陆战队妇女预备队，1943）

为我们所服役的部门深感自豪！（海军陆战队妇女预备队，1942）

加入海岸警卫队妇女预备队！（莱斯特·本特利，1942）

加入海岸警卫队妇女预备队！（乔·瓦伦丁，1942）

海岸警卫队妇女预备队。去就近的海岸警卫队征兵处报名！（乔·瓦伦丁，1943）

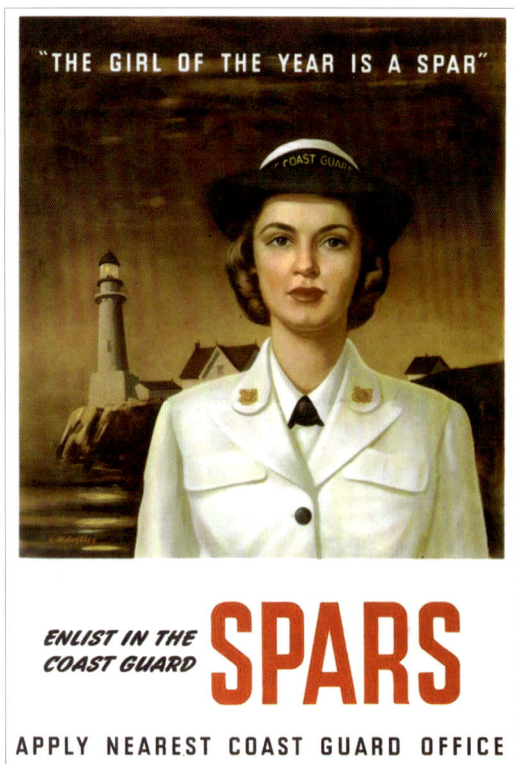

年度最受欢迎的女性一定是海岸警卫队妇女预备队的成员！（莱斯特·本特利，1943）

从事 205 项工作，包括无线电通讯、导航、摄影、驾驶、炮击校准等。其中有近六成的女兵均被安排在各部队指挥处工作，而海军陆战队司令部高达 85% 的女性人员比率也是美军几大军种中最高的。

　　至战争结束，"波浪"共吸收了 8.6 万多名妇女，这其中约有 2400 名黑人女性，另外还有 1.9 万人加入了海军陆战队妇女预备队。按照尼米兹的说法："我曾经深深地怀疑过'波浪'……我起初很不希望她们接受军训并加入海军队伍。但她们真的加入了海军并出色地完成了每项任务之后，我开始认识到，我的想法必须要发生转变了。"

　　至于海岸警卫队，他们的女性招募工作也是从 1942 年底正式开始的。根据罗斯福签署的第 773 号公共法案，决定部分修改一年前制定的海岸警卫队预备役人员条例，允许在预备队中成立妇女预备队分支，美国女性公民即刻起就可加入海

岸警卫队预备役部队并参加美国本土的日常警卫工作。另外预备队指挥官由曾在普渡大学女子学院任院长的"波浪"女官多萝西·斯特拉顿（Dorothy Stratton）担任。在斯特拉顿的提议下，拉丁短语"时刻准备"（Semper Paratus）就成了妇女预备队的格言，后来加上格言的英文翻译"Always Ready"这两个单词的首字母，海岸警卫队妇女预备队也因此通常被称为"SPARS"。斯特拉顿表示，这个缩写还能完美反映罗斯福的"四大自由"主题，即言论（Speech）、出版（Press）、集会（Assembly）和宗教（Religion）。

　　海岸警卫队妇女预备队在 1942 年 12 月完成了首批招募工作，共有 168 名女性公民报名加入，其中有 15 名志愿成为警卫队军官。与其他兵种不同的是，海岸警卫队的工作对于体力的要求更高，故此他们希望招募者的身体素质更为出色，且具有一定的航海认知能力。这些要求导致日后很多女性警卫队人员均来自东西沿海地区，抑或是航海工作家庭出生。这种做法在最初的两个月对于招募工作影响巨大，预备队一共就完成了 531 名女兵和 121 名军官的训练工作。为了能招募到更多的女兵，斯特拉顿决定将训练地点安排在佛罗里达州景色迷人的棕榈滩，而为了能从海军那里吸引到更多的优秀女性应召者，斯特拉顿后来还决定另觅训练地点而不再和海军人员一同进行训练。这种改变很快就取得了成效，至 1943 年 5 月，预备队的招募人数已经超过了 3200 名，而在该年年底，这一数据又突破了 6600 人。当然，也有不少女性最终被挡在了海岸警卫队的大门外：在 1943 年 6 月至 1944 年 6 月的这一年间，尽管有 11558 名招募者在初试后被留下，但这一数字仅仅占到应召人数的 80%；而这近 1.2 万人并非就能成为海岸警卫队的一员，在接受最终的训练测评后，她们中只有约 62% 的人能够通过考试，而这中间又只有 5020 人能够胜任岗位。

　　按照斯特拉顿的要求，海岸警卫队需要在

加入海岸警卫队妇女预备队！解放男性兵源，投入海上战斗！
（查尔斯·安德烈斯，1944）

与山姆大叔的约会。加入海岸警卫队妇女预备队！（布拉德肖·柯
兰德尔，1944）

你的职责在岸边，他的职责在海上。去就近的海岸警卫队征兵
处报名！（约翰·弗洛赫迪，1943）

1944 年 4 月前完成 8000 名女兵和 400 名军官的训
练工作；但是各个地区警卫队随后就向斯特拉顿
反映，如此严格的招募制度让他们的人手变得十
分短缺，按照他们的估算，男女成员的稳定人数
比要低于 1.13，而现在很多地方的计算值均远大
于这一数字。为了最终达到预期目标，斯特拉顿
在 1943 年底决定降低招募标准，并对外宣称海军
陆战队妇女预备队仍需要招募 1.2 万人。这一目标
最后在诺曼底登陆战役期间基本完成，当时妇女
预备队拥有军官 771 人，女兵超过 7600 人。

与陆军和海军相比，官方从未展开过航空部
队的女性招募工作，希望在军队中组建女性航
空部队的提议也是由民间发起的。当时美国著
名的两位女飞行家杰奎琳·科克兰（Jacqueline
Cochran）和南茜·勒芙（Nancy Love）在 1941 年
7 月同时向陆军航空队提议，希望增加女性飞行员

1943 年 3 月的《真爱》杂志首次以美国陆军妇女飞行队的成员作为封面女性

与陆军航空部队一起飞翔！（美国陆军部，1943）

参与军事任务的训练工作。然而，这两人的建议随后均遭到了军方的拒绝，原因是航空部队的男性飞行员数量充足，军队根本不需要女性参与飞行任务。

美国加入二战以后，战争的需要让这两名女飞行员在 1942 年 9 月各自组成了自己的航空队伍：一支是由勒芙领导的由 29 名女飞行员组成的"妇女辅助飞行转运中队"（Women's Auxiliary Ferrying Squadron），隶属于军事空运司令部（Air Transport Command）；而科克兰则领导另一支名为"妇女飞行训练支队"（Women's Flying Training Detachment）的队伍，主要作为妇女辅助飞行转运中队的训练机构。到了 1943 年 8 月，两支部队合二为一，就此正式组建美国陆军妇女飞行队（Women Airforce Service Pilots）。

陆军妇女飞行队计划成立 19 个飞行大队，其

中妇女辅助飞行转运中队的成员自然成了第一大队的骨干，而其余 18 个大队则由科克兰负责统一训练。从 1943 年组建至 1944 年解散，这期间约有 2.5 万名妇女申请接受飞行训练，其中 1830 人的申请被批准，而最终完成训练并成为飞行员的只有 1074 人。这些学员大都自费前往位于德克萨斯州斯威特沃特的训练营，然后接受长达 1400 小时的飞行训练，要求掌握 23 种飞机的驾驶技巧；除此之外，她们还要学习各类飞行常识以及熟悉陆军的各种管理制度。1943 年 4 月 23 日，首批 38 名女飞行员在完成训练测评后拿到了象征着飞行员身份的银质飞行翼章，而这批身穿蓝色空军制服的女性很快就开始执行种类繁多的飞行任务：空运人员、物资，演习拖靶，新机试飞等等。

但让人遗憾的是，陆军妇女飞行队直到 1944 年 12 月被解除编制时，仍旧只是美国民间服务

美国陆军妇女飞行队的轰炸机组成员

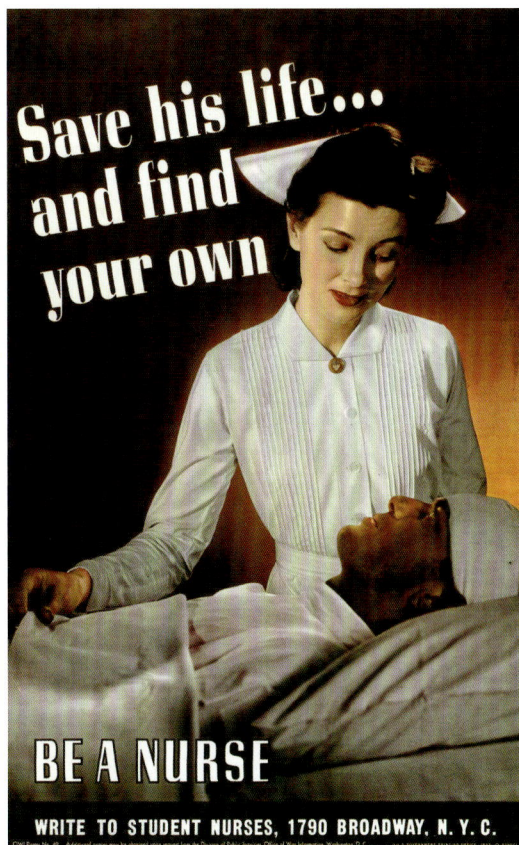

Save his life... and find your own

BE A NURSE

WRITE TO STUDENT NURSES, 1790 BROADWAY, N. Y. C.

成为一名护士，挽救生命，认识自我！（战时新闻处，1943）

体系的一部分。这就意味着女飞行员们并不能享受军队待遇，诸如健康保险和退役优待等等。从1943年3月7日飞行员玛格丽特·奥登堡（Margaret Oldenburg）与其飞行教官诺里斯·摩根（Norris Morgan）在训练事故中殉职开始，在整个陆军妇女飞行队组建的 16 个月里一共有 38 名女飞行员或学员在任务中丧生。但由于非军人的身份，她们一直到 1977 年才享受到仪仗护卫和官方提供的丧葬服务等待遇。

当然，除去以上这些直接隶属作战部门的妇女部队之外，成为一名护士是当时很多妇女的倾向性选择。相比起其他职位，护士的训练要求要低很多，对于年龄的限制也更为宽松。美国陆军公开招募女性护士最早可以追溯到 1901 年，而海军则在此 7 年后才拥有了招募护士的权利。美国从一战开始就已经有了比较完善的护士培训学校，护士总数也达到了 2 万人左右。

一战结束后，这两支护士队的工作便显得不再重要，于是她们被逐步精简编制，直至最后将护士总数维持在一个仅满足美国军队日常运作的水平上。这种做法并无任何指责之处，但珍珠港事件的爆发让护士短缺一下子变成了一个十分棘手的问题：珍珠港事件发生前，陆军护士总数仅为 1000 人，而海军护士只有 820 人；更糟糕的是，日军的偷袭行动造成了 1100 余人受伤，而整个夏威夷地区的护士总数只有 44 人，其中的 13 人还只是"慰藉"号（USS Solace）医疗船上的随船护士。尽管这些护士夜以继日地工作，但根本无法应付伤员的全部护理工作。

于是海军护士队主管苏·道瑟（Sue Dauser）于 1941 年 12 月中旬率先下令，重新招募人手。招募条件中女性年龄要求在 22 至 28 岁之间，至少高中文化程度，其婚姻状况为单身、丧偶或离异。一周之后，陆军护士队主管朱莉亚·弗里克（Julia Flikke）也开始为陆军招募护士，其条件与海军基本相似，但将年龄上限提高到 30 岁，另外要求应召女性在登记之前必须是单身，但允许招募者在 1942 年 11 月以后选择结婚。

另外，我们还要稍微提及一下护士的训练工

"I Serve.."

BE an
ARMY NURSE

成为一名陆军护士！（美国陆军部，1943）

YOU ARE NEEDED NOW

JOIN THE
ARMY NURSE CORPS
APPLY AT YOUR RED CROSS RECRUITING STATION

急需你的加入。加入陆军护士队！（鲁基·格林，1943）

More nurses
are needed!
ALL WOMEN CAN HELP—LEARN HOW YOU CAN AID IN ARMY HOSPITALS
U. S. ARMY NURSE CORPS
CALL AT YOUR LOCAL RED CROSS CHAPTER OR WRITE THE SURGEON GENERAL, U.S. ARMY, WASHINGTON 25, D.C.

需要更多的护士！（亨利·麦克利尔，1944）

Nurses Are Needed Now!
FOR SERVICE IN THE
ARMY NURSE CORPS
IF YOU ARE A REGISTERED NURSE AND NOT YET 45 YEARS OF AGE
APPLY TO THE SURGEON GENERAL, UNITED STATES ARMY,
WASHINGTON 25, D. C. OR TO ANY RED CROSS PROCUREMENT OFFICE

急需招募护士！加入陆军护士队！（斯塔尔·萨瓦奇，1944）

他们专注于自由，我们专注于他们（陆军护士队，1943）

急需招募护士！加入陆军护士队！（鲁道夫·伯纳申克，1943）

作。早期的护士训练并未要求应召者完成全部军事基础训练，但在发生了 78 名护士在菲律宾战役中被日军俘虏的事件后，美国人决定为护士增加军事训练。自 1943 年 5 月起，所有入伍护士必须掌握必要的医护和医学知识，此外还要完成 144 小时的基础军事训练，以耐力和反应训练为主。1944 年 6 月以后又增加了 72 小时的户外军事训练。

这个时候，陆军和海军为了尽可能地发展护士规模已然开始了一场互不挑明的暗斗。然而在招募兵源时，海军永远无法和陆军一样得到同等的护士征召人数。尽管海军部在 1942 年拥有了超过 2900 名护士（其中的 1700 多名为预备制），但这个数目甚至还不足陆军招募护士人数的一半。道瑟将这种招募中的"不公平"归咎于美国红十字会过分强调为地面部队提供医疗帮助而间接忽视了海军部队的存在，但她自己却从未从自身原因来认真反思：海军要求护士必须保持单身状态，一旦她们选择结婚就必须退出海军护士队；另外，陆军护士队允许预备制护士的年龄上限为 40 岁，

Symbol of Life

The caduceus, worn by the Army nurse, symbolizes life for our wounded, hope for our homes; a future, not just a past for those fighting men. Ten thousand registered nurses are needed at once for a glorious service of mercy — gratefully received by all who need it!

U.S. ARMY NURSE CORPS

CALL AT YOUR LOCAL RED CROSS CHAPTER OR WRITE THE SURGEON GENERAL, U. S. ARMY, WASHINGTON 25, D. C.

生活的象征，美国陆军护士队（勒哈伦·希勒，1945）

SERVE THOSE WHO SERVED

Nurses are needed in VETERANS ADMINISTRATION HOSPITALS

Write to MEDICAL DIRECTOR, VETERANS ADMINISTRATION, Washington 25, D. C. or U.S. CIVIL SERVICE COMMISSION, Washington 25, D. C.

为那些服役的人服务。退伍军人管理医院急需护士！（斯宾塞·克罗克威尔，1945）

On the job

serving the ARMED FORCES
One of 10 Red Cross Service Programs

JOIN AND SERVE

加入军队工作！（约翰·古尔德，1944）

海军护士队（约翰·维特考姆，1944）

★★★ 362 ★★★

成为一名见习护士，成为前途光明的女性！（约翰·维特考姆，1944）

加入美国见习护士预备队，选择一份引以为傲的职业！（卡罗琳·埃德蒙森，1943）

成为一名护士，你的国家需要你！（美国护士协会，1942）

而海军护士队则要求全部不得超过 28 岁。由于海军的种种制度无不强调人员的高素质条件，这也导致他们在护士招募的问题上吃了大亏。直到战争结束，前线海军护士的人数不过 1.1 万人，预备制护士 9200 人；而陆军仅前线护士人数就超过了 3 万人，另有 2.8 万人左右的预备制护士。

当然，随军护士也并非应召女性的唯一选择，有一小部分女性最终成了一名美国公共卫生署的医疗护士。早在 1941 年 11 月，当时的海岸警卫队就已经吸纳了将近 700 名卫生署医务人员作为其救护分部的工作人员。随着美国加入二战，公共卫生署的各类医务工作者就逐步分批进入陆军和海军部队参与工作。他们的主要工作并不是救助那些在战斗中受伤的作战人员，而且观察和控制整个作战部队以及作战地区的环境健康和流行性疾病的预防，比如疟疾、伤寒、登革热和性病等等。因此，和随军医疗人员有着根本区别的是，

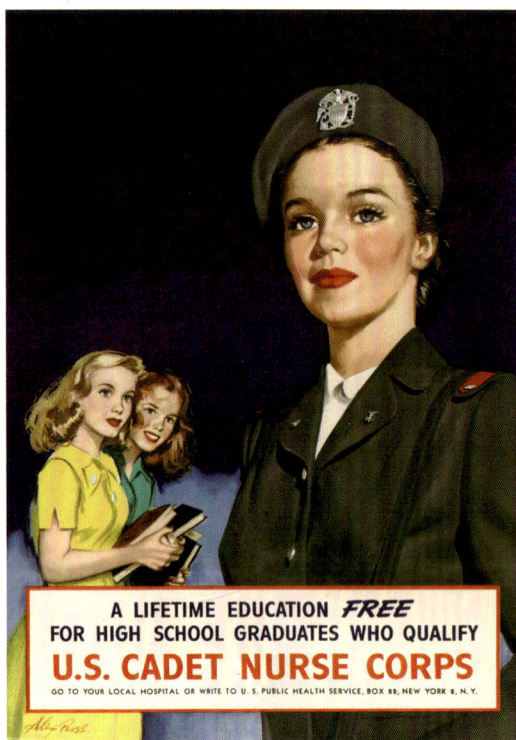

加入美国见习护士预备队，享受免费终身教育！（亚历山大·罗斯，1945）

加入美国见习护士预备队，选择一份引以为傲的职业！（联邦安全总署，1943）

公共卫生署的专员往往都是医学研究专家或临床经验丰富的主治医师。

在这种工作限制下，为公共卫生署专员们工作的护士往往也有着更高的要求，因此在战争爆发的前 15 个月内，公共卫生署始终无法召集到足够的护士。直到俄亥俄州的共和党女议员弗朗西丝·博尔顿（Frances Bolton）于 1943 年 3 月提出相关议案之后，这个问题才引起了足够的重视。3 个月后，罗斯福正式批准了《护士培训法案》（Nurse Training Act），允许公共卫生署组建自己的见习护士预备队（Cadet Nurse Corps），后由其主管医师助理露茜·莱昂（Lucile Leone）担任预备队的首任负责人。当然，公共卫生署依旧没有放低应召者的限制门槛，他们仍然将所召护士的年龄限定于 18 至 35 周岁之间，同时要求招募人员必须高中毕业或已在大学就读，并且这些应召者的体

检工作也比其他随军护士更为严格。随后，她们除了要和那些随军护士一样完成相同的培训课程之外，还有学习各类流行疾病的初步预防、诊断和医疗工作。不过见习护士预备队的训练工作相对也是最为惬意的，因为她们不仅能像学生那样照常享受寒暑假，还能在非训练场合自由穿着所中意的服装进行各类社交活动。

至二战结束，见习护士预备队已完成了约12.4 万名护士的培训工作，不过我们要说明的是，由于全美有超过 1120 家卫校与公共卫生署达成协议成为输送见习护士的后备源，故此真正通过社会招募而来的女性应召者只有约 3 万人。在这 10 余万人中最终能够真正派往前线军队的护士人数只有区区 1.6 万人，而她们中的绝大多数只是作为候补人员被分配到国内的各家医院从事基础的数据采集和分析工作。

第十一章 谨言慎行

Against Espionage And Sabotage

敌人时时刻刻都在企图渗入我们的内部。
——埃德加·胡佛（二战时期美国联邦调查局局长）

尽管美国直到 1940 年前后才对英国和苏联提供军事物资援助，但早在罗斯福推行新政期间，纳粹德国的间谍渗透行动就已在美国编织起了一张完整的大网。根据纳粹副党魁赫斯在 1933 年 5 月亲自下达的指示，已移居美国的纳粹党员海因茨·施潘克诺贝尔（Heinz Spanknöbel）在同年 7 月正式组建了一个全新的亲纳粹活动团体——新德意志之友（Freunde des Neuen Deutschland），并将美国国内两个德意志族裔团体——自由条顿社区（Freie Gesellschaft Teutonia）和美国德意志之区（Gau-USA）也吸纳了进来。新德意志之友这个组织便是日后纳粹德国在美国策划间谍活动的主要内线支持。此后，这个组织与另一个几乎在同时间建立起来的纳粹团体银衫党（Silver Shirts）一起，在美国中北部，尤其是新英格兰地区开始了公开宣传和集会活动，并通过该团体执行总管瓦尔特·卡普（Walter

Kappe）主编的报纸《德意志呼声与观察》（Deutscher Weckruf Und Beobachter）大肆宣扬纳粹理论及反犹太思想。

遵照赫斯于 1935 年 12 月颁布的命令，该组织中的大多数成员于该年年底陆续返回德国，而新德意志之友也于次年 3 月份更名为"德裔美国人同盟"（Amerikadeutscher Volksbund），在两年的组织内斗中胜出的弗里茨·库恩（Fritz Kuhn）成了这一团体的新任领导者。德裔美国人同盟和银衫党的活动于 1936 年到达了一个高潮，先是银衫党的首领威廉·佩利（William Pelley）于该年宣布参加美国总统选举，随后库恩又率领团体主要骨干借去柏林观看奥运会为由，在帝国总理府受到了希特勒的非正式接见，尽管纳粹外交方面对此矢口否认。也就在这段时期，美国国内的这股纳粹势力开始引起了联邦调查局的高度警觉，原因是他们怀疑这些德裔美国人和德国移

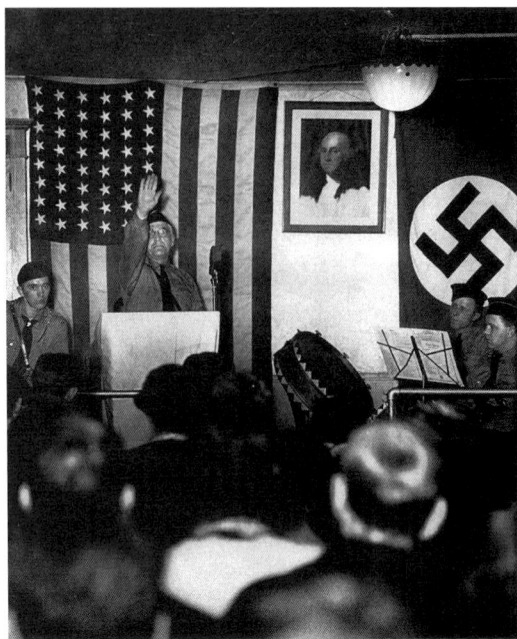

正在进行宣誓仪式的德裔美国人同盟成员。该组织将乔治·华盛顿当作是他们的首任集权领袖

座无虚席的德裔美国人同盟集会现场

尽管联邦调查局一度看到了希望，但格里贝尔（左一）最终仍成功逃脱，最后接受审判的仅有4人，从左往右依次是：奥托·福斯（Otto Voss，6年）、约翰娜·霍夫曼（Johanna Hoffman，4年）、埃里希·格拉泽（Erich Glaser，2年）和京特·鲁姆里希（Günther Rumrich，2年）

民将会对美国政府发起武装攻击。于是，联邦调查局派出莱昂·托鲁（Leon Torrou）等一批探员开始了对这两个组织的正式调查。

托鲁等人起初只是将这些团体判定为带有强烈民族主义倾向的极端组织，因为他们并没有获得任何有关暴力攻击政府的直接证据，而且这些组织所掌控的每笔资金也多用于组织的各类活动。然而他们很快就发觉，事情似乎并不像其表面看到的那般简单：按照英国军情五处的共享情报显示，一名被英国情报部门秘密监视的纳粹情报雇佣人员杰茜·乔丹（Jessie Jordan）经常收到大量从德国寄出的邮件，而她则将这些邮件悉数转往美国纽约的同一位收件人。美方探员们随后截获了部分信件并秘密将其拆阅，这些信件的内容也让他们越发意识到，美国境内的德裔团体，尤其是规模最大的德裔美国人同盟有可能正秘密从事或协助非法的情报活动。在获得了较为充分的证据后，联邦调查局于1938年1月正式批捕了一位名叫伊戈纳茨·格里贝尔（Ignatz Griebel）的德裔美国人，后又在2月中旬逮捕了可疑邮件的唯一收件人京特·鲁姆里希。相比起单纯从事情报中转的鲁姆里希，格里贝尔在联邦探员看来则更有利用价值：他的公开身份是纽约市一家私人诊所的医生，但暗中却与施潘克诺贝尔和佩利等人保持着十分密切的联系。考虑到格里贝尔在该团体中的较高地位，联邦探员极希望撬开他的嘴并从中获取更多的线索。

为了撇清关系，纳粹方面早在1938年3月1日，也就是格里贝尔遭到批捕的一个多月后便正式发表声明：任何德国公民不被允许加入此类团体，而纳粹政府也和这些美国团体没有任何交往的意愿。不过经过一番审讯，格里贝尔最终还是承认了一些细节，包括他于1934年秘密成立了一个为德国盖世太保机构服务的情报收集站，主要负责收集美国北部各工业地区的数据报告。这个情报收集站是美国在一战后发现的第一个间谍组

德裔美国人同盟在纽约市进行的一场宣传游行，时间是 1939 年 10 月 30 日

织，不过美国人并没从格里贝尔那里获得更多的情报信息。可能是得到了暗线的帮助，格里贝尔于 1938 年 5 月 10 日成功逃脱并乘坐一艘德国邮轮前往德国。最后的审判工作于同年 11 月开始，前后耗时两个月之久。法庭共对 18 名嫌犯提出间谍罪名指控，但实际到庭的仅有 4 名成员，其他人早在格里贝尔被捕之后闻风而动，通过各种渠道逃离了美国。

尽管调查人员十分确信，格里贝尔的间谍网只是这个巨大情报机构的冰山一角，但他们的调查工作随后便陷入僵局，毫无进展。除了 1939 年 2 月 20 日在麦迪逊花园广场举行了一场 2 万人参加的纳粹主题游行以外，这些纳粹主义团体的活动变得越发谨慎和秘密，特别是库恩因挪用团体

资金的罪名而于同年 6 月遭到批捕以后，一切间谍活动似乎都已销声匿迹。

然而整个工作在 1939 年 10 月因为一名叫威廉·泽博德（William Sebold）的德裔美国公民的主动投案而发生了根本转变。作为一名土生土长的德国人，泽博德曾作为德军士兵参加过一战，后于 1921 年移民美国并在纽约州的一家飞机制造厂从事机械装配工作。1939 年 2 月，思乡心切的泽博德返回德国穆尔海姆的家中探望自己的家人。德国入侵波兰后，一位化名为"格拉斯纳博士"的盖世太保官员于 9 月初主动找上门来，重点询问了美国工业的制造情况和设备能力等问题。一周之后，"格拉斯纳博士"和另一名盖世太保情报处人员再度来访，并希望发展他成为纳粹在美

国境内的内线以便为其提供情报信息。泽博德并不打算从事间谍活动，但考虑到拒绝可能会对自己家人造成威胁，他还是同意了对方的要求。在接受了一个多月的专门训练之后，泽博德被允许返回美国开始情报收集工作。

然而泽博德并不想在这个问题上越陷越深。由于他的护照此前不慎遗失，泽博德随后以重新申请护照为由前往美国驻科隆使领馆。在办理签证的过程中，泽博德将自己的遭遇对签证官和盘托出，并一再强调自己有意为联邦调查局服务而无意成为一名德国间谍。在与华盛顿方面取得了联系之后，泽博德的要求得到满足，但探员们希望泽博德配合把这场戏演下去，直到将整个间谍组织一网打尽。

泽博德于是在 1940 年 2 月 8 日返回纽约，在联邦调查局的暗中配合下，他以一名咨询工程师的身份在曼哈顿第 42 号街上开设了一家私人咨询办公处。与此同时，他也按照德国人的指示开始与该地区的情报人员取得联系，当然这一过程已在联邦调查局的全程监控之下。泽博德很快就和代号为"DUNN"的纽约地区总负责人取得联系，并从此人那里拿到了大量的情报。为了进一步扩大监控范围，联邦调查局于 5 月在长岛秘密建立了一处短波收发站，并在后来的 16 个月内截获了多达 200 份发自德国的电报。

另一方面，"DUNN"的身份也在两个月后得以查清。此人名叫弗里茨·杜肯（Fritz Duquesne），曾在第二次布尔战争和一战中先后为德兰士瓦共和国和德国从事过间谍活动，并在一战期间因成功刺杀英国陆军元帅赫伯特·基奇纳伯爵（Herbert Kitchener）而闻名在外，目前的公开身份是纽约航空集散站的贸易经理。经过数月的监听，该间谍网中的另一名成员保罗·班特（Paul Bante）也被证实是一名德裔美国人同盟的会员。至此，联邦调查局真正掌握了该组织参与间谍活动的直接证据，通过对班特的监听，调查

弗里茨·杜肯

员们还推断出，德裔美国人同盟极有可能为这些间谍提供运作资金。

在逐一将清间谍网内部的各个环节之后，联邦调查局于 1941 年 6 月 28 日开始全面收网，最终在 3 天内将包括杜肯在内的 33 名嫌犯悉数逮捕。当时的联邦调查局局长埃德加·胡佛（Edgar Hoover）曾把此次事件称为美国历史上"最为成功的反间谍行动"。审理工作于 7 月 1 日正式开始，这 33 名嫌犯中有 19 人对自己的罪行供认不讳，其余 14 人则提出了无罪申请。9 月 3 日，这 14 人被送往纽约联邦地区法院进行裁决，经过了 3 个多月的拉锯，这 14 人于 12 月 13 日最终承认了自己的罪行。终审裁决于 1942 年 1 月 2 日结束，主犯杜肯被判处 18 年监禁并处以 2000 美元的罚款，其余各犯也分别处以 1~15 年不等的监禁。

与此同时，美国国内迅速展开了对纳粹团体的清理工作。12 月 8 日，联邦调查局以协助从事

间谍活动为名注销了德裔美国人同盟的合法资格，其团体的另24名骨干成员遭到批捕，该组织领导人格哈特·库泽（Gerhard Kunze）则于12月15日在墨西哥被捕。同一星期，银衫党的总部也被纽约警方正式查抄，佩利因此受到了联邦调查局的问询和调查。

随着"杜肯间谍网"的剪除，美国国内基本已无间谍活动的踪迹。而德国人在经历了两次失败之后开始意识到，他们必须转变目前收集情报的方法，不再发展德裔美国人作为他们的情报员，而是派出训练有素的专业情报人员渗入美国内部。当然，美国人也没有因为一场完美的胜利而沾沾自喜，胡佛始终相信，只要美国宣布加入二战，国内的间谍活动就会变得更为频繁，这也意味着他们的反间谍工作绝不能有任何松懈。胡佛的这种想法实际上与政府的观点高度一致，只是美国政府后来所推行的清理整治行动受到了极大的指责与批评。

根据1798年通过的《外籍与煽动叛乱法案》（The Alien And Sedition Acts），美国政府在宣布参战后的第3天便开始拘押行动，共计1.1万余名逗留美国的德国公民与上千名已获得美国公民身份的德裔遭到批捕，此外还有近700名意大利裔美国人被捕。与此同时，随着美国与拉美国家的关系逐渐缓和，联邦调查局草拟了一份近5000人的嫌疑人名单并将其转发给15个拉美国家。美国政府希望这些国家能够将名单上的人驱逐出境，而这些嫌疑人一旦选择在美国进行中转则将被立刻逮捕。美国政府后来共拘捕了黑名单中的4058人，这些人中有超过420名是纳粹党员，另有少部分人是德国工人党海外分支机构的成员。

相比之下，日裔美国人成了清理行动的主要针对人群。许多美国人都坚定地认为，这些日裔美国人事先知道了这起有预谋的攻击并为日本军队提供帮助。在日裔人群最为集中的夏威夷和加州地区，反日和仇日的情绪逐渐蔓延。美国政府

尽管知道这种谣言并不可靠，但他们并不打算加以制止；因为日本偷袭珍珠港时，参与行动的日军飞行员西开地重德是被两名夏威夷日裔居民采用武装暴力的手段强制解救下来的（也就是尼豪岛事件），所以美国政府在得知这种情况之后就更不打算扭转民众的这种仇视情绪了。1942年1月，美国海军部向白宫提交分析报告称："居住在美国领土的日裔极有可能成为日本的'第五纵队'，以便破坏我们的军事行动。"正是因为尼豪岛事件的发生，罗斯福于2月19日和3月18日先后签署第9066号和第9102号总统令，授权美国陆军部部长确定国内某些地区为军事区域，并可对生活在军事区域的人加以必要的限制，甚至可将他们排斥在军事区域之外。罗斯福的这两条命令标志着美国国内拘禁工作的正式开始。

正带着美籍日裔居民离开居住地的洛杉矶警方，时间是1942年2月3日。一个月后，这一行为变成了波及全美的强制性行动

在加州阿卡迪亚地区新建的日裔隔离居住区，照片摄于1942年4月

美国政府很快就对西海岸各州所有日裔居民实行宵禁，继而把他们从这一地区分批驱逐，要求他们到政府指定的一些集合地集中，然后转迁到远离西海岸的禁闭中心。一共有11万以上的日裔（其中7万已是美国公民）人群被遣送到加州、华盛顿州和俄勒冈等州的禁闭中心。此外，先前提到的那批逗留美国的德、意公民与德、意裔美国公民随后也被就近送往得克萨斯、佛罗里达、北达科他、田纳西等6个州的11处俘房拘留所进行统一管理和教育；而一些没有实施看管的德、意、日裔公民也被要求尽快前往就近的登记处完成指纹采集和照片拍摄工作，在未获得当地警局批准的前提下，他们的活动范围不得超出所在居住地区的范围。但直到战争结束，联邦调查局只从这批嫌疑人中查实了其中15个人的间谍活动证据，比例甚至不足万分之一。

不过，对于胡佛的联邦调查局来说，侦破渗入美国内部的间谍行动可远比拘禁一批嫌疑人来得困难。胡佛可能不知道，德国人已在1942年5月14日派出U-213号潜艇秘密将德国间谍马里乌斯·朗拜恩（Marius Langbein）送上了加拿大新不伦瑞克地区的海滩，而他们的下一步计划就是派出间谍进入美国本土。在完成了德国军事情报局的训练以后，8名曾在美国居住过的德国间谍分为两组前往美国，第一组乘坐U-202号潜艇于6月12日在纽约长岛东汉普顿浮出水面，他们的计划是破坏尼加拉瀑布的发电设施与美国铝业公司位于伊利诺伊州、田纳西州和纽约州的工厂；第二组成员则搭乘U-584号潜艇于6月17日在佛罗里达州的蓬特韦德拉海滩上岸，计划炸毁宾夕法尼亚铁路的纽瓦克段、圣路易斯与辛辛那提的水闸以及纽约市的自来水供给系统。然而行动从一开始便极不顺利，第一组在登陆后随即被在附近执行巡逻任务的海岸警卫队员约翰·库伦（John Cullen）发现。行动小组的负责人乔治·达施（George Dasch）很快就将其制服，但并没有将库伦杀死，

乔治·达施（左）和厄内斯特·布格

而是掏出一笔美元塞给库伦并威胁他不要将这件事告诉给任何人。不过库伦随后就把这件事禀告了自己的上级，并表示这些陌生人的英语尽管流利，但发音多少听着生硬；库伦还表示，当时他曾听到了这批人中的某个人对达施说了一句不是英语的话，听上去像是德语。

与此同时，4名德国间谍已经搭乘长途客车前往纽约的曼哈顿地区。然而达施的想法随后发生变化，在和另一名成员厄内斯特·布格（Ernest Burger）沟通协商后，达施决定不再执行这项间谍计划，转而于6月15日前往纽约联邦调查局自首。联邦调查局两天前才从海岸警卫队那里了解到可能有德国间谍进入美国本土的消息，但没想到事情会变得如此顺利。在经过初步的审讯之后，达施一五一十地交代了整个计划并随后协助美国探员找到了其余的7名间谍。最后经过罗斯福的批准，达施与布格被判处30年的监禁，而另6名德国特工则被判处死刑。

虽然这次间谍活动最终没造成任何损失，但却给美国的安全工作敲响了警钟。这些德国间谍在审讯中承认，他们只需要向行人打听几句，便会有不少"好心人"告诉他们被询问目标的大致方位等基本情况，似乎没有人怀疑过他们为何要询问电厂、船厂以及水电站在哪里。得知这一情

况后，战时新闻处便在全国范围内号召人们开展"国家安全"的行动：不要在任何场合，哪怕是家中谈及有关军队、工业等方面的机密情况，以维系国家的安全。为响应这一号召，战时广告委员会也开始向民众大力宣传，而"失言"（loose talk）就成了很多战时海报中被画家们用醒目色加以强调的一个词。

美国人的反间谍宣传工作实际上得益于英国人的启发。早在1940年2月6日，英国国内就展开了一次全国性的活动，要求人们在战时必须提高警惕，不要和人谈及任何与战事有关的话题，免得给敌人留下有价值的情报；同时此次活动的口号也被正式确定下来："失言葬送生命"（Careless Talk Costs Lives）。受此影响，战时新闻处将这一口号引入美国并同时创作出了属于自己的反间谍口号——"多嘴损失舰船"（Loose Lips Sink Ships）。这个主题随着西格拉姆酒业公司（Seagram Distillers Corporation）受雇画家塞莫尔·格弗（Seymour Goff）创作的主题海报的公开张贴而开始成为美国国内的一个流行主题。作为补充，有关部门制定了10条相应的条例，从各个方面要求人们严守机密：1. 不要书写军队番号、地点、装备等情况；2. 不要书写有关军队的人员任命情况；3. 不要书写任何有关运输设备方面的情况；4. 不要书写商船的出发地点、时间、行程和护航兵力；5. 不要泄露军队的调动情况；6. 不管是否知道，不要提及任何军事计划；7. 不要对战役的进展妄加评论；8. 不要谈论军队的损失情况；9. 不要在信件中用编码或是速记字符谈及战事；10. 不要在信中说明你的具体地址。

在这种宣传攻势下，美国国内的反特意识开始有了明显的加强，除去1944年11月德国间谍埃里希·吉姆佩尔（Erich Gimpel）和叛逃德国的前美国海军预备役士兵威廉·科尔波（William Colepaugh）策划的一起并不成功的间谍行动之外，美国国内基本相安无事。只是民众过分紧绷的神

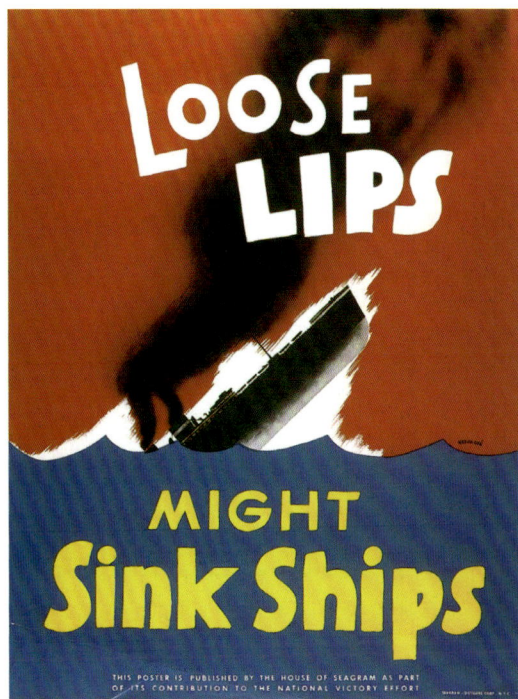

多嘴损失舰船！（塞莫尔·格弗，1942）

因为有人失言了！（威斯利·海曼，1944）

经有时也让负责受理的联邦调查局叫苦不迭：至1945年战争结束，联邦调查局经手的各式报案中有多达19649起纯属民众的虚报谎报，与蓄谋破坏毫无干系。

同时美国政府十分清楚，一个强大的堡垒往往是从内部被攻破瓦解的。整个战争期间，在分析了美国社会的各种情况之后，一大批"轴心国莎莉"和"东京玫瑰"就开始凭借无线电波不断地袭扰美国后方，同时也向前线部队频繁发出糖衣炮弹：就职于第三帝国广播公司的美籍女播音员米德瑞·吉拉斯（Mildred Gillars）通过自己的招牌节目"甜蜜之家"对驻欧美军进行攻心战，反复传播蛊惑人心或是谎报战局的虚假信息；而另一位日裔美国人户栗郁子则通过她的"零点时刻"节目不断地向太平洋战区的美国士兵发送英语广播，企图唤起他们的乡愁和厌战情绪。由于这些电台都不在美国本土，所以除了实施信号干扰之外，美国情报部门根本就无法隔绝这类无线电波的渗透。

不过，有些谣言并非来自对手，而是出自美国本土。这些恶意诽谤、散布流言、杞人忧天的人往往被称为"第五纵队"（Fifth Column）。他们往往捕风捉影，根据一些只言片语就开始四处议论，或是针对时下的战局发表不利的评论，搞得人心惶惶、人人自危。针对这一情况，政府直截了当地公开表明："我们正处于谎言和恶意宣传的攻击之下。"为防止对手的负面宣传，引导民众正确的战时态度也成了相关部门在战时应加以注意的一个重要环节。在这一方面，战时新闻处做出的贡献最为突出。由于和好莱坞保持着良好的合作关系，故此利用好莱坞义务制作的宣传短片，战时新闻处向民众苦口婆心地进行宣传，希望他们不要阅读敌人的宣传单，不要收听敌人的电台广播，更不要相信对手的前线汇报。这类宣传海报与战争债券、工业生产和招募征兵等3类主题一起，成了当时美国国内创作数量最多的4大类海报。

阻止第五纵队！（感恩美国出版公司，1943）

不要听信敌人的谗言来反对我们的政府、我们的盟国、我们的各类宗教（杰克·贝茨，1943）

如果你言语过多，他或许就没命了！（萨拉·瓦伦蒂诺，1942）

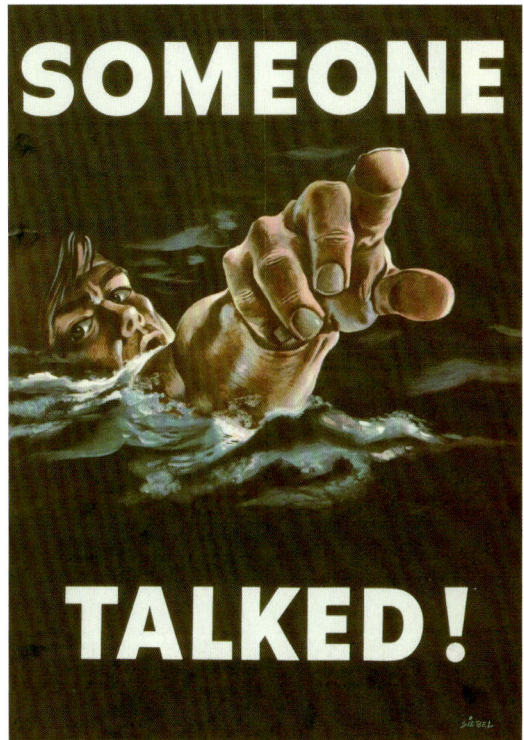

有人一定多嘴了！（弗里德里克·西贝尔，1942）

有人多嘴了。不要讨论船队航线和战时生产，请闭上你的嘴！（阿尔伯特·道恩，1942）

失言将酿成这样的结果！（阿道弗·特莱德勒，1942）

别太过活跃！失言葬送生命！（奥托·索格罗夫，1942）

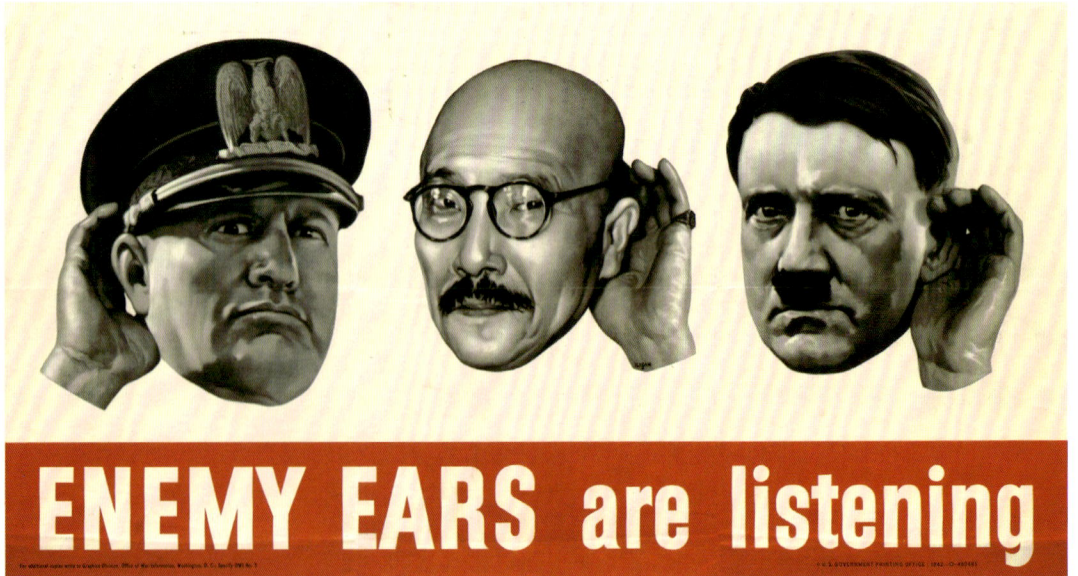

你的敌人正在聆听！（拉尔夫·伊利甘，1942）

失言葬送生命！（斯蒂凡·多哈诺斯，1942）

失言葬送生命！（约翰·霍尔姆格伦，1942）

失言葬送生命！（威廉·斯泰格，1942）

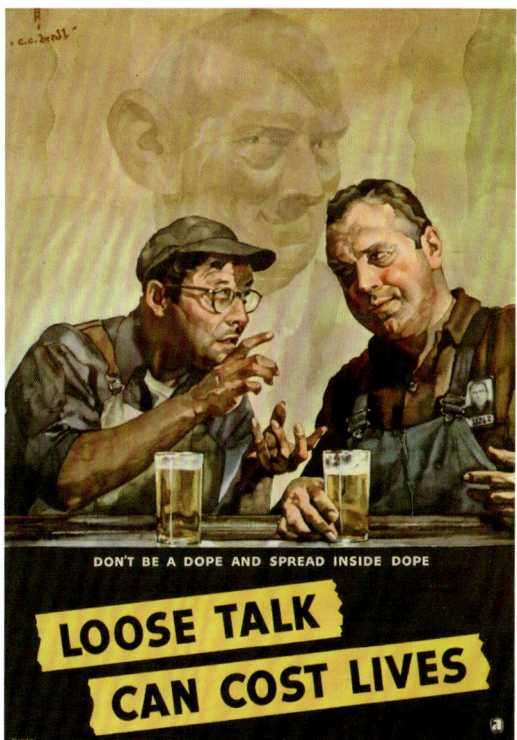

别像个傻瓜一样到处谈论。失言葬送生命！（塞西尔·比尔，1942）

安静！失言葬送生命！（达尔·霍尔科姆，1942）

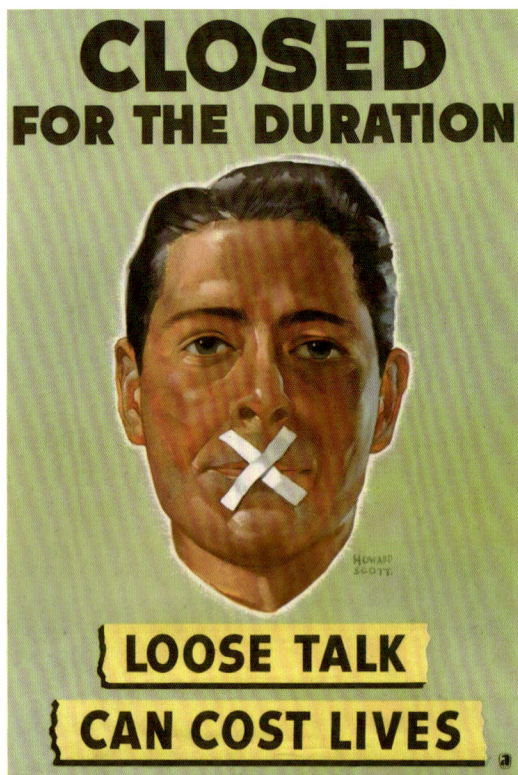

保持沉没直至战争结束。失言葬送生命！（霍华德·斯科特，1942）

闭嘴吧，士兵！柏林正在聆听！（精确资料办事处，1942）

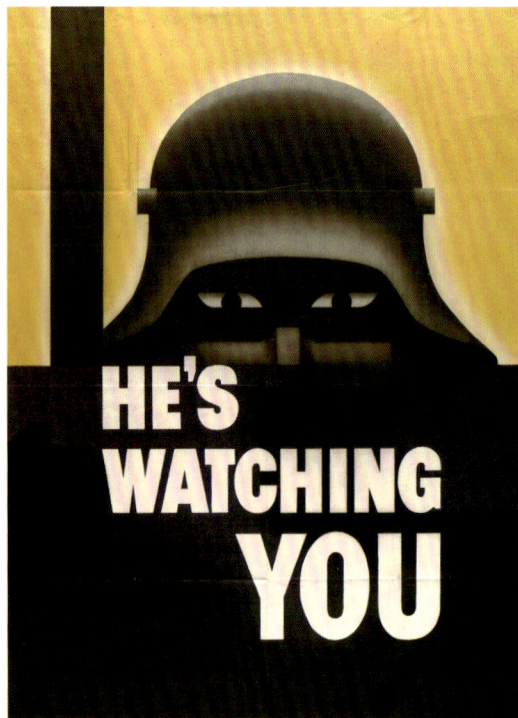

他正注视着你！（格伦·格厄，1942）

注意，水手！失言葬送生命！（约翰·法尔特，1942）

失言所带来的痛苦！（哈里·安德森，1943）

一句不经意的话，一艘不该沉的船（安东·费舍尔，1942）

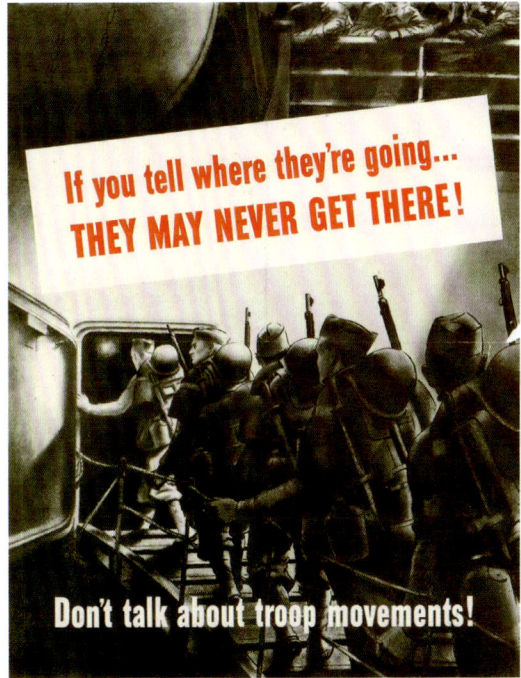

如果你说了他去哪里……或许他永远不会回来了。不要讨论部队
调遣的话题！（约翰·法尔特，1943）

指望你了！不要讨论：部队调遣、航行路线、武器装备！（莱昂·埃尔格拉，1943）

沉默意味着安全！（战时新闻处，1943）

不必要的话……不必要的损失（安东·费舍尔，1943）

如果你说了他去哪里……或许他永远不会回来了（约翰·法尔特，1943）

"Please... get there and BACK!"

BE CAREFUL WHAT YOU SAY OR WRITE

"但愿……他能安全到达并安全返回。"注意你的言语和书信！（战时新闻处，1943）

WHO WANTS TO KNOW?

★ SILENCE MEANS SECURITY ★

到底是谁想要知道？沉默意味着安全！（美国战争部，1943）

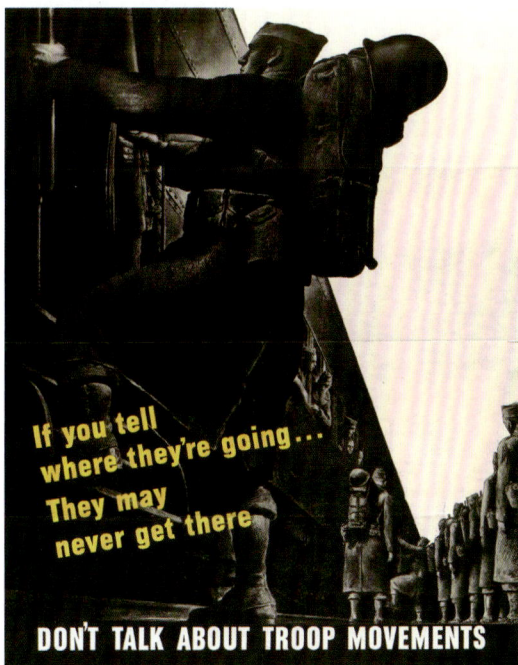

If you tell where they're going... They may never get there

DON'T TALK ABOUT TROOP MOVEMENTS

如果你说了他去哪里……或许他永远不会回来了。不要讨论部队调遣的话题！（战时新闻处，1943）

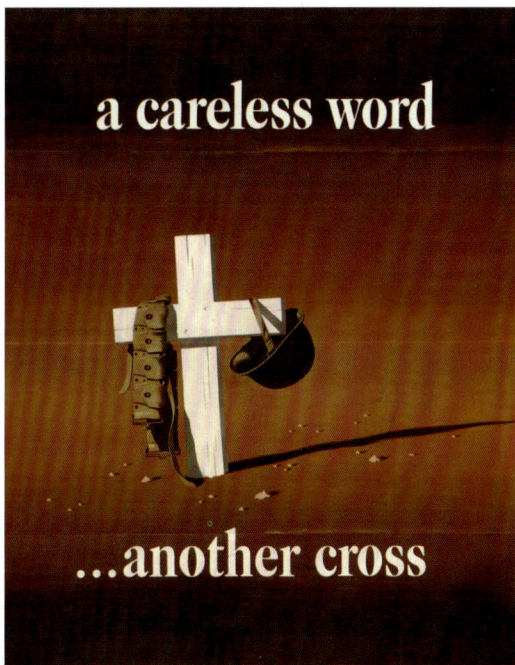

a careless word

...another cross

无心的一句话……另一个十字架（约翰·阿瑟顿，1943）

你的钢笔是敌人的武器吗？如果你能守口如瓶的话，答案就是否定的（美国陆军部，1943）

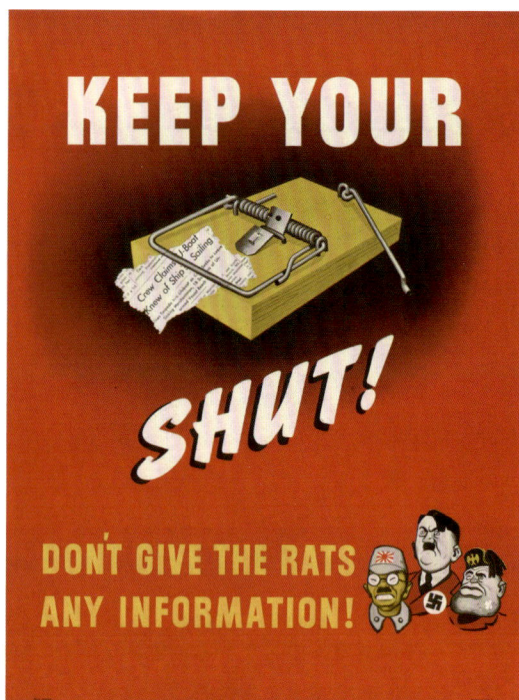

时刻闭嘴！不要给那些硕鼠提供任何信息！（战时新闻处，1943）

只言片语可以给敌人提供很多信息！（斯蒂凡·多哈诺斯，1943）

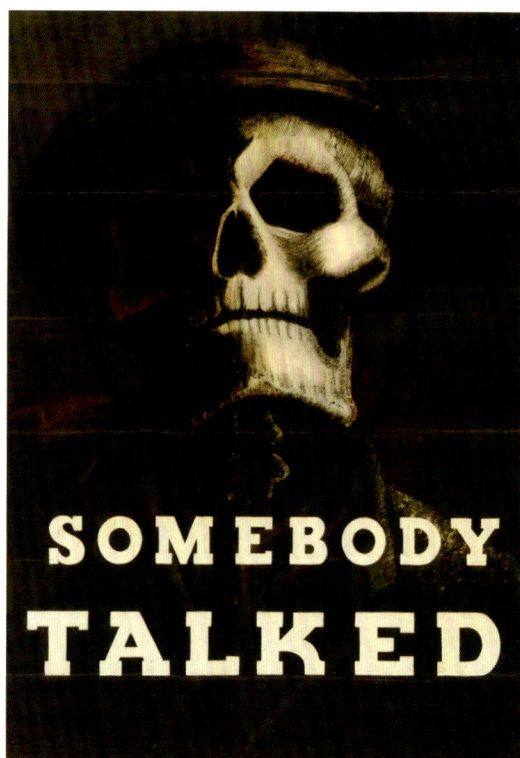

有人失言了！（彼得·米勒，1943）

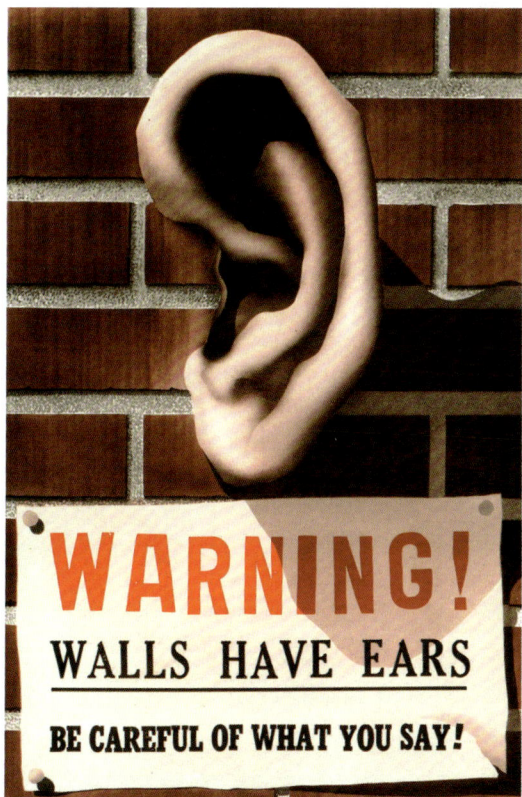

注意，隔墙有耳！注意你的言语！（国家过程控制公司，1943）

别这么轻易上当！始终闭上你的嘴！（战时新闻处，1943）

有什么新闻吗？他们原本不会知道的！（联合飞机公司东哈特福德分厂，1944）

谣言葬送美国人的生命！（战时新闻处，1944）

失言葬送生命

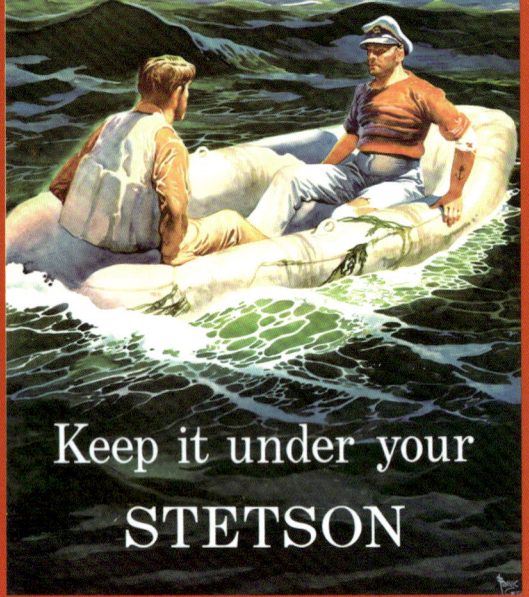

失言葬送生命

失言让他们无谓牺牲

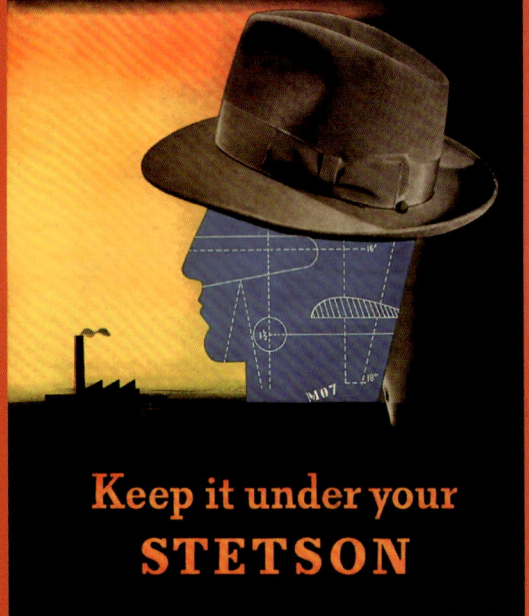

敌人也想知道你所知道的

这是美国斯泰森制帽公司在二战期间以"注意言行"为主题创作的系列海报。在美语中"keep it under your hat"意为"保密某事"，斯泰森公司显然将"hat"（帽子）一词移花接木换成了其商标名，在为自己产品宣传的同时，也不忘告诫美国民众，要时刻注意加强保密工作

谋杀通缉！她的失言要了数人的命！（维克多·开普勒，1944）

直至胜利，不要开口！让你的资金替你说话，还是购买债券吧！
（德士古石油公司，1943）

沉默！（麦克利兰·巴克莱，1943）

你大嘴一张，就等于帮了日本大忙。不要到事后才对你造成的过
失感到愧疚（德士古石油公司，1943）

不要四处张扬——这是让战争失败的一条捷径！（希格菲尔德·哈斯，1942）

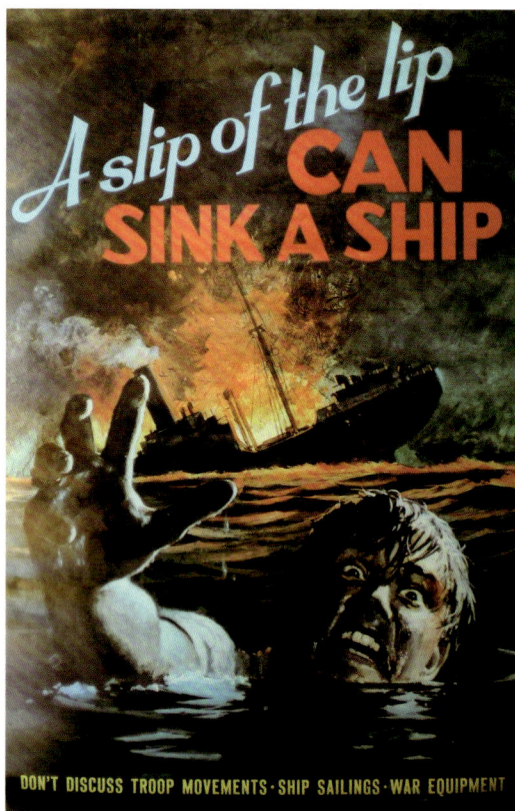

嘴角松一松，船只沉入海。不要讨论部队调遣、航行路线、武器装备！（战时新闻处，1943）

有人失言了！（亨利·科尔纳，1943）

言论自由不代表畅所欲言！（希拉格姆公司，1942）

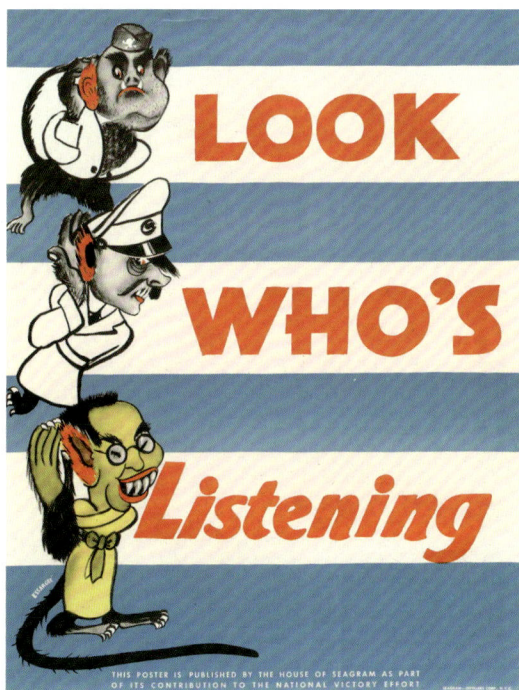

看看谁在聆听！（希拉格姆公司，1942）

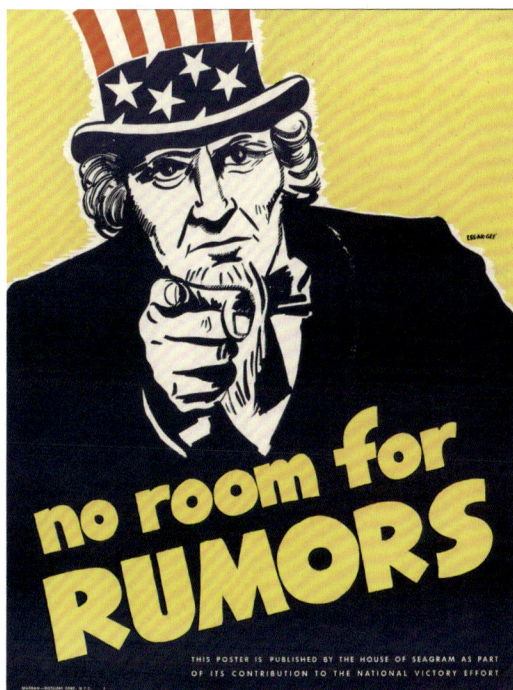

让谣言无处藏身！（希拉格姆公司，1942）

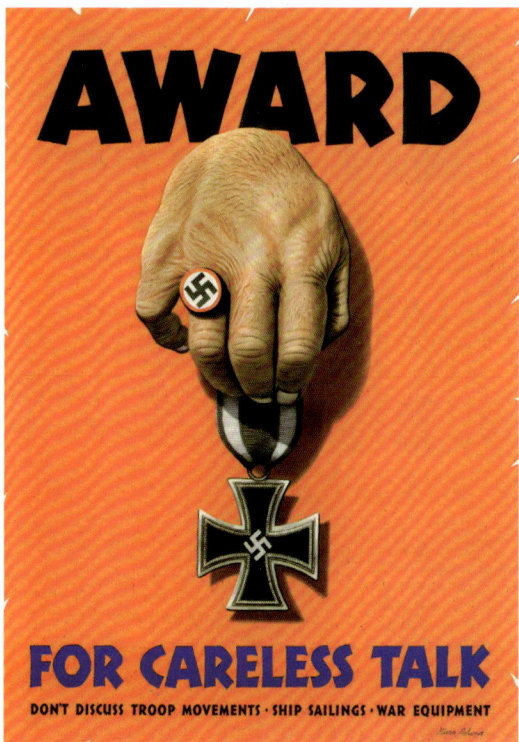

敌人的奖赏：因为失言！（斯蒂凡·多翰诺斯，1944）

聪明的士兵时刻留心自己的一言一行，而你呢？（延斯·施莱凯尔，1944）

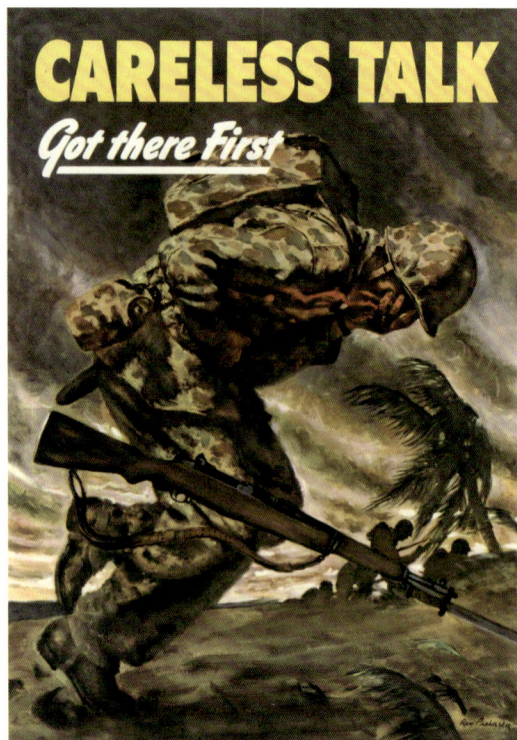

失言让他们出师未捷身先死！（雷·普罗哈斯卡，1944）

见鬼了！肯定有人说漏嘴了！（索尔·特佩尔，1944）

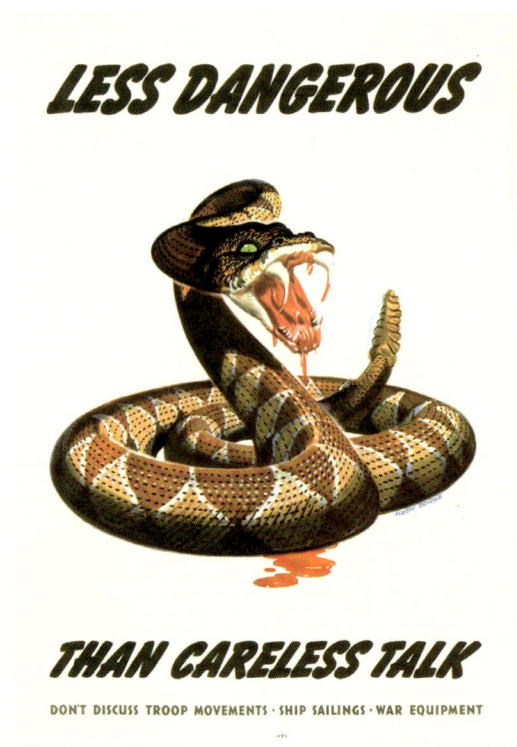

它比失言的危险小多了！（阿尔伯特·道恩，1944）

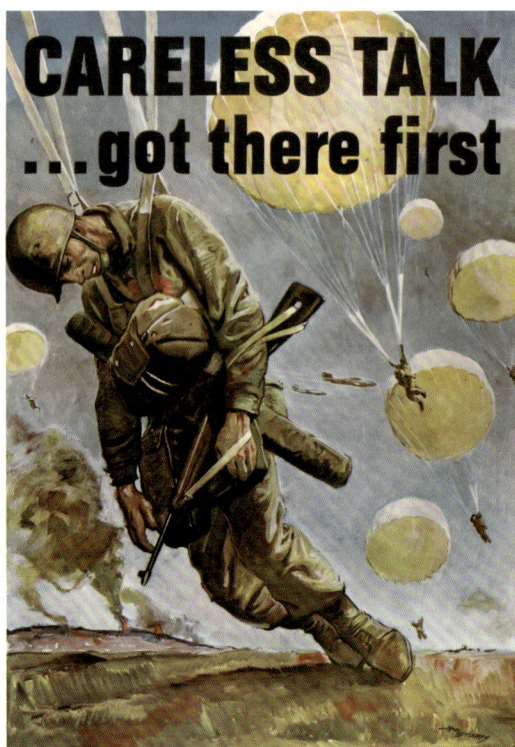

失言让他们出师未捷身先死！（赫伯特·斯图普斯，1944）

第十二章 疾控预防

Disease Control And Prevention

前线战争的格局也会因后方的性病控制、娼妓治理和酒精控制等因素发生变化。
——威廉·斯诺（美国社会卫生协会总会长）

在多数人均把注意力聚焦在前线战事的时候，战争期间的各类疾病预防工作其实也是十分重要但又极易被人忽视的一环，而这其中，各类性病的预防和治疗工作向来就是美军和美国公共卫生署关注的重点，尤其是淋病和梅毒。早在南北内战期间，美国联邦军中就有 10 余万人因感染淋病而无法战斗。尽管美国战争部在 1912 年 5 月颁布的第 17 号条令中就明确指出，必须对军队内部的性病进行预防控制，但在一战期间，用于治疗梅毒和淋病患员的累计时间仍超过了 700 万天，为此有 1 万余名重症兵员被迫退役；即便如此，在公共卫生署和美国社会卫生协会（American Social Hygiene Association）的共同协助下，通过限制妓女进入军事地区、开展性病防治教育和改善性病治疗条件等方式，美军在一战期间的性病预防工作仍是很有借鉴意义的。

一战之后，由于和战争并无多大密切联系，加

之整个美国国内对性病的预防意识逐渐弱化，这些工作后来就不了了之，而到了大萧条时期就更加无人过问。直到 1937 年公共卫生署的军医总监托马斯·帕兰（Thomas Parran）在其出版的《国家的阴霾：梅毒》（Shadow On The Land: Syphilis）一书中强烈要求重启性病预防和控制计划之后，美国政府才开始重新重视这一问题。1938 年 5 月 24 日，美国国会正式通过旨在加强性病预防工作的《拉弗莱特 – 布尔温克法案》（La Follette–Bulwinkle Act），它标志着美国再次拉开性病预防和防治工作的大幕。随后，在公共卫生署和美国社会卫生协会共同牵头并由美国陆军部、海军部、联邦安全总署及各州的卫生部门参与的协商会议上，各方共同制定了所谓的"八点协议"，其协议后于 1940 年 5 月得以州立并得到领地卫生官员协会（Association of State And Territorial Health Officials）的采纳和推广。"八点协议"中最为重要的一点就是"在美

梅毒，每年都有一百万新增病例！（美国公共卫生署，1941）

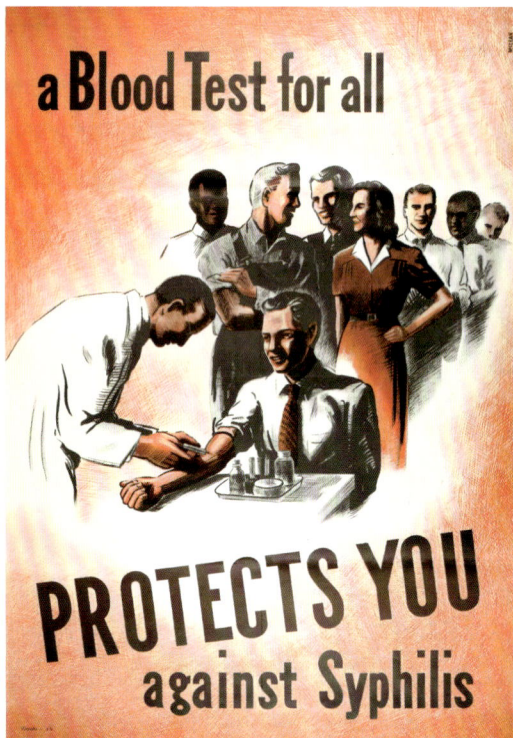

只要一次血检，就能让你远离梅毒！（美国公共卫生署，1940）

国军队人员和国防工作者的集中地区广泛地对性病加以控制"。

战争部后来于 1940 年 9 月 19 日下达命令，要求全军各级指挥人员必须严格遵守性病预防的各项条令；1940 年 12 月 16 日，进一步要求各级指挥官必须向属下明确规定严禁涉足的场所；1940 年 12 月 16 日，战争部又传达一道命令，要求所有军队指挥人员必须对其属下严格执行健康保障措施，一旦下属单位或个人的活动对军队的健康产生威胁或伤害，他们将被立刻禁止参与任何活动。不过这一措施后来惹来了很大的麻烦，原因是为了杜绝士兵患上性病的可能，一些驻军医疗人员居然本末倒置，去军营周边的妓女集聚地逐一进行排摸式的健康体检，而不少美国媒体就此指责美国军方的做法等同于默许了色情服务的商业合法化。在这种舆论的质疑下，负责医疗工作的陆军少将詹姆斯·麦基（James Magee）不得不向公众澄清，表明这一做法绝不代表军方纵容妓女交易的发展，这种行为只是下属部分人员对战争部政策的一种误解。为了改善这种负面的媒体形象，以外科医师总署（Office of the Surgeon General）和预防医疗分处（Subdivision of Preventive Medicine）为人员主干，美国人后来又在 1941 年 4 月 18 日组建了预防医疗处（Preventive Medicine Division），并在其内部正式成立了性病防治分处，他们的主要职责就是为军队制定相应的条令来限制军队人员的各种不当性行为。

但是，仅仅从 1940 年新增的 85 万性病患者来看，地方性的法令根本无法治理乱象横生的娼妓交易现象，而越来越多的迹象表明，战争部的那些条令显然无法起到严格的约束作用。于是，参议院军事委员会主席安德鲁·梅（Andrew May）在 1941 年 1 月 20 日向美国众议院提交了一份旨在限制美军驻军地区色情服务的提案，在得到了美国军方和社会卫生协会的全力支持后，这一提案在 7 月 11 日正式通过。根据法案的明文规

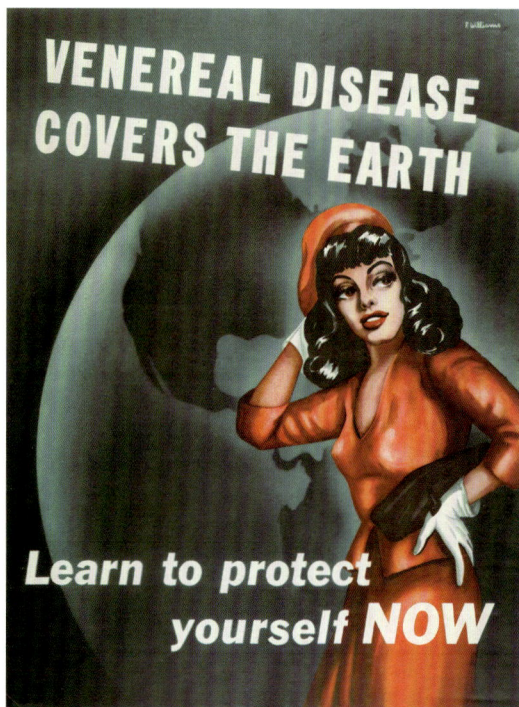

性病遍布各地。学会如何进行自我预防！（菲尔·威廉姆斯，1940）

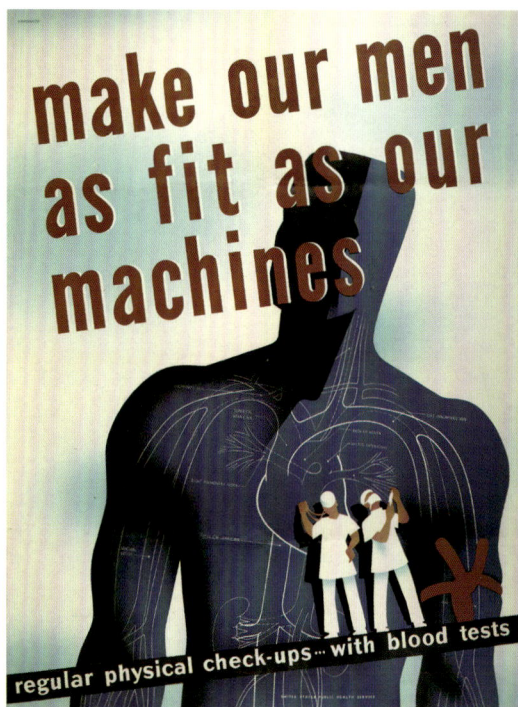

让我们的士兵也和机器一样工作正常！（美国海军部，1940）

定，在军事基地和海军港口规定的 3 英里半径范围内，从事任何形式的色情交易均将被视为违法行为。不过这些一战时期就在军中得到推行的做法无论如何也有些姗姗来迟，而这种迟缓的反应机制也遭到了不少专业人士的批评。在帕兰和另一位公共卫生署军医助理雷蒙德·方德莱(Raymond Vonderlehr)于同年 11 月出版的新书《性病防治之实》（Plain Words About Venereal Disease）中就将攻击的矛头直指美国军方和地区政府，两位作者在书中一致认为，如今的性病防治措施甚至比不上 25 年前战争部部长纽顿·贝克（Newton Baker）所推行的做法，正是目前监管不力和缺乏强有力的约束法令才导致了美国军队中性病患者不断增加的窘境。

在这些质疑和批评声中，当时还是联邦安全总署署长的麦克努特在 11 月 27 日致信罗斯福，希望加大对疾病的预防工作，尤其是性病预防工

作的重视程度。只是随着美国在半个月后宣布加入二战，美国政府也一时无暇将其作为影响战时发展的重要内容加以认真研究。不过性病防治分处的主管詹姆斯·戈登（James Gordon）在 12 月 29 日写给上级詹姆斯·西蒙斯（James Simmons）的工作报告中，坦言其部门的工作开展很不顺利，希望得到更多有相关经验或经过专业培训的人手的补充。西蒙斯随后批准了他的请求，并从国内挑选了一些供职于性病科、泌尿科和流行病学的专业医务人员。在完成了 8 周的培训工作之后，首批 1000 名医务人员于 1942 年 4 月进入军队开始工作，而他们的职务是"性病防治管理员"。

当然，随着大批美军开始被派驻海外，性病防治工作面临了十分严峻的挑战。方德莱曾向自己的属下同僚暗示，加入战事的美国军队不用半年时间就会新增性病病例，而他的预言也随着1942 年 2 月驻英美军曝出第一位士兵感染梅毒的

She may be.. a bag of TROUBLE
SYPHILIS - GONORRHEA

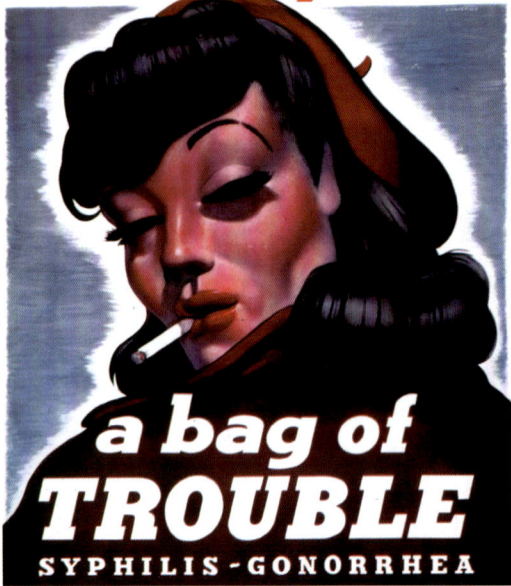

她或许深藏着大麻烦！（美国公共卫生署，1941）

TWO MEN WHO HAD SYPHILIS

He took treatments regularly.

He didn't.

梅毒患者接受常规治疗的前后对比！（本·克莱因，1940）

men who Know

Say No to PROSTITUTES
Spreaders of Syphilis and Gonorrhea

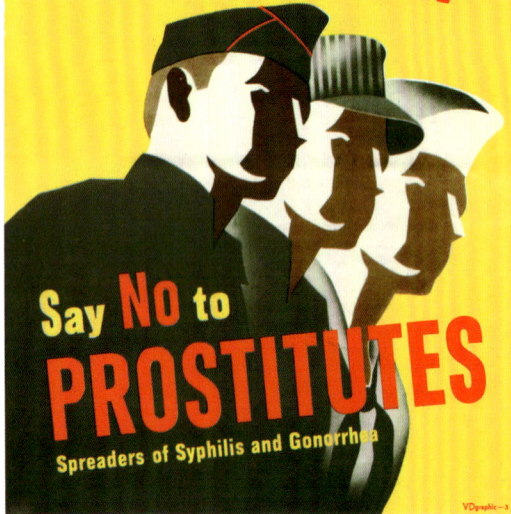

有常识的人都会回绝妓女，他们是梅毒和淋病的传播者！（约翰·费里，1940）

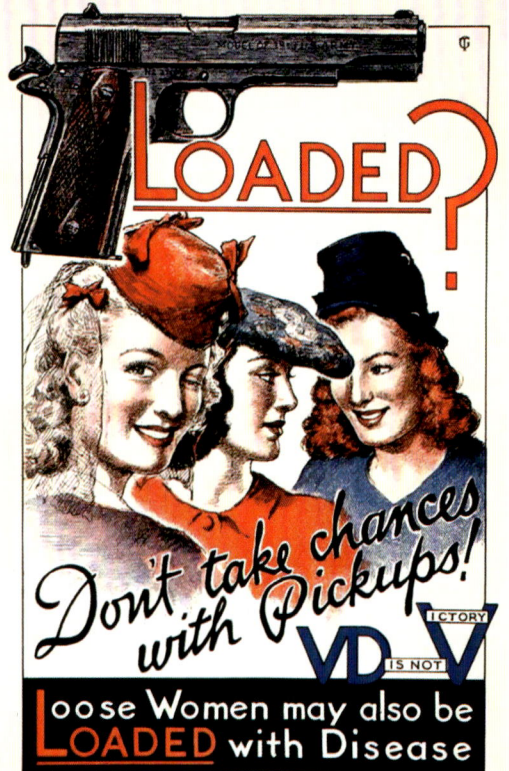

LOADED?

Don't take chances with Pickups!

VD IS NOT VICTORY

Loose Women may also be LOADED with Disease

不要给暗娼任何机会。性病无法带来胜利！（联邦安全总署，1941）

事例而一语成谶。到同年 7 月，感染人群已经上升至 230 余人。于是美国官方在 1942 年 3 月重新组建外科医师总署，并将原本属于预防医疗处的性病防治分处直接转归总署管理，同时原来的预防医疗处主管托马斯·透纳（Thomas Turner）也正式成为该部门的主负责人。这个部门的主要工作就是和那些性病防治管理员一起负责美军内部性病防治工作的开展和监督。

此外，有关性病预防的宣传工作也从 1941 年起得到了美国军方和公共卫生署不遗余力的协助。在这些作品中，妓女更多地被塑造成宣传强调的核心，由于 80% 以上的妓女都是病毒携带者，故此她们很大程度上都被刻画成阴险的蛇蝎美人或是摧毁美满家庭的破坏者。不过在后来的宣传中，越来越多的作品则更多地将主角设定在美国士兵上，这种变化主要出于两种原因：一是通过性病防治管理员了解到的不完全数据，得知在所有身患性病的美国士兵中，有超过七成是由士兵主动意识促成的，也就是说他们中只有不足三成的人是被妓女刻意勾引才和她们发生了性关系；另一方面，妓女到了战争中后期便已不再是诱发性病流行的唯一元凶，一些在占领区的妇女以及德国、日本妇女都和美国大兵发生过性行为，这中间还包括某些性质更为恶劣的强奸案件。

与梅毒和淋病战斗！（信息情报处，1942）

美国士兵很容易就会患上性病，但是性病预防措施会阻止这一切的发生！（阿尔图尔·谢克，1942）

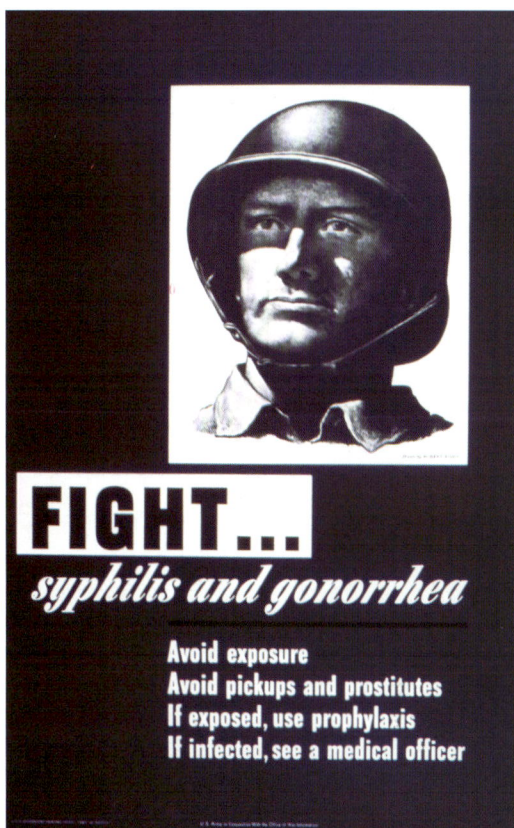

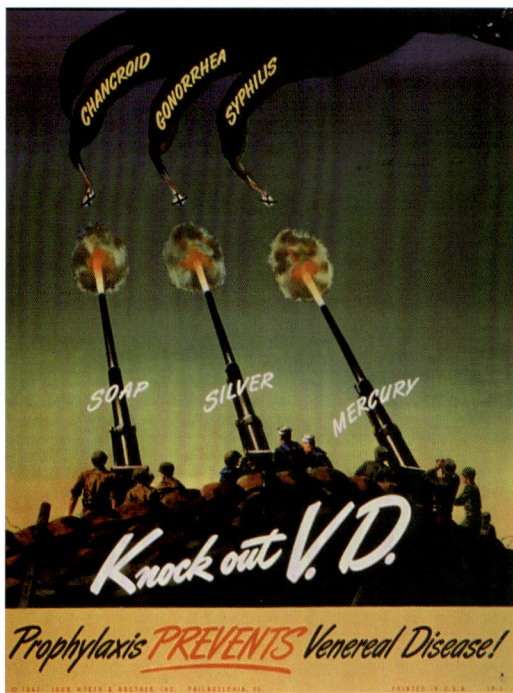

击败性病！预防措施可以阻止性病！（惠氏公司，1942）

根据美国欧洲战区司令部战后的医学报告显示，从1943年8月盟军攻占西西里岛至战争结束，美军每月新增性病患者均不少于1000人；1945年6月，更是达到了2.5万人的峰值。若将太平洋战场也纳入统计范围，美军在二战期间的性病患者竟多达130万人，占到美军前线总人数的12%之多。尽管美国早在1926年5月就通过国会决议来惩罚那些身患性病的军事人员，但这依旧无法控制二战中期开始急剧增加的患病人数，也让美军的医疗周期由于有限的护理人员和医疗药物等因素而被迫发生改变。1943年年底之前，淋病患者能得到30天的治疗，梅毒最长也能得到6个月的治疗；但到1944年中期，淋病的治疗时间仅有区区5天，而梅毒的治疗周期也被缩短至25天。实际上，很多初期染病兵员仍选择继续参加战斗，有些悲观的患员还以殉职的方式来寻求解脱。

这种惩罚性措施早在战争初期就已经受到了极大质疑。在当时担任国家科学研究委员会下属的性病预防分委会主席约瑟夫·摩尔（Joseph Moore）和外科医师总署职业服务处处长休·摩根（Hugh Morgan）1942年8月的往来信件中，就曾流露出废除该项条令的意向。后通过透纳组织的调查工作发现，性关系的产生并非只是简单满足士兵的生理需求，更多的是对战争恐惧的某种宣泄和排遣。根据透纳在1943年1月撰写完的报告显示，他坚决反对该惩罚措施的继续推广，因为"并非每位发生过不当性行为的美军士兵都会染上性病……这一政策不但起不到警示作用，相反会让更多的士兵选择隐瞒病情而延误治疗……一个典型的情况是，在所有身染梅毒的美军士兵中，有17.3%的人在接受治疗时就已是晚期梅毒患者"。经过漫长的讨论和决议以后，这一条令在1944年9月27日得以正式废除。

美军的性病预防工作此后曾一度看见曙光：根据1944年的随军医疗报告显示，各级作战部队以营为单位，每两月进行一次性病预防讲座或宣

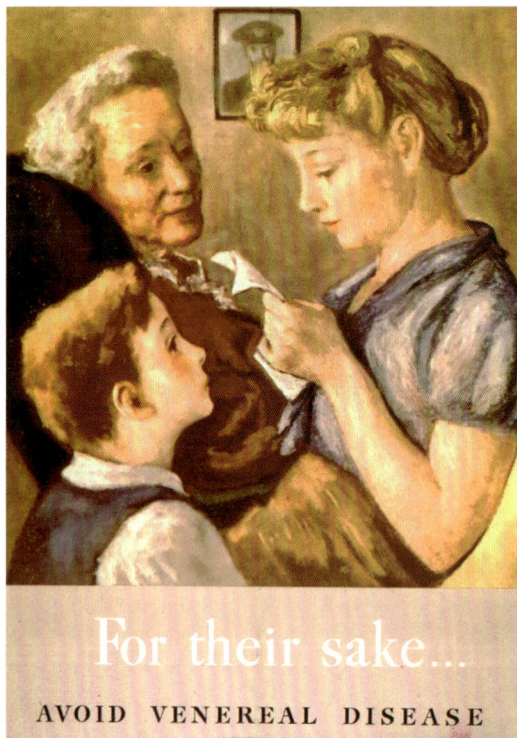

For their sake...

AVOID VENEREAL DISEASE

为了他们，避免患上性病！（战时新闻处，1943）

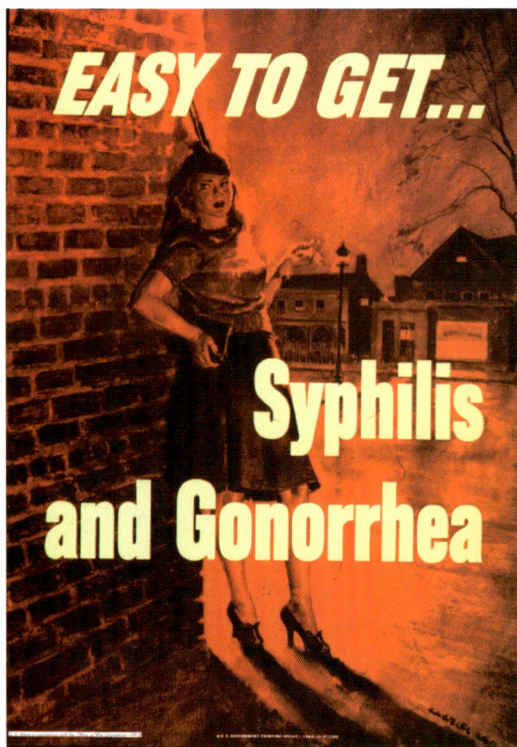

EASY TO GET...

Syphilis and Gonorrhea

梅毒和淋病极易患上！（美国海军部，1943）

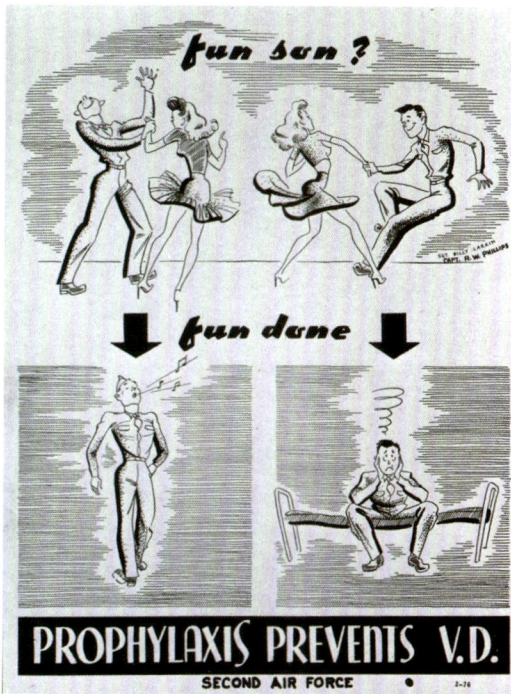

一时贪欢的结果。预防措施可以阻止性病！（比利·拉尔金，1943）

传科教片的观影活动，各下属连队还需每月进行一次生殖卫生保健教育，除了定点设置的医疗检查站之外，大量性病主题的海报在各军营内也是随处可见，但他们最终还是无法控制这股歪风的继续蔓延。一个更为直观的数据是，美军在 1943 年新增性病患者 17043 名，1944 年又增加 50093 人，而在战争最后一年，该数据已无法遏制地提高到 78257 人。让人惊异的是，美军在二战结束后的性病新增数量居然大大超出战时，而且这群美国大兵的行为也变得更加肆无忌惮：在日本人"特殊慰安施设协会"所开设的短短 5 个月内，就有超过九成的盟军士兵曾光临过这一色情服务场所；直到麦克阿瑟在 1946 年 1 月紧急叫停该项公开服务，美军已有将近 25% 的士兵染上性病。

闪电可以两次都劈中，所以莫抱侥幸心理！（美国海军部，1944）海报宣传句改自英语谚语"Lightning never strikes twice"，字面意思为"闪电不会两次打在同一地方"，引申含义即为"罕见的事情不会同时发生两次"。海报中的宣传口号则是告诫海军士兵，性病并不算罕见，它可能不需要第二次就能让你患上

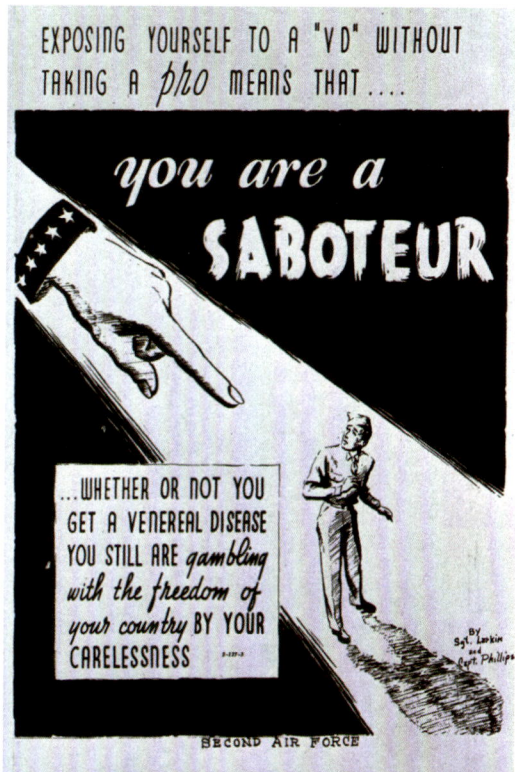

明知可能患上性病而不采取任何措施意味着你也是一名破坏者。不管你有无感染性病，整个国家所争取的自由都会为你的大意而承担风险！（比利·拉尔金，1943）

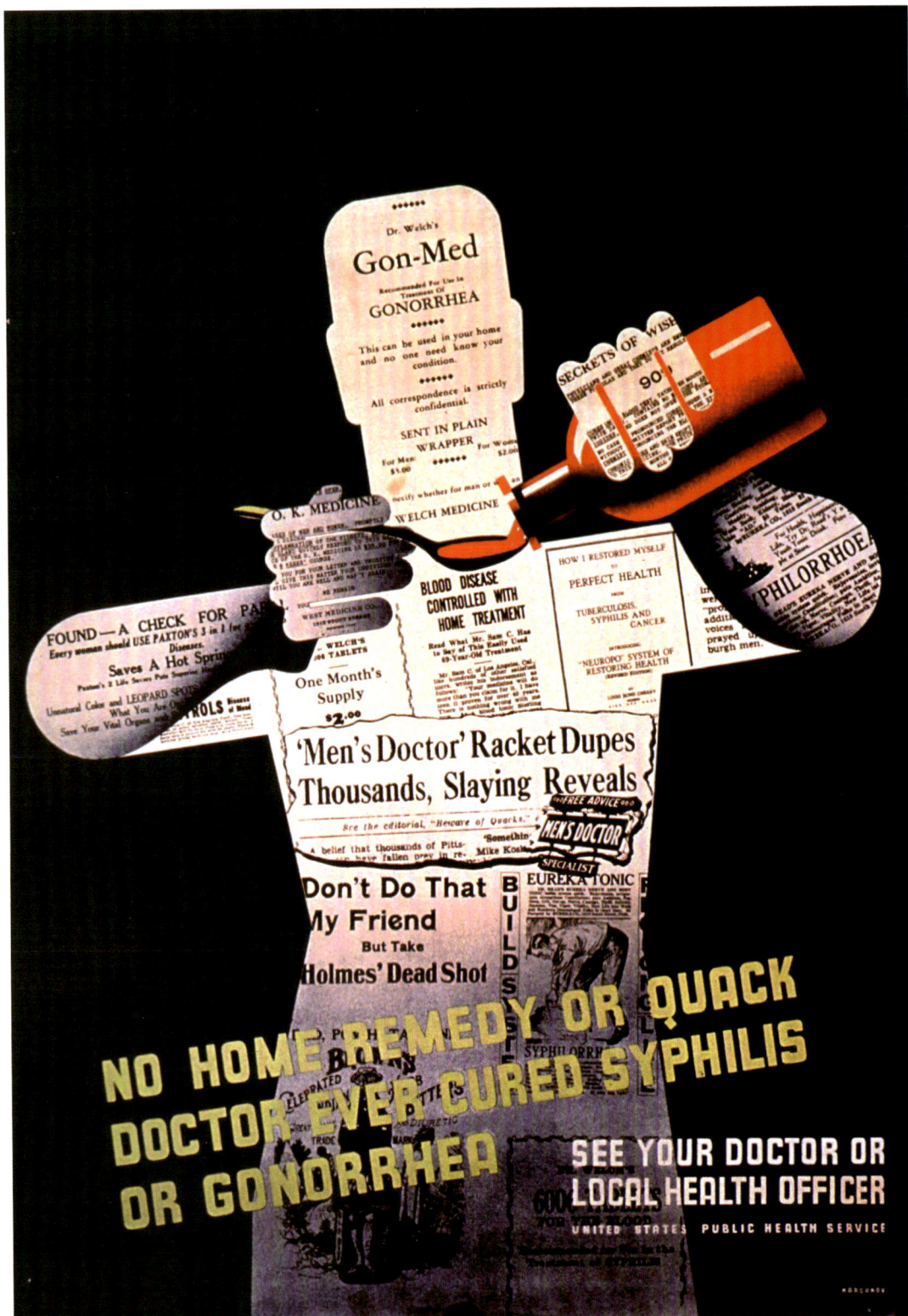

没有家庭疗法或是江湖医道能够治愈梅毒和淋病。一旦患病，立刻前往当地的医院或是健康防疫站！（列昂纳德·卡尔萨科夫，1945）

记住，他们正等着你。避免患上性病！（美国公共卫生署，1942）

你想把性病带回家吗，士兵？（美国内外科医疗局，1945）

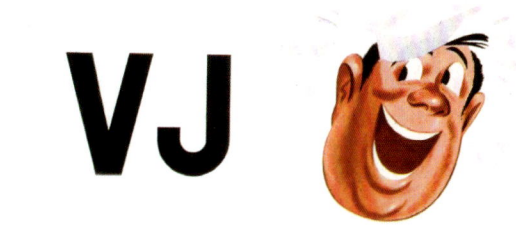

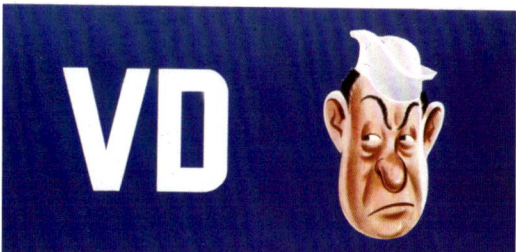

攻占欧洲，战胜日本，却被性病击败！（鲍勃·波德，1945）

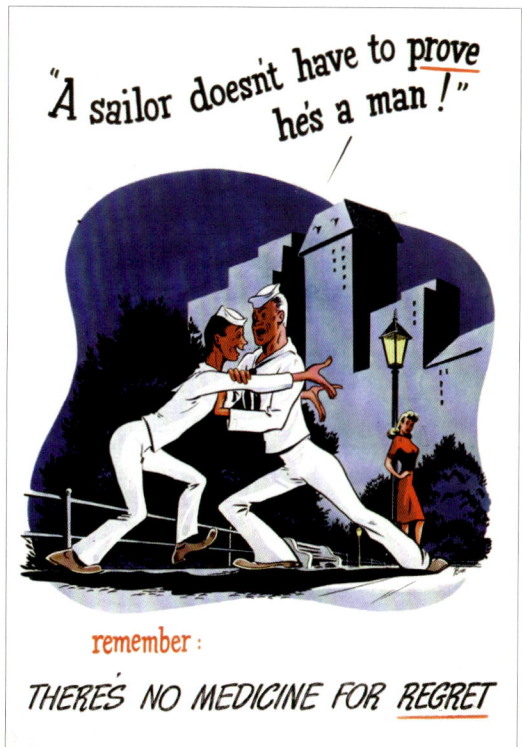

没有必要以此来证明自己是个真男人！记住，这世上可没有后悔药！（美国海军部，1945）

和性病有所不同的是，很多流行性疾病尽管并非主观人为因素造成，但对一支军队的伤害程度却绝不亚于性病所造成的危害。根据美军战后的相关数据显示，在整个二战期间，美军共有6万余名前线士兵死于疟疾，而有超过50万人曾感染过这一疾病。在盟军实施西西里岛登陆的1943年7月至9月期间，美国第7军共有21482名作战人员因感染疟疾而不得不撤离前线，要知道，在这三个月不到的时间里，美军的战斗伤亡人数也不过17535人。不过相比起欧洲战场的美军士兵，亚洲地区湿热的气候环境让疟疾病原体和疟原虫宿主的携带者——按蚊获得了更理想的生存空间：在1942年的菲律宾战役期间，美菲联军共有2.4万人感染疟疾，几乎占到全军人数的三分之一；在澳大利亚外交部部长赫伯特·艾瓦特（Herbert Evatt）于1943年底所作的政府作战报告中，盟军在第一次缅甸战役期间就有超过85%的士兵染上过疟疾，而在新几内亚战役期间，这一感染比例仍高达80%左右。实际上，肆虐于绝大多数太平洋岛屿的这些蚊虫在整个太平洋战争期间让60%以上的美军士兵曾感染过疟疾，也难怪麦克阿瑟将军在1943年5月的前线作战报告中无不忧虑地指出："如果我手下的每个师团都是以这种精神面貌来面对敌人，那这场战争就不可能在短时间内结束，我怎么会指望让一支感染了疟疾或尚处于病愈修整的部队来打仗呢。"

根据当时在太平洋战场上负责医疗工作的陆军准将雷蒙德·布里斯（Raymond Bliss）的回忆，"每当我们踏上一座岛屿的时候，成群的蚊虫就如同乌云遮日一样扑面而来"。有了菲律宾战役的经验之后，美军在瓜岛战役期间就开始给部分士兵发放蚊帐，同时在驻扎地区大面积地喷洒DDT，不过清除蚊虫的集聚繁殖地才是美军真正要解决的问题。随后美军在各个兵营周围的水槽中均投放了用于灭蚊的化学药剂，并在附近的水源中加大了明矾的投放力度和水质的检测工作。但是，美

夜袭者。请使用蚊帐！（美国陆军部，1943）

不要让它的一蜇影响了你的工作！（杰克·诺兰，1943）

军的跳板攻势让这些灭蚊药物尚未发挥全部作用就失去了意义，更换驻地的美军不得不重新开始熟悉地形并依此开展防蚊灭蚊的工作。

另一个让疟疾在美军内部蔓延迅速的重要原因还在于美军自身的重视不够。尽管军方为每位士兵都定期配发了用于防治疟疾的预防类药物阿的平（米帕林），但对于多数美军士兵来说，由

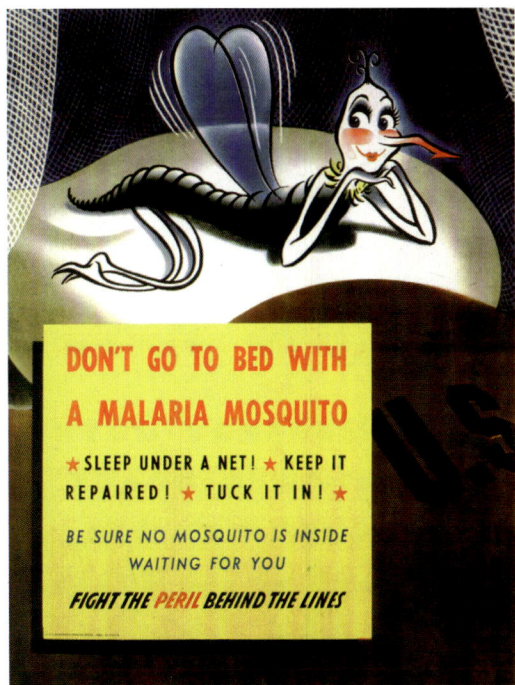

不要和一只疟蚊共度一晚！使用蚊帐、关闭缝隙、盖好床被，确保蚊子没有停留在蚊帐内（美国公共卫生署，1944）

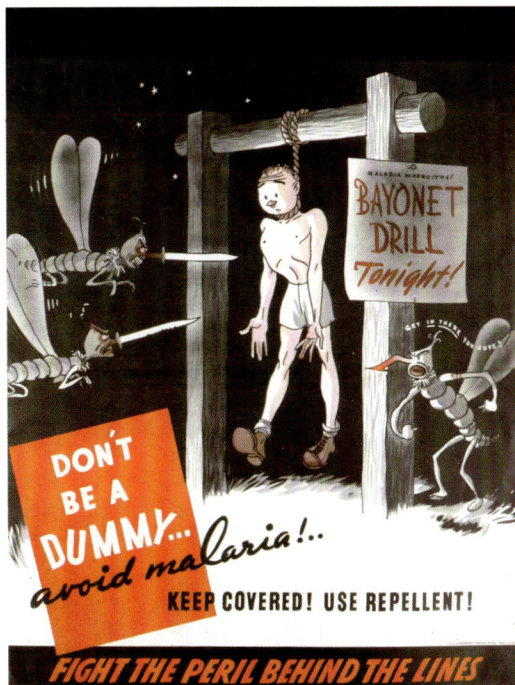

别犯糊涂，杜绝疟疾！确保衣物遮体并使用驱虫剂！（美国陆军部，1944）

于定期服用该类药物会伴有皮肤泛黄的副作用，故此他们并不按照规定要去服药。直到出现了发热呕吐等症状之后，这些士兵才会想到通过药物治疗加以缓解，然而这样的亡羊补牢根本没有意义；因为阿的平只是预防类药物，它根本起不到治疗的效果，相反过度摄入该类药物还会加剧人体高烧和惧寒等症状，而奎宁虽是有效的抗疟药，但过量服用亦会导致身体不适，乃至器官衰竭。更甚者，出现疟疾感染的类似症状后，多数美军士兵仍抱着侥幸的心理不去随军医院接受治疗，以至于最终耽误了宝贵的前期治疗时间。

自 1943 年下半年开始，美军开始逐步推行系统的兵员健康宣传工作，要求士兵必须定期服用预防药物，同时勤洗澡、勤换衣物，经常清洗自己的各类生活用品；另外，各部队的医务人员也开始充当临时宣传人员，向士兵普及各类常见传染疾病的常识，并希望士兵身体一旦出现不适就立刻接受检查，以免贻误最佳的治疗时机。这样的举措在后来多少发挥了作用，尽管美军在 1944 年仍有接近半数的士兵感染过疟疾等各类疾病，但相比战争初期的情况已经有了明显的改观。让美国人唯一感到宽心的是，疟疾让他们的对手蒙受着比自己更为惨重的人员损失。仰仗着后方强大的物资补给和后备兵员，美军基本还能满足前线战事需要，但这一切对于日本人来说却显得遥不可及；尤其是从战争中后期开始，由于疟疾、伤寒和痢疾等各种疾病，加上时常得不到充足的食物供给，美军曾保守地估计日军部队有至少八成士兵都是带病作战的病灶。

在联邦政府的资金支持下，美国一些医药研发公司于 1944 年先后相继研制出氯喹、复方氨酚奎、伯氨喹和乙胺嘧啶等一批速效抗疟药，并从根本上缓解了军队单纯依赖奎宁作为缓解疟疾病发的窘境。同时为配合前线的疾病预防宣传工作，美国国内早在 1942 年下半年就已开展了类似的宣传。尽管国内环境并不像太平洋地区那般恶劣，但防止流行疾病的传播扩散仍是美国公共卫生署和各地疾病预防组织的头等大事。与我国 20 世纪 50 年代末推行的"除四害"运动类似，公共卫生署不遗余力地向广大民众加大宣传力度，要求民众积极消灭蚊子、苍蝇、老鼠、蟑螂和虱子等害虫，同时也要加大周边居住环境的清扫力度，以不给这些可能携带病原体的生物以任何栖息之地。

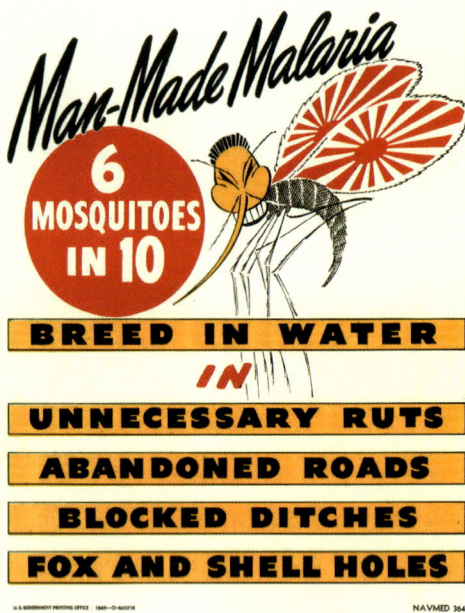

每 10 只蚊子里就有 6 只是人为繁殖的！多余的车辙、废弃的道路、封闭的沟坑和各类掩体中的水源都会让蚊子大量繁殖（美国内外科医疗局，1945）

日本和疟蚊，你为这两个敌人都做好战斗准备了吗？疟疾和日军所造成的人员伤亡比是 8：1（美国海军部，1945）

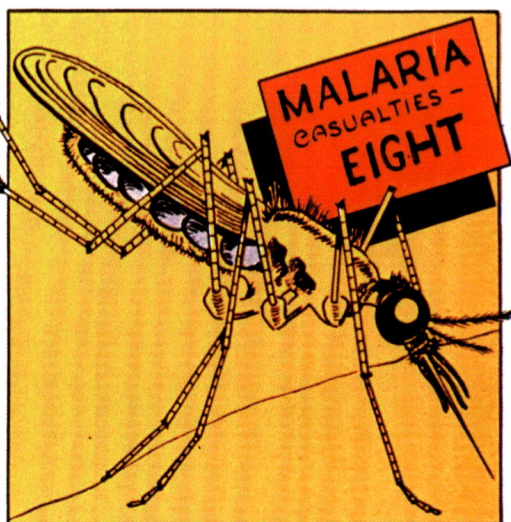

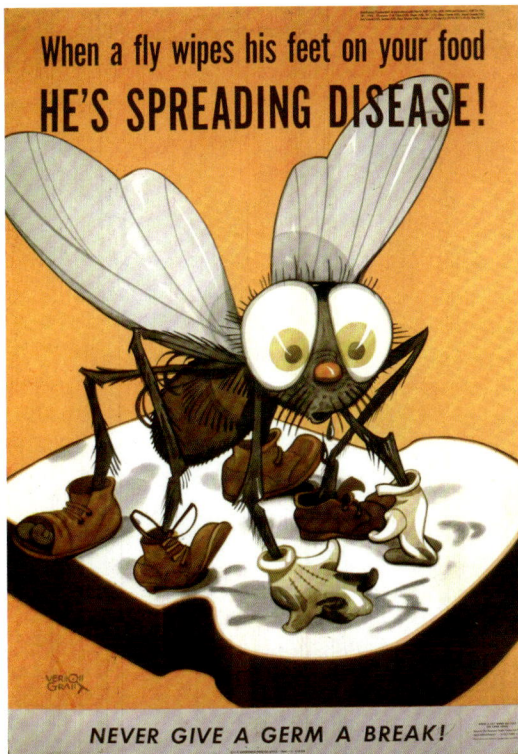

When a fly wipes his feet on your food
HE'S SPREADING DISEASE!

NEVER GIVE A GERM A BREAK!

当苍蝇的一只脚碰到你的食物，它就在传播疾病了！（贝隆·格兰特，1944）

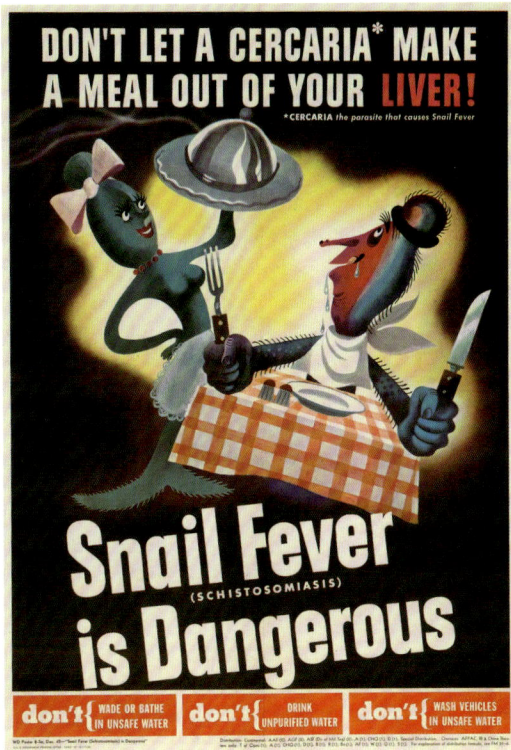

DON'T LET A CERCARIA* MAKE A MEAL OUT OF YOUR LIVER!
*CERCARIA the parasite that causes Snail Fever

Snail Fever
(SCHISTOSOMIASIS)
is Dangerous

don't { WADE OR BATHE IN UNSAFE WATER   don't { DRINK UNPURIFIED WATER   don't { WASH VEHICLES IN UNSAFE WATER

别让尾蚴侵入你的肝脏！它所引起的血吸虫病十分致命！（美国战争部，1945）

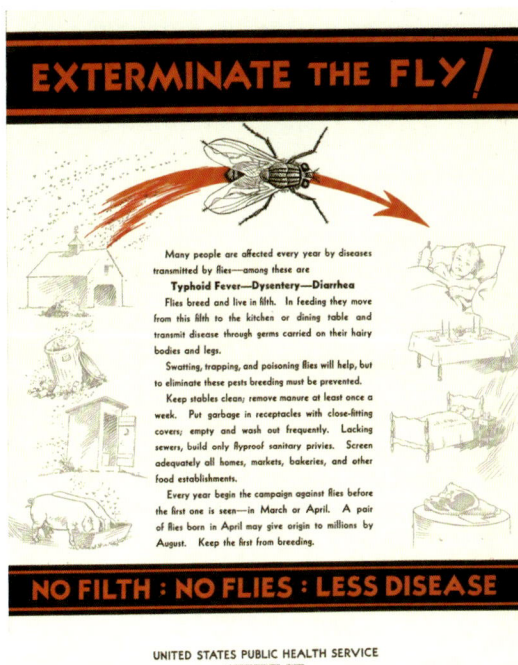

EXTERMINATE THE FLY!

Many people are affected every year by diseases transmitted by flies—among these are
Typhoid Fever—Dysentery—Diarrhea
Flies breed and live in filth. In feeding they move from this filth to the kitchen or dining table and transmit disease through germs carried on their hairy bodies and legs.
Swatting, trapping, and poisoning flies will help, but to eliminate these pests breeding must be prevented.
Keep stables clean; remove manure at least once a week. Put garbage in receptacles with close-fitting covers; empty and wash out frequently. Lacking sewers, build only flyproof sanitary privies. Screen adequately all homes, markets, bakeries, and other food establishments.
Every year begin the campaign against flies before the first one is seen—in March or April. A pair of flies born in April may give origin to millions by August. Keep the first from breeding.

NO FILTH : NO FLIES : LESS DISEASE

UNITED STATES PUBLIC HEALTH SERVICE

消灭苍蝇！（美国公共卫生署，1944）

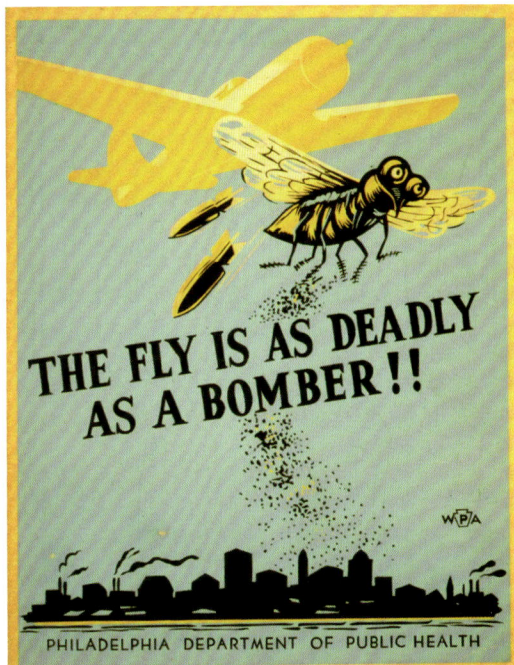

THE FLY IS AS DEADLY AS A BOMBER!!

PHILADELPHIA DEPARTMENT OF PUBLIC HEALTH

苍蝇就和轰炸机一样致命！（罗伯特·马奇雷，1943）

莫给老鼠繁殖的空间！（库拉·罗宾斯，1944）

防止鼠患！（美国公共卫生署，1943）

老鼠也是破坏者！（美国公共卫生署，1944）

不要错过你的 X 光检查！（美国内外科医疗局，1945）

咳嗽、喷嚏时请掩住口鼻！（美国陆军部，1943）

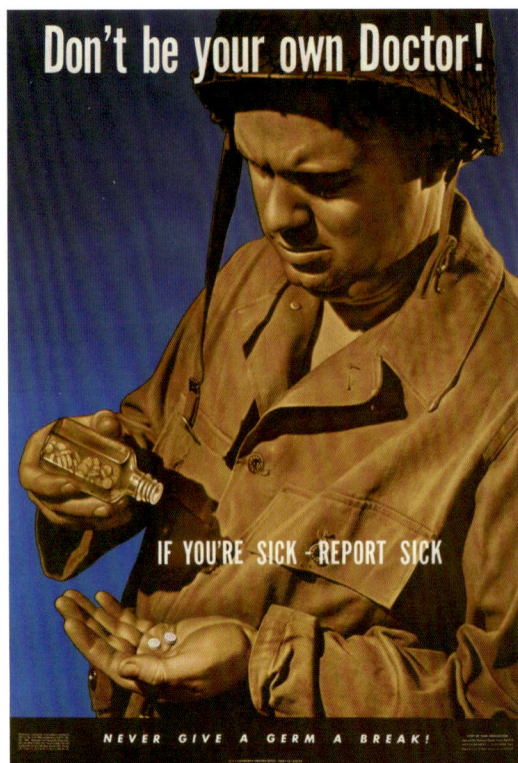

别自说自话！一旦生病请立即报告！（美国战争部，1944）

注意……只饮用检验合格的水源！（美国战争部，1944）

这就是战壕足。保持双脚清洁和干燥！（美国陆军部，1943）

跳蚤传播斑疹伤寒！（美国战争部，1944）

后记

当法国画家朱尔斯·谢雷于 1869 年在他自己位于巴黎的小印刷坊里把他两年前创作的一幅画作变成第一张真正意义的彩色现代海报时，这个印刷工的儿子或许还不知道，自己已将古典绘画艺术与当时社会的时髦言语有机地结合了起来。这当然还要得益于当时日趋成熟的平版印刷技术，它让这些光鲜的海报开始逐渐出现在巴黎的街头巷尾，并迅速在整个欧洲，乃至世界流行起来，并最终形成了一个崭新时尚的艺术门类。同时，人们也很快就意识到，一张看似轻若鸿毛的海报除了具有极强的信息传递功能之外，还蕴含着重似千斤的宣传力量。

四十余年之后，战争性质的海报终于在一战中登上了历史舞台。在那个没有广播、电视等现代化传媒手段的时代里，一张张张贴的海报无疑成了政府动员人民加入战争的首要工具。然而毋庸置疑的是，真正让战争海报大展拳脚的却是第二次世界大战。而对于美国人来说，虽然他们加入战争的时间远比其他几个同盟国战友来得晚，但到战争结束时，他们创作的上百万份海报数量却丝毫不逊色于其他任何一个国家。美国政府在战争伊始就清楚地意识到了海报的重要性，故此政府号召全国的美术画家和知识分子群策群力，各抒所长；于是海报画家们用他们那天马行空般的想象力有力地将整个民族的积极性都调动到了极致。这一张张海报，消除的是战争的恐惧，唤醒的是民众的良知，激发的是民主的理想，期盼的是永久的和平。海报动员了每一个人，无论男女老幼，都要为国家做出自己的贡献；也正是画家们的妙笔生花，策划者的字斟句酌，才将海报俨然变成了向民众灌输必要的爱国主义和积极态度的工具。

其实在我看来，此书并不能简单地看成是一本战争题材的画册，那一张张构思精巧且画面精美的宣传海报更多的是我们洞察二战时期美国国内社会的一个窗口。在很长一段时间里，我们似乎都将更多的目光放在前线的美国军队上，谈论美军航空编队如何依靠摧枯拉朽的战略轰炸击垮整个德国和日本的工业命脉，分析美国海军舰队如何将不可一世的日本联合舰队逼入绝境，探讨美国陆军如何能在德军防线中锲开缺口而直捣第三帝国的腹地……但是从某种程度上来说，美国人之所以赢得两次世界大战的胜利，首要原因或许就在于这个国家被充分调动和挖掘出来的自身潜力。战争并非只是两国军队之间的较量，更在于兵戎双方在各个层面上的角力。兵策所云的"用兵之法，驰车千驷，革车千乘，带甲十万，千里馈粮"，若没有大后方源源不断地将这些提供给军队，那么因缺少"内外之费，宾客之用，胶漆之材，车甲之奉"所需的千金日费，焉可复举百万貔虎欤？

当然，若我们抛开一切战争和政治因素，不管这些海报出自政府机构、商业公司还是民间组织，我们仍能透过那一句句有力的话语和一张张富有感染力的画面，清晰地感受到这些海报所蕴含的一个民族团结一致的巨大凝聚力并深深地为之所震撼。这些海报所能衡量的不仅仅只是美国人对于文化传统的承载，更是他们对诸多普世道德的完美诠释。正如历史学家德索托·布朗所言的："纵使时光流逝、社会变迁，过去的这些海报还是能在你的心底留下印迹；诚然用现在的眼光来看它们的确有些滑稽荒诞，但它们给你心灵上带来的感触仍是十分强烈的。"

自高中时期买下两册《战争海报收藏》之后，便由此对战争海报产生了浓厚兴趣，故此完成本书多少也算了却了我心中多年以来的一个夙愿。当然，此书也可看成是本人早先发表于《深度战争》创刊期中《大音希声：二战美国海报赏析》一文的全面修正和补充，然前作漏误频出，自让我深感自己肤见谫识、款学寡闻，且多乃以郢视文之见。此番执笔中虽已旁求博考，但不免书中鲁鱼帝虎、瑕隙玼谬之误，烦请诸位读者不吝斧正，代为研幾深浅，在此一并道谢。

陆　乐